Auf zwei Flügeln zum Glück

Die Originalausgabe erschien unter dem Titel
A unified theory of happiness. An east-meets-west approach to fully loving your life
Andrea F. Polard, PsyD, bei Sounds True, Inc., Boulder, CO 80306
Übersetzung ins Deutsche: Martin Laska, Regina Laska

1. Auflage 2014
Lektorat: Doris Wolter, Jasper Wolter, Naomi Becker
Layout und Umschlagdesign: Karadesign, Andreas Schulz
Satz Buchblock: Jeannette Zeuner, Book Designs, Potsdam
Gesamtherstellung: Manjughosha Edition, Berlin
Druck: CPI Books GmbH, Ulm
Printed in Germany
ISBN 978-3-945731-01-7

Dr. Andrea F. Polard

Auf zwei Flügeln zum Glück

Die Verschmelzung östlicher und westlicher Denkweisen

Deutsche Übersetzung von
Regina Laska und Martin Laska

SARASVATI
EDITION

Sarasvati Edition
Manjughosha Verlagsgruppe

*Für meine große Liebe, den Humanisten, Gärtner, Künstler,
liebenden Vater, Steven Gregory Floren Polard –
stets couragiert und offen für das Lächeln Gottes*

Wer die Freude an sich bindet
Dem geflügeltes Leben entschwindet.
Wer die Freude im Fliegen küsst,
Nie die Sonne der Ewigkeit misst.

William Blake
aus: Lieder der Unschuld und Erfahrung

Inhaltsverzeichnis

Teil 2

DIE ANALYTISCHE BEWUSSTSEINSEBENE

Teil 3

DIE SPIRITUELLE BEWUSSTSEINSEBENE

Vorwort

Ich bin weder Buddhistin noch Psychologin – eigentlich nicht einmal jemand, der Selbsthilfe- oder spirituelle Bücher auch nur öffnen würde. Ich bin viel mehr Professorin für Politische Wissenschaft und China-Expertin. Und doch war ich von diesem bemerkenswerten Buch überrascht und tief berührt. Ich überlegte: Was macht *„Auf zwei Flügeln zum Glück“* so andersartig? Und ich stellte fest: Es beschreibt etwas Einzigartiges und Umwälzendes.

Es vereint nicht nur westliche und östliche Ideen (und befriedigt so den Verstand des Lesers). Das Buch gibt uns auch etwas jenseits dieser Vorstellungen, etwas jenseits aller Worte und Weltanschauungen; es spricht den Leser auf einer körperlichen und geistigen Ebene an – und verwandelt ihn.

Zum Teil ist es die Sprache von Dr. Andrea Polard, die diese tiefgreifenden menschlichen Reaktionen hervorruft. Ihre Sprache und ihr Stil sind nicht pragmatisch-nüchtern – trotz des forschungsbasierten und wissenschaftlichen Anspruchs, den das Buch erhebt. Dr. Polard wählt ihre Sprache mit großem Bedacht und gibt ihr poetischen Rhythmus. Damit erzeugt die Autorin im Leser eine schwingende und erregende ästhetische Sensibilität. Die in den Text eingestreuten Grafiken, Abbildungen, ein Fragebogen und Übungen beziehen den Leser visuell und auf ganz persönliche Weise mit ein. Die zahlreichen praktischen Fähigkeiten und Übungen, die Bausteine und Strategien, die östlichen Techniken und Pfade lassen die Medizin der Autorin mit Leichtigkeit und Vergnügen wirken und öffnen den Geist auf vielen verschiedenen Stufen.

„Auf zwei Flügeln zum Glück" vereint westliche und östliche Denkansätze des Glücks zu einer Theorie, die Dr. Polard die „Theorie des flexiblen Bewusstseins" nennt. Es ist nicht die Suche nach Gemeinsamkeiten in den Ursachen für das Glück, sondern vielmehr die Betrachtung der Glückserfahrungen an sich, die diese Theorie ausmachen. Denn Glückserfahrungen erscheinen auf den ersten Blick zu vielfältig, um als Einheit betrachtet werden zu können. Das Gefühl von Erfolg etwa unterscheidet sich sehr vom Gefühl der Liebe gegenüber Mitmenschen. Das Liebesgefühl für Mitmenschen wiederum unterscheidet sich sehr vom Liebesgefühl zur Menschlichkeit oder der Liebe zum Leben. Dr. Polard zeigt auf, was all diese Gefühle verbindet: nämlich eine Art Resonanz, ein Strom oder Fluss des Bewusstseins und eine bestimmte Lebensqualität, die entweder auf einer aktiven Ebene des Bewusstseins erzeugt wird oder auf einer nicht-aktiven Ebene des Bewusstseins entsteht. Das Schönste an diesem Buch ist der Moment, in dem der Leser begreift: Diese beiden Ebenen sind bereits in seinem Bewusstsein miteinander verbunden. Er muss nur noch seine Aufmerksamkeit auf das Ganze richten.

Das Glück ist für viele Menschen in weite Ferne entschwunden. Menschen gelten entweder als glücklich oder als unglücklich, so als wäre Glück etwas, mit dem man auf die Welt gekommen sei oder eben nicht, oder etwas, auf das man zufällig stoßen würde. In anderen Büchern wurden bislang Aspekte oder Bruchteile des Glücks behandelt. *„Auf zwei Flügeln zum Glück"* ist da ganz anders. Das Buch ermöglicht jedem einen Zugang zum Glück in seiner Gesamtheit. In einer Welt, die oft von Unglück erfüllt ist, von Angst, Materialismus und Habgier, hat dieses Buch eine besondere Ausstrahlung. Tun Sie sich den Gefallen und lesen Sie dieses Buch. Es wird Ihnen helfen, das Glück zu finden – oder dem Glück helfen, Sie zu finden.

Prof. Dr. Teresa Wright

Dekanin und Professorin am Department of Political Science,
California State University, Long Beach
Autorin von: *Accepting Authoritarianism: State-Society Relations in China's Reform Era* und *The Perils of Protest: State Repression and Student Activism in China and Taiwan*

Danksagung

Es ist mir eine große Freude, dass der engagierte Verlag Sarasvati Edition mein Buch so liebevoll für den deutschsprachigen Raum vorbereitet hat. Ich danke dem gesamten Team, vor allem Timo Laubenberger, Maren Müller, Naomi Becker und meiner achtsamen, sprachlich und buddhistisch versierten Lektorin Doris Wolter. Besonders danke ich auch den Übersetzern, die mit kreativem Eifer komplizierte Inhalte leichtfüßig vermitteln konnten: Regina Laska und Martin Laska.

Andree Boe, talentierter Film- und Romanautor, hat mich nicht nur meinem deutschen Verlag vorgestellt, sondern mich auch mit seiner Begeisterung für meine Ost-West-Synthese des Glücks tief berührt. Vielen Dank!

Wie schön wäre es, wenn meine verstorbene Mutter, Elisabeth Floren, mein Buch auf Deutsch hätte lesen können. Sie hat einen Anteil an *Auf Zwei Flügeln zum Glück,* lebte sie doch ganz aus ihrer Mitte, mit Liebe und Achtsamkeit für die kleinste Blume am Straßenrand. Ich bleibe ihr in Dankbarkeit verbunden. Ich danke auch meiner lieben Schwester Sabina Floren, die meine Leidenschaft für das Glücksstiften großzügig unterstützt und deren Ehrlichkeit und Humor mich stets beflügeln.

Für meine Kinder Karla, Tristan und Sophia: Ihr nehmt ganz und gar am Leben teil, lasst euch ein, lasst Dingen ihren Lauf und lasst sie dann – ohne viel Jammern und Klammern – los. Kurz: Ihr seid die Verkörperung des Glücks für mich. Ich bin so dankbar, dass ihr Teil meines Lebens seid.

Und ich möchte mich aus ganzem Herzen bei meinem geliebten Mann Steven bedanken. Er hat mich Jahr um Jahr stetig wieder unterstützt, meiner Entwicklung als Schriftstellerin vertraut und mein Zen-Leben bejaht. Sein Vertrauen, dass Zen-Psychologie nicht nur für mich gut ist, sondern für die Gemeinschaft, ist unerschütterlich. Danke dafür, dass du mein größter Kritiker und bester Freund bist!

Schließlich bedanke ich mich bei den zahllosen Schriftstellern und Lehrern, von denen ich so viel gelernt habe. Das Netz, was uns verbindet, ist grenzenlos; der Faden spinnt sich weiter. Wie gut das Dasein doch ist!

EINFÜHRUNG

Nur eine tiefe Achtung vor unserem gesamten Leben gibt uns die Fähigkeit zu umfassender Liebe und einem freien Leben.

JACK KORNFIELD

Weder das Leben noch das Glück lassen sich auf eine einzelne Spielart menschlicher Regungen zurückführen. Glück setzt sich nicht etwa zusammen aus einzelnen Formen positiver menschlicher Erfahrungen wie etwa Freude, Hingabe, Mitgefühl, Liebe oder gar dem Gefühl der Kontrolle. Das Leben ist ebenso facettenreich wie das Glück. Wenn wir glücklich leben möchten, sollten wir die Vielfalt des Lebens akzeptieren und darauf mit unserem gesamten menschlichen Potenzial reagieren. Wir müssen lernen, uns mit allen Ebenen unseres Daseins in Beziehung zu setzen.

Viele beliebte Bücher zur Psychologie befassen sich nur mit einem oder zwei Aspekten des Glücks. Das macht sie von vornherein uneffektiv. Dieses Buch wurde für Menschen geschrieben, die das wahre Glück suchen. Es hat dabei stets die Gesamtheit des Lebens im Blick und betrachtet das Leben in seiner dynamischen Komplexität.

Seit fast 20 Jahren erforsche ich das Glück. Dabei fand ich heraus: Sobald unsere Grundbedürfnisse befriedigt sind, ist Glück ganz und gar von der Entwicklung unseres Bewusstseins abhängig. Das entwickelte

Bewusstsein kann seine Blickrichtung ändern, sich geschickt entweder auf das Ganze oder auf bestimmte Dinge fokussieren und letztendlich so mit dem Ganzen und den Dingen in eine wahre Beziehung treten.

Daraus folgt erstens: Das Bewusstsein kann seine Aufmerksamkeit eingrenzen und sich so auf andere Wesen und äußere Ziele einlassen. Zweitens: Solch ein Bewusstsein kann seine Aufmerksamkeit erweitern und sich ganz auf das Leben selbst einlassen. Es kann in zwei unterschiedlichen Erfahrungswelten oder Bewusstheitsebenen eintauchen und sie wieder verlassen: die *analytische Bewusstseinsebene* und die *spirituelle Bewusstseinsebene*. In der analytischen Bewusstseinsebene beziehen wir uns auf das „Wer" und „Was" dessen, was sich von uns selbst zu unterscheiden scheint. Auf der spirituellen Bewusstseinsebene beziehen wir uns auf das reine Sein, das sich in jedem von uns befindet. Diese beiden Bewusstseinsebenen können harmonisch zusammen wirken, wie die Flügel eines Vogels. Ich bezeichne sie als „Die Zwei Flügel des Glücks".[1]

Wir müssen beide Flügel erforschen, wenn wir diese Harmonie erreichen möchten. Westliches Denken ist für die Betrachtung der analytischen Bewusstseinsebene am besten geeignet. Auf der analytischen Bewusstseinsebene bedienen wir uns bestimmter Hilfsmittel. Sie helfen uns, verschiedene Bereiche des Lebens zu meistern, was uns ein Gefühl tiefer Befriedigung verschaffen kann. Die spirituelle Bewusstseinsebene werde ich vor allem aus der Sicht östlichen Denkens erläutern. Diese spirituelle Bewusstseinsebene fokussiert sich auf die Verwirklichung des Seins und die verschiedenen Pfade dorthin. Ich verbinde östliche Ideen mit unserem westlichen Denken, denn die Ausrichtung auf das Sein vermittelt uns enormen Frieden und enorme Kraft. Diese tiefe Erfüllung macht uns stark für unser Tun auf der analytischen Bewusstseinsebene. Durch die Verbindung aus analytischer und spiritueller Bewusstseinsebene können wir auf alle Ebenen des Lebens zugreifen und an einem erfüllten Leben teilhaben.

Wollen wir unser Bewusstsein weiter entwickeln, müssen wir herausfinden: Wie erreichen wir einen Zugang zu beiden Bewusstseinsebenen? Wie können wir beide für uns nutzbar machen? In Teil 1 stelle ich ausführlich beide Bewusstseinsebenen vor. Darauf folgt, basierend auf den zwei Flügeln zum Glück, ein Fragebogen, der Ihnen eine einfache Selbsteinschätzung in

Sachen Glück ermöglicht. In den Teilen 2 und 3 biete ich Ihnen weitere Hilfsmittel an und schlage Ihnen Pfade vor, die Ihnen helfen, damit Sie geschickt auf beide Bewusstseinsebenen zugreifen und sie nutzen können. Jedes Kapitel schließt mit konkreten Vorschlägen und praktischen Übungen. Dieses Buch ist somit ein ganz persönlicher Leitfaden zur Transformation Ihres Bewusstseins, der Ihr Glück regelrecht zur Blüte kommen lässt.

Vielleicht sind Sie überzeugt, Glück sei für Sie nicht erreichbar, weil vielleicht Schmerz und Unglück Ihr jetziges Leben prägen. Ich ermutige Sie von ganzem Herzen, an Ihrem Unglück zu arbeiten. Denn es existiert viel Wissen darüber, wie Sie sich selbst heilen und lenken können. Trotzdem dürfen Sie eins nicht erwarten: Wenn Sie Ihr Unglück im Griff haben, folgt das Glück nicht automatisch auf dem Fuße.[2] Das geschieht nur selten. Glück braucht ganz besondere Aufmerksamkeit. Denn es beruht auf ganz unterschiedlichen Kenntnissen und Fähigkeiten. Gleichgültig, wie lange und gut Sie an Ihrem Unglück gearbeitet haben: Sie müssen sich ganz auf Ihr Glück konzentrieren. Denn nur so können Sie den Quantensprung schaffen.

Als Psychologin und Opfer von Kindesmisshandlung war ich stets versucht, mich nur auf das Unglück zu konzentrieren. Doch suchte ich auch immer nach mehr – nach etwas mehr als nur einem kleinen „Stückchen Glück".[3] Diese Sehnsucht führte mich in eine Psychotherapie, zur Meditation, zur vergleichenden Religionswissenschaft, zur Philosophie und zur neuen Wissenschaft vom Glück. Mit Hilfe persönlicher Beziehungen gelang es mir schließlich, mich wieder aufzuschwingen. Ich habe gelernt: Wir alle können dem Glück höchste Priorität einräumen. Wir können das Glück tatsächlich erreichen, und in gewisser Weise befindet es sich bereits in uns. Ich lade Sie ein: Meistern Sie Ihr Leben auf der analytischen Bewusstseinsebene und lassen Sie sich von den Erfahrungen eines Lebens auf der spirituellen Bewusstseinsebene tief berühren und nähren. Zum Schluss führe ich in die Theorie des flexiblen Bewusstseins ein. Sie zeigt die Verbindung und die mögliche Harmonie zwischen beiden Bewusstseinsebenen.

Wenden wir uns nun den zwei Flügeln zum Glück zu. Lassen wir sie für uns arbeiten. Lassen Sie uns mit ausgebreiteten Flügeln oberhalb und unterhalb all der Dinge fliegen, die uns ständig kämpfen lassen und uns am Boden halten.

GLÜCKSDIAGRAMM	
ANALYTISCHE BEWUSSTSEINSEBENE	SPIRITUELLE BEWUSSTSEINSEBENE
Selbstvertrauen (Kapitel 7) • Authentisch sein • Selbsthilfe • Erkennen und Kultivieren bestehender Stärken • Beständigkeit	**Aufnahmefähigkeit** (Kapitel 9) • Verhärtungen lösen • Zweifel • Staunen statt Analysieren • Meditation • Dankbarkeit
Verbundenheit (Kapitel 6) • Die Bedeutung der Verbundenheit • Zehn Bausteine der Verbundenheit • Verbundenheit in der heutigen Gesellschaft • Gefühl des Getrenntseins	**Stille** (Kapitel 10) • Die Kraft der Stille • Äußere Stille erschaffen • Unsere Buddha-Natur erkennen • Trance und Stille • Demut und Bodenständigkeit
Kompetenz (Kapitel 5) • Bedeutung der Kompetenz und die Freude daran • Lohnt sich Kompetenz entwicklung? • Strategien zum Kompetenzerwerb	**Vertrauen** (Kapitel 11) • Kontrolle statt Vertrauen • Worauf wir nicht vertrauen sollten • Einsatz für das Gute, Mitgefühl und Tugenden • Vertrauen auf das unbestimmbare Sein

Eifer (Kapitel 4)

- Woraus bestehen gute Ziele?
- Wie erkenne ich gute Ziele?
- Das Spiel beherrschen

Unbeschwertheit (Kapitel 12)

- Das Wesen der Unbeschwertheit
- Über das Erwachsenwerden
- Die Wiederentdeckung der Unbeschwertheit über acht Qualitäten

Gesundheit von Körper und Geist

- Ernährung
- Sport und Bewegung

Bekenntnis zum Glücklichsein

Definition von Glück

- Abgrenzung zum bloßen Überleben
- Ineinanderfließen westlicher und östlicher Denkweisen
- Ganzheitliches Erleben: Glück als vollständige Teilhabe am Leben

Gut überleben

- Seelische Gesundheit (Unglück in den Griff bekommen)
- Chancen
- Leistungsfähigkeit/Wettkampf am Arbeitsplatz
- Freude

Das reine Überleben

- Grundbedürfnisse stillen
- Gesundheitsfürsorge
- Frieden
- Recht, Ordnung, Regeln
- Weltweite atomare Abrüstung
- Schutz der Ökosysteme
- Nachhaltige Energie (Treibhauseffekt zurückdrängen)

TEIL I

Glück und die beiden Zustände des Bewusstseins

Es gibt nur zwei Vermächtnisse, die wir
unseren Kindern nach Möglichkeit hinterlassen sollten:
Das eine sind Wurzeln, das andere Flügel.

HODDING CARTER

[1]

Auf zwei Flügeln zum Glück

Indem wir uns auf wohl abgestimmte Weisheiten stützen - alte und neue, östliche und westliche, sogar liberale und konservative - können wir in unserem Leben Wege zu Zufriedenheit, Glück und Erfüllung einschlagen.

JONATHAN HAIDT

Solange wir dem Glück nicht hinterher jagen wie ein Hund seinem Schwanz, ist Glück eine alles überragende Daseinsform, die unserer Kreativität Raum gibt, unser Gefühl für Effizienz steigert, andere anzieht und motiviert. Positive Gefühle erweitern unsere Kapazitäten – vom rein Gedanklichen bis hin zum Zwischenmenschlichen. Dies belegen die wegweisenden Untersuchungen von Barbara Frederickson.[1] Demnach kann Glück uns sogar ein längeres Leben ermöglichen.[2] Weil Glück ein solch kostbares Gut ist, verankerte Thomas Jefferson es sogar in der amerikanischen Unabhängigkeitserklärung als „selbstverständliches Ziel" und als ein unveräußerliches Recht.[3]

Glück tut uns gut und *fühlt* sich vor allem gut an. Einige glückliche Menschen erklären ihre Lebensfreude durch günstige Zufälle. Andere mit ihrem jüngeren und besseren Aussehen im Vergleich zu ihren unglücklichen Zeitgenossen. Glückliche Menschen wirken durch ihr Lächeln und Lachen attraktiv auf andere. Damit präsentieren wir Menschen uns von unserer schönsten Seite.[4] Die meisten Menschen möchten glücklich sein, glücklich wirken und glückliche Erfahrungen mit Ihresgleichen teilen.

Es gibt keinen Zweifel: Glück ist gut, fühlt sich gut an und bewirkt viel Gutes. Der Wunsch nach Glück ist so übermächtig, dass der griechische Philosoph Aristoteles (384–322 v. u. Z.) feststellte: Wir sind geboren, um glücklich zu sein, und alles, was wir tun, ist ein Streben nach Glück.[5]

Solch berühmte philosophische Überlegungen legen den Schluss nahe, Mutter Natur stünde uns Glücksuchenden hilfreich beiseite. Als habe sie unsere Gene so programmiert, dass wir auf dem rechten Weg bleiben und nicht allzu große Irrtümer begehen. So viel steht fest: Wir verfügen über ziemlich gute Instinkte, die unser Überleben und damit vor allem das Überleben unserer Gene sichern. Wenn wir uns voll und ganz auf diese Instinkte verlassen, können sie uns wie ein Autopilot durch das Dickicht unseres Daseins führen. So betrachtet ist der Wunsch nach schnellem Glück nur allzu verständlich. Vor allem die florierende „Glücksindustrie" der westlichen Welt bestärkt uns in diesem Glauben. Wir werden mit Produkten, Ideologien und Versprechungen bombardiert, die in unserem Inneren etwas anknipsen sollen. Im Grunde wie bei einem Starthilfekabel – sofort, ganz einfach und garantiert zuverlässig.

Moderne westliche Denkweisen bestärken uns in solchen Erwartungen. Die kognitive Psychologie beispielsweise möchte uns suggerieren: Unser Wohlbefinden ist ausschließlich eine Folge positiven Denkens. Frei nach dem Motto: „Glückliche Gedanken machen glücklich" oder: „Denke positiv und alles wird positiv". Ernst zu nehmende Wissenschaftler auf dem Gebiet der Positiven Psychologie wie etwa deren Wegbereiter Martin Seligman und Mihály Csíkszentmihályi (über die wir in den folgenden Kapiteln noch sprechen werden)[6] wissen jedoch: Menschliches Verhalten lässt sich nicht auf einen einzigen Aspekt oder eine einzige Ursache zurückführen. Einige Bestsellerautoren verbreiten aber immer noch Ideen à la „Das Geheimnis des Glücks".

Die östliche Denkweise wird ebenfalls gerne so verpackt und unter die Leute gebracht, dass sie unserem Wunsch nach schnellen Lösungen und dem einfachen Weg zum Glück entgegen kommt. Demnach ist glücklich, wer Mitgefühl zeigt (tibetische Buddhisten), sich von vorgefassten Meinungen befreit (Zen-Buddhisten) oder einfach „die Energie" erspürt (Hinduismus). Ernst zu nehmende Anhänger dieser tiefgründigen Weisheitslehren bedauern natürlich solche Trivialisierungen. Trotzdem schwärmen begeisterte Populisten von jenem „einzigen Moment“, der Kräfte verleiht, die uns Reichtum und ewige Jugend bescheren.

Wir sollten uns jedoch fragen, in welchem Verhältnis die Wirklichkeit zu unseren Erwartungen steht. Manche dieser Parolen und Produkte mögen hilfreich sein, aber sie können ihre Versprechungen niemals ganz einlösen. Die Wahrheit ist: Das Glück fliegt uns nicht einfach zu. Obwohl die Gesellschaft das Glück lauthals für jeden fordert, fühlen sich die meisten Menschen im Stich gelassen. Offenbar sind wir nicht auf das Glück, sondern nur aufs Überleben unserer Gene kodiert. Ständig trachten wir nach unserem Vorteil, auch wenn wir damit ganz *offensichtlich* unser Glücksempfinden schmälern. Allen wohlmeinenden Ratschlägen zum Trotz stressen wir uns und unsere Kinder, damit wir die bestmögliche Position innerhalb der Rangordnung unserer Gruppe erreichen. Nicht die positiven Strategien, sondern die negativen und stressbehafteten, von Angst geprägten wie Kämpfen und Flüchten, fallen uns offensichtlich leicht. Sie sind allgegenwärtig, nicht etwa die Leitpfade zum Glück.

Es gibt schlicht und ergreifend nur einen Grund, warum wir keine schnellen Lösungen bekommen können: weil es in dieser Hinsicht bei uns nicht viel zu reparieren gibt. In uns existieren weder eine biologische Programmierung noch ein Autopilot oder starke Instinkte, die uns hin zum Glück führen. Es ist an der Zeit und, wie wir bald feststellen werden, von Vorteil, Aristoteles' These vom Glück als höchstem Ziel einmal näher zu betrachten. Mutter Natur oder die Gesamtheit dessen, was wir als „biologisch“ bezeichnen, möchte nicht mehr und nicht weniger als das Fortleben der Gene ihrer Kinder sichern. Aristoteles wusste nichts vom Prozess der Evolution und auch nichts von unseren Genen. Ohne diese Kenntnisse waren jedoch auch die größten Denker nicht vor dem Fehler gefeit, *den* Wunsch nach Glück zum *größten* Wunsch aller Wünsche zu erklären: zum höchsten Ziel aller menschlichen Wesen zu allen Zeiten und in allen Kulturen.

In unserem Erbgut ist jedoch nur wenig dazu angelegt, uns den Weg zum Glück zu weisen. Dies könnte unsere Begeisterung ein wenig dämpfen. Dennoch können wir einige positive und ermutigende Aussagen über das Glück treffen. Zuerst einmal müssen sich Glück und Überleben ja nicht gegenseitig ausschließen. Tatsächlich überlappen sich beide häufig: Was gut für unser Glücksgefühl ist, kann auch gut für unser Überleben sein. Aufgrund dieser Überlappung herrscht in unserer Kultur ein gewisser Druck zur Verbesserung unserer Lebensbedingungen, unter denen das Glück gedeihen kann. Die daraus resultierende allmähliche Entwicklung in Richtung Glück ist sehr ermutigend: Wir Menschen möchten in zunehmendem Maße nicht einfach nur Dinge „gut" oder „besser" machen. Mutter Natur gestattet uns, ihrer bewusst zu sein und bewusste Entscheidungen zu treffen.

Dies bedeutet: Wir sind frei unserer Natur Richtung zu geben. Nachdem wir erkannt haben, wie eingeschränkt uns Mutter Natur zum Glück verhelfen kann, haben wir einen klareren Blick auf das Gute in ihr. Mutter Natur gibt uns die wunderbare Freiheit zu erkennen, wer sie tatsächlich ist, und zwar in der Beziehung und im Gegensatz zu uns. Mutter Natur gestattet uns bewusstes Denken; sie erlaubt uns einen Blick in ihr Inneres und letzten Endes andere Ziele als das bloße Überleben. Diese Stufen der Freiheit gehören zu unserem menschlichen Potenzial – und dies ist eine gute Nachricht.

EINLADUNG ZUM GLÜCKLICHSEIN

Wie bereits erwähnt, sollten wir die Vorstellung vom automatisch nach Glück strebenden Menschen in Frage stellen. Warum? Damit öffnen wir uns der Realität und können fundierte Entscheidungen darüber treffen, welche Richtung unser Leben wirklich nehmen sollte. Wir können dann selbst entscheiden, welche Bedeutung wir dem Glück einräumen möchten. Wenn wir das Glück bewusst hoch einstufen oder sogar noch höher als unser Überleben, begeben wir uns zum Erlernen neuer Fertigkeiten in eine viel bessere Position. Das Wissen, dass Glück auf einer bewussten Entscheidung beruht, bedeutet auch: Glück kann erlernt werden. Außerdem sind wir, wenn wir uns selbst für ein Ziel entscheiden, lernwilliger und geben uns diesem Ziel ganz hin. Auch das ist eine gute Einsicht auf dem Weg zum Glück.

In der Tat begeben wir uns auf einen erfolgversprechenden Weg, wenn wir nicht nur um unser Überleben kämpfen, sondern für unser Glück leben. Dieser Weg ist komplizierter als der reine Überlebensweg, auf dem wir entweder gewinnen oder andere vom Gewinnen abhalten wollen. Wir begeben uns auf eine wahre Abenteuerreise von Liebe, Kreativität, Leidenschaft und des Friedens. Dieser Pfad wird definitiv nicht so oft eingeschlagen, da er zahlreiche unvorhersehbare Risiken birgt.[7] Schließlich können sich uns Türen zu Orten öffnen, die wir nie zuvor gesehen haben und bei denen wir nicht wissen, ob es Gewinner und Verlierer gibt. Erweitert sich unser Horizont, können sich auch unsere Ansichten ändern, was wiederum unsere Identität bedrohen könnte.

Auch wenn es spannend ist: Der Weg ins Unbekannte ist nicht immer ein Sonntagsspaziergang und kann häufig dornig sein. Spätestens wenn wir uns für das Glück und damit für den seltener bereisten „Königsweg" entscheiden, wird uns bewusst: Diese Entscheidung ist unumgänglich! Mit dieser Erkenntnis sind wir auf die Unwägbarkeiten dieses Wegs vorbereitet und können besser Kurs halten.

Wenn wir nicht das Glück zu unserem Ziel erklären, bleiben uns nur wenige Optionen. Denn sind wir nicht zufällig mit einer hervorragenden Erziehung durch vom Glück angetriebene Eltern gesegnet, sind wir aller Wahrscheinlichkeit nach zu einem Leben verdammt, in dem es rein ums Überleben geht. Diese Option ist nur dann gut und hat Berechtigung, wenn wir unter katastrophalen Umständen leben. Die vergleichenden Untersuchungen des Psychologen Ed Diener zeigen auf: Wenn wir uns nicht um unsere Grundbedürfnisse kümmern, sind wir mit wenigen Ausnahmen einfach zu *un*glücklich fürs Glücklichsein.[8] Dementsprechend berichten die ärmsten Menschen der Welt von geringeren Graden des Glücks als die wohlhabenden.[9] Sofern wir uns aber nicht gerade in höchster Not befinden, gibt es keinen nennenswerten Zusammenhang zwischen materiellem Erfolg und Glück. Leben wir ausschließlich oder hauptsächlich für Ersteres, sind Depressionen und Angstzustände der Preis unserer Bemühungen.

Wer dem Glück keine Priorität einräumt, fühlt sich gestrandet, verloren und leer, vor allem in der westlichen Welt, in der so viele Menschen ihre religiöse Orientierung verloren haben. Schon das Sprichwort sagt: „Der Mensch lebt nicht vom Brot allein". Auch unsere Seele braucht Nahrung, die traditioneller Weise durch die Religionen bereitgestellt wird. Je mehr Religionen jedoch an Einfluss verlieren, desto mehr fühlen Menschen sich am Ende geistig ausgehungert.[10] Schon beim ersten Auftauchen von Schwierigkeiten oder an jeder

Weggabelung, an der das Schild „Überleben“ in die eine Richtung und das Schild „Glück“ in die andere zeigt, entscheiden wir uns für den gewohnten Weg und die Hoffnung auf Seelennahrung, so kalorienarm sie auch sein mag. Damit wir überhaupt den Unterschied zwischen den beiden Richtungen begreifen können, sollte Glück ein ernsthaftes Unterfangen für uns werden.

In einer Gesellschaft, in der das Glück in der Bevölkerung immer weiter zunimmt, gibt es für diejenigen, die sich nicht dem Glück verschreiben wollen und deren Fokus auf dem Überleben liegt, eine weitere Option. Da „Glück“ immer mehr zum Gesprächsthema und in unserer Kultur und auch immer häufiger unser menschliches Potenzial thematisiert wird, macht sich der Schmerz schon bald bemerkbar, wenn wir nicht an diesen Unterhaltungen teilnehmen und unser Potenzial nicht vollständig ausschöpfen.[11] Hiermit meine ich nicht den allgegenwärtigen Gruppenzwang, der uns lächeln lässt, wenn uns gar nicht danach ist. Es geht um eine Bewusstseinsänderung, einen neuen Zeitgeist, in dem im übertragenen Sinne an alle Menschen Einladungen wie diese verschickt werden:

Zeit zum Feiern!

Verlieren Sie sich selbst und
erleben Sie die vollständige Erfüllung!
Anlass: Kein spezieller.
Wo?: In Ihrem Bewusstsein.
Wann?: Jetzt.
Dresscode: So, wie Sie sind.
Möchten Sie teilnehmen?
Schicken Sie die Antwort an sich selbst.

Ignorieren wir diese Einladung, möglicherweise aus Angst, Verachtung oder sogar ohne Grund, spüren wir gelegentlich einen Schmerz, einfach, weil wir nicht mitmachen. Denn jeder, der das Leben liebt, möchte es feiern. Da im

Grunde immer mehr Menschen das Leben lieben können, weil ihre Grundbedürfnisse erfüllt sind, heißt dies im Umkehrschluss: Wer es nicht feiern will, fügt sich selbst Schmerzen zu. Wir sollten Hymnen auf das Leben singen, zu seiner Musik tanzen, darüber sprechen, es heraus posaunen, es fühlen und verkörpern.

Wenn wir uns für das Glück entscheiden und die Einladung annehmen, ebnen wir uns den Weg – die verschiedenen Fertigkeiten zum Kultivieren des Glücks liegen uns dann zu Füßen. Einige dieser Fertigkeiten stammen aus dem Westen, andere aus dem Osten dieser Welt. Wenn wir die Einladung ignorieren oder ablehnen, wird uns das Leben gelegentlich Schmerz bereiten, ganz so, wie wenn wir uns ohne guten Grund mit etwas zufrieden geben. Die Schriftstellerin Anaïs Nin drückte es so aus: „Und es kam der Tag, an dem das Risiko, als Knospe zu verharren, schmerzlicher wurde als das Risiko, zu erblühen."[12]

Treffen Sie also Ihre Entscheidung! Lassen Sie nicht Ihre Gene über Ihr Schicksal entscheiden. Verschreiben Sie sich lieber von ganzem Herzen dem Glück. Alles, was in diesem Buch noch folgt, wird Ihnen nach dieser wichtigen Entscheidung viel leichter fallen. Daher könnte Ihre Antwort auf die Einladung zur Feier des Lebens so aussehen:

Ich verspreche, mich dem Glück zu widmen.
Ich mache das Glück zu einem hohen Ziel
und setze alles daran, es zu erreichen.

Ich nehme die Einladung zur Feier des Lebens an.

Auch wenn wir genetisch nicht gerade für die Feier des Lebens vorbereitet sind, haben wir als Geburtsrecht die Entscheidungsfähigkeit in die Wiege gelegt bekommen. In einem haben wir nicht die Wahl: Wir können Mutter Natur nicht ganz abschütteln. Aber wir können sie, wenn notwendig, in Schach halten. Wir können mit ihr, wenn möglich, in Harmonie leben, ihre verführerischen Hilfsmittel, die sie uns zum Überleben vor die Nase hält, einfach ausschlagen. Hierzu gehören Gier, Hass und Angst – und stattdessen nutzen wir andere Werkzeuge für die Erfüllung unseres Glücksziels.

Wenn wir unseren Geist darauf konzentrieren, können wir viel erreichen. So sind wir beispielsweise genetisch auch nicht zum Lesen und Schreiben programmiert. Und doch haben wir es mit einfachen und hoch technischen Texten, verspielter Prosa und Poesie recht weit gebracht. Alle diese Texte informieren, verbinden und begeistern Menschen auf der ganzen Welt. Wer braucht also Gene, wo wir doch mit der Gabe des Geistes gesegnet sind?

WAS IST GLÜCK?

Haben wir uns für ein Leben im Glück und nicht nur für das bloße Leben entschieden, müssen wir dem Befehl „Überleben um jeden Preis!" nicht mehr blind gehorchen. Auch die Ziele und Vorteile, die möglicherweise mit diesem Befehl einhergehen oder eben nicht, werden zweitrangig. Stattdessen sollten wir uns die Frage stellen, was Glück eigentlich genau ist. Es ist überraschend, wie viele Forscher eben diesen Punkt einfach überspringen. Für manche ist das Glück etwas zu Persönliches und kann daher nur schwer definiert werden. Folglich thematisieren sie in ihren jeweiligen Studien Begriffe, die nur lose mit dem Glück in Verbindung stehen und zu denen sich jeder selbst auf dafür geschaffenen Skalen bewerten kann. Indirekt wird damit ausgedrückt: Es weiß ohnehin jeder rein intuitiv darüber Bescheid, was Glück eigentlich ist.

Abgesehen von unserem Staunen darüber, ob Menschen, die an Forschungsprojekten teilnehmen, Glück tatsächlich als gesellschaftlich wünschenswert ansehen oder es mit Freude, Sinn, Güte, glücklichen Zufällen, der Liebe Gottes, Zufriedenheit, großen Brüsten oder einem selbst herbeigeführten Adrenalin-Rausch gleichsetzen – die Annahme, wir wüssten intuitiv alle, was Glück ist, ist ein Trugschluss. Angesichts unserer langen Menschheitsgeschichte gehört das Glück zu den noch sehr jungen Themen.[13] Ein Luxus, der nur wenigen Menschen vorbehalten war, ist das Nachdenken über das Glück. Ein Luxus, der von noch viel weniger Menschen überhaupt gebilligt wurde.

Es ist nicht allzu lange her, da löste das Buch „Anleitung zum Unglücklichsein" von Paul Watzlawick unter meinen Psychologie-Kolleginnen und Kollegen sofortige Begeisterungsstürme aus, während die bloße Erwähnung des Themas Glück zu hochgezogenen Augenbrauen führte.[14] Nachdenken über das Glück wurde als reine Zeitverschwendung, der Wunsch nach Glück als Oberflächlichkeit und das Erleben von Glück als Zeichen neurotischer Ausflüchte angesehen.

Aufgrund dieser Schieflage und der relativen Neuheit des Themas ist die Definition von Glück eine wirkliche Herausforderung. Hierfür ist nicht etwa nur der Einsatz empirischer Forschung notwendig. In erster Linie muss vor allem eine systematische Schlussfolgerung und sorgfältige Synthese dessen nachvollzogen werden, was überhaupt aus diesem Thema gefolgert wurde. Ich habe mich dieser Herausforderung gestellt – in der Hoffnung auf hilfreiche Ergebnisse, die möglicherweise von zukünftigen Glücksforschern noch verbessert werden können. Ich möchte Sie an meinem Denkprozess teilhaben lassen. Vielleicht können Sie damit meine Ansichten über das Glück besser verstehen.

Zuerst sammelte ich mithilfe einer bewussten Auswahl die unterschiedlichsten Gedanken zum Thema Glück. Diese holte ich mir in bewusst gewählten Gruppen, die am ehesten etwas zu dem Thema sagen konnten. Die Stichproben bestanden aus (1) Glücksbeschreibungen von Belletristik- und Sachbuchautoren und (2) Glücksbeschreibungen von rund einhundert Befragten, die Interesse am Thema Glück geäußert hatten. Den Teilnehmern der zuletzt genannten Gruppe wurde in einem Informationsgespräch zunächst die Frage gestellt: „Was ist Ihrer Meinung nach Glück?“ Die nachfolgenden Fragen sollten weitere Aufschlüsse bringen.

Erwähnenswert ist zuallererst: Sowohl die Autoren als auch die Interviewpartner führten häufig erst einmal aus, was Glück nicht ist. Nach einigem Überlegen waren die meisten dann der Meinung, Glück habe nichts mit „haben“ gemein, also mit bestimmten Leistungsmerkmalen, Positionen, Gütern oder Geld. Tatsächlich ist eine überraschend hohe Anzahl der Teilnehmer der Ansicht, Glück könne nicht gekauft werden. Für die meisten ist Glück auch kein Endergebnis, wie etwas, das wir dauerhaft besitzen, sondern eher etwas, das sich immer wieder neu bilden muss, „da wir uns sehr schnell an alles gewöhnen“, „Dinge sich möglicherweise nicht so entwickeln, wie wir sie uns vorgestellt haben“, oder „sich Dinge über unser gesamtes Leben hinweg verändern“.

Schon früh erkannte ich bei meinen Studien: In den Glücksbeschreibungen musste deutlich zwischen den Ursachen des Glücks und der Erfahrung von Glück unterschieden werden. Ursachen für Glück gibt es so viele, wie es Menschen gibt – eine Tatsache, welche das Zaudern der Forscher hinsichtlich einer Glücksdefinition möglicherweise erklärt. Sprechen und schreiben die Menschen jedoch über ihre Glückserfahrung, wiederholen sich plötzlich Worte und Muster. Dies deutet auf Gemeinsamkeiten zwischen den individuellen Erfahrungen und weist auf übergreifende Themen hin. Weniger überraschend: Für Glückserfahrungen werden gerne Aussagen getroffen, die das Wort „Sein" verwenden, wie im Fluss sein, erhaben, erfüllt, überwältigt und von den Erfahrungen eingenommen sein – konkret wurden Gefühlserlebnisse wie beim Fliegen, Schweben, Schwimmen und Tanzen beschrieben. Mit anderen Worten: Die Menschen sehen Glück als dynamischen Zustand des Wohlbefindens an, als einen Zustand, in dem wir positiv und voller Energie engagiert sind.

Den Begriff „dynamisch" sollten wir dabei im Hinterkopf behalten. Er könnte uns bei der Definition von Glück noch helfen und ist außerdem ein Fingerzeig in Richtung guter Ernährung und Sport. Für einen dynamischen Zustand ist nämlich beides von Nöten. Eine ausgewogene Ernährung mit niedrigem Zuckergehalt, salzarme Vollwertkost, wenig oder gar kein rotes Fleisch, wenn möglich Fisch, viel Obst und Gemüse sowie Sport und Bewegung stimulieren die Produktion von Neurotransmittern, Hormonen und neurotropen Proteinen.[15] Alle genannten Zutaten haben einen positiven Einfluss auf die chemischen Abläufe in unserem Gehirn. Körperliche Bewegung sorgt insbesondere für gesunde und sogar neue Gehirnzellen, die sich leicht von Giftstoffen befreien und besser miteinander kommunizieren. Nach ausreichender Bewegung und guter Ernährung fühlen wir uns besser gegen Stress gefeit, sind beschwingt, bleiben jünger, gesünder und konzentrierter. In diesem Zusammenhang kann die „Fitness" von Körper und Geist zwar nur ein Hinweis sein, dennoch trägt sie zu unserem Wohlbefinden fraglos ihren Teil bei.

Zwei Dinge können wir bereits feststellen: Für die meisten Menschen ist Glück nicht so sehr mit „Haben" als vielmehr mit „Sein" verbunden und äußert sich als dynamischer Prozess, für den Energie und damit auch die

Gesundheit von Körper und Geist benötigt wird. Bei der genaueren Untersuchung der Glücksbeschreibungen wurde mir klar, wie häufig diese einander widersprachen – eigentlich nicht anders als bei biblischen Texten, was zu Verwirrung, wenn nicht gar zu Spaltungen unter Gläubigen führt.

So wird in manchen Schilderungen des Glücks beispielsweise die Bedeutung von Eigeninitiative und Kontrolle betont: „Jeder ist seines Glückes Schmied". Andere wiederum warnen genau vor solch einem Eingriff: „Je mehr wir nach dem Glück suchen, desto weniger wahrscheinlich werden wir es finden." Für den einen ist Gemeinschaft genau so wichtig wie für den anderen Einsamkeit. Die Liste der Widersprüche in den Glücksschilderungen kann endlos fortgeführt werden. An dieser Stelle möchte ich Ihnen ein paar davon vorstellen:

„Mein größtes Glück besteht darin, nichts zu unternehmen, das darauf zielt, Glück zu erlangen ... Zufriedenheit und Wohlbefinden werden in dem Moment möglich, in dem du aufhörst, danach zu schauen." *Chuang Tse*	Statt	„Man ist glücklich als Ergebnis eigenen Ehrgeizes, sobald man die notwendigen Bestandteile des Glücks kennt - einen einfachen Geschmack, ein gewisses Maß an Mut, ein gewisses Maß an Selbstverleugnung, Liebe zur Arbeit und vor allem ein reines Gewissen. Glück ist kein unbestimmter Traum, dessen bin ich mir nun gewiss." *George Sand*
„Ich finde es heilsam, den größeren Teil meiner Zeit allein zu verbringen. In Gesellschaft zu sein, selbst mit den besten Menschen, ist schon bald ermüdend und verzettelnd. Ich liebe es, allein zu sein, ich habe nie einen Gefährten gefunden, der so gesellig war wie die Einsamkeit." *Henry David Thoreau*	Statt	„Glück beruht auf der angenehmen Gesellschaft von Freunden." *Pam Brown* „Alle, die Freude ereilt, müssen sie teilen - Glück wurde als Zwilling geboren." *Lord Byron*

„Glück ist wie ein Schmetterling. Wenn wir ihn erhaschen wollen, entwischt er uns. Doch wenn du dich ganz still hinsetzt, macht er es sich möglicherweise auf dir bequem." *Nathaniel Hawthorn*	Statt	„Weit in der Ferne, im Schein der Sonne, befinden sich meine höchsten Ziele. Vielleicht erreiche ich sie nicht, aber ich kann aufschauen, um ihre Schönheit zu erblicken, an sie zu glauben und versuchen, ihnen dorthin zu folgen, wohin sie mich führen." *Louisa May Alcott*
„Zufriedenheit ist der Stein der Weisen, der alles in Gold verwandelt, was er berührt. Mit diesem Stein wird der arme Mann zu einem reichen Mann; ohne diesen Stein wird der reiche Mann zu einem armen Mann." *Sprichwort*	Statt	„Erschaffe alles Glück, das du erschaffen kannst. Entferne alles Elend, das du entfernen kannst." *Jeremy Bentham*

Diese Gegensätze können wir als zwei Seiten einer Medaille ansehen – der Münze des Glücks. Diese Schlussfolgerung liegt nahe, da diese Gegensätze etwas Wesentliches gemeinsam haben: Sie alle weisen auf ein gutes und erfülltes Leben hin, ein Leben, in dem wir positiv und dynamisch engagiert sind.

GLÜCK UND DER FLUSS DES LEBENS

Alle diese Auslegungen des Glücks sprechen sich für ein Engagement im Leben aus oder rufen zur Teilhabe am Leben auf. Wenn wir Glück in diesem Sinne verstehen, insbesondere als Teilhabe am Leben, dann werden negative Erfahrungen ein Teil davon. Menschen, die über das Glück nachdenken, wissen das und beziehen häufig das gesamte Spektrum schlechter Gefühle mit ein. Denken wir nur einmal an die Elternschaft. Kinder können einem den letzten Nerv rauben: Sie lassen einen nicht schlafen, sorgen im Haus für Chaos, zwingen einen zum erneuten Erlernen von Schulfächern, die einem schon zu eigenen Schulzeiten zuwider waren und belasten bisweilen die Beziehung der Eltern. Und doch... Hand aufs Herz: Gibt es etwas Schöneres, als Kindern beim Spielen und Kichern zuzuschauen oder wenn sie sich in unsere Arme werfen? Ja, Unmut, Traurigkeit und Wut *können* und *müssen* manchmal ein Teil von Glück sein. Aber wenn wir ein überwältigendes Gefühl von Teilhabe am Leben erfahren, können wir uns im Grunde als glücklich betrachten.

Dementsprechend ist das Gegenteil von Glück die erdrückende Erfahrung eines bewegungslosen Abgekoppeltseins. Dann stehen wir im übertragenen Sinne außerhalb des Lebens und empfinden uns wie durch eine undurchdringliche Glaswand vom Leben anderer getrennt und kommen uns wie Spione vor. Und wirklich, der größte Schmerz ist: wie angewurzelt zu sein oder das Gleiche immer wieder aufs Neue in einer Endlosschleife fühlen zu müssen. Oder wir fühlen überhaupt nichts mehr, wie es häufig bei schweren Depressionen vorkommt.

Forscher fanden heraus: Ein Hauptmerkmal der Depression ist die Unfähigkeit zur Teilhabe an einem erfüllten Leben. Das ist wohl nicht verwunderlich. Cantor und Sanderson beispielsweise sind der Ansicht: Depressionen sind typischerweise mit der Entfremdung von Aktivitäten und Beziehungen verbunden.[16] Wenn wir uns derart entfremdet fühlen, scheint sich in unserem Leben nichts Wichtiges mehr zu ereignen. Bemerken wir dann auch noch, wie sehr andere Menschen am Leben teilnehmen, kennt unser Unglück keine Grenzen mehr. Obwohl das Leben zum Greifen nahe scheint, fühlen wir uns wie in einem Theaterstück, bei dem uns der Zutritt zur Bühne versperrt ist. Wir beneiden alle, die auf der Bühne stehen, selbst wenn sie weinen, denn sie sind wenigstens lebendig. Doch unser Herz schlägt ohne emotionale Höhen und Tiefen und ohne Konsequenzen oder irgendeine Bedeutung einfach vor sich hin.

Wir müssen vorübergehende Unglückszustände als einen Teil des Glücks akzeptieren. Dies ist ein ganz essentieller Schritt. Denn unser Herz und Verstand werden von diesem Moment an offener und weiter. Wir können mehr von der Welt aufnehmen, mit der wir uns so gerne verbunden fühlen möchten. Können wir beispielsweise nach dem Tod eines geliebten Menschen nicht trauern, sind wir in einer ganz bestimmten Weise spürbar vom Leben abgeschnitten. Wer in einer Beziehung gelegentlich nicht auch mal traurig oder enttäuscht ist, zeigt Zeichen des Rückzugs und fühlt zu sich selbst und anderen keine Nähe. Sogar noch stärker belastende Gefühle wie Angst und Wut haben ihren Platz im glücklichen Leben, wobei hier die harmlosen und eher zurückhaltenden Varianten gemeint sind. Aber Vorsicht: Wenn wir auf alles, was wir fühlen, reagieren oder uns von unseren Gefühlen überwältigen lassen, wäre das der falsche Ansatz. Dennoch müssen wir das, was wir fühlen, akzeptieren oder zumindest wahrnehmen.

Da sich negative Gefühle sowohl in der westlichen als auch in der östlichen Welt einen schlechten Ruf erworben haben, sind wir stets auf der Hut vor diesen quälenden Monstern, die in der Dunkelheit sinnlose Angriffe auf uns planen. Klammern wir uns jedoch ganz an glückliche Gefühle und jagen wir dem Licht hinterher, während wir im Grunde nur auf der Flucht vor unbequemen Wahrheiten sind, werden die Monster noch größer. Selbstbetrug ist nur eine Spielart davon. Wenn wir am Fluss des Lebens teilhaben möchten, müssen wir auch sich ändernde Fließrichtungen akzeptieren. Veränderungen sind unvermeidlich. Unsere Gefühle warnen uns vor solchen Richtungswechseln und tragen damit zu einem erfüllten Leben bei. Nur wenn unsere Gefühle unbemerkt und unkontrolliert herausbrechen und uns und andere dominieren, sabotieren sie das Glücksempfinden.

Das Glück besteht also nicht nur aus einer Erfahrung oder einer Ansammlung nur guter Erlebnisse. Glück ist aber auch nicht die ganze Bandbreite an Erfahrungen auf einmal, ohne Schwerpunkt, Ordnung oder Richtung. Der gesunde Menschenverstand legt nahe: Glück hat mit Harmonie und nicht mit Chaos zu tun. Was unsere Erfahrungen ordnet, ist die Vielzahl an funktionalen Beziehungen, die wir mit der Welt haben: Beziehungen, die auf bestimmten Fähigkeiten und konzentrierter Aufmerksamkeit beruhen. Durch diese funktionalen Beziehungen erfahren wir, wer wir abgesehen von unserem Ego sind: nämlich kreative Teilnehmer am Leben. Mit anderen Worten: Glück hängt von unserer Beziehungsfähigkeit ab. Dies ist die dynamische Lebenserfahrung par excellence.

GLÜCK UND HANDELN

Mit diesen Gedanken im Hinterkopf schaute ich mir die Studie mit ihren widersprüchlichen Aussagen über das Glück erneut an. Dabei stellte ich fest: Die Widersprüche wiesen auf zwei Arten von Beziehungen hin, die wir mit der Welt haben: (1) das *Handeln*, wenn wir also am Leben teilnehmen oder uns selbst zu einem Teil des Lebens machen und (2) das *Nichthandeln*, wenn wir also feststellen: Wir nehmen bereits am Leben Teil und sind jetzt schon völlig integriert. Glück, so schloss ich daraus, ist das Resultat davon, sich auf beide Arten und Weisen auf das Leben zu beziehen.

Lassen Sie uns zunächst unsere Teilhabe am Leben betrachten während wir handeln. Wir machen uns vor allem selbst zum Teil des Lebens, indem wir Beziehungen zu verschiedenen Menschen eingehen: zu unseren Eltern, Geschwistern, Lebenspartnern, Kindern, Freunden, Nachbarn, Kollegen, zu Hunden und Katzen – kurz: zu anderen Lebewesen. Aus diesem Grund finden sich in den schriftlichen und mündlichen Schilderungen des Glücks endlose Hinweise auf die Liebe, das Mitgefühl und Freundschaft. Wir sind eine gesellige Spezies. Und nichts schneidet uns so sehr vom Leben ab wie die Isolation von der Gesellschaft. Für Aristoteles – den wohl einflussreichsten Befürworter eines aktiven Wegs zum Glück – waren Freunde äußerst wichtig. Ein Leben ohne sie wäre für ihn nicht lebenswert gewesen.[17] Diese Position mag extrem erscheinen, aber es gibt durchaus andere begründete Hinweise, die besagen: Persönliche Beziehungen gehören zu den wichtigsten Zutaten zum Glück (siehe Kapitel 6).

Wir machen uns ebenfalls zum Teil des Lebens, sobald wir an der Verwirklichung unserer Träume arbeiten. Das Verfolgen definierbarer Ziele kann als eine Art Beziehung angesehen werden, wenn wir Rückmeldungen für unsere im Werden befindliche Arbeit erhalten. Mihály Csíkszentmihályi hat ausführlich über diese Art von Beziehung mit dem Leben geschrieben und dabei das gezielte Vorantreiben erreichbarer, individueller und geeigneter Ziele hervorgehoben.[18] Wenn wir dies nämlich tun, schaffen wir ein harmonisch geordnetes Bewusstsein, das oft als *Flow* beschrieben wird. Csíkszentmihályi schreibt: Die Flow-Erfahrungen „addieren sich bis hin zur Meisterschaft – oder vielleicht noch besser ausgedrückt: Sie geben einem das Gefühl von Teilhabe an der Festlegung von Lebensinhalten – die so nah wie nichts anderes, was wir uns möglicherweise vorstellen können, an das heran kommt, was in der Regel mit Glück gemeint ist."[19]

Die Vorstellung von Glück als „aktive Teilhabe" an etwas dominiert das westliche Denken. Wir neigen zu der Vorstellung, Glück sei das Ergebnis aktiver Interaktion mit der Welt der Formen oder Strukturen, zu denen andere Lebewesen und externe Ziele gehören. Unsere Interaktionen sollen uns Kraft geben und wo möglich auch andere stärken. Wir sind der Ansicht, dass Arbeiten, Spielen und Liebe zum Glück führen und das ist richtig – zumindest teilweise.

GLÜCK UND NICHTHANDELN

Die aktive Teilhabe am Leben ist allerdings noch nicht die ganze Wahrheit über das Glück – nicht einmal im Westen. Ziehen wir nämlich einflussreiche Bücher wie das Alte Testament oder die Thora zu Rate, stellen wir fest: Am Anfang aller Zeiten begann alles mit aktiver Teilhabe. Gott hatte ein gewaltiges, aber für ihn angemessenes und erreichbares Ziel – nämlich die Schaffung der gesamten Welt in weniger als einer Woche. Die Menschen sollten die Erde beherrschen und somit in gewisser Weise auch das göttliche Handeln.

Abgesehen davon, wie froh Gott über seine Schöpfung auch war: Er segnete nicht etwa die sechs Tage Arbeit, sondern den Tag danach. Wie wir wissen, wurde der siebente Tag von ihm gesegnet, weil er an diesem Tage ruhte.

> Am siebenten Tag vollendete Gott sein Werk – das er geschaffen hatte und ruhte am siebenten Tage von allen seinen Werken, die er vollbracht hatte. Und Gott segnete den siebenten Tag und erklärte ihn für heilig, denn an ihm ruhte Gott von der gesamten Schöpfung, die er vollbracht hatte.[20]

Im Neuen Testament finden wir einen weiteren ergreifenden Hinweis auf das Glück, das anders ist als bloße aktive Teilhabe. Im Evangelium des Matthäus gibt uns Jesus den Rat, nicht unsere gesamte Zeit mit Arbeiten und Grübeln über unseren Lebensunterhalt zu verbringen. Er besteht vielmehr darauf: Alles wird sich zum Rechten fügen, sofern wir nur einen festen Glauben an Gott haben:

> Schaut die Lilien auf dem Felde, wie sie wachsen: sie arbeiten nicht, auch spinnen sie nicht: Und doch sage ich euch, dass auch Salomo in aller seiner Herrlichkeit nicht wie eine von diesen gekleidet war. Wenn Gott also das Gras des Feldes kleidet, das heute steht und morgen in den Ofen geworfen wird, sollte er das nicht viel mehr für euch tun, ihr Kleingläubigen? [21]

Daher muss es neben dem Glück der aktiven Teilhabe am Leben noch einen zusätzlichen Weg geben. Dabei wird es sich nicht um einen inaktiven Weg handeln, denn Passivität kann wohl kaum mit Glück in Verbindung gebracht werden. Stattdessen geht es ums Nichthandeln. Wenn wir erkennen, dass wir bereits ein Teil des Lebens oder der Existenz an sich sind – was per definitionem das einzig Wahre und in sich Perfekte ist – brauchen wir nicht mehr kämpfen und uns mit den Strapazen des Lebens abmühen. In den Momenten, in denen wir die Existenz mit geschärftem Bewusstsein wahrnehmen, hört in uns der Drang nach Tun und Einmischung auf. Stattdessen stellen wir fest, was uns bereits Gutes widerfahren ist und für uns oder durch uns getan wurde. Wenn wir uns zurücknehmen, sobald wir das Sein an sich erkennen, verlangsamt sich alles – wir entspannen und genießen.

Das östliche Denken widmet sich vor allem dieser nicht aktiven Art der Teilhabe am Leben. Laotse, der legendäre Begründer der chinesischen Philosophie des Taoismus, schrieb:

> Der Weg, das Leben zu nutzen führt nicht über das Handeln.
> Der Weg, das Leben zu nutzen, erfolgt über sämtliches Tun im Sein. [22]

Die gleichen Zeilen beginnen in einer anderen Übersetzung mit dem Wort *Tao*, das als „der Weg“, „Bewegung“ oder „das Wesen der Natur“ übersetzt werden kann:

Tao macht kein Getue,
Und doch macht es alles.[23]

Der Weg der nicht aktiven Teilhabe am Leben erfolgt also nicht über das Nichtstun sondern über das Bewusstsein für das Leben in und um uns herum, das für uns alles wunderbar und vollkommen bereitet. Mit anderen Worten: Die nicht aktive Teilhabe ist das Gewahrsein unserer Verbundenheit mit dem großen Fluss des Lebens. Diesen Fluss können wir wahrnehmen, wenn wir etwas tun, oder wenn wir eben nichts tun. Aber wir müssen unsere Augen dafür offen halten.

Glück ist eine Sache der Aufmerksamkeit. Einerseits müssen wir auf das Konkrete im Leben achten: unsere Hände schmutzig machen, Saat säen, Früchte ernten und mit Freunden und Familie teilen. Andererseits müssen wir auf das Leben als Ganzes achten: das Zusammenspiel von Hand und Erde sehen, von Pflanzen und Saat, Sonne und Früchten, Freunden und Familie. Keiner der beiden Wege ist für sich allein genommen ausreichend: Handeln wir ohne Bewusstsein, verfliegt die Zeit und das Leben erscheint zu kurz. Bewusstsein ohne Handeln entwurzelt uns: Wir glauben zu fliegen, während wir in Wirklichkeit nur den Kontakt zur Erde verloren haben.

Der aus der westlichen Welt stammende Schriftsteller Hermann Hesse war stark vom östlichen Denken geprägt und schrieb über das Glück aus einer nicht aktiven Perspektive. Einmal beschrieb er den glücklichsten Moment seines Lebens. Ich fasse in eigenen Worten zusammen:

> Es ereignete sich an einem Sonntagmorgen, als ich noch ein kleiner Junge war. Ich war noch nicht ganz wach, lag auf meinem Bett und schaute aus dem Fenster in den Himmel und auf das Dach unseres Hauses. Plötzlich fühlte ich mich mit mir und der Welt eins. Während ich mir die unterschiedlichen Blau- und Braunschattierungen des Himmels und des Daches anschaute, kam es mir vor, als würden die Farben miteinander spielen. Sie erschienen mir sinnvoll. Sie gehörten als Einheit zusammen. Ich war hellwach und war doch ganz losgelöst von der Zeit; ich hatte vor nichts Angst, noch erhoffte ich irgendetwas.[24]

Um ein solches Glück fühlen zu können, muss der junge Hesse in diesem Moment eine verstärkte Wahrnehmung für seine eigene Teilhabe an dieser Einheit gehabt haben. Diese Wahrnehmung ist ein immer wiederkehrendes Thema vieler östlicher Denkweisen. Buddhisten beispielsweise nutzen die Kontemplation und die Meditation, um die Einheit mit der Welt zu spüren.[25] Wenn wir unsere Teilhabe an diesem Eins-Sein fühlen möchten, sollte der Geist frei sein von Gefühlen aus der Vergangenheit und Gegenwart, von Überlegungen und von konkreten Zielen.

Hesse definiert das Glück auf den Grundlagen östlichen Denkens und basierend auf dieser Art von Erfahrung wie im folgenden Zitat:

> Unter Glück verstehe ich etwas ganz Objektives, nämlich die Ganzheit selbst, das zeitlose Sein, die ewige Musik der Welt, das, was andre etwa die Harmonie der Sphären oder das Lächeln Gottes genannt haben... Atmen in vollkommener Gegenwart, Mitsingen im Chor der Sphären, Mittanzen im Reigen der Welt, Mitlachen im ewigen Lachen Gottes, das ist unsere Teilhabe am Glück.[26]

Hätte sich der junge Hesse nicht auf den Moment fokussiert, wäre ihm die „ewige Musik der Welt“ verborgen geblieben. Tatsächlich ist der aktive wie auch der nicht aktive Weg zur Teilhabe am Leben abhängig davon, wie klar wir unsere Aufmerksamkeit ausrichten können. Wenn wir uns einerseits stark auf eine bestimmte Sache oder ein Ziel konzentrieren und andererseits auf das Sein an sich, verschwindet alles andere in den Hintergrund, auch unsere Wahrnehmung von Besitz, Zeit, Ego und sogar unserer Gefühle. Eine Last wird von uns genommen, wenn eine Sache bzw. eine Form oder kognitive Konstrukte, wie Vorstellungen von einer Sache, an Macht verlieren. Wir fühlen uns dann weniger belastet, frei und lebendig.

Leider sehen die Verfechter des aktiven Weges zur Teilhabe am Leben oft nicht den Wert des nichtaktiven Weges und umgekehrt. Dadurch begreifen und schätzen die meisten Menschen nur die Hälfte der Glücksqualitäten und setzen sie so nur teilweise bewusst praktisch um. Denn es fehlt ihnen immer etwas von der komplementären Seite. So sind sie nie ganz erfüllt oder voller Vertrauen auf dem richtigen Weg.

Die Menschen begrenzen ihr Glück und bemerken dies gar nicht. Der persische Schah Nasreddin (Nāser ad-Dīn Schāh) ist ein historisches Beispiel für diese einseitige Sicht der Dinge. Als er 1873 durch Europa reiste, war der Schah über die handlungsorientierte Lebensweise der Europäer, von denen er annahm, sie seien glücklich, irritiert. Er konnte einfach nicht begreifen, warum ein Kaiser beispielsweise „schuftete", obwohl ihn so viele kompetente Leute umgaben. Als der Schah dann auch noch zum Tanzen eingeladen wurde empfand er das beinahe als Zumutung. Denn in seiner Welt wurden nur Sklaven mit solch „lästigen Aufgaben" betreut. Seine Erleichterung war groß, als ihm sein Gastgeber sagte, er müsse nicht an dem geplanten Ball teilnehmen.[27]

Auch hier wieder: Die Akteure der modernen Gesellschaft sind im besten Fall auf den Weg der aktiven Teilhabe am Leben begrenzt, da sie Nichthandeln, was im Grunde das Sein an sich ist, praktisch verurteilen. Das Leben schätzen wie es ist, über die eigene Existenz staunen, das Sein genießen und nicht gleich zur nächsten Tätigkeit hetzen: All das wirkt auf sehr viele Menschen wie eine reine Verschwendung von Zeit. Abgesehen davon wird Nichthandeln allzu gern mit Faulheit gleichgesetzt. In produktiven oder kapitalistischen Gesellschaften wird das stets verteufelt. Gegenüber Stille, Freizeit und sogar Schlaf sind wir misstrauisch. Alan Watts stellte fest: „Trotz immensen Trubels und nervlicher Belastung sind wir fest davon überzeugt: Schlaf ist pure Verschwendung wertvoller Zeit. Von solchen Phantasien lassen wir uns bis spät in die Nacht hinein verfolgen."[28] Vor allem die Menschen im Westen stehlen der Nacht gerne ihre Zeit. So der nötigen Ruhe beraubt, grübeln wir zu viel über die Sorgen der Zukunft und sind nie vollständig in der Gegenwart. Diese Neigung trägt in unserer hoch produktiven Zeit zur spirituellen Leere bei. Auf lange Sicht höhlt uns Handeln ohne Verbindung zum Sein, ohne Stille und Ruhe aus, auch wenn wir durchaus Flow-Erfahrungen erleben und positive, persönliche Beziehungen aufbauen.

Glück wird daher unmöglich, wenn wir uns entweder nur auf den aktiven Aufbau von Beziehungen (Streben) oder das Verwirklichen und Leben von schon bestehenden Beziehungen (Sein) beschränken. Wer glücklich sein möchte, braucht ein Gleichgewicht aus diesen beiden Arten, unsere Teilhabe am Leben zu erfahren. Jede Medaille hat eben ihre zwei Seiten.

GLEICHGEWICHT ZWISCHEN HANDELN UND NICHTHANDELN

Es stellt sich also die Frage, wie wir ein Gleichgewicht zwischen diesen Wegen zur Teilhabe am Leben herstellen können. Da Erfahrungen über unser Bewusstsein geschaffen werden, ist es unser Bewusstsein, das seinen Weg finden muss, worauf wir uns in bestimmten Momenten konzentrieren sollten.

Jede Art der Teilhabe am Leben erfordert besondere Fähigkeiten, ein bestimmtes Know-how und ein spezielles Augenmerk. Unser Bewusstsein muss auf zwei unterschiedliche Bewusstseinsebenen zugreifen, nämlich auf die analytische Bewusstseinsebene und die spirituelle Bewusstseinsebene. Wenn wir aktiv mit der so genannten objektiven Welt in Beziehung stehen, sind wir auf der analytischen Bewusstseinsebene – nicht zu verwechseln mit dem Überlebensmodus, in dem wir mit der reinen Form der Dinge in Beziehung stehen. Wenn wir uns auf das Sein fokussieren, sind wir auf der spirituellen Bewusstseinsebene – diese darf nicht mit Untätigkeit oder Passivität verwechselt werden.

Zwar neigen beide Bewusstseinsebenen dazu, sich gegenseitig zu unterstützen, beide unterscheiden sich jedoch sehr voneinander. Die Unterscheidung zwischen den Bewusstseinsebenen hilft beim Einordnen der sich scheinbar widersprechenden Ideen und Erfahrungen des Glücks. Zusammen bilden die analytische und die spirituelle Bewusstseinsebene das, was ich als die beiden Flügel des Glücks bezeichne. Wenn wir diesen Gedanken folgen, bekommen wir folgende Definition des Glücks:

Glück bedeutet: die immer wieder neue Teilhabe am Leben, sowohl im aktiven als auch im nichtaktiven Sinne. Aktive Teilhabe erfährt man auf der analytischen Bewusstseinsebene, in dem wir uns mit Achtsamkeit auf die sogenannte objektive Welt – andere Wesen und externe Ziele – beziehen. Nichtaktive Teilhabe erfährt man auf der spirituellen Bewusstseinsebene, in dem wir uns mit Achtsamkeit auf das undefinierbare Sein beziehen.

Ich weiß schon: Diese Definition ist ein harter Brocken, dabei sehnen wir uns doch eigentlich nach Einfachheit. Glück ist ein komplexer Weg, der nur leicht wird, wenn wir ihn gehen. Glück ist eine Frage von Achtsamkeit. Einerseits müssen wir auf das tägliche Leben Acht geben: unsere Hände schmutzig machen, die Saat säen, Früchte ernten und mit Freunden und Familie teilen. Andererseits sollten wir im Leben auch auf das achten, was alles miteinander verbindet: das Zusammenspiel von Hand und Erde, von Pflanzen und Saat, Sonne und Früchten, Freunden und Familie. Keine Art der Achtsamkeit ist für sich allein genommen genug.

EINFÜHRUNG IN DIE BEIDEN EBENEN DES BEWUSSTSEINS

Lassen Sie mich in dieser Einführung zunächst aufzeigen, was diese beiden Ebenen des Bewusstseins gemeinsam haben. Wie bereits erwähnt, hängen beide Bewusstseinsebenen von unserer Fähigkeit zur Achtsamkeit ab. Egal, ob in der westlichen oder östlichen Kultur: Ist unser Geist unkonzentriert, zappelt er wie eine Amöbe herum, stößt wahllos in Dinge hinein und zieht um jeden Preis alles mit sich, was auch immer zum Überleben hilfreich sein könnte. Das Glück entwischt. Ohne Achtsamkeit liegen unsere Kapazitäten brach, wir fühlen uns richtungslos und schlapp.

Wenn wir aber im Gegenteil unser Bewusstsein konzentrieren, können wir Informationen nicht nur besser aufnehmen, sondern sie weiter entwickeln und das, worauf wir uns gerade ausrichten, möglicherweise auch verändern. Da Achtsamkeit unseren Austausch mit der Umwelt erleichtert, fördert sie unsere Fähigkeit, am Leben teilzunehmen – und damit unser Glück.

Darüber hinaus ist aber nicht allein die Achtsamkeit an sich wichtig, sondern auch worauf wir achten. Ein Mörder beispielsweise konzentriert sich auf den Mord an seinem Opfer – aber er ist nicht glücklich. Ein cleverer Dieb ist extrem wachsam, wenn er gerade ein Auto aufbricht. Auch ein guter Lügner ist wachsam, wenn er die Wahrheit zu seinen Gunsten verbiegt. Aber beide sind wohl nicht glücklich, zumindest nicht auf lange Sicht. Wir sollten also nicht nur achtsam sein, sondern unsere Aufmerksamkeit – auch auf gute Ziele, gute Menschen und auf das gute Leben, also das Sein richten.

Ein Ingenieur, der sich auf beruflich positive Ziele konzentriert, ist nicht unbedingt glücklich, wenn er abends in sein leeres, kaltes Haus zurückkommt. Ein Workaholic hat keine Zeit für Beziehungen mit anderen. Auch kann er nicht lang genug mit dem Sein in Verbindung treten – egal wie angefüllt und warm sein Haus ist. Unabhängig davon, wie viel Freude unser fokussierter Geist uns bereitet: Nichts sollte uns jemals vom menschlichen Miteinander und dem Sein an sich abspalten. Eins ist für unser Glück sehr wichtig: Unsere Aufmerksamkeit sollte nie mit unserem allgemeinen Gefühl der Zugehörigkeit kollidieren, sondern es verbessern.

Hierin müssen wir eine umsichtige Balance erreichen: in unseren Beziehungen zum Leben an sich wie auch zu denen innerhalb unseres Lebens. Dabei sollten wir den Fokus auf gute Ziele, gute Menschen und auf das Sein richten und dabei keine dieser drei Größen vernachlässigen. Hier stellt sich jedoch ein Problem, denn die richtige Balance ist etwas sehr Persönliches; sie kann sich auch während unseres gesamten Lebens verändern. Kein Lehrer oder Buch kann uns mit Sicherheit sagen, wie wir diese Variablen genau abwägen und füllen sollten. Sowohl auf der analytischen als auch auf der spirituellen Bewusstseinsebene stellt sich die Frage: Wie sollen wir mit der Welt in Beziehung treten und wie nicht? Die Antwort darauf müssen wir lernen. Wir sollten jede Bewusstseinsebene genauer betrachten und deren jeweils besondere Eigenschaften ermitteln. Auch das gehört dazu, wenn wir mehr über uns selbst lernen möchten.

ANALYTISCHE BEWUSSTSEINSEBENE

Fokussieren wir uns auf der analytischen Bewusstseinsebene auf ein Ziel oder eine Person, liegt in beiden Fällen der Fokus außerhalb unseres Selbst. Wenn wir den Fokus auf ein definierbares, externes Ziel richten, knüpfen wir eine Beziehung zu unserem Ziel. Die Beziehung besteht dann zwischen uns (dem „Selbst") und dem „Anderen". Wenn wir das Andere mit Eifer, Kompetenz und Selbstvertrauen verfolgen, füllt sich diese Beziehung mit Leben. Dies ist dann anders als beim individuellen Selbst, welches allein steht. Daher erleben wir diese Beziehung als Energiefluss. Es besteht eine positive Spannung sowie ein Austausch zwischen uns und unserem Ziel.

Wenn wir eine Beziehung zu einem anderen fühlenden Lebewesen eingehen, erleben wir ebenfalls einen Energiefluss, einen Fluss, der eine soziale, wenn nicht gar erotische Komponente hat. Dieser Fluss wird immer stärker, wenn es nicht um zwei getrennte Individuen geht, sondern um die Beziehung, eine Gegenseitigkeit oder kraftspendende Wechselwirkung. Dies erfordert Arbeit und Mühe, ähnlich wie das Verfolgen guter Ziele. Wir können uns das so vorstellen: Unser Bewusstsein ist auf der analytischen Bewusstseinsebene etwas, das sich zwischen uns auf der einen Seite und einem von uns unterschiedlichen Wesen oder Ziel auf der anderen Seite ausdehnt:

Analytische Bewusstseinsebene

SELBST <------ BEWUSSTER FOKUS ------> ANDERES
(anderes Lebewesen;
äußeres Ziel)

Auf der analytischen Bewusstseinsebene konzentriert sich unser Bewusstsein auf außen liegende Schwerpunkte, die uns eine Rückmeldung geben können. Dies erschafft einen Energiefluss zwischen dem Selbst und dem Anderen.

Um einen Energiefluss auszulösen, muss sich unser Bewusstsein erweitern. Mit anderen Worten: Wir sollten zum anderen Menschen einen gewissen Abstand halten. Während wir uns durch diese Beziehung als lebendiger Teil des Lebens fühlen, können wir auf der analytischen Bewusstseinsebene weder mit dem Ziel oder anderen Wesen ganz verschmelzen, noch können wir es uns erlauben, vom jeweils Anderen abgetrennt zu sein. Wenn wir beispielsweise einem Problem zu nahe sind, werden wir nicht alle darin enthaltenen Schwierigkeiten erkennen und geraten deshalb auf Abwege. Wenn wir auf der anderen Seite zu weit von einem Problem entfernt sind, verlieren wir den Kontakt zu seiner Wirklichkeit und übersehen so gleich sämtliche Schwierigkeiten. In beiden Fällen fühlen wir uns im Prozess zur Lösung des Problems nicht lebendig.

Das gleiche gilt für persönliche Beziehungen. Außer in seltenen Fällen – nämlich dann, wenn wir uns im ausgewogenen Übergang zur spirituellen Bewusstseinsebene befinden – ist das Gefühl der „Einheit“ mit dem Anderen kontraproduktiv. Wir müssen durch die Entwicklung unseres einzigartigen Potenzials ein getrenntes Selbstgefühl erhalten und sogar ausbauen. Auf der anderen Seite sollten wir die Beziehung nicht aus den Augen verlieren. Das Teilen unseres Selbst und das kontinuierliche aktive Interesse oder die Freude am Anderen sind extrem wichtig. Ohne die angemessene Distanz zwischen uns und dem Anderen wird unsere Beziehung jedoch lähmend und leblos.

Unsere Beziehungen zu Zielen oder Menschen werden nur positiv und erfüllend, wenn wir unsere Aufmerksamkeit jeweils nur auf eine Beziehung richten. Wenn wir ein Gefühl von Stärke und Lebendigkeit haben möchten, kann sich unser Bewusstsein nur auf ein „Anderes" erstrecken. So notwendig und aufregend Multitasking auch sein mag, wir werden dadurch über die Maßen stimuliert. Natürlich können und sollten wir in unserem Leben zahlreiche Ziele und mehrere Freunde haben. Dennoch: Zum Aufrechterhalten der energetischen Beziehung benötigt jede einzelne unsere besondere Aufmerksamkeit. Wir werden verwirrt und auf lange Sicht unglücklich, wenn wir keine Prioritäten setzen können oder einfach nicht wissen, wie das geht.

Wenn wir uns in einem Moment nur auf ein Ziel oder auf eine Person konzentrieren, sind wir häufig erfolgreich oder haben gute Aussichten für einen positiven Ausgang. Dementsprechend möchten wir auf der analytischen Bewusstseinsebene das Gefühl haben: Etwas ist zum Greifen nahe. Halten wir die Augen auf den Ball gerichtet, können wir punkten, Probleme lösen und Fähigkeiten ausbauen. Unsere Erwartungen steigen, – und sollten manchmal auch steigen – wenn wir etwas oder jemandem nachgehen. Hüten Sie sich davor, nichts zu erwarten. Denken Sie dabei an persönliche Beziehungen. Besonders uns Frauen wurde – und wird manchmal noch heute – gesagt, wir sollten keine konkreten Erwartungen von unserem Lebensgefährten haben. Wir Frauen sollten vielmehr nur geben und hingebungsvoll handeln. Natürlich in völliger Selbstvergessenheit und Selbstverleugnung, vorzugsweise mit einem Lächeln auf dem Gesicht. Auch wenn bestimmte oder zu große Erwartungen dem Glück bei unserem Streben hinderlich sein können: Gar keine Erwartungen haben, ist auf alle Fälle ein Hindernis für das Glück. Lassen Sie uns nun die charakteristischen Eigenschaften der analytischen Bewusstseinsebene zusammenfassen:

- Gezieltes Licht/zielgerichtete Aufmerksamkeit
- Positive Spannung zwischen dem Selbst und dem Anderen
- Abstand zwischen dem Selbst und dem Anderen
- Erwartung eines erfolgreichen Strebens nach einem externen Ziel oder nach einem von uns getrennten anderen Sein
- Einsatzfreude

Da uns die Umsetzung von Beziehungen mit Zielen und Menschen Mühe kostet, sind unsere Erfahrungen auf der analytischen Bewusstseinsebene nicht immer optimal. Selbst mit viel Übung müssen wir unsere Fähigkeiten und Erwartungen immer wieder anpassen. Menschen mit Mehrfachbelastungen sind besonders herausgefordert. Da sie sich vor allem um ihren Lebensunterhalt kümmern müssen, fehlt ihnen die ausreichende Zeit für das Streben nach etwas anderem. Manchmal sind wir schlicht zu müde oder abgelenkt. Dann können wir kein Feedback geben oder erhalten. Informationen oder Unterstützung von außen wären möglicherweise notwendig, aber wie erreichen wir das? Zwischenmenschliche Beziehungen sind besonders verletzlich, denn wir sind für einander „bewegliche Ziele“. Dies bedeutet: Der Fluss zwischen zwei Menschen kann leicht unterbrochen werden.

SPIRITUELLE BEWUSSTSEINSEBENE

Selbst wenn alle Bedingungen für eine vollkommene Erfahrung erfüllt sind, können wir uns doch nicht ständig auf ein bestimmtes äußeres Ziel oder auf ein bestimmtes anderes Lebewesen konzentrieren. Denn diese Anspannung fordert ihren Tribut. Einerseits kann unsere Beziehung zu etwas anderem vital und kräftigend wirken. Andererseits kann das aber auch zu viel des Guten werden. Deshalb verringert unser Bewusstsein möglicherweise seine Aufmerksamkeit, und die Grenzen zwischen uns und der Außenwelt verschwimmen. Unser Bewusstsein richtet sich auf sich selbst. Wenn dies geschieht, betreten wir die spirituelle Bewusstseinsebene, in dem wir all unser Sein fühlen.

Anstelle der zielgerichteten Aufmerksamkeit auf der analytischen Bewusstseinsebene benötigen wir nun „Flutlicht“, eine allumfassende Aufmerksamkeit für die Wahrnehmung des Seins auf der spirituellen Bewusstseinsebene. Das Sein birgt nicht nur unseren eigenen Leib und unsere eigene Seele in sich, sondern die Ganzheit alles Existierenden. Jede Erfahrung des Seins beginnt und endet in unserem Geist, das heißt, auf unserer spirituellen Bewusstseinsebene. Der Inhalt unseres Geistes und unser Geist werden eins, Außen und Innen verschmelzen, ganz so als ziehe sich ein Gummiband ganz zusammen (Nicht-Dualität). Das östliche Denken bezeichnet diese vollkommene Verschmelzung oder absolute Identität als Erleuchtung. Es ist der Geist im Zustand höchster Bewusstheit seiner selbst. In diesem Zustand der Stille ist der Geist frei von allen Wünschen. Er klammert sich nicht an spezifische Objekte und ist frei von Erwartungen an die Zukunft. Er befindet sich vollkommen im Hier und Jetzt.

Spirituelle Bewusstseinsebene

*

DAS SELBST – DAS ANDERE

Auf der spirituellen Bewusstseinsebene fokussiert sich unser Bewusstsein auf sich selbst. Es nimmt keinen Unterschied zwischen dem Selbst und dem Anderen wahr. Es existiert nur der energetische Fluss in unserem Bewusstsein: Es ist das Sein, oder auch die Nicht-Dualität.

Im Zustand des vollkommenen Gewahrseins unseres Bewusstseins sind wir zugleich entspannt und wachsam. Dies lässt uns die Spontaneität des Lebens empfinden. Der Fokus ist nicht mehr auf die Steuerung von Handlungen gerichtet, sondern auf Handlungen, die einfach entstehen. Das bedeutet: Der Fokus liegt auf dem Nichthandeln, das heißt auf dem Sein. Die Erfahrung des Seins ist die Erfahrung des Lebens in all seiner Fülle. Auf der analytischen Bewusstseinsebene bauen wir Beziehungen auf. Auf der spirituellen Bewusstseinsebene entdecken wir lediglich unsere schon immer da gewesene Beziehung zum Sein.

Wenn Menschen diese Beziehung zum Sein erfahren, – bewusst und zum ersten Mal – dann empfinden manche von ihnen Glückseligkeit. Andere fühlen sich wie immer: vielleicht ein wenig leichter, als würden sie von natürlichen oder übernatürlichen Kräften empor getragen oder gewiegt. Normalerweise erreichen wir diesen Zustand nach und nach. Doch wenn er plötzlich eintritt, ist das wie ein Gummiband, das fest zusammenschnellt. Wenn wir der Fülle des Lebens in uns gewahr werden und unsere Teilhabe am Leben und unser Glück fühlen, überwältigt uns eine Empfindung von Zufriedenheit.

Fassen wir nun die Ausdrucksformen der spirituellen Bewusstseinsebene zusammen. Sie stehen spiegelbildlich zu den Ausdrucksformen der analytischen Bewusstseinsebene.

- Flutlicht/ allumfassende Aufmerksamkeit
- entspanntes Ich oder Ich-Gefühle; Loslassen
- Erfahrung von Einheit; Nicht-Dualität
- Gefühl des „Daseins“
- Spontaneität

BEIDE BEWUSSTSEINSZUSTÄNDE ENTDECKEN

Ich habe mit der Beschreibung der analytischen Bewusstseinsebene begonnen, denn die aktive Teilhabe am Leben ist uns westlichen Menschen vertrauter. Außerdem benötigen manche von uns mehr Erdung in ihren Beziehungen, bevor sie sich auf etwas so Unbestimmtes wie das Sein konzentrieren.

Wir können uns dem Glück jedoch auch auf entgegen gesetzte Weise nähern. Besonders wenn wir unter sehr starker Anspannung stehen, ist es äußerst wohltuend, unsere Reise zur Teilhabe am Leben mit dem nichtaktiven Weg zu beginnen. Manchmal müssen wir uns von allen Anstrengungen lösen und unmittelbar in den großen Strom des Lebens eintauchen. Dort existieren keine Unterschiede; es gibt kein Innen und kein Außen; keine Trennung zwischen irgendwelchen Seiten, Teilen oder Ereignissen. Außerdem verließen wir alle den Mutterleib ohne ein Wissen von der Außenwelt. So scheint es ein ähnlich natürlicher Weg, wenn wir als erstes die spirituelle Bewusstseinsebene kennen lernen.

Folgen Sie nicht unbedingt dem Aufbau dieses Buches. Sie können entweder mit der analytischen (Teil 2) oder aber mit der spirituellen Bewusstseinsebene (Teil 3) beginnen. Machen Sie es so, wie es am besten für Sie ist. Das nächste Kapitel enthält einen Fragebogen zum Glück. Damit können Sie Ihre Suche ganz auf sich persönlich zuschneiden. Er thematisiert die Bereiche der analytischen Bewusstseinsebene (Eifer, Kompetenz, Selbstvertrauen und Verbundenheit) und die spirituellen Fähigkeiten oder Pfade (Aufnahmefähigkeit, Stille, Vertrauen und Unbeschwertheit). Vielleicht möchten Sie sich das Diagramm zum Fragebogen zum Glück anschauen (Seite 20–21). Es fasst die Grundlagen des Glücks zusammen. Wichtig ist, dass sie den Fragebogen genießen.

[2]

Der Fragebogen zum Glück

Das Entdecken neuer Wege der Teilhabe kann für Menschen eine Herausforderung bedeuten. Es bietet aber auch neue Möglichkeiten für das Erleben echten Wohlbefindens.

NANCY CANTOR und *CATHERINE A. SANDERSON*

Damit Sie Ihren ganz persönlichen Zugang zur analytischen und zur spirituellen Bewusstseinsebene finden, habe ich den Fragebogen zum Glück erstellt. Vergleichen Sie Ihre Punktzahlen nur mit den höchst möglichen Punktzahlen. Ein Vergleich Ihrer Punktzahlen mit denen anderer ist nicht sinnvoll. Denn Ihre Antworten sind wie ein Fingerabdruck; sie sind Ausdruck Ihrer ganz einzigartigen Persönlichkeit.

Der Fragebogen zum Glück war bereits für viele Menschen sehr wertvoll. Er lenkt unseren Blick nach innen, und zudem bekommen wir ein Feedback. Er kann unser Bewusstsein erweitern und uns den Weg in die richtige Richtung weisen. Beachten Sie: Dieser Fragebogen ist kein Test.

Er entstand in Zusammenarbeit mit einer Gruppe überdurchschnittlich glücklicher Menschen, was ihn so aussagekräftig macht. Ich habe die Fragen nicht wertend gemeint. Es ging nicht darum herauszufinden, welche Fragen mehr und welche weniger meinem Konzept entsprechen. Dennoch enthält er verhältnismäßig mehr Fragen zu den Bereichen der Verbundenheit und der Unbeschwertheit, denn viele Menschen sind überzeugt, dass diese Zutaten des Glücks die wichtigsten sind. Für Ihr persönliches Glück ist nicht jede

Frage von gleicher Bedeutung. Die Punktezahl bei den Antworten reicht für jede Frage von 1 bis 5. Diese Punktezahl sagt aber nichts über die Wichtigkeit einer Frage für Ihr Glück aus. Nur Sie selbst können wissen, welche Frage für Sie wichtiger ist und welche weniger wichtig. Ein Beispiel: Sie erzielen in fast allen Fragen eine hohe Punktzahl und in wenigen Fragen eine niedrige. Trotzdem können gerade diese Fragen für Sie eine besonders große Bedeutung haben.

Nehmen Sie sich ruhig Zeit für das Ausfüllen des Fragebogens. So ziehen Sie den größten Gewinn daraus. Grübeln Sie nicht über die Fragen nach. Vertrauen Sie Ihrem ersten Instinkt, Ihrem ersten Gefühl. Sollten Sie sich bei der einen oder anderen Frage unbehaglich fühlen, lassen Sie sie unbeantwortet und kehren Sie später zu ihr zurück. Falls Ihnen eine Frage mehrdeutig erscheint, dann entscheiden Sie sich für die Bedeutung, die Ihr Herz am stärksten anspricht.

Wenn sie den Fragebogen ausgefüllt haben, können Sie Ihren Weg zum Glück ganz individuell beurteilen. Nutzen Sie dafür den Feedback-Abschnitt. Wenn Sie möchten, können Sie den Fragebogen auch auf meiner Website andreapolard.com ausfüllen und das Auszählen der Punkte automatisch vornehmen lassen.

FRAGEN ZUR ANALYTISCHEN BEWUSSTSEINSEBENE

Lassen Sie mich mit Fragen zu den Hauptfeldern der analytischen Bewusstseinsebene in Bezug auf das Glück beginnen: Eifer, Kompetenz, Verbundenheit und Selbstvertrauen. Beantworten Sie alle Fragen, ohne nachzudenken, was wohl die „richtige“ Antwort wäre. Wählen Sie die Antwort aus, die am ehesten auf Sie zutrifft und markieren Sie den Punktewert.

Lesen Sie die folgenden Aussagen und antworten Sie so, wie es Ihrem Innersten am nächsten kommt.

Eifer

1. „Ich weiß nicht, was ich in meinem Leben erreichen möchte.“

Trifft sehr stark auf mich zu	1
Trifft auf mich zu	2
Neutral	3
Trifft kaum auf mich zu	4
Trifft gar nicht auf mich zu	5

2. „Ich verfolge gern realistische Ziele.“

Trifft sehr stark auf mich zu	5
Trifft auf mich zu	4
Neutral	3
Trifft kaum auf mich zu	2
Trifft gar nicht auf mich zu	1

3. „Für mich zählt das, was wichtig für mich ist.“

Trifft sehr stark auf mich zu	5
Trifft auf mich zu	4
Neutral	3
Trifft kaum auf mich zu	2
Trifft gar nicht auf mich zu	1

4. „Sich hinaus in die Welt wagen und neue Dinge ausprobieren, ist mir zu unbequem.“

Trifft sehr stark auf mich zu	1
Trifft auf mich zu	2
Neutral	3
Trifft kaum auf mich zu	4
Trifft gar nicht auf mich zu	5

5. „Regeln sind da, um gebrochen zu werden. Ich habe keine Angst davor, Dinge auf meine Weise zu erledigen.“

Trifft sehr stark auf mich zu	1
Trifft auf mich zu	2
Neutral	3
Trifft kaum auf mich zu	4
Trifft gar nicht auf mich zu	5

Kompetenz

1. „Denn allem Anfang wohnt ein Zauber inne.“

Trifft sehr stark auf mich zu	5
Trifft auf mich zu	4
Neutral	3
Trifft kaum auf mich zu	2
Trifft gar nicht auf mich zu	1

2. „Ich sehe nicht ein, warum ich meine Fähigkeiten verbessern soll, wenn andere das auch nicht tun.“

Trifft sehr stark auf mich zu	1
Trifft auf mich zu	2
Neutral	3
Trifft kaum auf mich zu	4
Trifft gar nicht auf mich zu	5

3. „Das Beste aus mir zu machen ist wichtiger als das, was andere tun oder von mir erwarten.“

Trifft sehr stark auf mich zu	5
Trifft auf mich zu	4
Neutral	3

Trifft kaum auf mich zu	2
Trifft gar nicht auf mich zu	1

4. „Wer erwachsen ist und arbeitet, hat keine Zeit, neue Fähigkeiten zu erlernen."

Trifft sehr stark auf mich zu	1
Trifft auf mich zu	2
Neutral	3
Trifft kaum auf mich zu	4
Trifft gar nicht auf mich zu	5

5. „Ich mache lieber kleine Schritte, bevor ich gar nichts oder zu viel tue."

Trifft sehr stark auf mich zu	5
Trifft auf mich zu	4
Neutral	3
Trifft kaum auf mich zu	2
Trifft gar nicht auf mich zu	1

Verbundenheit

1. „Ich habe viele Gemeinsamkeiten mit meinen engen Freunden und Partnern."

Trifft sehr stark auf mich zu	5
Trifft auf mich zu	4
Neutral	3
Trifft kaum auf mich zu	2
Trifft gar nicht auf mich zu	1

2. „Ich habe keine Verbindungen zu Menschen, außer zu meinen engsten Angehörigen."

Trifft sehr stark auf mich zu	1
Trifft auf mich zu	2
Neutral	3
Trifft kaum auf mich zu	4
Trifft gar nicht auf mich zu	5

3. „Ich habe keine Zeit, neue Kontakte zu knüpfen."

Trifft sehr stark auf mich zu	1
Trifft auf mich zu	2
Neutral	3
Trifft kaum auf mich zu	4
Trifft gar nicht auf mich zu	5

4. „Ich lebe in einer romantischen Beziehung."

Trifft sehr stark auf mich zu	5
Trifft auf mich zu	4
Neutral	3
Trifft kaum auf mich zu	2
Trifft gar nicht auf mich zu	1

5. „Meine Beziehungen geben mir Kraft."

Trifft sehr stark auf mich zu	5
Trifft auf mich zu	4
Neutral	3
Trifft kaum auf mich zu	2
Trifft gar nicht auf mich zu	1

6. „Ich bin sehr selbstkritisch."

Trifft sehr stark auf mich zu	1
Trifft auf mich zu	2
Neutral	3
Trifft kaum auf mich zu	4
Trifft gar nicht auf mich zu	5

7. „Je intensiver ich Verbindungen suche, desto weniger scheint das zu gelingen."

Trifft sehr stark auf mich zu	1
Trifft auf mich zu	2
Neutral	3
Trifft kaum auf mich zu	4
Trifft gar nicht auf mich zu	5

8. „Ich sehe die Schwächen meiner Freunde und Partner als Teil des Ganzen'."

Trifft sehr stark auf mich zu	5
Trifft auf mich zu	4
Neutral	3
Trifft kaum auf mich zu	2
Trifft gar nicht auf mich zu	1

Selbstvertrauen

1. „Ich akzeptiere mich grundlegend so, wie ich bin."

Trifft sehr stark auf mich zu	5
Trifft auf mich zu	4
Neutral	3
Trifft kaum auf mich zu	2

Trifft gar nicht auf mich zu	1

2. „Ich wünsche mir, ich könnte meine schlechten Eigenschaften einfach abschneiden und durch bessere ersetzen."

Trifft sehr stark auf mich zu	1
Trifft auf mich zu	2
Neutral	3
Trifft kaum auf mich zu	4
Trifft gar nicht auf mich zu	5

3. „Ich bin darauf vorbereitet, auch mal Rückschläge einzustecken"

Trifft sehr stark auf mich zu	5
Trifft auf mich zu	4
Neutral	3
Trifft kaum auf mich zu	2
Trifft gar nicht auf mich zu	1

4. „Ich habe Schwierigkeiten, das zu genießen, was ich tue."

Trifft sehr stark auf mich zu	1
Trifft auf mich zu	2
Neutral	3
Trifft kaum auf mich zu	4
Trifft gar nicht auf mich zu	5

5. „Disziplin ist eine positive Kraft in mir."

Trifft sehr stark auf mich zu	5
Trifft auf mich zu	4
Neutral	3
Trifft kaum auf mich zu	2
Trifft gar nicht auf mich zu	1

FRAGEN ZUR SPIRITUELLEN BEWUSSTSEINSEBENE

Nun stelle ich Fragen in Hinsicht auf die vier Hauptfelder oder Pfade zur spirituellen Bewusstseinsebene: Aufnahmefähigkeit, Stille, Vertrauen und Unbeschwertheit. Lesen Sie die folgenden Aussagen und antworten Sie so, wie es Ihrem Innersten am nächsten kommt. Noch einmal: Wählen Sie nicht die vermeintlich „richtige" Antwort aus. Wählen Sie die beste, für Sie persönlichste Antwort.

Aufnahmefähigkeit

1. „Ich kann über meine höchsten Ideale ohne Aggressionen diskutieren."

Trifft sehr stark auf mich zu	5
Trifft auf mich zu	4
Neutral	3
Trifft kaum auf mich zu	2
Trifft gar nicht auf mich zu	1

2. „Ich kann mich erst dann von Dingen lösen, wenn ich sie ‚verstanden' habe."

Trifft sehr stark auf mich zu	1
Trifft auf mich zu	2
Neutral	3
Trifft kaum auf mich zu	4
Trifft gar nicht auf mich zu	5

3. „Das Leben macht Freude, auch wenn es manchmal schmerzt."

Trifft sehr stark auf mich zu	5
Trifft auf mich zu	4
Neutral	3

Trifft kaum auf mich zu	2
Trifft gar nicht auf mich zu	1

4. „Ich fühle mich unwohl, wenn man mir Komplimente macht."

Trifft sehr stark auf mich zu	1
Trifft auf mich zu	2
Neutral	3
Trifft kaum auf mich zu	4
Trifft gar nicht auf mich zu	5

5. „Obwohl ich eigentlich gerne gebe,
fällt mir das Geben nicht leicht."

Trifft sehr stark auf mich zu	1
Trifft auf mich zu	2
Neutral	3
Trifft kaum auf mich zu	4
Trifft gar nicht auf mich zu	5

Stille

1. „Ich lebe in einer ziemlich friedlichen und ruhigen Umgebung."

Trifft sehr stark auf mich zu	5
Trifft auf mich zu	4
Neutral	3
Trifft kaum auf mich zu	2
Trifft gar nicht auf mich zu	1

2. „Es fällt mir sehr schwer, Tod und Schmerz als Teil des Lebens zu akzeptieren."

Trifft sehr stark auf mich zu	1
Trifft auf mich zu	2
Neutral	3
Trifft kaum auf mich zu	4
Trifft gar nicht auf mich zu	5

3. „Wenn Menschen mich fragen, wie es mir geht, dann möchte ich antworten: ‚beschäftigt'."

Trifft sehr stark auf mich zu	1
Trifft auf mich zu	2
Neutral	3
Trifft kaum auf mich zu	4
Trifft gar nicht auf mich zu	5

4. „Phantasie ist ein kraftvolles Entspannungsmittel."

Trifft sehr stark auf mich zu	5
Trifft auf mich zu	4
Neutral	3
Trifft kaum auf mich zu	2
Trifft gar nicht auf mich zu	1

5. „Ich hasse Unterbrechungen."

Trifft sehr stark auf mich zu	1
Trifft auf mich zu	2
Neutral	3
Trifft kaum auf mich zu	4
Trifft gar nicht auf mich zu	5

Vertrauen

1. „Ich glaube, viele Dinge erledigen sich einfach von selbst."

Trifft sehr stark auf mich zu	5
Trifft auf mich zu	4
Neutral	3
Trifft kaum auf mich zu	2
Trifft gar nicht auf mich zu	1

2. „Meine Freundlichkeit ist ehrlich, auch wenn mein ‚Gegenüber' seltsam zu mir oder mir fremd ist."

Trifft sehr stark auf mich zu	5
Trifft auf mich zu	4
Neutral	3
Trifft kaum auf mich zu	2
Trifft gar nicht auf mich zu	1

3. „Es gibt in unserem Wesen nichts grundsätzlich Gutes."

Trifft sehr stark auf mich zu	1
Trifft auf mich zu	2
Neutral	3
Trifft kaum auf mich zu	4
Trifft gar nicht auf mich zu	5

4. „Ich vertraue auf Gott, eine gute Kraft oder einen höheren Sinn."

Trifft sehr stark auf mich zu	5
Trifft auf mich zu	4
Neutral	3
Trifft kaum auf mich zu	2
Trifft gar nicht auf mich zu	1

5. „Man kann sich auf Nichts und Niemanden verlassen außer auf sich selbst."

Trifft sehr stark auf mich zu	1
Trifft auf mich zu	2
Neutral	3
Trifft kaum auf mich zu	4
Trifft gar nicht auf mich zu	5

Unbeschwertheit

1. „Ich fange nicht gern Neues an."

Trifft sehr stark auf mich zu	1
Trifft auf mich zu	2
Neutral	3
Trifft kaum auf mich zu	4
Trifft gar nicht auf mich zu	5

2. „Ich vertraue meinem Einfühlungsvermögen."

Trifft sehr stark auf mich zu	5
Trifft auf mich zu	4
Neutral	3
Trifft kaum auf mich zu	2
Trifft gar nicht auf mich zu	1

3. „Ich möchte gern über Dinge ‚Bescheid wissen'; offene Fragen verunsichern mich."

Trifft sehr stark auf mich zu	1
Trifft auf mich zu	2
Neutral	3
Trifft kaum auf mich zu	4
Trifft gar nicht auf mich zu	5

4. „Ich nehme die Dinge mit Humor."

Trifft sehr stark auf mich zu	5
Trifft auf mich zu	4
Neutral	3
Trifft kaum auf mich zu	2
Trifft gar nicht auf mich zu	1

5. „Ich mache mir oft zu viele Sorgen."

Trifft sehr stark auf mich zu	1
Trifft auf mich zu	2
Neutral	3
Trifft kaum auf mich zu	4
Trifft gar nicht auf mich zu	5

6. „Ich liebe Singen, Summen oder Pfeifen."

Trifft sehr stark auf mich zu	5
Trifft auf mich zu	4
Neutral	3
Trifft kaum auf mich zu	2
Trifft gar nicht auf mich zu	1

7. „Das Leben ist eine ernste Angelegenheit."

Trifft sehr stark auf mich zu	1
Trifft auf mich zu	2
Neutral	3
Trifft kaum auf mich zu	4
Trifft gar nicht auf mich zu	5

8. „Ich lache über meine kleinen Fehler, meine Eitelkeit und meine Sturheit.“

Trifft sehr stark auf mich zu	5
Trifft auf mich zu	4
Neutral	3
Trifft kaum auf mich zu	2
Trifft gar nicht auf mich zu	1

Zählen Sie nun Ihre Punktzahlen zusammen

Wenn Sie den Fragebogen ausgefüllt haben, addieren Sie die Punkte innerhalb jedes einzelnen Feldes. Dann übertragen Sie sie in die folgenden Tabellen.

PUNKTE FÜR „ANALYTISCHE BEWUSSTSEINSEBENE"		
Feld	**Ihre Punktzahl**	**Maximale Punktzahl**
Eifer		25
Kompetenz		25
Verbundenheit		40
Selbstvertrauen		25
Gesamtpunktzahl „Analytische Bewusstseinsebene"		**115**

PUNKTE FÜR „SPIRITUELLE BEWUSSTSEINSEBENE"		
Feld	**Ihre Punktzahl**	**Maximale Punktzahl**
Aufnahmefähigkeit		25
Stille		25
Vertrauen		25
Unbeschwertheit		40
Gesamtpunktzahl „Spirituelle Bewusstseinsebene"		**115**

WAS BEDEUTEN MEINE PUNKTZAHLEN?

Ihre Punktzahlen geben Ihnen ein wertvolles Feedback über die Bereiche, in denen Sie am stärksten wachsen möchten. Sie sollten das rein zahlenmäßige Feedback für ihren geistigen Prozess nicht überbewerten. Aber Sie können dieses Feedback als einen sanften Fingerzeig in Richtung Ihres Wachstums nutzen.

Punkte für die „Analytische Bewusstseinsebene“

Gesamtbewertung der Punkte zur „Analytischen Bewusstseinsebene“

Wenn wir glücklich sein möchten, müssen wir aktiv sein und uns als Teil der Welt fühlen. Dies erreichen wir, indem wir uns auf unsere Beziehungen zu einem Partner, zu unserer Familie und zu Freunden fokussieren und diese Beziehungen aktiv betreiben. Genau so müssen wir uns auf positive Ziele in der Arbeit und Freizeit konzentrieren. Für ein glückliches Leben müssen wir aktiv an ihm teilnehmen. Deshalb nenne ich unsere geistige Aktivität während dieses Strebens die analytische Bewusstseinsebene. Je höher Ihre Punktzahl in Bezug auf die analytische Bewusstseinsebene ist, desto wahrscheinlicher haben Sie einen guten Zugang zu dieser Ebene. Eine niedrigere Punktzahl bedeutet, dass Sie etwas lernen müssen:

- grundlegende Fähigkeiten und Strategien, die Ihnen helfen, Ihr Streben besser zu fokussieren
- den Unterschied zwischen „gutem Leben“ und „Glück“, damit Sie diese Fähigkeiten und Strategien klug einsetzen können
- ein besseres Verständnis dieser Seite des Glücks
  (Empfehlung: Lesen Sie Kapitel 1 und Teil 2)

Punkte zum Eifer

Eine niedrige Punktzahl zeigt: Sie sind unsicher,

- was gute Ziele ausmacht

- wie Sie gute Ziele entdecken
- welche Spielzüge Sie auf dem Weg zu Ihren Zielen ausführen sollen
  (Empfehlung: Lesen Sie Kapitel 4)

Punkte zur Kompetenz

Eine niedrige Punktzahl weist darauf hin:

- Sie müssen Ihre Freude an Kompetenz wieder gewinnen. Früher hatten Sie sie.
- Sie fühlen sich vom Leben überfordert und glauben nicht daran, dass Sie kompetenter werden können
- Sie benötigen eine Strategie für diesen Kompetenzaufbau
  (Empfehlung: Lesen Sie Kapitel 5)

Punkte zur Verbundenheit

Eine niedrige Punktzahl weist darauf hin:

- Sie isolieren sich und verstehen die Dringlichkeit von Verbindungen nicht
- Ihnen fehlt ein essentieller Baustein in Ihren Verbindungen
- Sie benötigen Werkzeuge, um sich mit der heutigen Gesellschaft verbinden zu können
- Sie fühlen sich unverbunden trotz Ihrer „Sachkenntnis"
  (Empfehlung: Lesen Sie Kapitel 6)

Punkte zum Selbstvertrauen

Eine niedrige Punktzahl bedeutet:

- Sie haben Schwierigkeiten, Sie selbst zu sein und sich authentisch zu entwickeln
- Sie hängen Tagträumen nach und bieten Ihrem Inneren keine Unterstützung
- Sie fokussieren sich mehr auf Ihre Defizite als auf Ihre Stärken

- Ihnen fehlt Beständigkeit
  (Empfehlung: Lesen Sie Kapitel 7)

Punkte für die „Spirituelle Bewusstseinsebene"

Gesamtbewertung der Punkte für die „Spirituelle Bewusstseinsebene"

Das Gefühl der aktiven Teilhabe am Leben reicht nicht aus. Für ein glückliches Leben müssen wir uns dieser Teilhabe auch bewusst sein. Diese nicht aktive Annäherung an das Glück hat nichts mit Inaktivität zu tun. Unser Bewusstsein kann seinen Fokus auf sich selber richten, also auf das Sein. Wenn wir das Sein wahrnehmen, befinden wir uns auf der spirituellen Bewusstseinsebene. Im östlichen Denken bezieht sich dies oft auf jene Erfahrung, welche uns eine Beziehung zu „nichts Bestimmtem", zur Leere oder zur All-Einheit ermöglicht, der wir angehören. Je höher Ihre Punktzahl in diesem Abschnitt ist, desto wahrscheinlicher haben Sie einen guten Zugang zur spirituellen Bewusstseinsebene. Eine niedrige Punktzahl bedeutet: Sie müssen etwas lernen:

- Lernen Sie, das Sein zu genießen. Verringern Sie dazu Ihr Intellektualisieren, denn das behindert Ihre Erfahrung der Einheit
- verlernen Sie das zwanghafte Aufgliedern der Welt in Einzelteile
- verstehen Sie diese Kehrseite des Glücks besser
  (Empfehlung: Lesen Sie Kapitel 1 und Teil 3)

Punkte zur Aufnahmefähigkeit

Eine niedrige Punktzahl bedeutet: Sie müssen etwas lernen:

- lockern Sie Ihre Verkrampfungen (verknöcherte Glaubensregeln, Verhaltensweisen, Identifikationen)
- genießen Sie das Nichtwissen durch die Methode des Zweifelns
- wundern Sie sich, anstatt alles mit Ihrem Verstand begreifen zu wollen
- meditieren Sie

- werden Sie sich des Guten in Ihrem Leben bewusst und verstärken Sie die natürliche Dankbarkeit dafür
  (Empfehlung: Lesen Sie Kapitel 9)

Punkte zur Stille

Eine niedrige Punktzahl bedeutet, dass Sie etwas lernen müssen, nämlich über:

- die Kraft der Stille
- das Herstellen von Ruhe in Ihrem äußeren Leben
- Ihre Buddha-Natur (die Fähigkeit Ihres Geistes auf die ganze Wirklichkeit zu achten, d.h. nicht nur auf einzelne Bäume, sondern auf den ganzen Wald)
- die Hingabe an den Fluss der Dinge
- die Versunkenheit (verlassen Sie für eine Weile Ihren nachdenkenden Geist)
- Demut und Bodenständigkeit
  (Empfehlung: Lesen Sie Kapitel 10)

Punkte zum Vertrauen

Eine niedrige Punktzahl bedeutet:

- Sie erkennen nicht, ab wann Kontrolle unwichtig ist
- Sie vertrauen auf Menschen, Dinge und Gedankengebäude, wenn Sie das nicht tun sollten
- Sie vertrauen allein Ihrer individuellen Kraft
- Sie sollten lernen, stärkeren Kräften und Prinzipien zu vertrauen (Sehnsucht nach dem Guten, Mitgefühl und Tugenden)
- Überprüfen Sie Ihr Vertrauen in das Sein
  (Empfehlung: Lesen Sie Kapitel 11)

Punkte zur Unbeschwertheit

Eine niedrige Punktzahl zeigt, was Sie tun müssen:

- erinnern Sie sich an das Gefühl der Unbeschwertheit in Ihrer Kindheit
- verstehen Sie, warum Sie dies Gefühl verloren haben
- entdecken Sie den Ursprung der Unbeschwertheit aufs Neue
  (Empfehlung: Lesen Sie Kapitel 12)

Ungleiche Punkteverteilung zwischen analytischer und spiritueller Bewusstseinsebene

Weichen Ihre Punktzahlen aus den Bereichen beider mentaler Zustände voneinander ab? Dann haben Sie vermutlich Schwierigkeiten mit der Balance zwischen ihnen. In diesem Fall entzieht sich Ihnen das Glück trotz Ihrer Fähigkeit zur aktiven Teilhabe am Leben. Sie können eine Balance zwischen den beiden Bewusstseinszuständen finden, nämlich durch:

- ein tiefes Verstehen der Verbundenheit zwischen den beiden Bewusstseinsebenen und der Wirklichkeit
- bzw. dem Kennenlernen der Synthese westlichen und östlichen Denkens.
  (Empfehlung: Lesen Sie Kapitel 3, Kapitel 8 und das Fazit)

TEIL II

Die analytische Bewusstseinsebene

Man muss erst jemand sein, bevor man niemand sein kann.

JACK ENGLER

[3]

Die Zerbrechlichkeit des Lebens

Eigene Bemühungen machen einen froh …
Glück ist kein unbestimmter Traum, dessen bin ich mir nun gewiss.

GEORGE SAND

Wir sind so zerbrechlich wie unsere Welt. Zu unser aller Leben gehören alle Arten von Unglück: Liebesschmerz, Unfälle, Krankheiten und schließlich der Tod. Und dennoch vergessen wir in der Regel allzu leicht, wie zerbrechlich wir sind. Wir wollen ewig jung und stark bleiben und auch so auf andere wirken. Dafür nehmen wir jede Menge Anstrengungen in Kauf. Doch allen Bemühungen zum Trotz beugen wir uns irgendwann wie Sonnenblumen vorn über, bis wir uns schließlich ganz ermattet zum Boden neigen. Davor kann uns auch die Jugend nicht schützen. Jugendliche sind in der Regel belastbar, benötigen dennoch die Hilfe Erwachsener. Denn sie sind noch blind für ihre eigene Zerbrechlichkeit und es fehlt ihnen an Lebenserfahrung. Egal in welchem Alter, wir alle befinden uns im Prozess des „Fallens“.

Der Dichter Rainer Maria Rilke beschreibt die Vergänglichkeit aller Dinge in seinem Gedicht *Herbst*, in dem die Blätter mit verneinender Gebärde fallen. Ja, alles muss fallen, die Erde, wir selbst, unsere Hände, denn das Fallen gehört zu allem dazu: „es ist in allen.“[1]

Auch der amerikanische Dichter Robert Frost beschreibt in seinem Gedicht „Nichts Goldenes bleibt“ die Vergänglichkeit des Lebens. Dabei nutzt er den Farbwechsel von Blättern als Metapher für unser endgültiges

Schicksal: den Tod. „Knospen werden in Windeseile durch Blätter ersetzt und stehen für die Jugend; neue Blätter wachsen geschwind anstelle der alten und werden selbst wieder durch neue ersetzt; edles Grün wird braun, denn nichts ist von Dauer“[2]. Frost zeigt uns die Schönheit der goldenen Natur. Wir begreifen den unvermeidlichen Verlust dieser Schönheit – Sterblichkeit als Verheißung neuen Lebens. Diese Tatsache können wir möglicherweise nur schwer ertragen, doch sie erwartet uns mit absoluter Sicherheit.

Das „Fallen“ gehört zum Leben. Spätestens als ich Ostafrika bereiste, wurde mir die Vergänglichkeit des Lebens erst richtig bewusst. In der Wildnis entscheidet oft nur ein Moment oder eine kurze Entfernung die Frage über Leben und Tod. So beobachtete ich in der Savanne Warzenschweine inmitten einer Gruppe von Löwen. Normalerweise können Warzenschweine hungrigen Löwen leicht entkommen, daher wagen sie sich erstaunlich nahe an sie heran. Doch manchmal scheinen sie den sicheren Abstand zu vergessen oder schätzen die Entfernung falsch ein. Dann kehrt sich dieser Fehler zu Gunsten der Löwen um. Das Warzenschwein wird zur Beute.

Natürlich müssen wir nicht so weit reisen, wollen wir uns der Vergänglichkeit des Lebens bewusst werden. Wir alle kennen Katastrophen vor unserer Haustür: Überschwemmungen, Stürme oder Erdbeben. Ganze Spezies sterben durch kleine aber folgenschwere Veränderung ihrer Ökosysteme aus. Selbst unser eigener Lebensraum birgt viele Gefahren. Spätestens wenn wir uns im Straßenverkehr befinden oder sonst wo in die Öffentlichkeit treten sind wir gefährdet. Und doch wird in unserer modernen Zeit die Vergänglichkeit des Lebens gerne geleugnet. Diesen Luxus leistet sich unser Unterbewusstsein allerdings nicht. Es kann sich zwar entspannen, lässt sich aber nicht zum Narren halten. Es nimmt seine Schutzfunktion gegen das „Fallen“ unseres Körpers extrem ernst, selbst wenn unser bewusster Verstand überhaupt nichts bemerkt.

DAS ICH-GEFÜHL

Unser Unterbewusstsein schützt auch unser Selbstempfinden. Dieses bezeichne ich als Ich-Gefühl. Hierbei handelt es sich um ein hervorragendes Werkzeug zum Überleben des Menschen. Einige von uns tun so, als sei unser

Selbstempfinden so unverwundbar wie unser Körper und könne nicht verletzt werden. Aber spätestens wenn wir uns in eine Liebesbeziehung begeben, machen wir uns leicht verwundbar. Wir fühlen uns wie zerschlagen, wenn wir betrogen oder durch unsere Lebenspartner oder einen guten Freund verlassen werden. Wer hingegen seine Karriere liebt, macht sich durch das Gefühl des Scheiterns schnell verwundbar. Heftige und andauernde Kritik lässt nur Menschen mit schweren psychischen Störungen kalt. Kinder stecken Angriffe auf ihr Ich-Gefühl am schlechtesten weg. Sie fühlen sich schrecklich verletzt, wenn andere, vor allem ihre Eltern, sie lieblos behandeln.

Wir wollen uns der Endlichkeit des Lebens nur deshalb nicht stellen, weil sie uns Angst macht. Die Folge: Unser Körper (vor allem die Rückenmuskulatur) und dessen Erleben (Ich-Gefühl) verspannen sich. Bevor wir uns der Vergänglichkeit des Lebens bewusst werden, vernachlässigen und missbrauchen wir eher noch unseren Körper. Wir nutzen alles aus, was dem „Ich" im Wege zu stehen scheint. So beuten wir Mutter Erde aus, als gäbe es kein Morgen.

Außerdem schließen wir unsere Kranken in Hospitälern weg und vermeiden sogar einen Blick auf unsere Verstorbenen, selbst wenn wir sie geliebt haben. Auch in Beziehungen geht es knallhart zu: Wird die Scheidung eingereicht, ist es auch mit unserer Freundschaft aus. Kinder, vor allem Jungen, lernen von uns schon in jungen Jahren, wie Ängste und andere psychische Schmerzen am besten verborgen werden.[3] Wir wollen mit den Schwachen nichts zu tun haben und geben alles, damit wir zeigen, wie sehr wir uns von denen unterscheiden. Manche von uns sind inzwischen so gefühllos und hart geworden, dass Mobbing derer, die vielleicht nur schwach erscheinen, inzwischen zum Alltag gehört. Dabei basieren Verbrechen aus Hass häufig auf der Angst, wir könnten so tief sinken wie diejenigen, die wir für minderwertiger halten. Wir wollen uns schützen. Deshalb müssen wird die, die unter uns stehen, ganz unten am Boden halten. All dies geschieht nur, weil wir Angst vor der Vergänglichkeit des Lebens haben.

Diese Furcht führt allerdings nicht zu einem glücklichen Miteinander im Leben, sondern im Gegenteil zu Angst und Isolation. Dennoch: Wir sollten den Kopf nicht in den Sand stecken, sondern lernen mit der Vergänglichkeit umzugehen. Damit es uns besser geht, müssen wir eines verstehen:

Das Leben läuft nicht durchgängig stabil. Es ist auch sehr zerbrechlich. Die Vergänglichkeit ist ein notwendiger Teil der Realität. Nur wenn wir diesen Aspekt akzeptieren, können wir damit umgehen anstatt nur dagegen anzukämpfen. Auf lange Sicht sollten wir die Vergänglichkeit des Lebens nicht als einen gefürchteten Feind ansehen, sondern als Chance auf unserem Weg zu reifen Menschen. Wir müssen den Tatsachen ins Auge sehen und uns nicht in der Opferrolle verschanzen. Stattdessen sollten wir bestimmte Fertigkeiten erlernen und darin eine Meisterschaft entwickeln. Da wir Dinge, die sich nicht ändern lassen, ohnehin nicht ändern können, sollten wir uns auf das konzentrieren, was wir ändern können.[4]

Wir wollen durchaus Verantwortung für unser Leben übernehmen, betrachten es aber deshalb dann nur aus der Ferne. Und obwohl wir selbst ein Teil der Natur sind, gaukelt uns unser Ich-Gefühl vor, wir wären von unserer Umwelt getrennt. Wir Menschen sind die einzige Spezies, die diesen Trick beherrscht: sich völlig unabhängig und anders fühlen. Wenn es ums Überleben geht, wenden wir diesen Trick so gut wie möglich an. So bleiben wir Herr der Lage. Wünschen wir uns aber mehr vom Leben und vor allem Glück, müssen wir das von uns selbst geschaffene Gefühl der Getrenntheit anerkennen, auf Dominanz verzichten und auf gekonnte Weise mit dem je Anderen leben lernen. Wir können ein Leben, das von Natur aus vergänglich ist, nicht im Griff haben. Aber wir können eine Meisterschaft darin entwickeln, wie wir uns auf dieses Leben beziehen.

VERGÄNGLICHKEIT UND AKTIVE TEILHABE AM LEBEN

Die Teilhabe am Leben ist mit der Vergänglichkeit des Lebens verknüpft. Deshalb müssen wir uns auf der analytischen Bewusstseinsebene anstrengen. Wenn wir das von uns getrennte Andere fokussieren, wie beispielsweise andere Wesen oder externe Ziele, kostet uns das Kraft. Unser Bewusstsein arbeitet hart an der Unterscheidung zwischen den uns umgebenden Strukturen, auch wenn wir das gar nicht bemerken. Denn es möchte herausfinden, was für uns nützlich ist. Würde unser Bewusstsein nicht analysieren und diese anderen Strukturen, die wir oft als „Anderes“ bezeichnen, nicht für uns aufschlüsseln, könnten wir unsere komplexen menschlichen Beziehungen gar nicht in den Griff bekommen. Ohne die vielen unterschiedlichen Fähigkeiten, die wir erlernen, wären wir nicht in der Lage, komplexe Interaktionen zu meistern. Manche davon sind elementar (so die Fähigkeiten zur Kommunikation, das Funktionieren im Alltag), andere wieder auf unserer Person zugeschnitten (z.B. Interaktionen mit bestimmten Person in einer bestimmten Situation oder bei einem bestimmten Vorgang).

Immer wenn wir uns anstrengen müssen, benötigen wir Motivation. Das ist bei unserer Arbeit nicht anders. Wer erwachsen ist, sollte hierfür keine Ansagen benötigen, sondern aus sich selbst heraus motiviert sein. Stephen Covey sieht in unseren „Wünschen", Kenntnissen und Fähigkeiten die notwendigen Zutaten für gute Gewohnheiten.[5] Doch damit unsere aktive Teilnahme auch zu einem konsequenten Faktor in unserem Leben wird, müssen wir eifrig werden. Wenn wir uns auf der analytischen Bewusstseinsebene in Glück üben möchten, beginnen wir also damit, unseren freudigen Eifer zu entwickeln.

Die nachfolgenden Kapitel beschäftigen sich mit dem Aufbau wesentlicher Fähigkeiten auf der analytischen Bewusstseinsebene. In einem umfassenden Sinne sind Eifer, Kompetenz, Verbundenheit und Selbstvertrauen für uns allesamt grundlegende Hilfsmittel. Sie unterstützen uns darin, zu den erkennbaren Strukturen der Welt eine Beziehung herzustellen. Diese Fähigkeiten werde ich vor allem mit Hilfe des westlichen Denkens beschreiben.

Selbst wenn wir nur über diese vier grundlegenden Hilfsmittel lesen, stärken wir bereits unsere Beziehung zur Vergänglichkeit der Welt, deren Teil wir sind. Die Welt ist vergänglich. Wenn wir dies akzeptieren, kann uns das Angst machen, es sei denn, wir wissen, wie wir am besten damit umgehen. Erst wenn wir mit unseren Hilfsmitteln vertraut sind und sie auch nutzen, nehmen wir aktiv am gesamten Leben teil. Dadurch erfahren wir ganz unvermeidlich mehr Glück in unserem Leben.

[4]

Eifer

Halten Sie sich von Menschen fern, die Ihren Eifer untergraben möchten. Kleingeister machen das gerne.
Die wirklich Großen geben Ihnen aber das Gefühl, dass auch Sie selbst groß werden können.

MARK TWAIN

Alle eifrigen Menschen setzen sich Ziele. Aber nicht alle, die es tun, sind glücklich. Hierfür gibt es viele Gründe. Einer davon ist jedoch entscheidend. Deshalb schauen wir ihn uns zuerst an. Unglückliche eifrige Menschen fühlen sich oft von der Vergänglichkeit des Lebens getrieben. Ihr wollen sie trotzen. Dies hat zur Folge: Die eigenen Ziele werden so eher aus den falschen Gründen gewählt. Manche haben dann nur noch den Zweck sich zu rechtfertigen. Jemand, der viel geerbt hat, könnte daher plötzlich den Druck verspüren, sein eigenes Vermögen zu verdienen, ein notorischer Verlierer meint, er müsse auf einmal stark werden und ein Außenseiter will plötzlich im Mittelpunkt des Interesses stehen.

Wenn wir glücklich und – im besten Sinne eifrig sein wollen, müssen wir unsere eingebildeten und echten Schwächen in den Griff bekommen. Nur so können wir den Überlebensmodus verlassen und die analytische Bewusstseinsebene betreten. Deshalb sollten wir zuerst prüfen, ob wir zuallererst Vermeidungsstrategien an den Tag legen. Die Bewältigung persönlicher Schwächen – und der Endlichkeit im Allgemeinen – ist unumgänglich, wenn wir uns nicht in puren Überlebensfragen verstricken möchten. Erst dann sind wir bereit dafür, uns in die analytische Bewusstseinsebene hinein zu begeben und uns so aktiv auf das Leben einzulassen.

ZIELE, DIE ZUM GLÜCK FÜHREN

Wenn wir unsere Ziele aus freien Stücken und aus berechtigten wählen, bekommt unser Einsatz einen inneren Wert. Sollten wir scheitern, erkennen wir: Wir können niemals so viel verlieren, wie wir gewinnen könnten. Wenn wir also beispielsweise heiraten, weil wir das sollten, können wir damit kein Glück finden. Sehen wir die Ehe aber als die beste Grundlage für Liebe und Wachstum an, können wir unser Eheversprechen genießen. Denn nur, weil wir etwas Gutes beabsichtigen, können wir dem auch gerecht werden. Sicher, wir werden Enttäuschungen erfahren: Doch wir nehmen aktiv am Leben teil und fühlen das. Selbst wenn wir große Verluste beklagen müssen: Wir haben geliebt und werden dadurch zu besseren Menschen.[1]

Dieser Gedanke lässt sich auch auf sportliche oder berufliche Ziele übertragen. Solange wir nicht aus Gehässigkeit oder aus purem Konkurrenzdenken handeln, sondern aus Liebe zur Tätigkeit selbst, werden wir die Früchte ernten. Unsere Leistungen werden dann sinnvoll, und wir haben einen Grund zum Feiern. Auch wenn wir verlieren – was uns allen passiert, – haben wir immerhin nicht unsere Zeit verschwendet. Wenn wir unser Bestes gegeben, uns mit der Herausforderung geändert haben und durch sie gewachsen sind, bedeutet das: Wir haben auf gute Weise und erfüllt gelebt. Das kann uns niemand mehr nehmen. Eins können wir nicht: Unseren Weg zum Ziel nur träumen. Manche Menschen denken: Ich kann auch ohne Eifer glücklich sein. Zwar ist Eifer unterschiedlich stark ausgeprägt. Aber alle glücklichen Menschen brauchen ihn. Denn Eifer ist der erste Schritt zur Annäherung an die Welt. Die sympathische Marge Jetton wurde einmal von Dan Buettner interviewt. Damals engagierte sich die Hundertjährige noch immer mit ehrenamtlicher Arbeit. Für sie war jeder Fremde ein potenzieller Freund, obwohl sie wusste, dass viele gar kein Interesse daran hatten. Ihre Weisheit teilte sie uns mit: „Es ist lange her, aber ich habe erkannt: Ich selbst muss auf die Welt zugehen … Denn die Welt würde nicht zu mir kommen.“[2]

Auch wenn wir Marge zustimmen, wissen wir nicht automatisch, auf welche Teile der Welt wir zugehen sollten. Wir müssen unsere Richtung gut auswählen und festlegen, welche Ziele überhaupt gut für uns sind. Es gibt nur wenige zweifelsfrei gute Ziele. Dass wir in diesem Leben funktionieren, gehört dazu. Am schnöden Alltag kommen wir nicht vorbei. Wir müssen wohl oder übel etwas Geld verdienen, es richtig nutzen und uns um uns selbst kümmern. Unnötiges Leiden vermeiden und für gute und faire Lebensbedingungen einstehen, gehört ebenfalls dazu. Der Komponist Franz Liszt sagte einmal: „Glücklich, wer mit den Verhältnissen zu brechen versteht, ehe sie ihn gebrochen haben".

Trotz der offensichtlichen Wichtigkeit solcher Ziele erwähnen die meisten Bücher über das Glück sie nicht einmal. Ich bekenne gerne: Wir brauchen etwas, das über die Probleme des bloßen Überlebens hinausgeht. Das elementare Leben können wir trotzdem nicht einfach außer Acht lassen, allein schon deshalb, weil wir unsere Glaubwürdigkeit wahren wollen. Einer meiner eher skeptischen Freunde sagte mir einmal in einem Gespräch zum Thema Glück: „Jeder sagt, ‚Geld macht nicht glücklich'. Aber alle haben trotzdem dieses Ziel." Selbst Mönche und Nonnen kümmern sich um sich selbst. Dürfen sie aufgrund ihrer Ordensregeln nicht für ihren Unterhalt arbeiten, bitten sie um Spenden oder um Nahrung.

GEWICHTUNG UNSERER ZIELE

Wir können uns viel höhere und erfüllendere Ziele stecken, wenn wir die Grundvoraussetzungen des Glücks weiter verfolgen. Hierfür müssen wir uns um die elementaren Abläufe und positiven Lebensbedingungen kümmern. Da die Auswahl von Zielen äußerst subjektiv ist, werde ich hier keine allgemeinen, konkreten Ziele auflisten. Stattdessen möchte ich darauf eingehen, was Forscher über die allgemeinen Eigenschaften guter Ziele herausgefunden haben.

Lassen Sie mich mit dem Psychologen Ed Diener beginnen. Er empfiehlt: All unsere Ziele sollten übereinstimmen. Ist dem nicht so, findet in uns ein Konflikt statt und wir leiden. Nur wenn unsere Ziele relativ harmonisch zueinander passen, empfinden wir in uns ein Gefühl von Harmonie. Wir müssen unsere Ziele sorgfältig prüfen, Prioritäten setzen, und wenn nötig diejenigen, die nicht in unser Leben passen, aufgeben.[3]

Mein Freund Robert war vor diese Wahl gestellt. Sein Leben lang hatte er sich Hoffnungen auf eine politische Karriere gemacht. Doch ab einem bestimmten Alter wollte er auch eine Familie haben. Robert erkannte bald: Diese Ziele passen nicht zusammen. Er wollte täglich in der Nähe seiner Frau und seiner Kinder sein. Doch in seinem speziellen Beruf war er häufig unterwegs. Daher konnte er die beiden Ziele, ein Familienmensch und gleichzeitig Politiker sein, schwierig unter einen Hut bringen.

Robert musste sich entscheiden. Für ihn stand die Familie an erster Stelle, erst danach kam die Politik. Das bewog ihn vorerst sein zweites Ziel aufzugeben. Obwohl er keine politische Karriere mehr verfolgte, entschied er sich dennoch, der Politik so gut es ging verbunden zu bleiben.

Für die Gewichtung unserer Ziele benötigen wir Reife. Wir müssen unser Leben ehrlich prüfen, die Konsequenzen unserer Ziele überlegen, sie abwägen, wenn möglich Kompromisse machen und manche Ziele ohne Bedauern aufgeben.

Um diese Reife zu erlangen, ist eines hilfreich: Wenn wir unsere Ziele auf einer Skala von 1 bis 10 in ihrer Wichtigkeit bewerten. Auch das Aufschreiben möglicher Konsequenzen, die mit einzelnen Zielen verbunden sind sowie das Planen, wie wir Ziele aufeinander abstimmen können, kann uns in unserem Reifeprozess behilflich sein. Vor allem sollten wir verstehen lernen, was Glück überhaupt ist (siehe Kapitel 1). Dabei dürfen wir eins nicht vergessen: Manche Schmerzen sind im Leben unvermeidbar und gehören ebenfalls zu einem glücklichen Leben. Nur die Menschen, die einzig auf Macht aus sind, werden Opfer ihrer Gier, alles haben zu wollen.

Hier ein weiteres Beispiel für die richtige Gewichtung und das Loslassen. Helena suchte mich auf, weil sie beinahe ständig mit Ängsten und dem Gefühl der Überforderung kämpfte. Obwohl sie ihr Berufsleben unter Kontrolle hatte, fühlte sie sich mit der Versorgung ihrer zwei kleinen Kinder und ihrer selbst völlig überfordert.

Ich fragte sie, was sie genau für ihre Kinder und sich selbst erreichen wollte, und was sie darunter verstand, eine gute Mutter und sich selbst eine gute Freundin zu sein. Wir erstellten eine Liste aus zehn „guten Zielen“.

Dabei bemerkte Helena sofort: Einige ihrer Ziele hatte sie sich nur aus kulturellen Zwängen aufgeladen. So hatte sie etwa jeden einzelnen Nachmittag ihrer Kinder mit Aktivitäten verplant.

Dann bewertete Helena die übrigen „guten Ziele“. Sie stellte dabei fest: Körperliche Bewegung, gesundes Essen, ihren Kinder etwas vorlesen und ihre Freundin treffen standen ganz oben auf ihrer Liste (1–4). Schwimmkurse, ein sauberes Haus und Klavierunterricht befanden sich in der Mitte (5–7). Helenas Zeichenunterricht, die Übernachtungen ihre Kinder bei Freunden und dreimal Kurzurlaub pro Jahr kamen ganz unten (8–10).

Anschließend machte sich Helena einen Plan. Sie wollte dabei ihre Top-Ziele nicht gefährden und die mittleren Ziele zwar reduzieren, aber nicht vollständig streichen. Schließlich entschied sie sich gegen den Zeichenunterricht (was hart war, aber zumindest für den Moment notwendig erschien) und plante die Übernachtungen bei anderen Kindern anstatt in jeder Woche nur für jede zweite Woche ein (die Kinder würden sicherlich protestieren). Der gemeinsame Urlaub sollte ab sofort nur noch einmal im Jahr, dafür aber länger stattfinden (so sehr sie in den kommenden Jahren das Kennenlernen neuer Orte auch vermissen würde). Obwohl Helena der Verzicht auf Teile ihres alten Lebens schwer fiel, fühlte sie sich mit der neuen Gewichtung sofort wohler.

UNSERE ZIELE UNSEREN STÄRKEN ANPASSEN

Das zweite Merkmal guter Ziele ist erreicht, wenn sie zu unserer Persönlichkeit und damit zu unseren persönlichen Stärken und Tugenden passen. Nur solche Ziele können uns zu dem führen, was Martin Seligman als „authentisches Glück“ [4] bezeichnet. Sobald wir unsere individuellen Stärken gefunden haben, können wir sie in unsere Tätigkeiten einbringen. Wenn wir uns Ziele aufzwingen, fühlen wir uns oft unzureichend oder wie Betrüger. Andererseits fühlen wir uns mit Zielen, zu denen wir eine natürliche Neigung haben, im Einklang mit uns selbst. Wir müssen diesen Punkt erreichen, an dem wir das tun, was uns wirklich entspricht. Die Übereinstimmung zwischen unseren Zielen und unserer Persönlichkeit führt zu einem angenehmen, erfreulichen und sinnvollen Leben.

Gail Evans ist geschäftsführende Vize Präsidentin des Nachrichtensenders CNN. Sie fühlt sich in der Business-Welt zuhause. Ihre hohen Karriereziele kann sie verfolgen, weil sie ihren natürlichen Neigungen entsprechen. Zur Erlangung des Glücks rät sie uns: Verlieren Sie Ihre Integrität niemals aus den Augen. Da die Geschäftswelt immer noch vorwiegend eine Männerwelt ist, spricht sie in ihrem Buch insbesondere Frauen an: „[Integrität] bedeutet: Bleiben Sie sich selbst treu und leben Sie immer Ihr wahres Selbst aus, auch im Büro … So sehr wir auch unser inneres Selbst verbergen oder als etwas anderes vorgeben möchten – können wir es doch nicht ändern. Eine Frau, die sich ständig neu erfindet, die versucht, etwas anderes zu sein, als was sie tatsächlich ist, wird sich in ihrer eigenen Haut – oder anderswo – niemals wohlfühlen".[5]

UNSERE ZIELE UNSEREM LEISTUNGSNIVEAU ANPASSEN

Das dritte Kriterium guter Ziele ist: Sie müssen zu unserem Leistungsniveau passen. Aktivitäten, die unter unserem Leistungsniveau liegen, können uns entspannen. Doch wir erreichen durch sie nicht das Optimum einer aktiven Teilhabe am Leben. Mihály Csíkszentmihályi bezeichnet dieses Gefühl als „Flow".[6] Sind unsere Aktivitäten jedoch oberhalb unseres Leistungsniveau angesiedelt, fühlen wir uns unzulänglich. Wenn wir für eine bestimmte Tätigkeit genau die richtigen Fähigkeiten mitbringen, fühlen wir uns angemessen herausgefordert und lebendig, wenn wir diesen nachgehen. Jede Aktivität enthält ein ganzes „Bündel an Möglichkeiten ", die unseren Fluss in Gang bringen, wenn wir uns im passenden Leistungsniveau befinden.[7]

Dies bedeutet auch: Unsere guten Ziele sollten anspruchsvoll und erreichbar sein. Ein Ziel außerhalb unserer Reichweite kann zu Frustration und mit der Zeit sogar zur Quälerei führen. Anthony Robbins ist einer der stärksten Befürworter des Glückskonzepts, bei der Sie „selbst die Kontrolle über Ihr Leben" übernehmen. Aber selbst er warnt vor dem Versuch, das Unkontrollierbare kontrollieren zu wollen: „Solange wir unser Leben in einer Weise strukturieren, in der unser Glück abhängig von etwas ist, das wir nicht kontrollieren können, werden wir Schmerz empfinden", schreibt er.[8]

So fühlen sich beispielsweise Schüler in der Schule unmotiviert und frustriert, wenn sehr gute Noten dort nicht erreichbar erscheinen. Auf der anderen Seite werden sie arrogant, gelangweilt und fühlen sich leer, wenn sie die Einser allzu leicht einheimsen können.

Hinzu kommt: Gute Ziele müssen uns deutlich vor Augen stehen. Wir müssen sie definieren oder zumindest beschreiben können. Nur dann können sie auf der analytischen Bewusstseinsebene als Schwerpunkte dienen. Ohne ein gutes Gefühl für das, was wir erreichen wollen, wird uns Entschlossenheit fehlen. Wir müssen jedoch nicht unsere Ziele eins zu eins als perfektes Bild vor Augen haben. Durch ein zu klares Bild könnten wir verkrampfen und unsere Kreativität behindern. Am besten fangen wir mit einer guten und soliden Idee an und warten nicht auf das perfekte Bild. Oft müssen wir unsere Vision im Verlauf des kreativen Prozesses anpassen. Je näher wir einem Ziel kommen, desto ausgefeilter sollte unser Verständnis dafür werden.

Das ist ganz ähnlich, wenn wir nach einem Lebenspartner suchen. Zwar sollten wir durchaus wissen, wonach wir suchen. Sich aber einen Körper im Detail auszumalen, reicht nicht aus. Dies machen vor allem junge Menschen. Ganz im Gegenteil: Damit würde unsere Aufmerksamkeit von den Eigenschaften abgelenkt, die uns am meisten bedeuten. Wenn wir *den* für uns ganz besonderen Menschen finden wollen, müssen wir wissen, was wir mit dieser Person gemeinsam haben möchten und worin wir uns voneinander unterscheiden sollten. Abgesehen von den Überlegungen darüber, was wir mögen und nicht mögen, sollten wir darüber nachdenken, was wirklich passen würde. Das ultimative Ziel ist nicht ein bestimmter Typ Mann oder Frau, sondern eine bestimmte Art der Verbundenheit, die wir erleben wollen (siehe Kapitel 6). Auch hierauf dürfen wir uns nicht versteifen, sondern für den Moment, in dem wir im realen Leben einen Menschen kennenlernen, offen bleiben.

An einem gewissen Punkt in unserem Leben sollten wir uns auch über unsere beruflichen Ziele klar sein. Hierfür brauchen wir mehr als eine vage Vorstellung davon, wie viel wir verdienen möchten oder welche Art von Arbeit uns langfristig vorschwebt. Wir sollten viel mehr unsere Ziele genauer präzisieren. Zum Beispiel möchten viele Menschen Schauspieler werden. Aber nur wenige wissen, wie endlos die Szenenproben sein können, die bei Schauspielern zum Arbeitsalltag gehören. Stattdessen wird unser freudiger Eifer von fantastischen Ideen genährt.

Wir sollten so viel wie möglich über die realen Hintergründe eines Berufs lernen. Sie erhalten ein klareres Bild, wenn Sie einen Arbeitsplatz besichtigen, ein Praktikum in einem Unternehmen machen, andere Mitarbeiter befragen und Informationen über den Beruf lesen. Abgesehen davon müssen wir zwischen kurz- und langfristigen Zielen unterscheiden. Wir sollten wissen, was vor uns liegt. Dann können wir zuversichtlich bleiben und „dran zu bleiben" (Kapitel 7).

FEEDBACK ÜBER UNSERE FORTSCHRITTE

Je klarer die Vorstellungen über unsere Ziele sind, desto leichter erhalten wir ein genaues Feedback über unsere Fortschritte.[9] Dies ist womöglich einer der wichtigsten Aspekte guter Ziele, denn dabei geht es darum, wie wir uns auf Andere beziehen können. Wenn wir eine Höhe festlegen, die wir überspringen möchten, wissen wir Genaueres über unsere tatsächliche sportliche Leistungsfähigkeit. Auf die eine oder die andere Weise müssen wir dafür sorgen, dass der Andere mit uns spricht.

Bekommen wir nicht automatisch Feedback, müssen wir unsere Fortschritte auf anderem Wege abschätzen. Ein Schriftsteller sollte sich beispielsweise einen Experten suchen und die Qualität seiner Arbeit nicht nur von Freunden beurteilen lassen. So schmerzhaft eine objektive Beurteilung auch sein kann: Wenn wir uns entsprechend anpassen und an unseren Fähigkeiten arbeiten, hilft uns das. So haben wir bei unseren Bestrebungen auf lange Sicht mehr Spaß.

WAS IST DER SINN UND ZWECK UNSERES LEBENS?

Wie bei vielem anderem, was mit dem Glück zu tun hat, sollte uns bewusst sein, dass wir außerordentlich davon profitieren, denn: Wir sollten es emsig nutzen, wenn wir einen Sinn und Zweck unseres Lebens, also ein übergreifendes Ziel haben, das unserem gesamten Leben eine Richtung gibt. Es ist wahr: Mit einem höheren Ziel können wir unser Leben besser auf Kurs halten. Haben wir einen Lebensinhalt, durch den wir der Gemeinschaft etwas zurückgeben können, dann sind wir weniger mit uns selbst beschäftigt und dankbarer. Bekanntlich haben all diese Aspekte eine positive Wirkung auf unser Glück. Wir haben jedoch noch eine weitere Herausforderung vor uns: Wir müssen erst einmal einen guten Sinn und Zweck finden und auch dabei bleiben. Daher schlage ich vor: Wir lassen für unseren Sinn und Zweck die gleichen Kriterien gelten wie für alle unsere Ziele. Unser Lebensinhalt sollte:

- mit unseren anderen Zielen übereinstimmen
- mit unserer Persönlichkeit übereinstimmen
- unserem Leistungsniveau entsprechen
- eine Herausforderung, aber erreichbar sein
- klar sein
- uns ein Feedback über unsere Fortschritte ermöglichen

Diese allgemeinen Leitlinien können uns vor unnötigen Enttäuschungen schützen. Susan, eine meiner ehemaligen Patientinnen, fühlte sich ständig unzulänglich, weil sie so wenig tun konnte, um die Welt wirklich zu verbessern. Dabei war das ihr erklärter Lebensinhalt. Allerdings musste sie sich erst noch darüber klar werden, was dieser Lebensinhalt genau war und wie sich in ihren Augen die Welt verbessern sollte. Erst danach konnte sie zwischen erreichbaren und unerreichbaren, kurz- und langfristigen Zielen unterscheiden.

Je deutlicher Susan ihren Lebensinhalt vor sich sah, desto weniger fühlte sie sich mit der Aufgabe überfordert. Schließlich wollte sie in Zusammenarbeit mit einer bestimmten Hilfsorganisation in einer bestimmten Region Afrikas die Hungersnot bekämpfen. Nachdem sie ihren Lebensinhalt klar definiert hatte, wurde ihr Ansatz, wie sie ihn nun füllen wollte, immer systematischer. Zwar sollten wir einen Lebensinhalt auch erreichen können, persönlich werden wir jedoch seine volle Verwirklichung möglicherweise nicht erleben. Manchmal holen wir uns Feedback, indem wir einer Gruppe von Gleichgesinnten beitreten. Viele gemeinnützige Organisationen legen Rechenschaft darüber ab, was beispielsweise aus Spenden wird. Wenn wir keine brauchbaren Informationen erhalten, müssen wir kreativ werden, uns auf uns selbst besinnen, Mutter Natur zuhören oder mit Gott sprechen.

Manchmal kann ich nur meine Vorstellungskraft nutzen, wenn ich weiter kommen möchte. Ich sehe den Gipfel vor mir. Meine Fortschritte halten mich inmitten des dicksten Nebels aufrecht. Während ich beispielsweise für dieses Buch forschte und über zwölf lange Jahre hinweg daran schrieb, war ich oft allein in meinem Büro. In den Pausen unternahm ich ruhige Spaziergänge im Garten und lauschte dem Wind, wie er die trocknen Blätter rascheln ließ. Dann unterbrach ich mein Schweigen und sprach laut mit Mutter Natur. Ich tat so, als wäre mein Buch bereits fertig und würde von vielen Menschen, denen es helfen konnte, gelesen werden. Ich stellte mir vor, das trockene Laub wären kleine Hände, die meine Bemühungen beklatschten, und der Wind würde mir zuflüstern, all dies sei meine Einsamkeit wert.

Zugegeben, das waren großartige Momente (in denen ich Grandioses spürte), aber sie gaben mir tatsächlich neue Energie. Sie gaben mir das Gefühl, als hätte ich bei der Durchquerung der Sahara in einer Oase süße und mich stärkende Datteln gefunden.

ZIELE ENTDECKEN

Auch wenn wir nun theoretisch wissen, was gute Ziele sind: unsere eigenen zu entdecken, kann ziemlich problematisch sein. Es fängt schon damit an, dass wir häufig überhaupt nicht wissen was wir wollen. Dies liegt teilweise am Fehlen des richtigen Zuspruchs. Eltern projizieren oft ihre Wünsche oder Ängste auf ihre Kinder. Daher möchten Kinder am Ende deren Träume erfüllen oder haben zu viel Angst, überhaupt ein Ziel zu verfolgen. Freunde ohne irgendwelche Ambitionen entmutigen uns häufig, ob absichtlich oder aus Versehen. Allzu leicht vergessen wir schlicht unsere Träume, wenn andere nicht positiv auf sie reagieren. Abgesehen von unserer Familie und unseren Freunden zwängt uns unsere Kultur Ziele auf, die oft nichts mit uns gemein haben.

Doch in den meisten Fällen wissen wir selbst gar nicht was wir wollen, weil wir zu verwirrt sind. Entweder fliegen wir zu hoch und schwelgen in Phantasien, oder wir fliegen zu niedrig und sind extrem selbstkritisch. Beide Ansätze sind nicht allzu realistisch. Bei der ersten Variante stellen wir uns zwar als erfolgreich vor. Wir tun so, als wären wir bereits am Ziel, oder *sollten* zumindest bereits da sein. Tatsächlich sind wir noch weit davon entfernt. Auf diese Weise können wir nie wirklich feststellen, ob die Ziele, die wir verfolgen, im Einklang damit stehen, wer wir sind. Zum Beispiel nennen sich einige Menschen Schauspieler. Dabei hatten sie noch nie eine Rolle in einem Theaterstück oder einem Film.

Wir können uns ein bestimmtes Leben einbilden. Damit machen wir uns besser als wir sind oder trösten uns. Doch Klarheit erhalten wir nur, wenn wir der Realität ins Auge blicken. Sicher, wir können einer potenziell schmerzhaften Realität aus dem Weg gehen. Schauen wir jedoch der ungeschminkten Realität ins Auge, können wir etwas über uns selbst lernen. Dann erfahren wir mehr über unsere wahren Fähigkeiten, unsere wahren Freuden und unsere wahren Erwartungen. Dieser Realitäts-Check ist wichtig. Nur so entdecken wir unsere authentischen Ziele. Auch wenn es schwer fällt: Geben Sie Phantasien auf. Denn dann haben Sie die Chance, Ihr Glück zu finden. Wenn wir nicht länger der Wirklichkeit entfliehen, lernen wir in einer erfüllenden Art und Weise an ihr teilzuhaben.

Wenn wir zu selbstkritisch sind, sind wir oft auch zu blind für das, was gut für uns ist. Wir bestrafen uns selbst für Fehler, fühlen uns schlecht und richten damit unsere Aufmerksamkeit weg von allem, was positiv für uns ist, einschließlich potenziell lohnender Ziele. Vieles, was uns gelingen könnte, nehmen wir gar nicht erst wahr. Wenn uns jemand sagt, wir hätten das Erfolgspotenzial in einem bestimmten Bereich, tun wir überrascht: „Warum sollte jemand das von mir glauben?" Selbstkritische Menschen wollen häufig nicht mit Komplimenten belästigt werden und reden alles kaputt.

In unserer Kultur herrscht die beliebte Annahme, zur Förderung von Eifer sollten wir „Erfolgen applaudieren und auf Misserfolge gelassen reagieren"[10]. Doch selten ist uns klar, wie hart wir dabei mit uns selbst umgehen. Wir sind blind gegenüber unserer inneren Realität, denn wir haben uns zu sehr an die Selbstbestrafung gewöhnt. Außerdem verwechseln wir häufig Selbstbestrafung mit Selbstdisziplin und denken, diese wäre für unseren Erfolg notwendig. Irgendwann einmal, so hoffen wir zumindest, werden wir keine Fehler mehr machen und Liebe, Geld und Aufmerksamkeit bekommen. Eines wollen wir einfach nicht begreifen: Niemand ist perfekt. Was erfolgreiche von erfolglosen Menschen unterscheidet, ist die Fähigkeit, wie schnell die erstgenannten über ihre Fehler hinwegkommen, von ihnen lernen und weiter machen (siehe Kapitel 7). Unsere negativen Zerrbilder und Fehleinschätzungen über die Realität halten uns vom Erfolg ab. Das macht das

Auffinden authentischer guter Ziele schwierig. So werden wir kein Teil dieser Realität.

Doch selbst wenn wir uns in der Realität erden und Ermutigungen erhalten: Damit haben wir noch lange nicht automatisch die richtige Beschäftigung gefunden. Der Psychologe Dean Simonton nennt Franklin D. Roosevelt als Beispiel. Hätte Roosevelt durch seine Kinderlähmung nicht wertvolle Lektionen über Geduld und Ausdauer gelernt, er wäre nicht der gleiche Präsident gewesen, oder wäre erst gar nicht Präsident geworden.[11]

Häufig wissen Menschen nach einem Trauma oder einer Nahtoderfahrung plötzlich, was ihnen wichtig ist und gehen diesen Weg. Natürlich möchte ich hier nicht vorschlagen, wir sollten jetzt solch ein Unglück provozieren. Dennoch: Als Couch-Potatoes können wir wohl kaum erwarten, wie vom Blitz getroffen plötzlich die alles erhellende Erkenntnis zu erlangen. Irgendwie müssen wir uns schon kümmern.

Wir müssen wertvolle Lektionen lernen, die uns offenbaren, was erstrebenswert für uns sein kann. Was wir brauchen, sind konkrete Lernmöglichkeiten: Mit deren Hilfe können wir in gute Ziele hinein stolpern oder sie erkennen.

EINTAUCHEN IN DEN ENTDECKER-ZUSTAND

Joseph Campbell pflegte Menschen mit folgenden Worten zu ermutigen: „Folge deinem Glück."[12] Dies kann heißen: „Folge im Leben deiner wahren Leidenschaft." Das können wir allerdings nur dann tun, wenn wir uns in die Entdecker- bzw. Erkenntnisebene versetzen.

Wir sollten nicht in unserem Kokon verharren – stattdessen uns nach draußen wagen und uns der weiten Welt öffnen. Dort werden wir mit unvorhersehbaren Ereignissen konfrontiert, wir gewinnen neue Erkenntnisse und müssen mit all dem experimentieren. Auf diese Weise werden wir Seiten von uns entdecken, die wir bislang nicht kannten. Mit Campbells Worten: „Ein Mensch mit einem Funken Offenheit für neue Erfahrungen wird sich zwangsläufig sagen: ‚Wie wir jetzt leben, das genügt nicht.' Er wird sich also um seiner selbst willen aufmachen; er möchte eine breitere Grundlage und umfassendere Beziehungen finden."[13] Wenn wir Glückseligkeit suchen und erstrebenswerte Ziele entdecken wollen, ist unsere Bereitschaft zum Lernen und Experimentieren ausschlaggebend.

Es gibt viele Wege, sich nach draußen zu wagen. Für manche von uns ist das Reisen wichtig. Johann Wolfgang von Goethe zum Beispiel reiste recht häufig. Während seiner Italienreise schrieb er einem Freund, das Reisen habe seine Persönlichkeit verändert und sei mit keiner anderen Erfahrung vergleichbar.[14]

Natürlich hatte Goethe da längst das Schreiben als seine wichtigste Leidenschaft entdeckt. Dennoch gab es da noch viele andere Dinge zu entdecken und zu erschaffen. Als er sich mit dem Klassizismus beschäftigte, schrieb er das Stück *Iphigenie auf Tauris*. Außerdem begann er seine Arbeit am *Faust* – der Tragödie, die ihn weltberühmt machte.

Wir können alle möglichen Dinge entdecken: Die Atmosphäre ferner Länder spüren, deren Kultur und Schönheit auf uns wirken lassen, Einheimische kennenlernen, Probleme lösen, von deren Existenz wir bislang nichts wussten. Aber wir müssen dafür vertraute Umgebungen hinter uns lassen. Auf gewisse Weise müssen wir „Mutter und Vater verlassen" und unserer (eigenen) Glückseligkeit folgen.[15]

Unseren beschränkten Erfahrungshorizont verlassen wir bereits, wenn wir die Erfahrungen anderer Menschen betrachten, etwas darüber lesen oder hören. Auch solche nachempfundenen Reisen können ein Quell der Kraft sein, wenn sie uns denn anrühren. Außerdem lernen wir dazu, wenn wir etwas für uns Ungewöhnliches und Neues unternehmen. Wir könnten zum Beispiel Chinesisch lernen. Wir könnten ein Musikinstrument erlernen, Vorträge besuchen, oder völlig neue Dinge erforschen. Wenn wir niemals wirklich freundlich waren, könnten wir uns das zu einer neuen Gewohnheit machen. Wir können keine Visionen entwickeln, wenn wir nicht unseren Geist stimulieren. Wir können keine neuen Vorlieben entdecken, wenn wir nicht experimentieren. Wir müssen uns in eine neue Welt versetzen, die dann auch uns erneuert.

Wollen wir uns hinaus wagen, reicht das bloße Anhäufen von Wissen nicht aus. Wir sollten Neues vielmehr auf eine persönliche und bedeutsame Weise erlernen, es in uns integrieren, hinterfragen, damit ringen oder es auch verwerfen. Was hierbei zählt: Wir dürfen nicht passiv bleiben. Stattdessen können wir uns selbst beim Erlernen neuer Dinge besser kennenlernen. Falls wir unser neues Wissen gleich anwenden können, dann sollten wir das auch tun. Wenn wir beispielsweise etwas über Gartenarbeiten gelesen haben, dann sollten wir auch etwas pflanzen. Wenn wir einen Kursus über Kreativität besucht haben, dann sollten wir auch etwas Kreatives tun. Wenn wir uns für Psychologie interessieren, dann sollten wir die Menschen aus der Perspektive des Geistes zu verstehen versuchen. Das Sammeln von Kochbüchern allein kann uns nicht glücklich machen. Aber das Kochen kann das schon.

Manchmal geschehen auf diesen Wegen völlig unvorhergesehene Dinge. Stewart, der erwachsene Sohn eines Freundes, hatte keinen blassen Schimmer, was er mit seinem Leben anfangen sollte. Während eines vermutlich völlig langweiligen Bootsausfluges entdeckte er jedoch seine Liebe zur Meeresbiologie. Über diese plötzliche Entdeckung war er genauso überrascht wie seine Eltern.

Wenn wir uns unterschiedlichen neuen Erfahrungen hingeben, entdecken wir möglicherweise etwas, was uns mitreißen kann. Die Verbundenheit mit unseren Gefühlen ist der Schlüssel zu unserem guten Eifer, zum Erkennen unserer Erfüllung und zum Setzen von Zielen. Die Forschungen von Robert Cloninger haben gezeigt: Menschen, die über ein hohes Maß an Ausdauer verfügen, aktivieren dabei in höchstem Maße ihr limbisches System, also jenen Teil des Gehirns, der Gefühle und Gewohnheiten steuert.[16] Obwohl es in dieser Hinsicht angeborene Unterschiede gibt, so brennt doch in jedem von uns ein Feuer, das wir entfachen können (vielleicht ist es auch nur ein Funke). Wenn wir uns hinaus wagen, dann entdecken wir vielleicht sogar, was uns dazu bringt, uns wirklich anstrengen zu *wollen*. Das Entdecken authentischer Ziele führt bei nahezu jedem, der sich Glück herbeiwünscht, zu einem Gefühl der Begeisterung.

GUTE ZIELE ALLEIN REICHEN NICHT

Bisher habe ich heraus gestellt, *warum* das Verfolgen authentischer Ziele so viel zu unserem Glück beiträgt. Doch die Frage, *wie* wir diese Ziele verfolgen, ist genauso wichtig. Denn wenn wir unser Gefühl der aktiven Teilhabe am Leben steigern wollen, dann reicht das *Setzen* guter Ziele nicht aus. Wir müssen auch selbst gut sein. Wenn das Erreichen unserer Ziele alles ist, was wir vom

Leben möchten, können wir auch gleich ins Hamsterrad steigen und dort alles Erdenkliche geben, um als Sieger hervorzugehen: andere übervorteilen, schikanieren und Abkürzungen nehmen, damit wir weiter kommen und andere auf der Strecke bleiben. Das macht uns aber nicht glücklich! Wir müssen uns moralische und psychologische Spielregeln aufstellen, selbst wenn niemand uns auf die Finger schaut.[17]

Es ist bemerkenswert, wie viele von uns einen unwiderstehlichen Drang zum Gähnen empfinden, sobald uns moralische Regeln aufgezeigt werden. Wir denken sofort an verstaubte Bücher, die zehn Gebote oder alte Männer mit Bart, die predigen und dabei mit dem Zeigefinger drohen. Wir alle haben vermutlich oft genug Drohungen dieser Art gehört: „Benimm dich, sonst …" Was wir jedoch noch nicht oft genug gehört haben: Wie Regeln mit unserem Glück verbunden sind und wie wir daraus Nutzen ziehen können. Das widerwillige Befolgen von Regeln ist keinesfalls das Gleiche wie ein tiefgehendes Verständnis und Akzeptieren solcher Regeln. Der Beweis dafür ist: Viele angeblich moralisch aufrechte Menschen mit psychologischer Sachkenntnis brechen Regeln, sobald sich die Möglichkeit dazu ergibt. Bis dahin waren sie gute Bürger und gehorchten dem Gebot der Autoritäten.

Wir müssen verstehen: Eifriges Streben ohne Regeln macht weder Freude noch verstärkt es das Gefühl der Teilhabe am Leben. Sicher: Auf dem Weg nach oben sind Betrügereien und der Einsatz von Ellbogen sehr nützlich. Allerdings empfinden wir dabei weder Freude noch echten Stolz. Wenn wir uns an gewisse Regeln halten, haben wir bei unseren Anstrengungen und denen anderer Menschen ein gutes Gefühl. Wir empfinden Freude über diesen Prozess an sich – und wollen nicht mehr Ziele nur um ihrer selbst willen erreichen. Wir fokussieren uns dann nicht mehr hier und da auf irgendein Ziel und irgendein Handeln. Wir können uns befreit auf die Wechselbeziehung ausrichten, die den Energiefluss zwischen uns und unserem Ziel ermöglicht. Das ehrenvolle und konstruktive Streben gibt uns selbst das *Gefühl* von Ehrenhaftigkeit und Konstruktivität. Unser positiver Beitrag zum guten Leben bringt das Beste und nicht das Schlechteste von uns und anderen hervor. Schließlich werden wir uns angesichts jeder Herausforderung als wichtig und in jedem Kampf als wertvoll empfinden. Das Leben fühlt sich einfach besser an, wenn wir uns an die Spielregeln halten.

Wenn wir unserem Eifer ungezügelt freien Lauf lassen, sind wir mental nicht in der Lage, unser Streben zu genießen. Denn dann fehlt uns für unsere Konzentration darauf entweder die Zeit oder die Muße. Sind wir gierig nach Erfolg und voller Angst vor dem Versagen, gibt uns unser Handeln keine Energie. Wir fühlen uns einfach nur erschöpft. Extremer Stress und Burnout sind oft die Folgen.

Der Anthropologe Peter Demerath hat über Oberschüler geforscht, die unter extremem Leistungsdruck standen. Er fand viele Beispiele für solche Konsequenzen. Siebzig Prozent der Heranwachsenden gaben an, „häufig" oder „ständig" unter Stress zu stehen. Sie verbringen viel Zeit mit außerschulischen Unternehmungen und ihren Hausarbeiten, aber sie haben nur wenig Zeit für Gespräche mit ihren Eltern daheim. Neben dem Mangel an Mußestunden und familiären Kontakten tritt oft unethisches Verhalten auf. Die Mehrheit dieser gestressten Schüler schummelt offenbar um des eigenen Vorteils willen.[18]

Wenn wir schummeln, gesellt sich zu unserem Eifer sofort und unmittelbar ein Gefühl des Konkurrenzdenkens. Ein gesundes Wettbewerbsdenken ist nichts Schlechtes. Aber es gibt keinen Grund, daraus einen Zwang zu machen. Demerath warnt: „Die amerikanischen Schulen und die amerikanische Gesellschaft sind vom Wettbewerbsdenken geprägt. Unsere Studien zeigen, wie das vorrangige Interesse der Schüler und ihrer Eltern am ‚Vorwärts kommen' ihre Lernfähigkeit beeinträchtigen kann. Das Ergebnis ist ein Verlust an Anstand mit schädlichen Auswirkungen auf das Wohlbefinden."[19]

WIN-WIN-SITUATION

Aus diesen Ausführungen folgere ich: Um glücklich zu sein, müssen wir die psychische Fähigkeit entwickeln, damit aufzuhören, uns ständig mit anderen zu vergleichen. Wir sollten unsere Aufmerksamkeit auf unsere eigenen Handlungen richten. Wenn wir zwanghaft auf andere fokussiert sind, verlieren wir uns in dieser Gegenüberstellung und befinden uns nicht mehr in einer Wechselwirkung mit anderen. Sobald wir andere übers Ohr hauen, schieben wir die Welt beiseite und haben keinen aufrichtigen Kontakt mehr zu ihr. Als Peter Demerath Papua Neu-Guinea besuchte, stellte er fest: Dort sind die Schüler in ihren Bemühungen viel kooperativer. In den Augen der Einwohner von Neu-Guinea bringt Betrug keinen Nutzen. Diese gemeinschaftsorientierte Gesellschaft ermutigt solch ein Laster überhaupt nicht. Die Menschen dort verstehen: Der Einzelne kann seinen Vorteil nicht auf Kosten der Gruppe erwirken.[20]

Unser Glück ist mit dem Glück anderer verwoben. Deshalb müssen wir unser Streben als Win-win-Situation gestalten. Es ist ja oft so: Eine Person gewinnt, weil eine andere Person verliert. Die Ergebnisse heben sich somit gegeneinander auf. In der Spieltheorie wird dies „Nullsummenspiel" genannt. Diese Theorie beschreibt, welche Strategien in einer bestimmten Situation zur Gewinnmaximierung und Verlustminimierung geeignet sind. Der Autor Robert Wright stellt heraus: Wir alle sind fähig zu „Nicht-Nullsummenspielen", sobald wir „in größere und reichhaltigere Netze gegenseitiger Abhängigkeiten eingebunden sind."[21]

Wir können uns für eine Strategie entscheiden, die nützlich für uns *und* andere ist. Wenn wir uns für das „Nicht-Nullsummenspiel" entscheiden, dann werden wir andere mit unseren Absichten nicht verletzen oder kränken. Vielmehr werden wir unsere Verbundenheit mit ihnen stärken, unsere wechselseitigen Vorteile sichern und auch Liebe und Frieden fördern.

Ich habe bereits über die Wichtigkeit von Lebensinhalten gesprochen. Ich kann natürlich kein ganz bestimmtes Ziel für jeden einzelnen festlegen. Aber ich bin überzeugt: Die Schaffung von Win-win-Situationen sollte in jedem Falle grundlegend Teil davon sein. Stephen Covey hat die Gewohnheiten von sehr erfolgreichen Menschen untersucht. Er empfiehlt ein übergeordnetes Ziel, dem kleinere Ziele untergeordnet werden.[22] Damit können wir nicht nur unser Bedürfnis nach sofortiger Genugtuung besser zurückstellen und unsere Ausdauer entwickeln (siehe Kapitel 7), sondern auch unseren ungehemmten Eifer zügeln. Wir sollten uns ständig daran erinnern, warum wir ein bestimmtes Ziel überhaupt ins Auge gefasst haben. Manchmal sind wir einfach übereifrig, und beeinträchtigen damit unser Glück und das anderer Menschen.

Wir sollten *das Umsetzen* unserer Träume nicht ständig hinauszögern. Viele Menschen haben großartige Träume, aber sie tun nichts dafür. Unsere Träume sollten uns wichtiger werden. Wir sollten sie in die Kategorie „dringend" einordnen, schlägt Stephen Covey vor.[23] Das Leben findet jetzt statt; jetzt ist die Zeit für das Entdecken ganz persönlicher guter Ziele gekommen, auf die wir in großen Schritten zugehen und um die wir uns auf ehrenvolle Weise bemühen sollten. Es ist ja so: Ein gesundes Streben gibt uns Kraft für unsere Ziele. Es verhindert das Zurückfallen in den bloßen Überlebensmodus. Das Streben auf der analytischen Bewusstseinsebene ist wertvoll und nicht von Angst getrieben. Also: Vorwärts!

ÜBUNGEN:
EIFER AUF DER ANALYTISCHEN BEWUSSTSEINSEBENE

Die folgenden Übungen setzen an verschiedenen Stufen an, die Ihren Geist öffnen und ihn flexibler machen.

Etwas zum Nachdenken

Welche grundsätzliche Haltung haben Sie zum Eifer? Wo sehen Sie sich selbst in fünf, zehn oder 15 Jahren? Was müssen Sie für die Entdeckung Ihrer persönlichen Lebensziele tun? Kennen Sie die Spielregeln?

Stellen Sie sich die folgende Situation vor:

- Schließen Sie Ihre Augen. Stellen Sie sich vor, sie befänden sich auf einer Bühne. Die Menschen um Sie herum applaudieren Ihnen, weil Sie Ihrem Traum gefolgt sind. Weshalb applaudieren sie Ihnen?
- Stellen Sie sich nun den ersten Schritt auf dem Weg zu Ihrem Ziel vor. Welchen Rat würden Sie Ihrer Tochter oder Ihrem Sohn geben, wenn sie an Ihrer Stelle wären? Führen Sie diese Übung für jeden einzelnen Schritt auf dem Weg zu Ihren Zielen aus. Machen Sie einen Plan und schreiben Sie sich einen Zeitplan dazu auf.

Andere einbeziehen

- Sprechen Sie mit anderen Menschen über Ihre Zielsetzung. Fragen Sie andere Menschen, wie sie ihre Ziele entdeckten. Lernen Sie daraus. Fragen Sie andere Menschen, was Sie wohl für Ihr „Streben nach Glückseligkeit" benötigen. Ein Beispiel: Sie brauchen vielleicht konkrete Ermutigung für den ersten Schritt auf dem Weg zu Ihrem Ziel.

- Überlegen Sie, ob Sie dazu einen Coach, einen Mentor, einen Therapeuten, einen Lehrer oder einen gleichgesinnten benötigen.
- Es ist völlig richtig und psychologisch angebracht, wenn Sie mit Ihrer Mutter bzw. Ihrem Vater über Ihre Zielsetzung sprechen. (Manche von uns sind es allerdings ziemlich leid, ihre Eltern um Rat zu fragen.)

Erforschen Sie Ihre Gefühle

- Setzen Sie sich in Ruhe hin, entweder allein oder mit jemandem zusammen. Sprechen Sie über die Regeln, die Sie aus Angst befolgen und über die Regeln, denen Sie aus tiefem Herzen zustimmen. Rufen Sie sich einen Moment in Erinnerung, in dem Sie eine Regel brachen und dies bedauerten. Dann denken Sie an eine Zeit, in der Sie etwas erreicht hatten und stolz darauf waren. Welche Gefühle entstehen in Ihnen?
- Wie und von wem wurden Sie bei der Verwirklichung Ihrer Träume unterstützt?
- Sprechen Sie über die Träume Ihrer Kindheit, Ihres Erwachsenwerdens und die Träume Ihres frühen Erwachsenseins. Was wurde aus diesen Träumen? Können Sie diese Träume nun auf reife Art und Weise anerkennen und verwirklichen? Falls nicht: Gibt es da etwas, das Sie anstelle dessen tun können?

Dinge, die Sie tun können

- Schauen Sie sich folgende Filme an: *Mit dem Willen zum Erfolg, Die Entscheidung – Eine wahre Geschichte, Rufmord – Jenseits der Moral, Rendezvous im Jenseits, Die Waffen der Frauen, Spartacus, Der schwarze Hengst, Slumdog Millionär.*
- Hängen Sie Ihre Zeugnisse oder Trophäen an die Wand. So kann jeder sie sehen. (Verstecken Sie Ihre Erfolge nicht aus Gründen der Höflichkeit).

Sprechen Sie über das, was Sie schon alles erreicht haben. Sprechen Sie mit Anderen über ihre Ziele und ihren Eifer dafür.

- Verlassen Sie einmal vertraute Gefilde. Machen Sie eine Reise, lesen Sie ein Buch über etwas ganz Neues. Falls Sie sonst immer alleine lernen, besuchen Sie einen Kursus. Wenn Sie mit anderen Menschen verstrickt sind, gönnen Sie sich eine Zeit des Alleinseins. Erweitern Sie nicht bloß ihr bereits vorhandenes Wissen. Befassen Sie sich einmal mit etwas völlig Neuem.
- Nehmen Sie Ihre Träume ernst. Ordnen Sie sie in die Kategorie „dringend" ein. Schieben Sie nichts auf, was Sie heute tun können, auch wenn es nur ein kleiner Teil oder ein erster Schritt ist. Ein Beispiel: wenn Sie besser aussehen möchten, dann warten Sie nicht ab, bis Sie Gewicht verloren haben. Sie können sich heute bereits um Ihre Frisur kümmern und modische Kleidung tragen. Kleine Dinge tun: Das kann Ihren Eifer in Schwung bringen.
- Ziehen Sie Ihre Ideen durch. Schreiben Sie zum Beispiel das Gedicht, das Sie in Gedanken bereits begonnen haben. Machen Sie sich an die Veröffentlichung des Buches, das Sie geschrieben haben. Nehmen Sie die Gitarre zur Hand, die Sie gekauft haben. Entscheiden Sie erst dann, ob Sie ein Ziel weiter verfolgen wollen, wenn Sie sich daran versucht haben.
- Lesen Sie Biografien über Menschen, die das getan haben, was Sie sich insgeheim wünschen. Lassen Sie sich inspirieren. Das Lesen von Romanen ist eine wundervolle Quelle der Inspiration. Ich selbst wurde sehr stark durch die frühen Bücher von Rita Mae Brown inspiriert. Holen Sie sich Ratschläge in Ihrer Buchhandlung.
- Suchen Sie sich drei gute Ziele aus, die zu den in diesem Kapitel behandelten Kriterien passen. Schreiben Sie auf, welche Regeln Sie für das glückliche Erreichen dieser Ziele befolgen wollen. Beginnen Sie sofort mit der Arbeit daran.
- Lesen Sie Michael Carrolls Bücher *Aware at Work* und *The Mindful Leader*, damit Sie noch achtsamer nach Ihren Zielen streben können. Wenn Sie mehr über die Zielsetzung und das Vertrauen in Ziele lernen möchten, dann lesen Sie Sonja Lyubomirskys Buch *The How of Happiness*.

Spirituelles Wachstum

- Wenn Sie Ihrer Leidenschaft folgen, dann ziehen Sie möglicherweise ganz ohne Absicht den Neid anderer Menschen auf sich. Es gibt nicht gerade viel, was Sie an den Gefühlen anderer Menschen ändern können. Wie werden Sie mit diesem Neid umgehen?
- Denken Sie über das Bild nach, wie Sie als „Weltbürger“ Ihre Ziele verfolgen – beten Sie dafür, meditieren Sie darüber oder akzeptieren Sie sie.
- Erstellen Sie eine Liste positiver Gedanken in Bezug auf das Gelingen, zum Beispiel: Ich bin den Erfolg wert. Ich glaube fest: Ich *werde* diesen Erfolg wert sein. Ich glaube an mein Potential. Ich glaube fest: Ich *habe* dieses Potenzial.

[5]

Kompetenz

Viele Möwen stört es nicht, wenn sie nur die einfachsten Dinge über das Fliegen lernen – wie sie vom Ufer zum Futterplatz und wieder zurück gelangen. Für die meisten Möwen ist nicht das Fliegen wichtig, sondern das Fressen. Für diese Möwe jedoch war nicht das Fressen von Bedeutung, sondern das Fliegen. Mehr als alles andere liebte die Möwe Jonathan das Fliegen.

RICHARD BACH

Die Vergänglichkeit des Lebens erfordert das Streben nach definierbaren Zielen mit entsprechender Kompetenz. Sobald wir mit bedrohlichen Situationen konfrontiert werden, bleibt uns keine Wahl: Wir müssen das Schwimmen lernen, wenn wir nicht untergehen wollen. Zum Überleben benötigen wir Kompetenz.

Doch wenn wir nach Glück streben, müssen wir uns jenseits dessen hinaus wagen, was die Natur von uns fordert. Es reicht nicht aus, uns nur schwimmend „über Wasser" zu halten. Wenn eine Aktivität wichtig für uns ist, dann müssen wir sie entwickeln, so gut wir können, auch wenn das Resultat nicht optimal sein sollte. Das erfordert in der Regel harte Arbeit. Wir fühlen uns nämlich in dem Ausmaß lebendig, wie unser Geist wächst. Das Lernen stimuliert unsere Gehirnzellen und das Wachstum des Gehirns. Wenn wir uns in bislang nie erlebte Tiefen und Höhen schwingen, erschaffen wir damit neue Verbindungen zwischen unseren Gehirnzellen.[1] Das Streben nach Kompetenz ist essentiell, damit wir auf der analytischen Bewusstseinsebene die Teilhabe am Leben verstärken können.

DIE FREUDE AN DER KOMPETENZ

Ganz so wie die Möwe Jonathan haben auch gesunde Kinder eine enorme Freude am Aufbau von Kompetenzen. Kleinkinder, die ja von Natur aus eifrig sind, werden beim Laufen lernen nicht müde. Sie tun einige Schritte, fallen hin und stehen wieder auf, immer und immer wieder. Sobald sie etwas gelernt haben, strahlen sie vor Stolz. Ihr Enthusiasmus kennt keine Grenzen. Wenn Kinder Kompetenzen entwickeln, dann merken sie, dass sie in der Welt etwas bewirken können. Überglücklich darüber rufen sie aus: „Schau mal, schau mal, was ich kann! Ich bin die/der Größte!“ Dinge, die wir zum ersten Mal tun, beeindrucken uns am meisten. Das Lernen im Allgemeinen begeistert uns. Das Leben ist aufregend, sobald wir erkennen, dass wir tatsächlich etwas bewirken können.

Je älter wir werden, desto feinsinniger und differenzierter werden unsere wachsenden Kompetenzen, mit denen wir der Welt begegnen. Je höher die Bedeutung des Glücks für uns ist, desto stärker ist unser Wunsch nach Teilhabe an der Welt durch Nutzung unseres Potentials. Wenn uns das nicht gelingt, dann fühlen wir uns, als hätten wir uns selbst, unsere Eltern, ja vielleicht die ganze Welt im Stich gelassen. Unser Bestes zu geben erfüllt ein tiefes menschliches Bedürfnis. Wenn das gelingt, dann stehen uns manchmal Tränen der Rührung in den Augen, vor allem, wenn wir an unsere Eltern oder andere Menschen denken, die zu unseren Fähigkeiten beigetragen haben.

Für die meisten von uns rührt diese Freude nicht aus dem Erreichten her, sondern aus dem Arbeitsprozess selbst. Es ist nicht so sehr das Ziel, das uns glücklich macht, sondern der Prozess des Arbeitens mit unserem Potenzial. Intuitiv erkennen wir, dass wir uns im Einklang mit dem Leben verhalten sollten und den natürlichen Prozess des Werdens nicht stoppen dürfen.

Der Dichter und Schriftsteller Hermann Hesse ermutigt uns, es diesem Prozess gleichzutun: Wir sollten veraltete Daseinsweisen aufgeben, damit wir gedeihen und wachsen können. Das Loslassen des Alten und dabei den immer währenden Wandel des Lebens im Blick behalten, wird oft in Hesses Büchern thematisiert. Regenbögen, Seifenblasen, Sand, Wind, Flüsse, die Jahreszeiten, flackernde Lichter und Schatten im Wald sind immer wieder kehrende Motive. In seinem Gedicht „Stufen“ rät er uns zur Aufgabe alter Gewohnheiten. So gelangen wir zu innerem Frieden und der Liebe zu unserem natürlichen und sich entfaltenden Leben. Das fällt uns nicht leicht, solange unser gegenwärtiges Leben angenehm ist. Doch wenn wir uns des Magischen bewusst werden, das jedem Neubeginn innewohnt, dann – so Hesse – bereitet uns das auf den Aufbruch und auf Veränderungen vor. Die treibende Kraft der Natur kann uns „Stufe um Stufe heben, weiten“. Dies ist das Gegenteil von Stillstand. Der Preis für solch einen Stillstand ist hoch. In ihm bleiben wir an die Vergangenheit gekettet, oder in Hesses Worten: an „lähmende Gewöhnung.“[2]

KOMPETENZ IST ENTSCHEIDEND

Es macht wirklich Sinn, wenn wir mit zunehmendem Alter eine zunehmende Kompetenz anstreben. Die entscheidende Rolle der Kompetenz findet sich in der Selbstbestimmungstheorie von R. M. Ryan und E. L. Deci.[3] Diesen Wissenschaftlern zufolge müssen wir drei aufeinander bezogene menschliche Bedürfnisse erfüllen. Auf diese Weise optimieren wir unser Wohlbefinden und unsere soziale Entwicklung. Es handelt sich um das Bedürfnis nach Kompetenz, Zugehörigkeit und Autonomie. Die ursprünglich humanistische Idee der Verwirklichung unseres Potentials wurde von akademischen Psychologen in jüngster Zeit aufgegriffen. Sie sind inzwischen überzeugt: Verwirklichung kann tatsächlich empirisch erforscht werden.[4]

Das Entwickeln von Kompetenzen ist ein außerordentlich wichtiger Bestandteil eines guten und erfüllten Lebens. Dennoch streben nur wenige Erwachsene aufrichtig danach. Die Freude an der Entwicklung von Kenntnissen und Fertigkeiten scheint mit dem Ende der Kindheit ebenfalls verloren zu gehen. Die Frage ist, ob und wie wir sie wiederfinden können.

Die Entwicklungspsychologin Gisela Ulmann stellt fest: Kinder entwickeln sich solange, wie sie (1) Gründe dafür haben und (2) die Möglichkeiten dazu.[5] Wenn wir beobachten, wie desinteressiert Heranwachsende dem Lernen gegenüber werden, wo sie doch früher ein „Gespür für Kompetenz“[6]

hatten, dann stellen wir fest: Ihnen fällt es schwer, Gründe für eine Weiterentwicklung zu finden, oder ihnen fehlen die Mittel zur Weiterentwicklung.

Was die Mittel zur Weiterentwicklung betrifft, müssen junge Menschen die benötigten Chancen und Ressourcen erkennen können. Junge Menschen benötigen kulturelle Unterstützung, damit sie die für ihr Wachstum notwendigen Ressourcen erkennen und nutzen. Wenn uns im Kindesalter solche Unterstützung vorenthalten wurde, dann müssen wir als Erwachsene die Mittel finden, die das Feuer wieder entfachen. Das kann alles Mögliche sein: das Suchen nach bestimmten Informationen, das Anheizen von Körper und Geist mit Sport und guter Nahrung, das Wahrnehmen kultureller und bildungsorientierter Möglichkeiten unserer Gemeinden, virtuelle Communities eingeschlossen. Jeder kann mit wenig Zeitaufwand diese Ressourcen ausfindig machen: im Internet, in Büchereien, Museen, Kirchen und Volkshochschulen.

Meist verlieren wir die Freude an Kompetenz, weil es uns so schwer fällt, gute Gründe für deren Entwicklung ausfindig zu machen. Wenn wir jung sind, gibt es viele gute Gründe und sie leuchten uns ein. Es warten ja auch schließlich viele Belohnungen sowie die Selbständigkeit auf uns. Doch je älter wir werden, desto verwöhnter werden wir meist. Warum sollen wir schuften, wenn doch alles schon vorhanden ist? Wenn alles so einfach ist, wie das Schreiben von Buchstaben mit Hilfe eines Textverarbeitungsprogramms? Selbst wenn wir uns nicht so verwöhnt geben, scheinen die guten Gründe in der Welt der Erwachsenen nicht länger einsichtig zu sein. Das Ergebnis: Die Menschen ziehen sich nach dem Ende der Kindheitsphase oft von Lernprozessen zurück.

VON DEN GENEN ZUM BEWUSSTSEIN

Es existieren noch weitere bemerkenswerte Faktoren, die das Erkennen guter Gründe für die Kompetenzentwicklung während unserer gesamten Lebenszeit erschweren. Wenn wir unsere Freude an der Kompetenz wieder gewinnen möchten, dann müssen wir diese Gründe ermitteln und klären.

Einer der wichtigsten Faktoren könnte biologischer Natur sein. Die Natur hilft uns auf sehr geschickte Weise bei der Aneignung von Grundfähigkeiten wie etwa dem Laufen und Sprechen. Bei komplizierteren Fertigkeiten hilft sie uns schon nicht mehr so sehr. Es ist nicht sehr viel in unserem Erbgut enthalten, das uns etwa den Umgang mit der Physik, der Computertechnologie, Fremdsprachen oder ähnlich komplizierten Fertigkeiten erleichtern würde. Wenn wir die Hilfsmittel des Bewusstseins, die Motivation des Bewusstseins und die Wahlmöglichkeiten des Bewusstseins nicht nutzen, dann verlieren wir leicht die Motivation für richtiges Tun, für das Lernen und Wachsen.

Offensichtlich sind wir in zunehmendem Maße abhängig von unserem Bewusstsein, wenn wir gute Gründe für unsere Entwicklung finden wollen. Wenn uns Motivation fehlt, dann müssen wir sorgfältig unser ganz spezielles kulturelles Umfeld untersuchen und unsere Situation darin bewerten, sei es mit oder ohne professionelle Hilfe. Nachdem wir dies analysiert haben, können wir darauf aufbauend einen neuen und schlagkräftigen Plan schmieden. Solch ein Plan oder eine neue Vision müssen die notwendigen Gründe enthalten, warum kontinuierliches Lernen in unserem ureigensten Interesse ist – und welche Aufgaben und Fähigkeiten am besten für das Erreichen der ganz bestimmten Ziele geeignet sind, die wir ausgewählt haben. Der Plan muss deutlich aufzeigen, welchen kurzfristigen und langfristigen Nutzen wir davon haben, wenn wir uns um einen bestimmten Bereich bemühen.

Das Erstellen eines solchen Planes ist nicht einfach. Es ist vergleichbar mit der Suche nach unserem Lebensziel. Wenn wir jedoch dorthin zurückkehren wollen, wo wir die „Magie“ eines jeden Neubeginns und die Freude an der Entwicklung neuer Kompetenzen empfunden haben, dann sollten wir einen solchen Plan erstellen. Nachdem wir unsere Ziele festgelegt und verstanden haben, wie kontinuierliches Lernen zu unserem Glück beiträgt, müssen wir uns Klarheit über alle verschiedenen Fähigkeiten verschaffen, die wir zum Erreichen unserer Ziele benötigen. Manche Fähigkeiten sind ganz offensichtlich nötig. Die meisten jedoch nicht. Es liegt an uns, alles darüber herauszufinden. Dabei reicht es absolut nicht aus, wenn wir lediglich den offiziellen, institutionalisierten Anforderungen irgendwelcher Schulen genügen und Prüfungen absolvieren.

Lassen Sie mich ein Beispiel nennen. Viele Psychologiestudenten wählen sich dieses Fach aus, und haben keinen Schimmer, warum sie das tun. Sie wissen auch nicht, was dieses Fach so mit sich bringt. Viele streben nur deshalb einen höheren akademischen Grad an oder wollen promovieren, damit ihr sozialer Status sich damit erhöht. Ein Kollege namens Andreas, ein aufgeweckter junger Mann, vertraute mir an, er hoffe, viele Frauen in diesem von Frauen dominierten Fach kennenzulernen. Natürlich werden Menschen mit derart beschränkten Visionen in harter Arbeit wenig Sinn finden, und wenn sie dann doch arbeiten, wenig Vergnügen daran haben.

Andere beginnen das Psychologiestudium, weil sie ein ganz bestimmter Aspekt der Psychologie interessiert, so etwas wie ihre Lieblingstheorie (vielleicht hoffen sie, dass sie sich damit selbst therapieren können). Wenn man ihnen sagt, dass sie etwas über Statistik lernen müssen, über psychologische Tests und deren Hintergründe, über alternative Theorien und Behandlungsmethoden, Neurologie, Philosophie, über physische Krankheiten und Medikation, dann zeigen sie wenig oder gar kein Interesse.

Aus dem Verständnis dessen, was unsere Kultur anbietet, was sie unterstützt und benötigt und dem Ausloten dieser Informationen für unsere persönlichen Qualitäten, sollten wir eine ganz konkrete Vision für uns selber entstehen lassen. Für die Psychologie bedeutet das: Wir müssen das gesamte Fach und die Gesamtheit des Geistes berücksichtigen. Unsere Vision darf nicht nur den Sinn und Zweck haben, einen einzelnen Aspekt beweisen zu wollen oder ein eng begrenztes Ziel zu erreichen. Wenn wir das Erreichen unserer Ziele genießen und im Strom des Handelns frei schwimmen wollen, dann müssen wir unsere Ziele mit einer größeren Vision unseres Lebens verbinden. Kurz gesagt: Unser Bewusstsein muss anspringen, wenn die Gene uns keine klare Richtung anzeigen. Wir müssen uns selbst begeistern – für unsere großen Träume, die in der Realität begründet sind.

DER WEG DES GERINGSTEN WIDERSTANDES FÜHRT ZUR MITTELMÄSSIGKEIT

Eine weitere Ursache, warum es uns so schwerfällt, Gründe für unsere weitere Entwicklung zu finden, ist unsere veränderliche Wahrnehmung der Wirklichkeit. Wenn wir älter werden, kommen wir unweigerlich zu der Erkenntnis: Erfolg hat seine Wurzeln nicht notwendigerweise in der Kompetenz. Wir beginnen richtigerweise wahrzunehmen, dass es oft gerade nicht die Kompetenz ist, die über Erfolg entscheidet, sondern glückliche Zufälle (zum Beispiel unsere Eltern, finanzielle oder auch kulturelle Unterstützung; „richtige" ethnische Herkunft oder unser Geschlecht, das Timing; physische Attribute), Beziehungen und Cleverness.

Wenn wir erst einmal im Erwachsensein angekommen sind, dann erscheinen uns unser Eifer und unser Sinn für Wirksamkeit töricht. Wenn eine ganz einfache Kosten-Nutzen-Analyse ergibt: Wir verausgaben uns mehr als unsere Nachbarn oder mehr als absolut notwendig, dann treten wir gern den Rückzug an – und das führt zur Mittelmäßigkeit.[7]

Wenn wir jedoch darüber nachdenken, dann merken wir, dass unsere Reaktion falsch ist. Denn unser Ziel ist doch ein herausragendes und glückliches Leben. Wachsende Kompetenz kann das Mittelmaß im Leben zum Verschwinden bringen. In aller Regel beruhen große Erfolge und Glück auf harter Arbeit. Der glückliche Zufall ist dabei nur ein guter Ausgangspunkt. Kompetenz bleibt eine große Chance besonders für Menschen die wenig in die Wiege gelegt bekommen haben. Ein Gefühl des Könnens, ja der Meisterschaft, kann uns über fast alles erheben (und negative Gefühle überwinden). Es ist einfach eine Erfüllung für uns, wenn wir in der Lage sind, spannende Ziele auf kluge Art und Weise zu erfüllen.

Einen älteren kranken Mann erfüllte der bloße Gedanke an seine Fähigkeit, die Herausforderungen des Lebens meistern zu können, mit Glück. Ich bin stolz darauf diesen Mann, Arthur, meinen Schwiegervater zu nennen. Er war immer ein Macher: Er hatte sein eigenes Geschäft aufgebaut, war Mitglied der freiwilligen Feuerwehr, Anführer bei den Pfadfindern, er arbeitete für verschiedene Wohltätigkeitsorganisationen und nach seinem Rückzug aus dem Berufsleben gründete er ein neues Geschäft, diesmal mit Golfwagen. Er trat den Herausforderungen des Lebens mit ständig wachsenden Fähigkeiten gegenüber. Dies half ihm auch im Angesicht seiner letzten Herausforderung: seinem Tod. Er konzentrierte sich nicht auf seine Schmerzen sondern auf das, was er noch tun konnte. Er kümmerte sich um einige Dinge, die sein Haus betrafen, denn er wollte die Lebensqualität für seine Frau absichern. Er hielt sich tapfer aufrecht bis zum letzten Atemzug und zeigte keine Spur von Selbstmitleid. Wir müssen in Betracht ziehen: Glück bedeutet vor allem Arbeit. So können wir viel besser entscheiden, wie wir unsere kostbare Lebenszeit verbringen. Wenn wir nach Glück streben, dann ist es zweitrangig, ob glückliche Zufälle und gute Beziehungen in der Gesellschaft eine Rolle spielen. Wir empfinden Freude beim Lernen und bei positiver Anleitung. Nichts sollte uns von diesen Gefühlen abhalten.

SINNESTÄUSCHUNGEN UND TORHEITEN

Je älter wir werden, desto mehr neigen wir zur Selbsttäuschung. Abgesehen von grandiosen Idealen, die der reinen Phantasie entspringen (siehe Kapitel 4), halten wir uns für kompetent, weil wir über Hilfsmittel verfügen, die wir nie einsetzen oder Apparate haben, die keinen wirklichen Nutzen haben. Ausgestattet mit den neuesten technischen Spielereien und rund um die Uhr verfügbar erwecken wir den Eindruck, dass wir äußerst beschäftigt und erschöpft sind.

Wir stehen ständig unter Strom, sind völlig gestresst und erreichen nur wenig. So sitzen wir in der Falle. Getrieben von Angst und Gier verwechseln wir das *Haben* mit dem *Sein*. Stress ist kein Zeichen von Könnerschaft, sondern von einem Missverhältnis. Er ist ein Alarmsignal, das uns sagt: Wir müssen die Umstände ändern! Wir sollten nicht stolz auf den bloßen Besitz von Dingen sein, deren Hauptzweck Ablenkung und Zerstreuung ist.

Immer mehr und noch mehr Geld zu verdienen und zu besitzen, schadet uns. Nicht der Wunsch nach Geld oder der Macht, die es uns verleiht, ist grundlegend verkehrt. Für das Erleben unserer eigenen Leistungsfähigkeit brauchen wir alle zumindest etwas Geld. So, wie in Tolkiens Geschichte (*Der Herr der Ringe*) über einen kostbaren Ring, der allen, die ihm nahe kommen, Kraft verleiht, so kann auch Geld die Gier hervorrufen. Auf die Gier folgt dann die Illusion, man könne mit Geld das Glück kaufen. Nur das Wachstum von etwas, das lebt, hat diese Kraft; sei sie nun in uns selbst, in Menschen, zu denen wir Verbundenheit fühlen, oder in Bäumen. Leblose Dinge erwecken in uns keine lebendigen Gefühle; es sei denn, wir verwechseln kurzzeitige Erregung mit dem Leben.[8]

Es gibt noch andere törichte Vorstellungen innerhalb unserer Kultur. Eine davon besteht darin zu denken, man könne das „Elternsein“ als Fähigkeit ansehen, in der wir Kompetenz erlangen könnten. Aber natürlich gibt es kein wirklich kompetentes Elternteil, sondern nur eines mit zahllosen Fähigkeiten, mit Geduld, Glaube und Liebe.

Die Lösung liegt auf der Hand: Wir müssen einige Vorstellungen fallen lassen und andere sorgfältig untersuchen. Wenn wir die Freude an der Kompetenz wieder erlangen möchten, dann müssen wir heraus aus den Täuschungen der Massen, die uns die Kultur einimpft. Der Prozess des Werdens wird von Dingen und von Stress ganz erheblich blockiert. Gute und harte Arbeit hingegen unterstützt diesen Prozess.

POSITIVES FEEDBACK FINDEN

Die letzte Ursache für die Schwierigkeit bei der Suche nach guten Gründen unserer Weiterentwicklung ist: „Gut" lässt sich nur schwer definieren. Schon in frühester Kindheit, etwa beim Laufen lernen, fällt uns das Verfolgen von Zielen leicht. Wir können unsere langsamen, aber stetigen Fortschritte unmittelbar empfinden. Selbst das Hinfallen kann Spaß bereiten. Und wenn wir erst einmal laufen können, ist das allen offensichtlich.

Denken Sie nun einmal an die Welt der Erwachsenen. Es dauert lange und ist beschwerlich, überhaupt Feedback zu erhalten; manchmal erhalten wir nur symbolisches Feedback. Wenn wir zum Beispiel eine Fremdsprache erlernen, dann macht uns das Lernen der ersten Worte und einfacher Sätze meist Spaß. Um aber wirklich fit in dieser Sprache zu werden, braucht es Jahre des Studiums und der Praxis. Fehler machen und Rückschläge erleben, bereitet uns keinen Spaß. Kritische Lehrer und andere geben uns immer wieder ein negatives Feedback.

Dazu kommt: Unsere Fortschritte werden uns durch Tests und Testauswertungen auf indirektem Wege vermittelt. Und unabhängig von den Ergebnissen solcher Tests ist es unklar, wann wir denn nun wirklich fit in dieser Sprache sein werden. In der Tat: Wenn wir erwachsen sind, dann ist es für uns schwieriger, positives Feedback zu bekommen oder Teil dieses Feedbackprozesses zu werden. Eine Beobachtung ist bemerkenswert: Vor allem Jungen werden im gegenwärtigen System nieder gemacht und zu stark kritisiert. Tatsächlich werden Jungen von ihren Eltern und Lehrern in der Regel viel strenger bestraft als Mädchen.[9]

Wenn wir die Freude an der Kompetenz zurück gewinnen wollen, müssen wir darüber nachdenken, wie wir diese Erfahrung freudvoller und greifbarer gestalten können. Wenn wir zum Beispiel eine Fremdsprache lernen, dann sollten wir uns auf spielerische Weise herausfordern. Statt uns nur einfach Noten zu verpassen, sollten wir mit Muttersprachlern reden und daran unsere Erfolge messen. Wir können auch ein ganz alltägliches Problem mit Hilfe der neuen Sprache lösen, fremdsprachige Medien nutzen oder einfach verreisen. All dies sollte so interaktiv und konkret wie möglich sein. Dann werden wir *fühlen*: Lernen ist etwas Gutes, und man predigt uns das nicht nur.

Dennoch erfahren wir bei vielen Tätigkeiten kein direktes Feedback, sondern nur ein symbolisches, wie etwa durch Noten, Auszeichnungen und Geld. Daran sollten wir uns nicht gewöhnen (sogar Geldgeschenke werden mit der Zeit langweilig) und die Wahrnehmung dessen nicht verlieren, was wirklich positiv ist: Nämlich der zwischenmenschliche Kontakt und die Aufmerksamkeit bezüglich unserer Erfahrung. Anonymität ist tödlich, Verbundenheit ist dagegen eine wirkliche Bereicherung, wenn wir etwas lernen. Immer, wenn wir etwas lernen, sollten wir unserem Lehrer die Hand geben, uns mit den Mitschülern zusammentun oder auch eine Arbeitsgruppe bilden.

Untersuchungen zeigen: Es reicht nicht aus, alles Mögliche zu beherrschen. Wir müssen davon überzeugt sein, das wir gut sind oder es noch werden. Todd Kashdan schreibt:

> „Wenn Individuen sich mit der Vorstellung an eine Arbeit machen, sie könnten erfolgreich und zielgerichtet mit ihrer Umgebung interagieren (wahrgenommene Kompetenz) oder die Arbeit in ihnen den Wunsch danach auslöst (angestrebte Kompetenz), dann erzeugt dies eine größere Neugierde und lässt größeren Erfolg erwarten … Fachkenntnisse allein genügen nicht. Das Vertrauen in die Kompetenz scheint die wichtigste Voraussetzung für größte Neugierde und Ausdauer zu sein; sie erhöht die Aussicht auf Erfolg.“[10]

Wir müssen es unbedingt „packen wollen“, wenn wir unsere Fähigkeiten entwickeln. Der Grad unserer Verbundenheit und unseres Selbstvertrauens entscheidet über unsere Empfänglichkeit oder Nichtempfänglichkeit für positives Feedback (siehe Kapitel 6 und 7). Wir sollten Fehlschläge als weitere Chance zum Lernen wahrnehmen, Misserfolge in diesem Sinne auch leicht nehmen, Änderungen akzeptieren und Fortschritte feiern. Auf einem Snoopy-Poster sah ich vor 30 Jahren den Satz: „Es gibt immer einen Grund zu feiern."

LOHNT SICH KOMPETENZENTWICKLUNG?

Das Erlernen von Fähigkeiten und deren Umsetzung kostet Zeit, erfordert Genauigkeit und Hingabe. Viele Menschen können diese Anstrengung nicht allein aus sich selbst heraus vollbringen. Tatsache aber ist: Wir können in vieler Hinsicht kein gutes Leben führen, wenn wir nicht stetig unsere Kompetenzen erweitern.

Früher konnten wir uns bis zur Rente mehr oder weniger auf unsere ursprüngliche Ausbildung verlassen. Heutzutage müssen sich Firmen und Konzerne sehr rasch an neue und internationale Standards anpassen. Unsere ausgeprägte Konkurrenzwirtschaft verlangt von uns die ständige Verbesserung unseres Wissens und unserer Kompetenz. Robert Reich, der ehemalige Arbeitsminister und jetzige Professor für Sozialpolitik und Ökonomie an der Universität von Kalifornien, schließt daraus:

> „Auch wenn Sie eine Sache gut machen, müssen Sie sich ständig weiter ins Zeug legen. Die Märkte verändern sich schnell; der Kundschaft wird eine Menge von Alternativen angeboten, für die sie sich problemlos entscheiden kann, und der Wettbewerb ist sehr hart. Da gibt es keine Entspannung, keinen Fahrtregler, kein Ausruhen auf Ihren Lorbeeren oder Ihrem Dienstalter. Die besten Ideen von heute halten vielleicht nicht länger als ein paar Tage oder Wochen, denn die Konkurrenz kann sie sehr schnell kopieren, oder mit etwas noch Besserem auf den Markt kommen."[11]

Reich führt weiter aus, wie sehr uns die immer weiter auseinander klaffende Schere zwischen Armut und Reichtum ängstigt. Wer viel Leistung bringt, wird schnell wahrgenommen und belohnt; wer weniger kann, wird bestraft.

Diese Tatsache kommt zu den ohnehin existierenden Auswahlmechanismen von Rasse, Geschlecht und sozialer Schicht noch hinzu. Wir arbeiten heute länger und sorgen uns mehr als noch vor einigen Jahrzehnten.

Wir können uns in Hinblick auf unser Überleben Inkompetenz einfach nicht leisten. Deshalb zweifeln wir möglicherweise daran, ob Kompetenz an sich eine Zutat zu unserem Glück ist. Die Befürworter ständiger Persönlichkeitsentwicklung und Selbsthilfe scheinen jenen Gesellschaften in die Hände zu spielen, die ebenso angstgetrieben wie konsumorientiert sind. Skeptiker glauben vielleicht: Bücher über das Glück führen uns weg von der herrschenden Kultur und hin zu einem bloßen Kultivieren von Frieden und Zufriedenheit.

Teilweise muss ich diesen Zweiflern zustimmen. Wenn wir uns genötigt sehen, zu suchen, zu verändern und zu handeln, begeben wir uns auf einen schmalen Pfad. Aus diesem Grund lege ich genau so viel Wert auf die Erfahrung des Seins auf der spirituellen Bewusstseinsebene wie auf das Eingreifen auf der analytischen Bewusstseinsebene. Doch obwohl die spirituelle Bewusstseinsebene feinsinniger und erhabener ist, so ist sie doch nur eine Hälfte dessen, was wir brauchen. Ein Leben ohne Kampf führt zu Selbstgefälligkeit, nicht zu Zufriedenheit. Wir müssen Dinge umsetzen und anschieben, wir sollten uns einmischen und aktiv an der Welt teilhaben. Tun wir das nicht, dann können wir am Tanz des Lebens nicht teilnehmen. Dies ist ein Tanz, bei dem wir die Schritte noch lernen müssen, gleichzeitig können wir uns während des Tanzes auch an ihnen erfreuen. Das Streben nach Kompetenz beinhaltet das Risiko des Übertreibens. Dennoch sollten wir uns diesem Streben verpflichten.

Das ängstigt uns nicht mehr, solange wir den Zugang zur uns nährenden spirituellen Bewusstseinsebene haben (siehe Teil 3). Es ist richtig: Wir müssen an uns selbst arbeiten – für unser Überleben, aber auch für unser Glück. Solange wir jedoch kein Gefühl von Leistungsfähigkeit oder von Meisterschaft empfinden, geht uns das Glück aus dem Weg. Unser Potenzial ist so groß und unser Leben so lang, deshalb ist ein unglückliches Leben nicht hinnehmbar. Immer weniger Menschen betrachten das Leiden durch die Strafe Gottes als Möglichkeit, sich Gottes als würdig zu erweisen, oder als Chance zur Katharsis. Vermutlich macht uns deshalb Unglück heutzutage unglücklicher als je zuvor.

Solange wir Glück nicht mit ständigen glücklichen und angenehmen Gefühlen verwechseln, ist das sogar eine gute Entwicklung. Glück als ein Ergebnis der vollständigen Teilhabe am Leben hebt nicht nur den einzelnen Menschen, sondern die ganze Gesellschaft auf eine höhere humanistische Ebene.

STRATEGIEN FÜR DEN KOMPETENZERWERB

„Gib dein Bestes in allem, was du tust", lautet ein allgemeiner Ratschlag. Keine Frage: Wenn wir in allen Dingen 100 Prozent geben könnten, wären wir überwältigt. Aber niemand kann in sämtlichen Dingen herausragend sein. Die Tage sind zu kurz dafür, und es trotzdem zu versuchen, ist unvernünftig. Wir leisten „Durchschnittliches" in den meisten Bereichen unseres Lebens; das ist angemessen, gesund und unserem gesamten Wohlbefinden zuträglich. Ziele aussuchen, sorgfältig die Bereiche auswählen, in denen wir heraus ragen wollen und eine große Vision für uns gestalten: Das sind wichtige Schritte. Hilfreich ist dabei die Klarheit über intelligente, Kompetenz aufbauende Strategien. Die folgenden Ausführungen gehen über die Frage, welche Kompetenzen wir entwickeln sollten, hinaus. Wir fragen uns viel mehr, wie wir sie entwickeln können.

Werden Sie neugierig

Zunächst einmal müssen wir den Unterschied zwischen Kompetenz und Neugier verstehen. Die Neugier treibt uns zum Lernen an. Neugier erschafft und bewahrt den Wunsch nach dem Erreichen und Verfeinern von Zielen. Ich spreche von jener Art der Neugierde, die uns auf der analytischen Bewusstseinsebene hilft, unsere Aufmerksamkeit auf einen ganz bestimmten Punkt, ein Subjekt, ein Ziel oder eine Person zu richten. (Die andere Art der Neugierde, nämlich die flutlichtartige auf der spirituellen Bewusstseinsebene, werde ich in einem späteren Kapitel erläutern.)

Todd Kashdan ist überzeugt: Neugier ist die Grundlage für unser Bedürfnis nach Meisterschaft. Er schreibt: „Neugier und Interesse werden mitunter als gleichwertig betrachtet. Sobald Individuen diese positiven emotionalen und motivationalen Reize fühlen, verhalten sie sich zielgerichtet und bleiben auch dabei. Das ist die Reaktion auf dieses anspornende Gefühl."[12]

Kashdan erklärt dann, wie wir unsere Neugier vergrößern können und schlägt vor:

- Wir müssen uns bewusst werden, was wir wissen und was wir nicht wissen.
- Wir sollten uns beim Entdecken und Lernen frei fühlen (Erleichterung von Autonomie- und Kompetenzerfahrungen).
- Für Bereiche, die von besonderer persönlicher Bedeutung für uns sind, sollten wir einen Berater hinzuziehen.
- Das Lernen sollte für uns zu einer nicht begrenzten Erfahrung werden.[13]

Es ist weise, wenn wir unsere Motivation für das Erlernen von Kompetenz genau betrachten. Wir können selbst dann Freude an unserer Neugier und Kompetenz haben, wenn unser einziges Streben dem Geldverdienen und einem hohen sozialen Status gilt. Aber diese Freude wird nicht von Dauer sein. Nach dem Schulabschluss oder einer Promotion macht unsere Stimmung wahrscheinlich Höhenflüge. Es ist aufregend für uns, wenn wir solch neue Fähigkeiten und die darauf folgende Vergrößerung unserer Verantwortung erleben. Doch wenn die erste Begeisterung vorbei ist, kehren wir zur Grundlinie zurück, und wieder geht's ab in die Tretmühle.

Wir sollten Kompetenz und Neugier vor allem um ihrer selbst willen praktizieren. Neugier muss Teil unseres Lebens werden. Wir müssen das Lernen und Wachsen lieben lernen – so lange wir leben. Wie nichts anderes sonst lässt uns diese Liebe zu einem aktiven Teil des Lebens werden.

Prioritäten setzen

Abgesehen vom Wiedererwecken unserer Neugier müssen wir sorgfältig entscheiden, was wir wollen und in welchem Kontext wir unsere Kompetenz ausbilden wollen. Wollen wir die Kriterien für gute Ziele im Auge behalten (siehe Kapitel 4), dann müssen wir eine kluge Auswahl treffen. Eines ist extrem wichtig: Wir sollten uns auf gute Ziele ausrichten und andere beiseite stellen. Nicht fokussiertes Verhalten macht uns zu Dilettanten. Es ist wie eine Einladung zu einer breitgefächerten Mittelmäßigkeit.

Wenn wir uns zu viel zumuten und zu viele Dinge gleichzeitig tun, verzetteln wir uns. Stattdessen sollten wir in eine oder zwei ganz bestimmte Tätigkeiten eintauchen und wirklich gut in dem sein, was wir gerade tun. Ein Beispiel: Wer ein wirklich guter Autor werden will, der muss ein begeisterter Leser werden, viele Kurse besuchen und schreiben – und zwar während vieler, vieler, vieler Jahre. Es gibt kaum etwas Beglückenderes, als es in einem Gebiet unserer Wahl zur Meisterschaft zu bringen. Das Leben dauert lange, und deshalb können wir das auf neuen Gebieten ein ums andere Mal erreichen.

Um eine glückliche Hand dafür zu haben, müssen wir unser Interesse aufrechterhalten. Dies führt uns zum Thema der Verpflichtungen.

Verpflichtungen eingehen

Der Begriff der Verpflichtung war in der westlichen Welt noch nie so veraltet wie heutzutage. Besuchen Sie einmal einen freiwilligen Kursus in einer Schule: Gegen Ende dieses Kursus haben ihn so viele Schüler abgebrochen, dass man ihn eigentlich vorzeitig beenden könnte. Viele Eltern erziehen ihre Kinder zu solch verpflichtungsfreiem Verhalten. Sie erlauben ihnen das Hin- und Herwechseln zwischen Kursen so, wie es ihnen gefällt. Viele Eltern sind stolz auf dieses Verhalten ihrer Kinder. Offenbar halten sie es für einen Beweis ihrer Autonomie. Selbst Lehrer halten endloses „Ausprobieren“ für wichtiger als Fachwissen. Wollen wir Kompetenz aufbauen, dann ist weniger tatsächlich mehr. Das hilft uns über Schwierigkeiten hinweg, und wir können Langeweile akzeptieren, bis wir eine neue Stufe unserer Könnerschaft erklommen haben.

Die Verpflichtung zu einer selbst gewählten Aktivität oder einem Gebiet entspricht dem Unterschied zwischen einem Flirt und einer sinnvollen Beziehung. Flirten macht Spaß und ist eine notwendige Zeit des Spiels und des Entdeckens. Doch sobald wir die große Liebe finden und „Ja“ zu ihr sagen, betreten wir eine ganz alltägliche Wirklichkeit; wir erfahren die nackte Wahrheit darüber, wer wir im ganz normalen Leben sind. Doch in unserer Beziehung ruht das Potenzial großen persönlichen Wachstums. Wenn wir einer Person oder einer Aktivität unsere ganz besondere Aufmerksamkeit widmen, dann ist das nicht nur eine schöne Sache. Es liegt darin auch die Möglichkeit, Teile unseres Selbst zu entdecken und zu entwickeln.

Als ich jung war, stand ich Verpflichtungen meist misstrauisch gegenüber. Ein Grund dafür war die Befürchtung, ich könnte in eine Falle geraten und in meiner Freiheit eingeschränkt werden. Ich wollte nicht am Boden gehalten werden und mich in meiner Entwicklung zur Meisterschaft in so vielen großartigen Dingen beschränken lassen. Doch genau diese Befürchtung hinderte mich an der langwierigen Beschäftigung mit jedem einzelnen dieser Dinge. Dabei hätte ich in Wirklichkeit genug Zeit gehabt. Erst als ich es aufgab „alles" werden zu wollen, konnte ich „etwas" werden, nämlich eine klinische Psychologin. Das bedeutete für mich viel mehr als bloß ein Titel oder eine Art positiver Identifikation, denn ich konnte nun meinem menschlichen Potenzial entsprechen und es zum Teil auch füllen.

Ein Ergebnis dieser Entscheidung war: Ich wurde zu tieferen emotionalen und intellektuellen Auseinandersetzungen herausgefordert, als ich es mir jemals erträumt hatte. So wurde ich auch auf die darauf folgenden Arbeiten vorbereitet, etwa dem Schreiben über Psychologie. Eine Verpflichtung in Bezug auf einen Teil seiner selbst einzugehen, verstärkt diesen Teil und trägt zu einem größeren, kompetenteren und engagierteren Du bei.

Die richtige Unterstützung erhalten

Wenn wir die richtige Unterstützung für unser Bemühen bekommen, dann verstärkt das unseren Willen und unsere Fähigkeit dazu, Verpflichtungen einzugehen. Manche Menschen können gut in Gruppen arbeiten, andere nicht. Angeblich bevorzugen viele Jungen eine wettbewerbsbetonte Leistung, Mädchen hingegen eine kooperative Zusammenarbeit. Besprechungen unter vier Augen verstärken unsere Fokussierung und Motivation. Die Unterstützung durch Eltern oder Lebenspartner ist außerordentlich wichtig. Da wir soziale Wesen sind, vertrauen wir anderen Menschen, wenn sie uns ermutigen und ein aktives Interesse an unseren Aktivitäten zeigen.

Lehrer und Berater können als Unterstützer ebenfalls sehr wichtig sein. Sie tauchen in vielen Gestalten und Farben auf: persönlich oder online, in Büchern, Filmen oder Tonaufnahmen. Vielleicht überrascht es uns, wie gut wir lernen können, sobald wir die geeignete Unterstützung gefunden haben. Wir erreichen nur allmählich eine Ebene, auf der wir uns selbst die beste Unterstützung geben und unser bester Lehrer sind. Dies hängt in der Regel von ganz persönlichen Erfahrungen und der guten alten Methode von „Versuch und Irrtum" ab. Wir sollten immer wieder Feedback von anderen suchen, es ist jedoch ein Zeichen von Reife, wenn wir uns selbst am besten unterstützen.

Arbeiten Sie nicht zu hart

Einige von uns arbeiten hart und besitzen großartige Fähigkeiten. Dabei vernachlässigen wir aber die Fürsorge für uns selbst. Kluge Kompetenz zieht ein kluges Urteil darüber nach sich, wann und wie viel unserer Kompetenz wir einsetzen wollen. Kompetenz macht uns nicht glücklich, wenn wir es mit ihr übertreiben. Besonders Frauen sind anfällig für zu hartes Arbeiten. Wir wollen durch Perfektion Vorteile erringen, lassen jedoch unsere anderen Bedürfnisse unerfüllt. Viele von uns fühlen sich schuldig, wenn wir ein Buch lesen oder uns mit einem Freund treffen. Denn wir glauben, wir müssten all unsere Zeit in einem einzigen Bereich verbringen; sei es zu Hause wegen der Kindererziehung oder in der Arbeit, um dort unser Bestes zu geben.

Edward Hirts Studie zeigt: Frauen sind stolz auf sich, weil sie so hart arbeiten, und sie haben nur wenig Verständnis für Menschen mit geringer Motivation.[14] Harte Arbeit kann etwas Gutes sein, aber wir sollten an das denken, was wir damit erreichen wollen. Oft wird „zu viel des Guten" nicht belohnt, sondern für selbstverständlich erachtet. Mittlerweile verschleißen wir uns selbst. Letztlich kann das die Qualität unserer Arbeit verringern. Mit anderen Worten: Harte Arbeit ist kein Synonym für Kompetenz und könnte sich kontraproduktiv auswirken. Einige Menschen sehen darin sogar ein Zeichen für Inkompetenz.

Wir sollten nicht zu entgegenkommend sein, sondern lernen, wie wir manche Arbeiten einfach ungetan lassen. Wir müssen auch mal andere mit einbeziehen, Hilfe anfordern oder manche Arbeiten vollständig an andere delegieren. Bei zu harter Arbeit lautet die Strategie: Sagen Sie Ihre Meinung, sprechen Sie Dinge an, blasen Sie in Ihr eigenes Horn. Das schlägt die Topmanagerin Gail Evans vor.[15] Sie weiß: Menschen, sie selbst eingeschlossen, haben viel mehr Erfolg und eine viel bessere Zeit, wenn sie sich durchsetzen. Wir müssen unseren Vorgesetzten klar machen, was wir können. Pinnen Sie Ihre Zeugnisse an die Wand, vermeiden Sie lästige Pflichtarbeiten und Aufgaben, die ebenso gut jemand anders ausführen kann. Ich mache viel lieber einen tollen Job in meinem Fachgebiet als einen mittelmäßigen Job in einem Gebiet, in dem sich andere gut zurechtfinden.

Arbeiten Sie sich nicht zu Grunde! Weniger ist oft mehr.

Berücksichtigen Sie Teilbereiche

Fähigkeiten, die scheinbar nur entfernt mit unseren Zielen verknüpft sind, können für unsere Gesamtkompetenz entscheidend sein. So glauben beispielsweise manche Menschen, sie könnten ihre Ziele ohne soziale Fähigkeiten erreichen. Ich kenne einige talentierte Menschen, die nicht einsehen wollen, wie wichtig es ist, die eigenen sozialen Fähigkeiten zu stärken. Sie wollen sich nicht professionell kleiden oder Smalltalk betreiben; sie wollen andere Menschen nicht anerkennen, sie wollen nicht einmal lächeln.

Jedoch hängt so vieles, was wir erreichen wollen, von anderen Menschen ab. Wir tun besser daran, wenn wir uns eingestehen: Menschen in einer freundlichen Umgebung funktionieren einfach besser. Insbesondere wenn wir selbst unter Kommunikationsschwierigkeiten oder einer Sozialphobie leiden. Wir alle beeinflussen uns gegenseitig. Vor dieser Tatsache können wir nicht weglaufen. Studenten fällt das Lernen leichter, wenn der Professor freundlich und begeisterungsfähig ist. Ein politischer Redner braucht Ausstrahlung, wenn er Wähler überzeugen will. Mit dem richtigen Auftreten kann ein Anwalt einen Richter umstimmen.

Behalten Sie im Kopf: Kluge Kompetenz setzt sich aus vielen Teilbereichen zusammen. Wenn wir sie kennen, sind wir im Vorteil. Wenn wir diese Teilbereiche oder Spielregeln nicht mögen, befinden wir uns vielleicht im falschen Spiel. Wenn wir die Spielregeln nicht beachten, verderben wir wahrscheinlich allen anderen den Spaß.

Kompetenz gekonnt verstecken oder zeigen

Ist unsere berufliche Position niedrig und sind unsere Einkünfte gering, ist es umso wichtiger, uns selbst zu beobachten. Wir sollten unsere Ressourcen nicht unnötig verschwenden. Barbara Ehrenreich, die Verfasserin des Buches *Arbeit poor: unterwegs in der Dienstleistungsgesellschaft*, schreibt:

> „Im Wal-Mart riet mir ein Arbeitskollege, es sei wichtig, dass ich „nicht zu viel wisse", obwohl ich noch viel zu lernen hatte. Ich solle dem Management nicht die ganze Palette meiner Fähigkeiten offenbaren, denn: „Je mehr sie wissen, was du alles kannst, desto mehr Arbeit bekommst du, und schließlich nutzen sie dich einfach aus." Meine Berater in solchen Dingen waren nicht etwa faul; sie hatten nur durchblickt: für derart heroische Auftritte gibt es entweder nur eine kleine oder aber gar keine Belohnung. Der Trick liegt im Herausfinden, wie Sie mit Ihrer Energie haushalten, damit für das nächste Mal noch etwas davon übrig ist.[16]

Das Verstecken von Kompetenz kann allerdings auch ein Zeichen mangelnder Großzügigkeit oder ein Hinweis auf ein allgemeines Unsicherheitsgefühl sein. Oft verstecken wir unsere Kompetenz, weil es uns an Selbstvertrauen oder dem Willen zur Anstrengung fehlt. Wie oben schon dargestellt: Das Herausstellen unseres Wissens und unserer Fähigkeiten ist häufig wichtig, damit wir die Bestätigung und Wertschätzung anderer erhalten. Es ist einfach clever, wenn wir Schlüsselpersonen in Schlüsselsituationen klar machen: Ich habe, was ihr braucht. Wenn wir solche entscheidenden Situationen verpassen, dann können wir uns ernsthaft schaden. Natürlich sollten wir anderen nicht lästig werden. Der Punkt ist: Seien Sie kein Aufschneider, sondern ein Mensch, an den man sich aufgrund seiner Fähigkeiten und seiner wahren Kompetenz erinnert. Das Präsentieren von Dingen wie Zeugnissen oder Trophäen kann ein Weg hierfür sein. Besonders Frauen verstecken so etwas lieber. Wenn wir das Herausstreichen unserer Qualifikationen einmal verpasst haben, dann sollten wir die nächste Gelegenheit dafür nutzen. Für alle Fähigkeiten gilt: Zeigen Sie frühzeitig und immer wieder auf, was Sie können.

Das richtige Tempo für Lernprozesse

Zuletzt möchte ich hierzu auf das Tempo der Kompetenzbildung eingehen. Der Spaß am Lernen ist leicht verdorben, wenn wir dabei zu schnell voranschreiten oder zu hohe Erwartungen haben. Wir können das an Kindern beobachten. Wenn sie jemand unter Druck setzt, verlieren sie den Spaß. Manchmal tun sie sich das sogar selbst an. Mein Sohn zum Beispiel baute mit seinen Bauklötzen gerne ganz hohe Türme. Manchmal wollte er es besser machen, als es seine Geschicklichkeit oder die Schwerkraft erlaubte. Dann bekam er einen roten Kopf und gab seine Versuche völlig frustriert auf. Die Zerstörung der Türme ließ nicht lange auf sich warten.

Als reife Erwachsene sollten wir einen realistischen Ablauf unserer Lernziele planen. Gelegentlich wird es zu Wachstumssprüngen kommen. Wir sollten trotzdem immer langsame und stetige Schritte planen, vergleichbar mit dem Wachsen eines Baumes. Die Ringe des Stammes wachsen einer nach dem anderen. Wir können uns nicht selbst überholen.

Die eifrigsten unter uns wollen die Lerngeschwindigkeit natürlich erhöhen. Wenn wir das auch möchten, sollten wir uns eine kluge Frage stellen: Wie können wir das am besten anstellen? Gelegentlich mögen wir es übertreiben (wenn wir zum Beispiel eine Nacht hindurch arbeiten), aber wir dürfen dabei niemals bis zur Phase des Burnouts gehen. Der Preis für den Kräfteverschleiß ist einfach zu hoch, vor allem, wenn wir schon älter sind.

Vergessen Sie eines nicht: Schnelle Erfolge gehen oft mit Rückschritten einher. Wir sehen das an extremen Abnehmversuchen. Je schneller wir unsere Pfunde verlieren, desto schneller kehren sie zurück. Übereifrige Menschen sind anfällig für plötzliche Zusammenbrüche und werden dann möglicherweise für einen längeren Zeitraum passiv. Unser Geist und unser Körper sehnen sich nach Ausgewogenheit und reagieren oft sehr heftig, wenn sie zu sehr ausgebeutet und beansprucht wurden. Langsames und stetiges Lernen sollte uns eine Verpflichtung sein; und das sollten wir zu einem festen Bestandteil unseres Lebens machen.

Wenn wir unsere Kompetenz ausbilden und dabei unser Wachstum spüren, dann gelangen wir auf der analytischen Bewusstseinsebene von der Befriedigung über ein gutes Überlebensgefühl hin zum Glück. Das Streben nach etwas äußert sich nicht nur als Gefühl des Fortschritts, sondern auch als Prozess des Werdens. Wenn wir gute und bewusste Gründe für diesen Prozess gefunden haben, dann bedeutet das: Wir verschieben unsere Aufmerksamkeit vom reinen Erfolg hin zu persönlicher Erfüllung, von der Phantasie zu einer realistischen Vorstellung; wir fühlen uns nicht mehr am „Ende der Nahrungskette", sondern schwimmen im Spiel obenauf, weil wir dieses Spiel und das Leben lieben.

Es gibt so viele Strategien, wie wir auf der analytischen Bewusstseinsebene mit Freude Kompetenz erlangen können – etwa, wenn wir uns bewusst werden, was wir noch nicht wissen, oder wenn wir die schier endlosen Möglichkeiten des Wachstums unserer natürlichen Neugierde erkennen. Es hilft uns beim Setzen von Prioritäten und in Bereichen, die gut mit unserer Persönlichkeit zusammenpassen, beim Sammeln von Unterstützung für unsere Bemühungen, beim Anwenden von Know-how, ohne alles auf einmal zu geben, beim Ausbau unserer Fachkenntnisse durch die Nutzung von Teilbereichen, beim klugen Verstecken und Präsentieren unserer Fähigkeiten und beim stetigen, langsamen Wachsen ohne Druck. Wenn Sie die Freude an der Kompetenz zurückgewinnen, so bedeutet dies: Sie nehmen eine aktivere Rolle in Ihrem Leben ein und erlangen mehr Glück auf der analytischen Bewusstseinsebene.

ÜBUNGEN AUF DER ANALYTISCHEN BEWUSSTSEINSEBENE: GUTER EIFER

Etwas zum Nachdenken

Ich habe mich einmal bei meinem Mann beklagt, ich müsse so hart für meinen Erfolg arbeiten. Ich wollte mich davon befreien und sagte: „Geht das nicht auch einfacher?" In diesem Moment habe ich mich wirklich selbst bedauert. Mein geliebter Mann legte seine Arme um mich und sagte: „Nun, ich hoffe, auch du wirst schon bald erfolgreich, ohne es dir verdient zu haben."

Was wollen *Sie* aus Ihrem Leben machen?

Erstellen Sie Ihr persönliches Kompetenzdiagramm: Notieren Sie zwei oder drei der wichtigsten Bereiche, in denen Sie zumindest über etwas Kompetenz verfügen (Beispiel als Kaufmann/Kauffrau). Als nächstes notieren Sie alle wichtigen Teilbereiche, soweit sie Sie betreffen (zum Beispiel Buchhaltung). Dann notieren Sie die daran angrenzenden Bereiche (zum Beispiel Marketing). Denken Sie über die ganz besonderen Fähigkeiten nach, die Sie benötigen, wenn Sie Experte in einem der Hauptbereiche oder einem Teilbereich werden wollen (zum Beispiel soziale Fähigkeiten: verbale und nichtverbale Kommunikation, Teamwork, die Kunst des Smalltalks und des optimalen ersten Eindruckes, Präsentations-, Rhetorik-, Schreib- und Computerfähigkeiten).

Hauptbereich: ______________________________

Teilbereich 1: ______________________________
Teilbereich 2: ______________________________
Teilbereich 3: ______________________________
Teilbereich 4: ______________________________
Teilbereich 5: ______________________________
Teilbereich 6: ______________________________

Angrenzende Bereiche: ______________________________
Besondere Fähigkeiten: ______________________________

Hauptbereich: ______________________________

Teilbereich 1: ______________________________
Teilbereich 2: ______________________________
Teilbereich 3: ______________________________
Teilbereich 4: ______________________________
Teilbereich 5: ______________________________
Teilbereich 6: ______________________________

Angrenzende Bereiche: ____________________
Besondere Fähigkeiten: ____________________

Hauptbereich: ____________________

Teilbereich 1: ____________________
Teilbereich 2: ____________________
Teilbereich 3: ____________________
Teilbereich 4: ____________________
Teilbereich 5: ____________________
Teilbereich 6: ____________________

Angrenzende Bereiche: ____________________
Besondere Fähigkeiten: ____________________

Stellen Sie sich folgende Situation vor:

Schließen Sie Ihre Augen. Stellen Sie sich vor, Sie befänden sich auf halbem Wege einer langen Treppe. Wenn Sie hinab schauen, sehen Sie sich selbst auf verschiedenen Stufen. Zuerst als Baby, dann als Kleinkind, als Kind, als Teenager, als junger Erwachsener und so weiter, bis heute.

Auf jeder Stufe beobachten Sie die Herausbildung verschiedener Stärken. Schauen Sie nun langsam nach oben, bis Sie ihre jetzige Stufe erreicht haben. Was lernen Sie in diesem Moment? Nehmen Sie sich ein paar Minuten Zeit und schauen Sie einfach in sich hinein. Wie fühlt sich das Lernen heute für Sie an? Richten Sie Ihren Blick noch weiter nach oben. In welche Richtung möchten Sie von ihrem jetzigen Punkt aus gehen? Was möchten Sie gern lernen?

Andere um Hilfe bitten

Sie müssen möglicherweise etliche Menschen um Feedback bitten, wenn Sie eine klarere Sicht auf die Bereiche Ihres Lebens haben möchten, die Sie verbessern sollten. Führen Sie Gespräche und wägen Sie die unterschiedlichen Hinweise sorgfältig gegeneinander ab. Entscheiden Sie sich, wie Sie sich verbessern und Ihr Wachstum stärken wollen. Vielleicht müssen Sie dafür die Hilfe anderer akzeptieren. Scheuen Sie nicht vor Ratschlägen von Experten zurück. Nachdem Sie sich entschieden haben, verpflichten Sie sich Ihrem Ziel und bleiben Sie darauf ausgerichtet.

Erforschen Sie Ihre Gefühle

Wenn Sie sich beim Nachdenken über die Steigerung Ihres Kompetenzvermögens rasch unter Druck gesetzt fühlen, dann verlangen Sie sich vermutlich zu viel ab. Bevor Sie auf gesunde Weise wachsen können, müssen Sie Ihr Verhältnis zu Ihrer Unvollkommenheit verbessern. Unvollkommenheit ist der normale Zustand aller Individuen, während Perfektion oder annähernde Perfektion innerhalb des energetischen Flusses zwischen Individuen stattfindet, zwischen Individuen und Zielen, im Zusammenspiel des „Selbst“ mit dem „Anderen“. Das Beste, was Sie in Ihrem Leben tun können, ist: *Spielen* Sie Ihre Rolle.

Genießen Sie die Freude an sich selbst und seien Sie stolz darauf, wer Sie sind. Nennen Sie jemand anderem fünf ihrer Stärken, und sagen Sie dann laut: „Ich bin stolz auf diese Stärken.“ Erlauben Sie sich ein gutes Gefühl sich selbst gegenüber.

Dinge, die Sie tun können

- Schauen Sie sich zur Inspiration die folgenden Filme an: *Yentl, Billy Elliot, Gefährliche Schönheit, Der Club der toten Dichter, Club der Cäsaren, Tiger and Dragon.*
- Melden Sie sich für irgendetwas an, wodurch Sie Ihre Kompetenz vergrößern wollen. Tun Sie das noch in diesem Monat. Bewerben Sie sich, vereinbaren Sie einen Termin und stellen Sie die dafür nötigen Unterlagen zusammen.
- Fokussieren Sie Ihre Energie. Hektik führt nicht zu mehr Kompetenz. Unternehmen Sie jeden Schritt bewusst.
- Gestehen Sie sich das Arbeiten in Ihrem natürlichen Rhythmus zu. Sie können Ihren Rhythmus nicht finden, wenn Sie hetzen oder zögerlich

sind. Arbeiten Sie an einer ganz bestimmten Fähigkeit und beobachten Sie sich anschließend selbst. Wenn Sie in das „Machen“ eintauchen wollen, dann tun Sie es. Wenn Sie das langsam und konsequent durchführen wollen, dann tun Sie es. Es gibt keinen Königsweg des Beginnens – es gibt nur Ihren Weg.

Spirituelles Wachstum

Lassen Sie sich von Ihrem innersten Verlangen nach Glück und von Ihrem Wunsch tragen: Ich möchte der großartigste Mensch werden, der ich werden kann. Denken Sie an die Worte aus der Rede von Dr. Martin Luther King: „Ich habe einen Traum.“ Bringen Sie Ihren eigenen Traum zu Papier. Lassen Sie diesen Traum in sich wachsen, indem Sie sich diese Rede während der nächsten Tage und Wochen immer wieder laut vorlesen – bis der Inhalt vollständig von Ihrem Inneren aufgenommen wurde.

[6]

Verbundenheit

Die meisten von uns, so glauben wir, könnten mehr Handlungsfähigkeiten und Handlungsmöglichkeiten entwickeln, wenn wir optimale, auf Gegenseitigkeit beruhende Beziehungen hätten.

JEAN MILLER UND IRENE STIVER

Wenn wir mit unseren Fähigkeiten wachsen und uns dabei nicht in einen Konkurrenzkampf zwingen lassen, dann haben wir Aussichten auf ein gutes Leben. Dies können wir aber nur erreichen, wenn wir uns mit anderen Menschen verbinden können. Unsere Verbundenheit mit der Welt, von der wir ein Teil sind und die ein Teil von uns ist, ist von fundamentaler Bedeutung. Verbundenheit ist ein Teil der analytischen Bewusstseinsebene, denn wir müssen aktiv auf andere Menschen zugehen, was anstrengend ist. Wie wir später sehen werden, sind gute Beziehungen auch Kraftquellen und Teil der spirituellen Bewusstseinsebene.

DIE BEDEUTUNG DER VERBUNDENHEIT

Die Endlichkeit des Lebens wird uns niemals deutlicher, als wenn wir allein sind, insbesondere in angstvollen Situationen. Als mein Bruder Matthias vier Jahre alt war, stürzte er kopfüber von einer Rutsche auf Beton. Mehr als 24 Stunden schwebte er in Lebensgefahr. Ich saß auf dem Weg zur Notaufnahme hinten im Krankenwagen, meine Mutter saß vorne. Ein Sanitäter rief: „Sechs Atemzüge pro Minute!" Ich konnte nichts tun. Ich konnte nicht einmal Matthias' Hand halten. Ich weinte kalte Tränen. Wir rasten durch die Straßen; trotzdem schien die Zeit still zu stehen. „Vier Atemzüge pro Minute!" schrie die Stimme. Meine Blicke durchbohrten die Scheibe des Krankenwagens. Ich sah Fußgänger, die Ihren Geschäften nachgingen. Niemand konnte sehen, was los war. Niemand nahm Anteil an uns. Niemand.

Mein Bruder überlebte, doch ich empfand dieses Gefühl der Einsamkeit wie einen bösen Geist. Ein noch ergreifenderes Beispiel dafür sehen wir in dem Film *Sturz ins Leere*.[1] Die Bergsteiger Joe Simpson und Simon Yates waren die ersten, die die Westseite des Siula Grande bestiegen, einem Berg bei Lima, in den peruanischen Anden. Simpson brach sich beim Abstieg ein Bein, und Yates startete eine tapfere Rettungsmission. Doch die Mission missglückte: Simpson stürzte in eine Gletscherspalte. Yates hielt ihn für tot. Er setzte den Abstieg fort, allein im Schneesturm und wie vernichtet über den Verlust.

Doch Simpson überlebte wie durch ein Wunder, denn er war auf einer kleinen Eisbrücke aufgeschlagen. „Da lag er in einem dunklen, gespenstisch stillen Loch, so allein, wie er es sich niemals vorgestellt hatte," schrieben die Autoren eines Artikels über dieses Martyrium. „Ich heulte wie ein Baby", sagt Simpson, der sich bei dem Sturz in bemerkenswerter Weise keine weiteren Verletzungen zugezogen hatte … Da er nicht mehr hinaufklettern konnte und nur noch einen Rest des Kletterseils in Händen hielt, konnte er nur noch tiefer in die Leere der Gletscherspalte kriechen."[2]

Schließlich fand Simpson den Weg hinaus. Damit begann der allerschlimmste Teil seiner Qualen. Trotz unsäglicher Schmerzen, ohne Nahrung und nur von Eis umgeben, begann er einen schier endlosen Abstieg; er kroch, hüpfte auf einem Bein und stürzte immer wieder zu Boden. Unsäglich einsam und zeitweise bereits delirierend, bewegte er sich langsam vorwärts. Der einzige Wunsch, der ihn antrieb, war: Er wollte im Beisein anderer Menschen sterben. So gelangte er zurück in das Camp. Dort fand er seinen Kameraden Yates, der selbst noch immer völlig unter Schock stand. Er konnte die Rettungsmission zu Ende bringen. Obwohl beide Männer ins Leben zurückkehrten, hatte Simpson diese vernichtende Leere erfahren, wie sie nur durch völlige Verlassenheit von anderen Menschen entstehen kann.

Vermutlich können wir uns alle eine Zeit ins Gedächtnis rufen, in der wir ebenfalls völlig verbindungslos waren, wenngleich auch nicht auf solch dramatische Weise. Dies Gefühl kann die Körperfunktionen extrem verlangsamen und die Wahrnehmung von Außenreizen reduzieren. Nach einer ungewollten Trennung von einem geliebten Menschen sind wir beispielsweise anfällig für Depressionen. Und in Bezug auf ältere Menschen wurde eindrucksvoll dokumentiert: Stirbt ein Ehepartner, so besteht für den überlebenden Partner in der Zeit danach die Gefahr, an „gebrochenem Herzen" zu sterben. Selbst ein Krankenhausaufenthalt eines Ehepartners erhöht die Todesgefahr beim anderen Partner.[3] Nach einer Scheidung oder einer Trennung bekämpfen viele Männer ihre negativen Gefühle mit Alkohol.[4] Frauen dagegen lassen sich von solchen Gefühlen oft einfach überwältigen.[5] Viele Studien haben gezeigt: Eine lang anhaltende Isolation birgt Gesundheitsrisiken in sich, und wenn dies Gefühl uns unser ganzes Leben hindurch begleitet, so verkürzt es die Lebenserwartung deutlich.[6]

So, wie uns die Unverbundenheit niederstrecken kann, so hat die Verbundenheit den gegenteiligen Effekt. Tatsächlich kann nichts unsere Lebensgeister so fördern wie enge Beziehungen. Verbundenheit ist also das mächtigste Werkzeug und die wichtigste Zutat für das Glück auf der aktiven Ebene, der analytischen Bewusstseinsebene.[7]

Andre Menschen sind entscheidend wichtig für unser Überleben, denn sie helfen uns beim Verfolgen unserer individuellen und gemeinsamen Ziele.[8] Selbst wenn wir gar nicht an unsere Ziele denken, erfüllen uns Beziehungen zu anderen Menschen mit Glück. Es ist richtig: Beziehungen benötigen viel Energie und andere Ressourcen. Natürlich gibt es Tage, an denen Beziehungen mehr negative als positive Gefühle erzeugen. Das ist besonders dann der Fall, wenn Elternschaft nicht unbedingt mit Glück verbunden ist.[9] Wenn jedoch das Ziel ein gutes und erfülltes Leben ist und nicht bloß angenehme Gefühle das Wichtigste sind, dann tragen sogar unsere kleinen Unruhestifter zu unserem Glück bei. Gute Beziehungen bereichern uns so sehr, weil wir durch sie außerordentlich in Anspruch genommen werden, aber auch großartige Erfüllung finden.

Wie bereits in Kapitel 1 angemerkt, war die Wichtigkeit der Verbundenheit schon dem griechischen Philosophen Aristoteles klar. Ein Leben ohne

Freunde war für Aristoteles nicht lebenswert. Diese Auffassung ist bemerkenswert. Es ist eine außerordentlich anspruchsvolle Auffassung von Glück, das er als „das gute Leben" bezeichnete. Eine seiner Theorien über das gute Leben befasst sich mit dem „aktiven Leben", in welchem wir nach hervorragenden Leistungen und der Erfüllung unseres Potenzials streben. Die andere Theorie beschäftigt sich mit dem „kontemplativen Leben", in dem wir uns selbst reflektieren und prüfen.[10] Das Gespräch unter Freunden ist kein notwendiger Teil dieser Theorien. Aristoteles legte deshalb so großen Wert auf Menschen, mit denen wir in Verbundenheit stehen, weil sie das Lernen erleichtern und damit den Weg, ein besserer Mensch zu werden.

Moderne Forschungen konnten Aristoteles' Vorstellung des Zusammenhangs von Verbundenheit und Glück bestätigen. So kamen beispielsweise Ed Diener und Martin Seligmann zu dem Schluss: Menschen, die sich selbst als sehr glücklich bezeichnen, sind mit größerer Wahrscheinlichkeit sozial verbunden, sie sind selten allein und haben intensive Beziehungen zu Freunden, zur Familie und zu Partnern.[11] Hinzu kommen überzeugende Anhaltspunkte für eine Hypothese, die besagt: Gesellschaftlich engagierte Menschen sind insgesamt glücklicher. Es gibt eine positive Korrelation zwischen Extravertiertheit und Glück. Den Untersuchungen von William Fliesen zufolge kann bereits extravertiertes Handeln positive Gefühle auslösen.[12]

Sind wir mit anderen verbunden, halten wir nicht nur Smalltalk und fühlen uns mehr als bloß gut unterhalten. Die Verbundenheit ist ein Austausch. Nach einem solchen Austausch sind wir nicht mehr die gleiche Person wie vorher, weil wir uns dadurch *verändern* – wenn auch vielleicht nur in winzigen psycho-physiologischen Schritten. Jean Baker Miller und Irene Pierce Stiver betonen: Besonders Frauen sind untereinander sehr empfänglich für gegenseitige Empathie, die wiederum zu „gegenseitiger Stärkung" führt.[13] Als ein Ergebnis einer solchen Verbundenheit fühlen wir uns schwungvoller, sind handlungsorientierter, erweitern unsere Kenntnis von uns und anderen, vergrößern unseren Sinn für Werte und öffnen uns für neue Beziehungen.

Männer profitieren von Empathie genauso, aber sie haben einen anderen Zugang dazu. Empathie von Mann zu Mann drückt sich oft in gemeinsamen Interessen aus. Wenn ein Mann sich in den Handlungen eines anderen Mannes spiegelbildlich wieder findet – das haben mir viele männliche

Patienten bestätigt – dann fühlen sie sich sicherer und bestärkt. Diese Beobachtungen weisen lediglich auf eine Tendenz hin und beziehen sexuelle Orientierungen nicht mit ein. Beide Geschlechter können potentiell sowohl durch verbale Kommunikation als auch durch Handlungen Verbindungen eingehen.

Wie bereits in Kapitel 1 erörtert wurde, können Menschen, die aus Gründen der Armut nicht ausreichend für ihre Grundbedürfnisse sorgen können, weniger Glück erfahren als diejenigen, die es können.[14] Und doch habe ich in den Gesichtern armer Menschen in den afrikanischen Ländern Tansania und Kenia jede Menge Glück gesehen. In vielen Regionen, die ich durchreiste, gingen Menschen in glühender Hitze barfuß und in zerrissener Kleidung Kilometer um Kilometer auf verschmutzten Straßen. Trotzdem lächelten die meisten dieser Menschen; sie lachten sich zu, wenn sie sich begrüßten, sie gingen plaudernd nebeneinander her. Armut tut weh, doch die gegenseitige Verbundenheit ist ein unschätzbar wertvolles Gut – ein Gut, das in der reichen und wohlhabenden Hemisphäre der Welt gerade mehr und mehr verloren geht.[15]

WIR SIND AUFEINANDER ANGEWIESEN

Zu Beginn unseres Lebens sind wir auf symbiotische Weise mit unseren Müttern verbunden. Der Bauchnabel, der sich fast in der Mitte unseres Körpers befindet, bringt uns auf metaphorische Weise in Erinnerung: Ohne andere Menschen können wir nicht existieren. Als Kleinkinder brauchten wir die anderen in so umfassender Weise, und weil sich diese Abhängigkeit nur sehr langsam und während eines langen Zeitraums veränderte, glauben wir als Erwachsene vielleicht: Wir brauchen die anderen gar nicht mehr. Darüber hinaus verweisen unsere Bedürfnisse auf Schwächen und Verwundbarkeit, auf die wir möglicherweise nicht gerade stolz sind. Denn andere könnten ja Vorteil daraus ziehen, wenn sie unsere Schwachpunkte erkennen und uns – auf welche Weise auch immer – Schaden zufügen.

Solange wir uns selbst schützen müssen, fügen wir uns aber selbst großen Schaden zu, wenn wir nämlich unsere Bedürfnisse vollständig verbergen und uns vor der Welt verschließen. Unsere Schwachpunkte sind wie Öffnungen, durch die wir um Hilfe bitten und diese empfangen können. Sie machen den zwischenmenschlichen Austausch nötig. Unabhängig von unserem Lebensalter brauchen wir ständig andere Menschen, die uns berühren, buchstäblich und in übertragenem Sinne. Wenn wir glücklich sein wollen, dann brauchen wir eine andere Person, die uns stimuliert, wahrnimmt, versteht und akzeptiert – bis ans Ende unserer Tage.

Doch nicht nur Individualisten lehnen diese Vorstellung ab. Unsere Kultur verherrlicht Unabhängigkeit, wohingegen Verbundenheit auf der Strecke bleibt. Millionen von Menschen fühlen sich einsam und verharren zu Hause und auf der Arbeit in Isolation. Depressionen nehmen zu. Wir sind aktiv vom Sonnenaufgang bis zum Sonnenuntergang, doch immer weniger Menschen genießen *aktive* Freundschaften, die über sinnige Ratschläge per Grußkarten und Textnachrichten hinausgehen. Wir investieren zu viel in die Arbeit, die Unterhaltung und in organisierte Aktivitäten. Menschen, die wir als „Freunde" bezeichnen, sind oft nicht mehr als Fremde mit einer E-Mail-Adresse. Das bedeutet, wir bleiben seltsam unbeteiligt, unverändert, wenn nicht gar gleichgültig.

Ich halte das Verschwinden von Freundschaften für eine ganz massive gesellschaftliche Veränderung mit unabsehbaren Konsequenzen. Mit Sicherheit behindert es unser Glück. Freunde sind uns nah, wenn auch nicht so nah wie in einer Kleinfamilie. Diese Nähe bietet uns die Möglichkeit für einen ganz außergewöhnlichen Austausch. Uns werden positive Gefühle zuteil, wenn wir Zeit mit Freunden verbringen. Immerhin müssen wir uns nicht um schmutzige Windeln oder andere Pflichten Sorgen machen, wenn wir mit Freunden zusammen sind. Außerdem holen uns Freunde aus unserer eingefahrenen Routine heraus; das lässt uns noch mehr unserer Aufmerksamkeit auf den Austausch lenken. Daniel Kahneman ist der Ansicht: Unsere fokussierte Aufmerksamkeit gibt uns ein Gefühl der Zugehörigkeit, oder, wie ich in Kapitel 1 ausführte: Wir erleben uns selbst als wirkliche Teilnehmer des Lebens.[16]

Ganz im Gegensatz zu dem, was ich in Afrika erlebte, kommen in westlichen Ländern die Menschen ohne wirkliche Möglichkeit der gegenseitigen Begegnung zusammen. Selbst wenn wir das Haus verlassen, reihen wir uns in die Massen von Autos auf den Autobahnen ein – wir sind buchstäblich eingekapselt: Wenn wir singen, dann zusammen mit einer Stimme aus dem Radio. Wenn wir sprechen, benutzen wir das Telefon. Normalerweise benutzen wir unser Handy nicht, weil wir persönliche Gedanken oder Gefühle teilen möchten, sondern, weil wir Informationen austauschen wollen. Solange kein Kunde am anderen Ende der Leitung ist, gibt es keinen Grund zum aufmerksamen Zuhören. Jeder begreift das: Wir sitzen ja schließlich im Auto.

Wo immer wir uns befinden, begleitet uns lärmendes Geschwätz, in dem die Art von Stille liegt, die uns kalt und leer zurück lässt. Es gibt kaum etwas, das uns einsamer macht als wenn wir uns inmitten von Menschen befinden und doch keine Verbundenheit mit ihnen herstellen können. Selbstverständlich sollten wir auch die Einsamkeit genießen können, und wir brauchen Zeiten ganz für uns allein; Isolation jedoch schafft sinnloses Leiden. Es liegt nichts Gutes darin, wenn wir uns „wie in einer Luftblase" fühlen, wie „hinter einem Vorhang" oder wie jemand, der stets eine Distanz zu anderen verspürt.

UNS SELBST VERFÜGBAR MACHEN

Wenn wir das Glück suchen, müssen wir den Vorhang beiseite ziehen, denn wir möchten uns ja für echte Beziehungen zur Verfügung stellen. Damit ist nicht gemeint, dass wir alle nun unsere Autos verkaufen und unsere Handys wegwerfen sollten. Es geht jedoch um die Begegnung mit Menschen von Angesicht zu Angesicht. Wir sollten nicht der Selbsttäuschung erliegen, mittelbare Kontakte könnten direkte Kontakte ersetzen. Freilich sollten wir uns Zeit für andere Menschen nehmen, auch wenn wir nur telefonisch mit ihnen verbunden sind. Andere Anrufe entgegen nehmen oder uns auf irgendeine sonstige Art und Weise stören lassen, wenn wir mit anderen zusammen sind ist eigentlich nicht akzeptabel. Wir müssen andere warten lassen und zwar nicht denjenigen, mit dem wir gerade sprechen!

Technik ist keine Entschuldigung für Unaufmerksamkeit. Wir sollten präsent und gefühlvoll sein, wenn wir uns mit anderen Menschen verbinden wollen. Auf eines müssen wir achten: Unsere Worte beeinflussen den anderen genauso, wie wir es beabsichtigen. Eilig dahin geschriebene E-Mails, hektisch verfasste Nachrichten, ständige Unterbrechungen: All dies kann der andere durchaus als Ohrfeige empfinden. Die Verbundenheit hängt von unserer Fähigkeit zu sensibler Wortwahl zur richtigen Zeit gegenüber der richtigen Person ab. Harriet Lerner drückt das so aus: „Sowohl durch Sprache als auch durch Stille können wir eine Person herabsetzen oder aufwerten, und wir verengen oder verbreitern die Möglichkeiten zwischen uns. Die Art, wie wir unsere Sprache einsetzen, bestimmt die Qualität unserer Beziehungen, unserer Position in der Welt, und es bestimmt, was die Welt sein kann und werden könnte. Selbstverständlich steht hier viel auf dem Spiel."[17]

Beziehungen helfen uns bei der Erweiterung unserer Persönlichkeit; aber dies geschieht nur dann, wenn wir ein tiefes Gespür für das Verständnis und die Wertsetzung des anderen entwickeln. John A. Sanford, der Autor des Buches *Between People*, betont: Dieses Gespür lässt uns gleichsam ganzheitlicher werden,[18] was unser Streben nach vollständiger Teilnahme am Leben enorm unterstützt.

ZEHN BAUSTEINE DER VERBUNDENHEIT

Wir haben die Bedeutung tiefer Verbundenheit erkannt. Wenn wir nun noch klugen Gebrauch von modernen Technologien machen, die Beziehungen oft so seicht werden lassen, dann haben wir bereits einen ganz wichtigen Schritt unternommen. Die nächste Aufgabe besteht im Aufbauen der Verbundenheit, was in einem Zeitalter hoch komplexer Beziehungen immer schwieriger wird, zumal unsere Kultur die Geschlechterrollen nicht mehr scharf konturiert. Doch diese Aufgabe ist keineswegs unlösbar. Niemand muss allein bleiben und sich unverbunden fühlen. Es ist unsere Bestimmung, mit anderen zu leben, und deshalb verfügen wir über alles Notwendige für das Erlernen des „Know-how". Damit Sie diese Fähigkeiten leicht erlernen können, habe ich die zehn wichtigsten Bausteine der Verbundenheit heraus gearbeitet.

Wir alle leben in Beziehungen. Um sie aufrechtzuerhalten, verhalten wir uns in ihnen meist spontan und ohne groß nachzudenken. Solange das so funktioniert, ist das natürlich eine gute Sache. Wenn aber etwas schief geht, dann können wir aufgrund unserer Gedankenlosigkeit nur schwer erkennen, was denn nun die Ursache des Problems ist, welche Fähigkeiten uns abgehen und welche wir verfeinern müssen. Viele von uns stellen sich lieber blind, damit sie sich nicht verändern müssen, denn unser gegenwärtiger Zustand fühlt sich ja so natürlich an. Hierin liegt eine Gefahr: Wenn wir nämlich nur einen Baustein betrachten oder sogar nur einen kleinen Teil davon, dann sind wir kaum fähig, überhaupt Verbundenheit zu erreichen. Wenn wir uns jedoch mehr Gedanken darüber machen, wie Verbundenheit funktioniert, dann ist die Lösung gar nicht so schwierig.

Die ersten acht Bausteine betreffen Freundschaften, die beiden letzten Bausteine betreffen insbesondere intime Beziehungen:

- Selektivität
- Ausdrucksstärke
- Anerkennung
- Bestätigung
- Aufeinander achtgeben
- Wertschätzung
- Spaß haben
- Schmerz gemeinsam ertragen
- Verliebtheit
- Einander bejahen

1. Selektivität

Der erste Baustein, die Selektivität, bezieht sich auf Auseinandersetzungen, denn seine Bedeutung ist: Wenn wir verbunden sein möchten, dann müssen wir unsere Freunde und Partner klug und mit Hilfe selektiven Verhaltens auswählen. Dies steht im Gegensatz zu dem, was wir von vielen spirituell arbeitenden Menschen hören, die überzeugt sind, es sei notwendig für uns, uns mit allen Menschen verbinden zu können. Alle Wesen hätten so viele Gemeinsamkeiten, dass die Unterschiede als gering zu bewerten seien. Der Dalai Lama zum Beispiel (teilt sein Dasein) öffnet sich bereitwillig gegenüber (und offen mit) jedem Menschen, dem er begegnet.[19]

Es ist wahr: Wir sind glücklichere Menschen, wenn wir uns offenherzig und freundlich mit anderen Menschen austauschen. Jedoch wollen wir uns in diesem Kapitel nicht mit alltäglichen Beziehungen, sondern mit lang anhaltenden, tieferen Beziehungen befassen. Obwohl diese zwei Arten der

Verbundenheit sich überlappen, bleiben sie doch grundverschieden voneinander. Es ist auch wahr: Unser Leben wird umso reicher, wenn wir das Wesentliche unserer Existenz in allen Menschen sehen können. Doch diese spirituelle Dimension der Verbundenheit erörtern wir in Kapitel 3.

Ob wir uns dessen nun bewusst sind oder nicht: In uns arbeiten ganz bestimmte biologische Strategien, mit deren Hilfe wir den „richtigen" Freund oder Partner für uns finden. Wir werden in die Richtung gesteuert, die unsere Lebenstauglichkeit am optimalsten zum Wachsen bringt: dem Überleben unseres Erbgutes. Diese unbequemen Wahrheiten unserer Biologie muss ich ansprechen. Denn erst, wenn wir genügend Kenntnisse über diese Strategien erlangt haben, können wir kluge Entscheidungen treffen, wenn es um das Glück geht.

Wir fühlen uns leicht zu attraktiven und einfallsreichen Menschen hingezogen; ersteres trifft eher auf Männer zu, der zweite Aspekt eher auf Frauen.[20] Attraktive Menschen strahlen Gesundheit aus, die Fähigkeit zu harter Arbeit, zur Unterstützung einer Familie und ebenso die zur Fortpflanzung. Wenn wir mit solchen Menschen zusammen sind, dann erhöhen sie unseren Status, was insbesondere, aber nicht ausschließlich für Männer wichtig ist.[21] Auf der anderen Seite signalisieren einfallsreiche Menschen uns ihre Fähigkeit, für eine Gemeinschaft wie zum Beispiel eine Familie sorgen zu können. Um die enormen Kosten für das Großziehen eines Kindes erbringen zu können, das ist ganz besonders, wenngleich nicht ausschließlich, von vorrangigem Interesse für Frauen. Der Einfallsreichtum bezieht sich nicht nur auf Geld; er schließt persönliche Fähigkeiten ein wie Zuverlässigkeit, emotionale Stabilität, Fleiß und Intelligenz.[22]

Ob wir diese biologischen Strategien nun mögen oder nicht: Sie wirken stark und sind in allen Kulturen zu finden.[23] Sie beziehen auch Freunde mit ein, da auch sie uns in unserem Überleben behilflich sind. Die Frage ist: Sind diese Strategien hilfreich in Hinblick auf die Dauer von Beziehungen, oder stehen sie diesen gar im Weg? Werden wir zu stark von unserer Biologie dominiert, behindert das offenbar unseren Weg zum Glück. Möglicherweise finden wir nicht die richtige Person oder werden von ihr nicht gefunden, weil wir nur der Schönheit und dem Einfallsreichtum nachjagen. Viele von uns wissen aus Erfahrung: Menschen gehen fremd und verlassen ihre Partner aus genau diesem Grund. Wir können sogar den Traumpartner finden und sind doch unfähig, mit ihm oder ihr zu kommunizieren. Die Schöne oder der Prinz könnten sich als Biest oder als Langweiler offenbaren. Wir können uns extrem unter Druck setzen, nur damit wir einem bestimmten Bild entsprechen. Aber wir fühlen uns dabei vermutlich kaum noch wohl mit uns. Tatsächlich leiden viel zu viele Menschen unter Magersucht und Angststörungen.

Andererseits scheint es ziemlich unangebracht, wenn wir gegen unsere biologischen Programme revoltieren oder sie auch nur leugnen. Als wir jung waren, waren meine Freunde und ich aber genau davon überzeugt. Diejenigen, die am lautesten ihre Abneigung gegen Oberflächlichkeit verkündeten, überraschten, ja schockierten mich angesichts ihrer Entscheidung für Freunde und Partner. Was auch immer sie lauthals *erklärten*, so ging doch die Hälfte von ihnen ganz offensichtlich eine Beziehung mit der hübschesten Frau oder dem bestverdienenden Mann ihrer Liga ein. Diejenigen von ihnen, die stets der Gesellschaft und nie der Natur die Schuld für die herrschenden Normen gaben, kleideten und verhielten sich „aggressiv asexuell",[24] das heißt, bewusst unattraktiv. Natürlich waren sie meist unzufrieden mit ihrem Leben. Einige von ihnen, die sich eher „in Konflikt" als „im Krieg" mit der Natur befanden, steigerten sich in eine ironische Selbstkritik hinein. Keiner von uns akzeptierte die Natur. Wir alle wiesen sie mit Macht zurück.

Es muss jedoch irgendeine Mitte geben zwischen dem Gefühl, Mutter Natur ausgeliefert zu sein und dem aggressiven Rebellieren gegen sie. Nonnen und Mönche wählen den Weg des Zölibats, was eine sehr lohnende Alternative sein kann. Da wir uns jedoch das Fortleben unserer Gattung wünschen, geht hoffentlich nur eine Minderheit diesen bemerkenswerten Weg. Sigmund Freud glaubte an die Kraft des Bewusstseins in unserem Leben, die uns vor den dunklen Kräften der Natur schützen würde.[25] Während Freud sich auf den unbewussten Teil unserer Psyche – das so genannte Es – bezog, so beziehen wir unsere unbewussten genetischen Dispositionen in diese dunklen Kräfte der Natur möglicherweise mit ein. Bewusstsein bedeutet mehr als nur Wissen und Erkennen. Sobald wir mehr über unsere biologischen Strategien gelernt haben, können wir uns entscheiden, ob wir mehr oder weniger auf sie Einfluss nehmen wollen. In anderen Worten: Nur, weil wir eine Anziehungskraft wahrnehmen, *müssen wir* ihr nicht nachgeben. Wir können uns auf alles fokussieren, was wir als geeignet empfinden. Wir müssen uns nicht selber eine Abneigung gegen Schönheit oder Reichtum anerziehen. Beides kann sehr viel Freude und Annehmlichkeit bieten. Dennoch reicht das für eine gute Beziehung nicht aus. Wir müssen tiefer graben, wenn wir essentiellere Qualitäten finden wollen. Schönheit und Reichtum sind nur Kirschen auf einem Kuchen – nicht mehr und nicht weniger.

Nachdem wir also unsere Biologie demütig akzeptiert haben, sollten wir klären, was wir innerhalb von Freundschaften und intimen Beziehungen benötigen und was nicht. Wir müssen wissen: Was brauchen wir, was mögen wir, was lieben wir? Was geben wir gern her, was mögen wir nicht, und was hassen wir? Unsere Ansichten darüber verändern sich dramatisch im Verlauf unserer Jugend. Je jünger wir sind, desto wichtiger ist es, herauszufinden, ob ein möglicher Freund oder Partner diese Wechsel wohl mit tragen kann. Ich habe lange gebraucht, bis mir meine essentiellen Bedürfnisse klar wurden. Auf der einen Seite mag ich völlig unabhängige, attraktive, starke, geschickte und familienorientierte Männer. Auf der andren Seite brauche ich unbedingt schöpferische Intellektualität, künstlerische Ausdrucksfähigkeit, Lachen und die Liebe zur Natur. Erst als ich meine Prioritäten klar erkannt hatte, fand ich die Liebe meines Lebens.

Zuallererst müssen wir mit unseren Freunden und Lebenspartnern „kompatibel" sein. Das könnte bedeuten, dass sich unsere Eigenschaften gegenseitig ergänzen. Dennoch behaupte ich: In Gesellschaften, die sich mehr und mehr in Richtung Emanzipation bewegen, funktionieren Beziehungen am besten, wenn wir viel miteinander gemeinsam haben. Wir sollten nicht jemanden suchen, der uns erfüllt, weil er so ist, wie wir gern sein möchten, oder weil er das hat, was uns fehlt. Wir sollten jemanden suchen, mit dem wir etwas gemein haben.

Damit ist nicht die Vorliebe für die gleiche Eiscremesorte gemeint, oder dass wir die gleiche Hautfarbe haben. Wenn wir uns nur mit Menschen umgeben, die genau wie wir sind, wären wir Langweiler und Egoisten. Die Demokraten werden von den Republikanern angeregt und umgekehrt. Christen werden von Juden inspiriert und Juden von Moslems. Wir alle profitieren von den Quellen der Kreativität, die in den Schmelztiegel der verschiedenen Kulturen fließen. Deutliche Kategorien halten auseinander, was sich ansonsten gut vermischen könnte, und wir fühlen uns vermutlich den Menschen am meisten verbunden, die der „anderen“ Kategorie zugehörig sind.

Auf lange Sicht kommt es auf Folgendes an: (1) die gleiche Altersstufe zur Gewährleistung ähnlicher Interessen und Leistungsniveaus, (2) Reife, (3) Intelligenz und Bildung (für ausgewogene Problemlösungen und Gespräche), (4) soziales Verhalten (d. h. Freundlichkeit, Benehmen, Traditionen, Sauberkeit), (5) Wertvorstellungen und wie sie sich ausdrücken (z. B. in Ritualen, im Glauben und der Nächstenliebe) und (6) Persönlichkeitsmerkmale wie Extravertiertheit/Introvertiertheit und Gewissenhaftigkeit.[26]

Unterschiede hierin führen oft zu Konflikten zwischen Freunden und Partnern, die uns vom Verfolgen gemeinsamer Ziele und der Freude über die Anwesenheit des anderen abhalten. Zick Rubin und ein Forscherteam begleiteten über mehrere Jahre 202 Paare. 103 Paare trennten sich während dieser Zeit. Die Forscher stellten fest: Sie unterschieden sich in ihren Wertvorstellungen, im Verhalten, in ihren romantischen und religiösen Vorstellungen. Bei den 99 Paaren, die zusammenblieben, wiesen die Partner in diesen Bereichen deutlich größere Ähnlichkeiten auf.[27]

Gemeinsamkeiten sind auch in Freundschaften notwendig. Weil wir mit Freunden keinen gemeinsamen Haushalt führen oder Finanzen teilen müssen, können wir mehr Unterschiede zulassen. Dennoch sollten unsere Freundschaften nicht von Konflikten durchsetzt sein. Nur wenn wir uns grundsätzlich auf einer gleichen Ebene mit einem Freund befinden, können wir uns gegenseitig beraten und helfen, gemeinsame Unternehmungen genießen und gegenseitiges Verständnis finden.

Wir können mit Freunden Werte wie Ehrlichkeit teilen. Aber wir müssen wissen: „Freunde können uns mehr verletzen, als das unsere Feinde können.“[28] Das können sie, weil sie unsere Stärken und Schwächen am besten kennen. Wenn wir uns unsere Freunde nicht klug aussuchen, dann kann das zu Enttäuschung und sogar zum Ausspannen Ihres Partners führen. David Buss erklärt hierzu: „Wahre Freunde bereichern das Leben. Ohne sie würden wir unser Dasein als leer empfinden. Aber Freunde können uns auch betrügen. Wenn ein Freund Sie enttäuscht und Ihnen Ihren Partner ausspannt, dann fühlen Sie sich doppelt verraten – Sie verlieren möglicherweise auf einen

Streich einen Freund und einen Liebespartner."[29] Sich ähnlich sein macht lang anhaltende Freundschaften leichter; sie sind – aus Sicht des Glücks und zum Teil auch des Überlebens betrachtet – in unser aller bestem Interesse.[30]

Wenn wir uns Glück wünschen, dann müssen wir Gemeinsamkeiten finden, die über die bloße Übereinstimmung biologischer Merkmale hinausgehen und den spirituellen, emotionalen und intellektuellen Hintergrund des anderen kennen. Wir müssen viele Fragen stellen, aufmerksam zuhören, beobachten und so ehrlich wie möglich zu uns sein, falls wir unvereinbare Merkmale entdecken. Wir müssen uns Zeit für die Erkundung des anderen nehmen und eine Freundschaft oder Partnerschaft möglicherweise beenden, wenn wir uns selbst achten und wissen, was wir in einer Beziehung brauchen. Für dieses selektive Vorgehen benötigen wir Zeit und Mut, aber das ist es wert, denn es liefert die Grundlage all dessen, was innerhalb unserer Beziehungen noch folgen wird.

2. Ausdrucksstärke

Sobald wir mit einem Freund oder Lebenspartner eine Beziehung eingehen, müssen wir diese am Laufen halten. Das erfordert Energie und Mühe. Nur zur Erinnerung: Auf der analytischen Bewusstseinsebene müssen wir uns anstrengen. Selbst wenn wir in unseren wichtigsten Beziehungen perfekt zusammenpassen, sind andauernde Aufmerksamkeit und bestimmte Fertigkeiten erforderlich. Zu diesen Fähigkeiten gehört die Ausdrucksstärke.

Unabhängig davon, ob wir von Natur aus kontaktfreudig oder eher verschlossen sind: Wir alle müssen gute Kommunikatoren sein. Manche Menschen, besonders Männer, blocken beim ersten Anzeichen eines Konflikts Gespräche ab. Sie sagen dann zum Beispiel: „Ich will nicht darüber reden" – egal, ob in Partnerschaften oder wenn sie unter Freunden einen Scherz machen wollen. Andere, vor allem Frauen, verfallen in „eisernes Schweigen", wenn sie in Partnerschaften traurig oder wütend oder gegenüber einer/einem Freund(in) verstimmt sind. Sowohl Männer als auch Frauen neigen zur indirekten Kommunikation. Sie reden mit Dritten, anstatt mit der Person, mit der sie sprechen sollten. Solche Strategien sind nur dann konstruktiv, wenn es sich um kleine Umwege handelt, die uns letztlich entweder zum Fallenlassen des Themas bewegen oder zum direkten Gespräch mit der betreffenden Person ermutigen.

Dabei sollten Sie an Ihren Partner nicht sämtliche Einzelheiten eines Problems oder jeden Ihrer Gedanken, der Ihnen in den Sinn kommt, weitergeben. Finden wir beispielsweise jemand anderen attraktiv, ist das noch lange kein Grund, unseren Partner damit zu behelligen. Auch unseren Freunden gegenüber ist Vorsicht geboten: Unnötige Details langweilen. Auch Angeberei oder jemandem den eigenen Erfolg unter die Nase zu reiben, während unser Gegenüber eine schwierige Zeit durchmacht oder erfolglos ist, ist fehl am Platz. Bei wichtigen Angelegenheiten, die uns möglicherweise Sorgen bereiten oder ein Keil zwischen uns treiben könnten, ist es Zeit für ein Gespräch. Wir müssen dem anderen mitteilen, worüber wir uns den Kopf zerbrechen. Hierzu gehört auch, wenn wir wiederholt mit jemandem, den wir attraktiv finden, Kontakt aufnehmen. Dies zu verschweigen, führt zu einer ganzen Kette von Geheimnissen, die einer Beziehung schaden können. Oder wir lenken uns mit diesen Heimlichkeiten von unserer festen Beziehung nur ab, die eigentlich verbessert werden könnte. Wir sollten Wichtiges nicht unter den Teppich kehren; wir sollten über unsere Gedanken, Träume, Sorgen, starken Gefühle, Zukunftspläne und wichtige Entscheidungen offen sprechen. Wenn meine Freundin und ich uns zu einem Gespräch durchringen, weil gerade etwas „angefallen“ ist, können wir die Probleme in der Regel meist ausräumen. Solche Gespräche nützen meist unserer Beziehung, weil wir uns aktiv um sie kümmern.

Ein Zusammensein und Zusammenbleiben ohne Aussprache ist natürlich auch möglich. Viele Menschen sehen sich in einer Freundschaft oder Partnerschaft als zwei völlig voneinander getrennte Wesen, anstatt einer interaktiven Einheit. Sie funktionieren wie unabhängige Personen, die dem anderen gegenüber keine Bedürfnisse äußern. Solch unabhängige Menschen haben in der Regel eher lose, oberflächliche Freundschaften oder trennen sich von ihrem Partner. Menschen, die hingegen *wechselseitige* Beziehungen suchen, lassen sich auf andere ein und wachsen mit ihnen näher zusammen.

Unsere Ausdrucksstärke ist entscheidend, damit jede Art von Beziehung interessant bleibt. Denn mit ihr vertiefen wir, was ansonsten oberflächlich bleiben würde. Allgemein herrscht die Ansicht: Unbequeme Fragen sollten um des lieben Friedens willen und im Interesse einer Beziehung besser unter den Tisch gekehrt werden. Leider verursacht solch eine Haltung den größten Schaden in Beziehungen. Sicher, wer gerade heraus sagt, was er auf dem Herzen hat, kann schlafende Hunde wecken. Wer will das schon? Packen Sie dennoch lieber Ihre Probleme an, damit Sie am Ende nicht von ihnen überwältigt werden. Unsere Ausdrucksstärke bringt nicht nur Dinge in Gang, sie bietet uns Lern- und Wachstumschancen, die uns das Leben fühlen lassen. Darüber hinaus sollten wir nicht vergessen: Nutzen wir unsere Ausdrucksstärke, geht es nicht ausschließlich um wichtige negative Erlebnisse, sondern auch um die wichtigen positiven. Frauen bringen in der Regel mehr als Männer sowohl ihre positiven als auch ihre negativen Gefühle gegenüber Freunden und Partnern zum Ausdruck. Möglicherweise ist das der Grund, warum sie sich entweder glücklicher oder unglücklicher als Männer *fühlen*.[31] Frauen sind häufig stärker mit anderen verbunden als Männer. Sie teilen sowohl Last und Freude mit anderen, was zu sozialer Unterstützung führt. Ob diese Unterstützung womöglich der Grund ist, warum Frauen länger leben als Männer, werden wir vielleicht irgendwann erforschen. Eins ist gewiss: Jammern hat keinen positiven Einfluss auf unser Wohlbefinden.[32] Wenn wir uns hingegen selbst ausdrücken, führt uns das zu neuen Erkenntnissen. Das ist eine Bereicherung für ein positives und erfülltes Leben. Denken Sie jedoch daran: Da unser tägliches Leben meistens zwischen dem Negativen und Positiven stattfindet, gehört zu einer guten Beziehung auch die Aussprache und Bestätigung (siehe „Bestätigung“ weiter unten in diesem Kapitel) dessen, was subjektiv wichtig, wenngleich auch alltäglich ist. Paare erleben das Teilen des Alltäglichen als Liebe. Freunde erleben dies „wie die guten, alten Zeiten“.

Nach allem, was bisher gesagt wurde, erstaunt es mich, wie viele meiner Patienten wichtige Informationen nicht an ihre Freunde und ihre Partner weitergeben. Einige der Ausreden für unser Schweigen sind: „Sie wäre zu traurig, wenn ich ihr sagen würde, was mich stört“, „Es würde unserer Beziehung nicht gut tun, wenn ich ihm sage, wie ich wirklich fühle“, „Ich will seine Gefühle nicht verletzen“. Viele von uns halten auch Positives zurück, anstatt Liebe, Komplimente und zarte Gefühle einfach auszudrücken. Damit wir Anderen unnötige Schmerzen ersparen, müssen wir wissen, auf welche

Weise und wann wir den anderen am besten ansprechen sollten. Platzen wir mit allem heraus und berücksichtigen dabei weder die andere Person noch die Situation, hilft das der Beziehung nicht weiter. Aristoteles, der unsere moderne Psychologie und deren Vorzüge nicht kannte, sagte über die Wut: „Jeder kann wütend werden, das ist einfach. Aber auf die richtige Person wütend zu sein, mit dem richtigen Maß, zur richtigen Zeit sowie auf die richtige Weise zum richtigen Zweck – das liegt nicht in jedermanns Macht und ist nicht einfach."[33]

Ausdrucksstärke wird nur dann ein wertvoller Teil des Aufbauens von Beziehungen, wenn wir daraus eine Fähigkeit machen können. Nur Menschen, die bescheiden genug sind, die Befindlichkeiten anderer mit zu berücksichtigen, können dies lernen. Am wichtigsten dabei ist: Wir müssen vom anderen lernen, wie und wann er oder sie uns am besten zuhören kann. Ich habe Freunde und Paare erlebt, die sich ohne Scheu in der Öffentlichkeit zankten, während sich bei anderen Paaren eine/r gedemütigt fühlt, falls so etwas öffentlich läuft. Manche Menschen sitzen bei einer Aussprache über persönliche Konflikte gerne nebeneinander, andere lieber sich gegenüber. Die meisten von uns können Kritik nur dann vertragen, wenn sie zwischen etwas Positivem „verpackt" wird, oder von etwas eingeleitet wird, das unsere Gefühle berücksichtigt. Wir sollten dem anderen unsere Botschaft in der gewünschten Form mitteilen, wenn er uns um eine bestimmte Sprechweise oder einen bestimmten Tonfall bittet. Nur auf die Reaktionen des anderen achten, reicht nicht aus, damit wir von der anderen Person etwas lernen; zusätzlich sollten wir um weitere Hinweise und Feedback bitten. Ich habe meine Freundin gefragt, auf welche Weise ich ihr gegenüber am besten Konflikte ansprechen sollte und habe daraus eine Menge gelernt. Wenn es um tiefgreifende Probleme geht, sollten wir auch Bücher über das Thema lesen oder uns an einen Psychotherapeuten wenden. Die in diesem Kapitel vorgeschlagenen Maßnahmen zeigen auf, wie wichtig die Fähigkeit zur Ausdrucksstärke ist.

3. Anerkennung

Unsere Ausdrucksfähigkeit und die Anerkennung des Anderen gehen Hand in Hand. Hierfür müssen wir die andere Person wirklich verstehen wollen.

Wenn andere den Schritt wagen und sich uns gegenüber offenbaren, sollten wir sie ernst nehmen.

Hierbei sollten wir uns ganz auf den anderen einlassen, wobei die Betonung tatsächlich auf dem „anderen" liegt. Anders als auf der spirituellen Bewusstseinsebene ist es für die Verbundenheit auf der analytischen Bewusstseinsebene erforderlich, den anderen als von uns getrennt zu betrachten. Wir sind manchmal so sehr mit uns selbst beschäftigt, dass wir den Anderen lediglich als Abklatsch unserer selbst wahrnehmen können. Anzeichen von Egozentrik sind unverhältnismäßig hohe Erwartungen an unsere Freunde oder das Einfordern von extremer Aufmerksamkeit seitens unseres Partners. Zwar suchen wir im Anderen einen Spiegel unseres Selbst, fürchten uns aber auch davor und können dies nicht erwidern.

Eine subtile und unbewusste Form der Egozentrik ist die Projektion. Wir greifen fast ausnahmslos zumindest gelegentlich darauf zurück. Auch ich tue das. Denn ich weiß: Projektionen laufen unbewusst ab und können erst im Nachhinein als solche erkannt werden. Wenn ich auf etwas stark reagiere, beobachte ich mich selbst und überlege, ob es sich um eine Projektion handeln könnte. Je häufiger wir unsere Projektionen erkennen, desto seltener werden wir sie in Zukunft wahrscheinlich einsetzen. Ein Beispiel: Ich war oftmals davon überzeugt, jemand anderes sei wütend. Dabei war ich in Wahrheit selbst wütend. Eine Tatsache, die ich in diesem Moment nicht akzeptieren konnte. Die Folge davon war: Ich hatte Angst vor meiner eigenen Wut, die ich auf andere projizierte und die sich häufig auf die ganze Umwelt ausbreitete. Indem ich mir meine Projektionen eingestand, konnten sie nicht mehr so viel Schaden anrichten und verschwanden schließlich völlig.

Wir projizieren das, was wir nicht mögen, oder worum wir uns nicht kümmern möchten. Kleinkarierte, unsympathische Menschen können ihre eigenen Eigenschaften bei sich selbst nur schlecht erkennen, sehen sie aber sehr leicht bei anderen. Wie wir alle wissen, mangelt es der Welt an Mitgefühl. Da wir aber beinahe alle über mangelndes Mitgefühl klagen, ist dies eher ein Hinweis auf uns selbst als auf die Realität an sich. Ein weiteres Paradebeispiel für Projektionen findet sich in religiösem Fanatismus. Wer sich über den Wertemangel der anderen empört, ist nicht etwa besonders tugendhaft, sondern hat selbst zu wenig davon. Tugendhafte Menschen sind sich ihrer Güte gar nicht bewusst und eher mit der Aufdeckung ihrer eigenen Schwächen beschäftigt. Fanatikern fehlt diese Demut.

Jemand hat einmal gesagt: Wir nehmen an anderen das wahr, was wir selbst sind. Wenn wir die Welt überwiegend als einen gemeinen und verdorbenen Ort ansehen, reagieren wir wahrscheinlich auf unsere eigene Gemeinheit und Verdorbenheit, die natürlich in uns allen steckt. Haben wir andererseits nur unsere eigene Güte im Blick, würden wir in unserer Naivität denken, in der Realität sei alles Friede, Freude, Eierkuchen. Beide Arten von Projektion können Schäden anrichten. Denn wir verschließen damit unsere Augen vor der Seite des Lebens, die nicht in unsere begrenzte Wahrnehmung passt. Mit anderen Worten: Projektionen sorgen für eine Distanz zwischen uns und wichtigen Bereichen der Realität.

Denken Sie beispielsweise an die Königin Marie Antoinette kurz vor der französischen Revolution. Sie hatte den Bezug zur Realität offenbar völlig verloren. Der Legende nach soll sie auf die Klage des Volkes, es habe nicht genug Brot zu essen, gesagt haben: „Dann sollen sie doch Kuchen essen“. Die Moral von der Geschichte: Projektionen können uns teuer zu stehen kommen. Vor allem in Zeiten der Abrechnung, wenn die Köpfe rollen.

Wenn wir die anderen als getrennt von uns ansehen, kann dies nicht nur problematisch sondern auch schmerzhaft sein. Abgesehen von Projektionen: Wir können dem Schmerz auch entgehen, wenn wir uns mit anderen identifizieren. Wenn wir uns jedoch dazu gezwungen fühlen, dem Leid anderer mit Aussagen wie „Ich weiß genau, wie Sie sich fühlen“ zu begegnen, können wir offenbar unser Getrenntsein vom anderen nicht ertragen. Zwar kann die Identifikation mit anderen durchaus hilfreich sein, die Überidentifikation ist es nicht. Eigentlich wollen wir dem anderen näher kommen, am Ende ersticken wir ihn aber damit. Vor allem mit unseren Freunden und Partnern haben wir viel gemeinsam. Dennoch: Wir sind nicht deckungsgleich mit ihnen. Durch die Anerkennung des „Andersseins“ bewahren wir Individualität und Freiheit.

Daher beginnt Anerkennung mit Neugier für eine und einer gesunden Distanz zu einer anderen Person. Wir sollten nicht einfach annehmen, wir wüssten, was der andere denkt, fühlt und welche Bedürfnisse er hat. Wir sollten Fragen stellen und auf verbale und nonverbale Reaktionen achten – auch und gerade, wenn wir Freunde sind oder uns in einer Langzeitbeziehung befinden. Andere Menschen wollen nicht erobert und einverleibt werden. Sie möchten stetig und für den Rest unseres und ihres Lebens neu entdeckt und erkundet werden.

Das Anerkennen des „Andersseins" führt tatsächlich zu Neugier. Und Neugier sorgt für stabile Beziehungen. Todd Kashdan hat Folgendes beobachtet:

> In zwischenmenschlichen Beziehungen können subjektive Erfahrungen und zwischenmenschliche Nähe durch die Eigenschaft und den Zustand der Neugier so vorhergesagt werden, wie sie von einem selbst und dem Interaktionspartner bewertet werden – und zwar weitaus stärker als dies durch andere Affekt- und Motivationsvariablen möglich ist ... Extrem neugierige Menschen erleben bei einer neuartigen Interaktion eine größere Intimität aufgrund der direkten Aufmerksamkeit und aktivieren über die positiven Eigenschaften des Partners und der Gespräche während der Interaktion ein selbst geschaffenes Interesse und Freude.[34]

Sowohl unsere Ausdrucksfähigkeit als auch die Anerkennung des Anderen bilden die Grundlage, aufgrund der wir voneinander lernen und zusammenwachsen können. Nur wenn wir eine Kombination dieser Fähigkeiten nutzen, öffnen wir uns dem dynamischen Erleben von Intimität und Veränderung. Damit verkleinern wir den Raum, der trennend zwischen uns liegt – ohne ihn zu verlieren –, während wir den Raum in uns vergrößern. Damit können wir ein gemeinsames Lied anstimmen, das in jedem dieser sich ausweitenden Räume als Echo widerhallt.

4. Bestätigung

Der nächste Baustein einer guten Beziehung – häufig von vielen schmerzhaft ignoriert – ist die Bestätigung. Wenn wir jemandem Bestätigung geben, vermitteln wir ihm gleichzeitig Anerkennung. Wenn wir unsere Freunde wissen lassen möchten, dass wir sie gehört haben, gibt es keinen anderen Weg. Es sei denn, wir sind im Besitz überirdischer Kräfte. Freunde finden, mit ihnen sprechen, ihnen zuhören und sie verstehen – das ist nicht genug; wir müssen unsere Freunde *wissen* lassen: Wir haben richtig zugehört und verstanden.

Selbst wenn die andere Person oder wir selbst uns nicht der Notwendigkeit einer Bestätigung bewusst sind und darauf pochen, wir würden uns doch gegenseitig in- und auswendig kennen, brauchen wir Bestätigung. Ohne Bestätigung wird im Laufe der Zeit die beste Freundschaft oder Partnerschaft ausgehöhlt. Eines Tages könnten wir zu der Erkenntnis gelangen, die andere Person würde uns eben doch nicht wirklich verstehen.

Und selbstverständlich sollte der andere das Geschenk der Bestätigung zurückgeben. Beziehungen bauen schließlich auf Gegenseitigkeit auf. Sollte der andere dies unterlassen, bitten wir ihn freundlich und durchaus mit einem Gefühl der Dringlichkeit ebenfalls um Bestätigung. Wenn wir dem Anderen gesagt haben, wie stark unser Bedürfnis nach Bestätigung gerade ist, können wir sie uns gegenseitig geben. Zum Beispiel könnten wir den Anderen fragen: „Was hast du von dem, was ich gerade gesagt habe, wirklich verstanden?“ Dabei sollte beim Anderen allerdings nicht das Gefühl entstehen, Sie wollten ihn oder sie testen. Die Bestätigung eines Anderen ist keine leicht zu lernende Aufgabe, vor allem, wenn wir in unserer Jugend nicht genügend Bestätigung erfahren haben. Während wir an unserer Beziehung arbeiten, sollten wir Geduld aufbringen und Durchhaltevermögen zeigen.

Meistens genügen Signale wie ein „Aha“, ein Kopfnicken oder ein den anderen spiegelndes Lächeln. Handelt es sich jedoch um ein eher komplexes oder emotional stark geladenes Problem, wird Bestätigung zu einer anspruchsvollen Aufgabe. Gerade wenn wir beispielsweise ein Gefühl der Wut überwinden müssen, kostet uns die Bestätigung des anderen große Mühe. Obwohl auch unser eigenes Gefühl eine genauere Betrachtung nötig hätte, sollten wir das nicht dann zum Ausdruck bringen, wenn der Andere gerade das Bedürfnis nach Bestätigung hat. In einem solchen Moment wäre es unklug, unser Recht auf Selbstentfaltung einzufordern. Denken Sie daran: Gute Beziehungen sind so viel mehr als nur zwei Menschen, die „sie selbst“ sind. Es handelt sich um komplizierte, wenn nicht gar kreative Spannungsfelder, die genau so spontan ausgelebt wie mit Sorgfalt geplant werden. Mit Entspannung oder tiefem Einatmen können wir gegen den drängenden Wunsch einer sofortigen Genugtuung angehen und uns gegenseitig Halt und Unterstützung geben. Diese uns selbst verabreichte geistige Nahrung ermöglicht uns einen Perspektivenwechsel. Damit können wir den Anderen wissen lassen, *dass* wir die Dinge mit seinen Augen betrachten und *was* wir dort sehen.

5. Aufeinander achtgeben

Es liegt auf der Hand: Je inniger die Beziehung ist, desto mehr sorgen wir uns um das Glück der anderen Person und umgekehrt. Auch wenn manche Pragmatiker der Ansicht sind, Freundschaft und Liebe ließen sich nicht hinreichend mit „einander gut tun" definieren, so besteht wohl kein Zweifel daran: Gute Handlungen sind der Antrieb und das Fundament von Beziehungen. Es ist ein Zeichen von Egozentrik, wenn wir den anderen ablehnen und Desinteresse zeigen. Wenn wir die „Stelle", die wir Ego nennen, auf ein Feld, oder wie es Robert Stolorow nennt, auf einen „intersubjektiven" Raum erweitern,[35] müssen wir uns dem Anderen öffnen und auf ihn Acht geben. Zwar sollten wir das eigene Glück nicht aufgeben, hierbei aber auch das Glück der anderen Person ins Auge fassen. Hierzu gehören das Anbieten von Hilfe, Unterstützung und vor allem Zeit.

Fürsorge für andere gehörte bei früheren Generationen noch zum Alltag und scheint heute beinahe verpönt. Emanzipierte Männer und Frauen glauben an das Motto: „Jeder Einzelne ist für sein Glück selbst verantwortlich." Solch ein Gedanke war für die Befreiung von unserer erlernten, neurotischen Passivität, wenn nicht gar Feigheit, bis zu einem gewissen Grad notwendig. Außerdem waren wir durch die ausschließlichen Geschlechterrollen als „Ernährer" und „Hausfrau und Mutter" eingeschränkt. Früher gingen die Menschen davon aus: Jeder hat eine vorgegebene Rolle, innerhalb der er sich um den anderen kümmern muss.

Doch wie so häufig sind wir von einem Extrem ins andere gefallen. Zwar können wir niemanden glücklich „machen" – das ist eine Tatsache. Dennoch ist in engen Beziehungen ein ständiger Austausch von Liebeshandlungen erforderlich. Darüber hinaus widerspricht die vollkommene Unabhängigkeit unserer sozialen Veranlagung und verhindert eine aktive Teilhabe am Leben. Sei es ein guter Freund, ein Familienmitglied oder der Partner – jeder benötigt zumindest zeitweise jemanden, der oder die uns mal die Hand reicht.

Ansonsten kommt ein gemeinsamer Tanz im Leben nicht zustande. Wir sind dann nur erbarmungswürdige individuelle Fleischberge, die neuronale Verbindungen eingehen.

6. Wertschätzung

Eine der größten Gefahren für langjährige Freundschaften und Partnerschaften besteht darin, zu sehr verwöhnt zu werden. Zieht in eine neue Beziehung erst einmal die Routine ein, werden wir blind dafür, was wir am anderen eigentlich haben. Allzu häufig nehmen wir unseren besten Freund oder Lebenspartner als zu selbstverständlich hin.

Dagegen gibt es ein Heilmittel. Sind wir in einer älteren Beziehung nicht mehr automatisch ganz bei der Sache, müssen wir ihr bewusst Aufmerksamkeit schenken. Damit wir nicht zu unbewussten Konsumenten mutieren, sollten wir uns in gegenseitiger Wertschätzung üben. Das heißt: Wir müssen uns regelmäßig daran erinnern, was für ein Glück wir als Empfänger der freiwilligen – und widerruflichen – Großzügigkeit unseres Freundes haben. Möglicherweise ändern sich die Zeiten, und wir bedauern, der Gewohnheit erlegen zu sein, was im Grunde eine Form der Gedankenlosigkeit ist. In der Tat wird jede Beziehung spröde, wenn wir den Segen, der darin liegt nicht mehr wertschätzen können.

Wie wichtig dieser Punkt ist, veranschaulicht Antoine de Saint-Exupéry in seiner Erzählung *Der kleine Prinz*. Der kleine Prinz liebte eine Rose, die sein Leben erstrahlen ließ. Sie war von atemberaubender Schönheit und duftete herrlich. Jedoch musste sich der kleine Prinz sehr um sie kümmern. Denn die Rose war eitel und stellte ständig neue Forderungen. Das missfiel dem kleinen Prinzen. Er nahm ihr dieses Verhalten übel. Erst viel später erkannte er: Ihre ständigen Forderungen sollten nur ihre Zerbrechlichkeit kaschieren. Ihre Handlungen wogen so viel mehr als ihre Worte. Der kleine Prinz bedauerte das Scheitern dieser Beziehung sehr. Er hatte nicht wertschätzen können, was die Rose für ihn bedeutete und was sie ihm gegeben hatte.[36]

7. Spaß haben

Es gibt viele Dinge, die wir unterlassen können und damit unsere Beziehung gefährden. Doch es gibt eine Sache, die wir gerne übersehen, weil sie so banal erscheint. Einmal fragte ich meinen Mann, Steven, der wirklich ein positives und erfülltes Leben lebt, worum es in einer Beziehung grundsätzlich geht. Er antwortete wie aus der Pistole geschossen: „Spaß haben!" Als ich meine psycho-philosophische Augenbraue hochzog, fügte er schnell hinzu: „Nett plaudern, wandern, essen, Filme schauen, zusammen anstreichen, Fischen gehen, eben einfach Dinge zusammen unternehmen." Die meisten lebensfrohen Menschen stimmen Steven sicher zu. Ich auch. Freudvolle Dinge gemeinsam unternehmen – in einer Freundschaft oder Partnerschaft gibt es wohl kaum etwas Belebenderes als das.

Und Spaß machen kann so manches. Wir können einen gemeinsamen „Flow" erleben,[37] wenn wir ein gemeinsames Ziel verfolgen, das uns, wie es Martin Seligman betont, „Erfüllung" gibt.

> Wir erreichen Erfüllung, wenn wir Aktivitäten unternehmen, die wir sehr mögen. Dabei kann es durchaus auch mal unwirtlich zugehen. Bei erfüllenden Aktivitäten engagieren wir uns vollkommen, wir tauchen ein, lassen uns absorbieren und verlieren unsere Gehemmtheit. Ein großartiges Gespräch genießen, einen Berg besteigen, ein gutes Buch lesen, tanzen oder den Ball ins Tor schießen sind beispielsweise Aktivitäten, in denen die Zeit für uns stehen bleibt. Unsere Fähigkeiten entsprechen der Herausforderung, und wir sind in Kontakt mit unseren Stärken.[38]

Obwohl tiefere, erfüllendere Aktivitäten längere Zeit wirken als Vergnügungen, machen Letztere sicher einen Großteil dessen aus, was Spaß macht. Es gibt ein einfaches (körperliches) und ein übergeordnetes (kognitives) Vergnügen. Das können wir verstärken, wenn wir den Moment genießen und nicht übertreiben. Wenn wir uns lediglich zanken, über Probleme grübeln, mit unseren Freunden ohne Sinn und Spaß hinter dem Rücken anderer tratschen, dann könnte es höchste Zeit für einen Kinofilm sein. Oder gehen

Sie wandern, einkaufen, tanzen oder spielen Sie ein Spiel zusammen. Man weiß nie – viele Beziehungen hätten mit ein bisschen mehr Spaß vielleicht gerettet werden können.

8. Schmerz zusammen ertragen

Wir alle wissen: In Beziehungen gibt es nicht nur gute Zeiten. Es geht auch darum, sich in schlechten Zeiten gegenseitig zu unterstützen. Bekanntlich kann das Leben sehr hart sein. Wenn uns etwas quält, sind manche von uns über eine Ablenkung dankbar, andere wiederum nicht. Wenn wir allerdings großen Schmerz erleiden, würden wir uns wohl eher von einem Schönwetter-Freund trennen, als uns von ihm ablenken lassen. Wir benötigen wahre Freunde, mit denen wir durch dick und dünn, durch Himmel und Hölle gehen können; mit denen wir die Freuden und Schmerzen des wirklichen Lebens teilen können.

Wenn eine schmerzlich leidende Person zu Vertrautheit fähig ist, wird sie sich auf ganz natürliche Weise an Menschen wenden, die ihren Schmerz mittragen können. Das gemeinsame Tragen von Schmerzen ist nicht unbedingt an wunderbare und kluge Worte gebunden, die wir einander sagen. Es geht vielmehr darum, dass wir Schmerzen miterleben und dabei nicht in Panik verfallen. Dies erfordert von uns Geduld: Wir sollten in solchen Situationen nicht wertend sein, sondern richtig zuhören. Auch sollten wir dem Anderen nicht nervös ins Wort fallen, keine Vorträge halten oder ihn im Stich lassen.

Verbundenheit in schweren Zeiten bedeutet nicht dass das Mittragen des Schmerzes immer mit Lösungsvorschlägen einhergehen soll. Oft möchte sich eine leidende Person lediglich aussprechen oder eine Schulter zum Anlehnen haben. Wenn wir mit dem anderen Dinge durchdenken, kann dies angemessen sein, solange wir keinen Druck auf ihn ausüben, damit er unsere Ratschläge annimmt. Erst wenn uns die andere Person signalisiert: Ich bin für neue Lösungen bereit, sollten wir auf sanfte Art und Weise bei der Suche danach helfen. In der Regel wünschen sich Männer Lösungen schneller als Frauen. Aber auch Männer wollen damit nicht gerne bombardiert werden. Eine Flut von Vorschlägen erscheint leidenden Menschen eher als kritisierend oder bevormundend.

9. Sich verlieben

Die letzten beiden Bausteine beziehen sich auf intime Beziehungen. Zuerst möchte ich aber ein paar Worte dazu sagen, was ich über die Verliebtheit denke. Viele Psychologen und Philosophen betrachten den Akt des sich Verliebens mit Argwohn, ganz so, als handele es sich um eine Sünde, oder als sei dies von Natur aus schädlich. Manche setzen gar solch eine Erfahrung mit einer „kurzen psychotischen Episode" gleich, die mit dem Glück unvereinbar ist. Andere glauben sogar, es handele sich um eine Fantasie, die ohnehin in einer Enttäuschung, wenn nicht gar in einer Katastrophe enden muss.

Meiner Ansicht nach ist das „Verlieben" nicht das gleiche wie Liebe. Dennoch wünsche ich jedem von Herzen diese Erfahrung, denn: Wenn wir uns verlieben, knüpfen wir auf mehreren Ebenen gleichzeitig Verbindungen. Eine solch plötzliche, allumfassende Anbindung an den Anderen macht uns leistungsfähiger und frei. Wir fühlen uns, als würden wir fliegen oder Hand-in-Hand miteinander schweben. Das fühlt sich nicht so an, als ob wir versinken oder ertrinken könnten. Etwas, das größer ist als wir selbst, scheint uns beim Fliegen oder Schweben zu halten. Manch verliebter Mensch beschreibt dies als die „Hand Gottes" oder als „tiefes Vertrauen".

Eine solche Beziehung macht uns kreativ. Uns ist möglicherweise nach gemeinsamen Singen, wir wollen plötzlich malen, schreiben, eine Firma gründen, ein Haus bauen oder ein Kind zeugen. Das Verlieben ist ein Kraft gebendes, inspirierendes und durch und durch unvergessliches Erlebnis. Es hinterlässt sogar Spuren in unserem Körper und unserem Geist, die uns später in der Beziehung dienlich sein können, wenn wir sie am meisten brauchen.

Beim Verlieben müssen wir Barrieren einreißen, die in der Regel unser Selbst zusammenhalten. Begriffe wie „ich" und „mein", „du" und „dein" finden keine Anwendung mehr. Wir lassen einiges von unserem individuellen Selbst fahren, um uns mit dem des Anderen in dieser außergewöhnlichen Beziehung, die so zerbrechlich und unhaltbar scheint, zu verbinden. Auch wenn dieser Zustand nicht lange andauern kann und in etwas anderes übergehen wird, sollten wir uns nicht dagegen sperren. Ich persönlich habe noch keine lebensfrohe, glückliche Person getroffen, die sich solch eine Erfahrung entgehen ließe. In der Studie von Ed Diener und Martin Seligman befanden sich die 10 glücklichsten Menschen allesamt, außer einem, in einer Liebesbeziehung.[39]

Wehren Sie sich also nicht dagegen. Das Leben ist zu kurz, um es nur innerhalb der Grenzen der Vernunft zu leben. Solange Sie sich um sich selbst kümmern und sich zur anderen Person liebevoll verhalten, ist die Verliebtheit eine gesunde Sache und sicherlich ein Teil des Glücks.

10. Einander bejahen

Wenn wir aus der Verliebtheit wieder als zwei eigenständige Personen auftauchen, lässt das Gefühl von Verliebtsein nach. Sobald wir uns voneinander gelöst haben, können wir entweder die Beziehung hinter uns lassen oder sie in einer viel tieferen Wirklichkeit verankern. Sollten wir das Letztere tun, lernen wir den anderen besser kennen und bemerken, wie wir im Einzelnen auf ihn reagieren. Sagen wir schließlich „Ja" zueinander und akzeptieren wir damit das Wissen, das wir gewonnen haben, kann daraus Liebe entstehen. Es ist eigentlich ganz einfach. Und doch ist es in Sachen Beziehungen aus vielen Gründen ziemlich kompliziert.

Es beginnt schon damit: Wir benötigen viel Zeit und jede Menge Sorgfalt, wenn wir den anderen wirklich kennenlernen möchten und herausfinden wollen, wie wir auf ihn reagieren. Wir müssen wissen, welche Bedürfnisse die andere Person hat, ob wir gewillt und in der Lage dazu sind, dem nachzukommen und wie wir uns gegenseitig aktiv unterstützen können, damit wir an der Beziehung wachsen und Glück empfinden. Vor allem sollten wir uns selbst sehr gut kennen, was (nicht nur für Jugendliche) schwierig ist. Viele von uns sind blind für die eigenen Bedürfnisse, schämen sich dafür oder sind nicht in der Lage, sie auszudrücken. Dieses weit verbreitete Phänomen wurde im Film *Die Braut, die sich nicht traut* auf humorvolle Weise aufgegriffen: Die Protagonistin ist gegenüber ihren Wünschen und Bedürfnissen im Leben regelrecht blind. Wiederholt wird sie genau in dem Moment von Panik überfallen, als sie kurz vor dem Ja-Wort steht. Wenn wir lieben und uns dabei nicht um unsere oder die Bedürfnisse des Anderen kümmern, traumatisieren wir uns schließlich selbst oder vernachlässigen den anderen.

Die Liebe unterscheidet sich von sämtlichen anderen Erfahrungen: Durch unser Wissen über den anderen und die lange Zeit, die wir miteinander verbringen, ist ein Rückgriff auf die Fantasie ausgeschlossen. Die Fehler anderer Menschen können wir leicht entschuldigen und übersehen, aber nicht die der Person, die wir lieben. Da wir ständig mit der unverblümten Realität des jeweils anderen konfrontiert werden, wird ständig etwas in uns ausgelöst. Womit deutlich wird: Die Liebe bringt in uns das Schlechteste und das Beste hervor. Nichts lässt uns so gut und schnell reifen wie eine gute Beziehung; nichts gibt uns bessere Möglichkeiten zur Veränderung und zu zeigen, ob wir der Situation gewachsen sind; nichts bringt uns so nah und so häufig an unsere Grenzen.

Alles Gründe, warum es nicht ausreicht, nur an einem speziellen Tag (dem der Hochzeit) „Ja“ zu sagen – so bedeutend dieser Ritus auch immer sei. Wenn wir damit fortfahren, neue und alte Anteile an uns selbst und dem anderen zu entdecken, müssen wir immer wieder aufs Neue diese Beziehung bejahen. Je mehr wir den anderen, der sich in ständiger Entwicklung befindet, annehmen, desto tiefer wird unsere Liebe und desto stärker unsere Beziehung. Wie das Leben selbst, ist der andere wie ein geheimnisvolles Abenteuer, das wir aus vollem Herzen bejahen müssen. Wir sollten auf das vertrauen, was wir wissen und auf das, was wir noch nicht wissen. Joseph Campbell sagte einmal: „Die große Frage ist, ob Sie in der Lage sind, die Abenteuer Ihres Lebens mit Freude zu bejahen.“[40] Erst dann erleben wir unsere volle Entwicklung und fühlen uns lebendig.

Höchstwahrscheinlich werden wir den anderen ablehnen, wenn wir eine Eigenschaft mit ihm teilen, an die wir lieber nicht erinnert werden wollen. Wer will schon in einen Spiegel schauen, der einem auch die hässliche Seite zeigt? Vor allem, wo wir doch viel besser in einen anderen Spiegel gucken könnten, als in die Augen eines Fremden? In der Theorie eine einfache Lösung, die sich in der Praxis nur schwer verwirklichen lässt. Alles, was wir tun müssen, ist: unseren Blick wohlwollend und direkt auf unsere hässlichen Seiten richten. Mit der Zeit entspannen wir. Dann können wir sie akzeptieren.

Das ist übrigens genau das, was ein effektiver Therapeut macht und vermitteln möchte. Durch die Akzeptanz können wir es vielleicht sogar schaffen, ein paar unserer ungünstigeren Seiten zum Besseren zu verändern. Die

Krux hierin: Wir sollten den anderen auf gleiche Weise annehmen, wie wir uns selbst akzeptieren.

In den Bereichen, in denen wir nicht gut zusammen passen, ist es nämlich noch schwieriger, zueinander „Ja" zu sagen. Auch wenn wir unsere große Liebe sorgfältig ausgewählt haben, kommen wir um Unterschiede nicht herum. Konflikte sind damit programmiert. Mein Mann ist beispielsweise viel mehr auf Sicherheit bedacht, als ich es bin. Während er mich als unvorsichtig empfindet, empfinde ich ihn als übervorsichtig. Für das Glück der Beziehung ist das Einverständnis beider Partner darüber wesentlich, was das eigentliche Problem überhaupt ist. Das bedeutet: Der Konflikt muss aus der Perspektive beider Partner verstanden werden und ausgesprochen werden können.

Abgesehen vom Verständnis für den Konflikt: sich gegenseitig trotz aller Differenzen lieben, erfordert Demut. Letztlich sind wir dazu aufgerufen, die Unzulänglichkeiten des anderen anzunehmen, indem wir unsere eigenen akzeptieren. Wie bereits gesagt: Der natürliche Zustand des Menschen ist die Unvollkommenheit.[41] Versöhnen wir uns mit dieser Tatsache des Lebens, können wir uns ohne weiteres in das Reich des Spirituellen katapultieren, oder, wie ich es nenne, in die spirituelle Bewusstseinsebene. Jiddu Krishnamurti schrieb über die Liebe: „In dem Moment, in dem du dieses außerordentliche Gefühl der Liebe in deinem Herzen spürst und ihre Tiefe, Wonne und Ekstase fühlst, wirst du feststellen, dass sich die Welt für dich verwandelt hat."[42]

Lassen Sie mich abschließend über einen äußerst wichtigen Punkt sprechen: die Treue. Die Liebe kann Untreue nur selten aushalten. Das ist der Hauptgrund für Scheidungen. Wir reden aus gutem Grund in einem Atemzug über die Liebe und die damit einhergehenden Verbindlichkeiten. David Buss erklärt es so: Die Liebe, die in allen Kulturen allgegenwärtig ist, ist „eine der wichtigsten Anstöße zur Verbindlichkeit."[43] Aus biologischer Sicht wählen Frauen vor allem Partner aus, die willig und fähig erscheinen, ihre Liebe auch weit in die Zukunft hinein auszudehnen. Damit wird die andauernde Betreuung der Familie von beiden Partnern sichergestellt. Für Männer ist Treue besonders wichtig, weil sie damit ihre Vaterschaft sicherstellen können. Während sich das Streben nach Glück nicht immer mit dem Wunsch nach Überleben deckt (siehe Kapitel 1), ist dies hier der Fall.

Die Konsequenzen, die entstehen, wenn wir unseren Verpflichtungen aus dem Weg gehen oder sie brechen, sind für das Glück verheerend.[44] Wir müssen uns in einer Beziehung sicher fühlen und mit Zärtlichkeit und größter Sorgfalt behandelt werden. Mit anderen Worten: Liebe erweckt in uns im übertragenen Sinn das Gefühl, als würden wir nach Hause kommen.

VERBUNDENHEIT MIT DER HEUTIGEN GESELLSCHAFT

Vor Urzeiten, als wir uns zu Gruppen zusammen schlossen, um unsere elementaren Bedürfnisse zu befriedigen, war es für uns ganz natürlich, Raum und Zeit miteinander zu verbinden. Wir müssen schon lange keine grundlegenden Arbeiten wie den Ackerbau, das Herstellen von Nahrungsmitteln, das Bauen von Häusern und die Verteidigung unserer Ressourcen mehr verrichten. Als Ergebnis konzentrieren wir uns auf das Individuum, das im Gegensatz zur Gemeinschaft steht. Je mehr wir uns auf unser Selbst konzentrieren, desto weniger erkennen wir: Dieses Selbst ist von der Gemeinschaft abhängig. Wenn wir denken, wir könnten alles ganz alleine durchführen, lassen wir Beziehungen nur wenig Raum und Zeit, was ironischerweise den Einzelnen entpersönlicht.

Unser heutiges Umfeld verhindert tatsächlich Beziehungen, da der Individualismus um jeden Preis befriedigt werden will. So schnell wir in Cafés rennen, so schnell sind wir wieder draußen. Wir kommen überhaupt nicht darauf, mal einfach in einem Restaurant zu verweilen. Diskotheken und Nachtclubs sind extrem laut. Das macht Unterhaltungen und Kontakte nahezu unmöglich. Unsere überfüllten Wohngebiete und betriebsamen Einkaufszentren lösen in uns den Wunsch aus, uns von den anderen zu isolieren bzw. Geld auszugeben. Hierbei handelt es sich um völlig normale Reaktionen auf die Genusssucht unserer modernen Welt, in der alles auf zahlende und fordernde Individuen ausgerichtet ist. Zwar können wir uns den Auswirkungen unserer Kultur nicht völlig entziehen, dennoch können wir ein paar kleine Änderungen umsetzen, die uns langfristig helfen.

Nach Hause zurückkehren

Die erste Änderung, die ich empfehlen kann: Kehren Sie nach Hause zurück. Wir profitieren umgehend davon, wenn wir unser eigenes Zuhause häufiger für Beziehungen nutzen. Tendenziell nutzen wir unser Zuhause nur wenig für diesen Zweck. Vielleicht befürchten wir: Das einzige Heiligtum, das uns unserem Gefühl nach bleibt, geht uns verloren. Vielleicht haben wir aber einfach nur die Großzügigkeit früherer Generationen verloren, als Gastfreundschaft noch großgeschrieben wurde und die Menschen ihr privates Heiligtum mit anderen teilten. Oder wollen wir einfach nur damit prahlen, was wir uns alles leisten können? Wenn wir den Parkservice von Restaurants nutzen, gekonnt den Spitzenwein auf einer Weinkarte herauspicken, uns über das Essen beschweren, wollen wir andere beeindrucken. Schicken wir unsere Kinder in sündhaft teure Freizeitaktivitäten, wollen wir ebenfalls anderen imponieren. Eins steht fest: Wenn wir für übertriebene Freundlichkeiten an anonymen Orten zahlen, verhindern wir tiefere Verbindungen und kostbare Beziehungszeit.

Unabhängig von individuellen Gründen und gesellschaftlichem Druck müssen wir erkennen: Unser Zuhause ist der beste Ort für die Beziehungspflege und bietet das sicherste Umfeld, in dem wir voneinander lernen können. Da wir ohne Zweifel das Beste für uns und unsere Kinder suchen, sollten wir nach Hause zurückkehren und das Glück dorthin zurückholen, das nur in seiner Wärme entstehen kann.

Hier ein paar Tipps, wie Sie sich die Rückkehr nach Zuhause erleichtern.

1. Reservieren Sie sich bestimmte Zeitrahmen für Ihre Einladungen, damit Sie sich nicht überfordern.
2. Während dieser Zeit sollten Sie sich durch nichts von der jeweiligen Beziehung ablenken lassen. Sie zeigen Ihren Gästen nicht nur Ihre Wertschätzung, indem Sie sie über alles andere stellen, sondern reduzieren Ihren eigenen Stress, weil Sie nicht mehrere Dinge gleichzeitig tun.
3. Schalten Sie alle piependen Geräte aus, um sich gegen elektronische Angriffe zu wehren, die die warme Atmosphäre Ihres Zuhauses stören könnten.

4. Sollten Sie sich schuldig fühlen, wenn Sie es wagen, sich Zeit für Ihre Beziehung zu nehmen, erinnern Sie sich daran: Wahrer Reichtum äußert sich darin, wie viel Zeit Sie mit Ihren Freunden und Ihrer Familie verbringen.

Hüten Sie sich vor Dingen, die Zeit einsparen

Viele von uns leben nicht mehr ihr Leben: wir *managen* es vielmehr. Wir managen es beinahe so effizient wie eine Firma. Die einzigen Gewinner dieses Zeitgeists sind Unternehmen, die „zeitsparende" Produkte verkaufen. Die Wahrheit ist: Es gibt keine Dinge, die Zeit sparen und unseren Beziehungen nützen. Vor kurzem fiel mir eine aussagekräftige Werbetafel auf, auf der die neuesten technischen Gerätschaften abgebildet waren. Daneben stand diese Zeile: WER MUSS SCHON REDEN? In der Tat: Viele von uns befolgen diesen indirekten Rat und vegetieren vor ihren Computer- und Fernsehbildschirmen dahin. Wir haben keine Zeit für den Besuch unserer Freunde, weil wir mit dem Sparen von Zeit beschäftigt sind.

Da wir lieber E-Mails schreiben, versäumen wir den physischen Kontakt mit einem Freund. Deshalb bemerken wir auch nicht die Trauer in seinen Augen und geben ihm keinen aufmunternden Klaps auf den Rücken. Wir haben keinen Körperkontakt mehr, bewegen uns nicht, investieren nichts mehr in Gefühle. Das Ergebnis: Wir werden immer dicker und einsamer. Zeitsparer sind häufig Zeitfresser. Hüten Sie sich davor, und nutzen Sie sie so selten wie möglich.

Zufluchtsorte

Bevor wir mit anderen in Verbindung treten, müssen wir mit uns selbst in Verbindung treten. Wenn wir uns überfordert haben und uns wie ausgebrannt fühlen, möchten wir uns erst zurückziehen, bevor wir uns auf andere einlassen können. (Achten Sie jedoch darauf, nicht in Ihrem Kokon zu verharren.) Wenn wir zu unserer Mitte zurückfinden möchten, bieten sich jede Menge Möglichkeiten: Klöster, spirituelle Zentren, Zen-Gärten, religiöse Klausen, beschauliche Ausflüge und natürlich die Natur. Sie können auch eine Ecke

Ihrer Wohnung in einen Mini-Rückzugsort verwandeln. Dort können dann nur Sie ein Buch, Musik, ein Nickerchen, oder was auch immer Ihnen Spaß macht, genießen. Lehrmeister, Seelsorger, Psychotherapeuten und Sofas können uns ebenfalls dabei helfen, unsere Mitte wieder zu finden. Wer Hilfe und Zufluchtsorte sucht, benötigt Mut und Kapazitäten. Verbessern sich dadurch unterm Strich unsere Beziehungen, war es die Sache auf jeden Fall wert.

Beziehungen am Arbeitsplatz eingehen

Viele von uns quälen sich mit Überstunden herum. Die dramatischen wirtschaftlichen Veränderungen oder unsere eigenen persönlichen Erwartungen zwingen uns dazu. All diese Schufterei, auch wenn sie uns Spaß macht, hält uns von unseren Familien und Freunden fern. Das wäre unserem Glück noch nicht einmal so abträglich, wenn wir wenigstens mit unseren Kollegen echte Beziehungen hätten. Die Arbeitsethik vergangener Zeiten gibt uns immer noch vor, private Angelegenheiten von beruflichen zu trennen. Erst kürzlich hörte ich im Radio einen Bericht über einen Berater. Er empfahl Unternehmen, sie könnten durch strengere Regeln ihre Effizienz am Arbeitsplatz steigern – Regeln, von denen ich dachte, sie gehörten längst der Vergangenheit an. Der Berater meinte: Am Arbeitsplatz müssen wir nicht nach Freunden und schon gar nicht nach einem Partner suchen. Schon ein privates Telefonat bringe unseren Zeitplan durcheinander. Wir sollten uns nur aufs Geldverdienen konzentrieren.

Dabei sollten Arbeitgeber wie Arbeitnehmer vielmehr verstehen, dass Beziehungen nicht etwa der Produktivität hinderlich sind, sondern sie fördern. Befinden wir uns im ständigen Wettbewerb miteinander, werden wir weder im Team arbeiten können, noch uns unserem Unternehmen gegenüber loyal fühlen. Der unvermeidbar zunehmende Wettbewerb zwischen Unternehmen sollte sich nicht zu einem Wettbewerb innerhalb eines Unternehmens ausweiten. Eigentlich ist es offensichtlich: Nur ein engmaschiges, stabiles Arbeitsumfeld birgt die Chance, sich gegen die Instabilität von außen zu behaupten. Es wird dauern, bis ein ganzes Unternehmen erkennt, welche Kräfte in der interpersonellen Verbundenheit am Arbeitsplatz stecken. Bis dahin kann der Einzelne schon einen Unterschied machen.

Hierfür schlage ich zunächst vor: Richten Sie Ihren Arbeitsplatz persönlich ein. Es gibt viele Dinge, die uns helfen, den Graben zwischen unserem Arbeitsplatz und dem, was wir als Person sind, zu überbrücken: Fotos, Pflanzen, Erinnerungsstücke, Geschenke von lieben Menschen, Zeichnungen der Kinder, Zeugnisse, gelegentliche Besuche von Freunden, Familienmitgliedern und sogar Haustieren. Den Arbeitsplatz persönlicher zu gestalten hilft nicht nur uns, sondern auch unseren Kollegen. Wenn wir uns wie vollständige Menschen fühlen, sind wir eher bereit, uns voll zu engagieren und in unser Umfeld zu investieren. Wenn wir uns selbst darstellen, sorgen wir unterm Strich für eine Win-win-Situation.

Zweitens sollten wir auf andere zugehen. Früher war es üblich, nach der Arbeit noch auf ein Glas irgendwo hin zu gehen. Inzwischen preschen die meisten von uns so schnell wie möglich aus der Firma. Viele von uns streichen das Mittagessen (und nehmen aufgrund unregelmäßiger Essgewohnheiten und verdrängter Hungergefühle zu). Damit wir dem sozialen Verfall entgegenwirken, sollten wir uns bemühen, unsere Mahlzeiten gemeinsam zu verbringen. Wenn wir mittags gemeinsam essen gehen oder nur im selben Raum gemeinsam unser Sandwich essen, schaffen wir in uns und zwischen den Menschen ein Gefühl der Behaglichkeit.

Es kann auch hilfreich sein, sich gelegentlich mit anderen zu treffen. Beispielsweise zu einem kurzen Gespräch auf dem Flur oder in den Gemeinschaftsräumen. Schauen Sie auch mal schnell im Büro eines Kollegen vorbei und finden Sie andere Möglichkeiten der Kontaktaufnahme. Wenn wir alleine arbeiten, sollten wir unser Mittagessen und die Kaffeepausen vorausschauend einplanen. Auch wenn es nur für ein Mittagessen oder eine Kaffeepause pro Woche reicht: Schon das macht in unserer Verbundenheit mit anderen einen großen Unterschied. Wenn wir uns nicht persönlich treffen können, sollten wir mindestens einmal täglich einen guten Freund oder unseren Partner anrufen.

Dies sind ganz einfache Möglichkeiten, um am Arbeitsplatz mit anderen in Verbindung zu bleiben. Doch in den heutzutage hektischen Zeiten bedarf es einiger Mühe und Engagement, zumindest das hinzubekommen. Tatsächlich kann es uns richtig wehtun, auch nur ein wenig für persönliche Kontakte aufzubringen. Allerdings können wir unsere Hoffnung auf Glück begraben, wenn wir uns weiterhin stundenlang von anderen isolieren. Das Leben darf nicht erst am Ende des Tages beginnen.

Wenn uns unsere Arbeitsbedingungen solch kleine Anpassungen verbieten, oder wenn uns unsere Arbeit vollständig auffrisst, sollten wir über einen Kurswechsel nachdenken. Der bereits erwähnte ehemalige Arbeitsminister Robert B. Reich legte seinen verantwortungsvollen Posten nieder, damit ihm mehr Zeit für seine Familie blieb. Zwar liebte er seine Arbeit, trat aber dennoch zurück. Nur wenige von uns geben sich so sehr ihrem Glück hin.

UNVERBUNDENHEIT TROTZ „KNOW-HOW"

Vielleicht stimmen Sie vielem von dem zu, was ich oben vorgeschlagen habe. Möglicherweise haben Sie sich neue Prioritäten gesetzt, einige Bausteine Ihrer Beziehungen wieder repariert, indem Sie Fähigkeiten hinzugefügt und Ihren Arbeitsplatz persönlich gestaltet haben. Aber vielleicht fühlen Sie sich noch immer unverbunden. Andere Menschen könnten in Ihnen Scham- oder Schuldgefühle oder andere selbstzerstörerische Gefühle auslösen. In diesem Fall machen Sie sich höchst wahrscheinlich selbst verantwortlich für diese Unverbundenheit. Wenn andere Menschen bei Ihnen Aggressivität und Gefühle von Ablehnung oder Langeweile auslösen, werden Sie wahrscheinlich die anderen dafür verantwortlich machen. Vielleicht empfinden Sie auch Bedauern angesichts dieser Unverbundenheit und fühlen sich zu kurz gekommen.

Es gibt viele Gründe für das Gefühl der Unverbundenheit; man kann in dem Fall professionelle Hilfe in Anspruch nehmen. Es gibt einen Täter, den Sie sofort ermitteln können: Es ist die Verhärtung durch den Mangel an Mitgefühl gegenüber uns selbst oder anderen. Selbst wenn wir zum Eingehen von Verbindungen fähig sind, können wir diese Fähigkeit in kritischen Momenten nicht nutzen – nämlich, wenn es uns an Mitgefühl fehlt. Wir alle empfinden von Zeit zu Zeit Unlustgefühle und hängen schlechten Gedanken nach. Tatsächlich ist ein wenig Negativität etwas Gutes und Gesundes. Doch wenn es uns an Mitgefühl fehlt, dann fahren wir diese Negativität nicht rechtzeitig herunter, sondern tragen sogar noch zu ihr bei.

Wann immer meine ehemalige Patientin Jennifer sich selbst verletzt fühlte oder jemand anderen verletzt hatte, wurde sie innerhalb von Minuten starr vor Enttäuschung. Binnen kurzem fühlte sie sich nicht mehr nur ein wenig schlecht, sondern empfand tiefen emotionalen Schmerz, der sie zum Rückzug veranlasste. „Wenn ich erst einmal ganz oben auf dieser Rutsche der Kritiksucht bin", so beschrieb sie ihren Zustand, „rutsche ich den ganzen Weg bis in die Verdammung hinab. Erst wenn ich mich selbst komplett auseinander genommen habe und an dem Punkt bin, an dem ich mich völlig unliebenswürdig fühle, erst dann kann ich dieses Gefühl loslassen." Ohne es selbst zu bemerken, spaltete sich Jennifer jedes Mal vom Mitgefühl zu sich selbst ab, sobald sie jemanden ungerecht behandelt hatte oder jemand das mit ihr getan hatte.

Angela hatte ein gegenteiliges Problem. Sie knüpfte häufig Kontakt mit anderen Menschen, aber sie stieß diese vollkommen zurück, wenn sie sich auch nur geringfügig von ihnen enttäuscht fühlte. Sobald sie Enttäuschung empfand, sah sie nur noch Fehler in diesen Menschen und hielt sie für völlig unakzeptabel. Angela war eigentlich eine treu sorgende und hilfsbereite Person: Doch sobald sie sich enttäuscht fühlte, verschwand alles Mitgefühl aus ihr. Wenn es uns an Mitgefühl zu uns selbst oder zu anderen fehlt, dann verstärken wir negative Gedanken und Gefühle; das Ergebnis ist soziale Isolation.

Unglücklicherweise sind wir uns oft gar nicht klar über unser Verhalten und wissen auch nicht, in welcher Richtung der Mangel an Mitgefühl zielt. Negative Reaktionen wie Tadel oder Beschämung halten viele von uns für natürlicher, vor allem, wenn sie von unserer Kultur und Familie gefördert werden. Mitgefühl erscheint wie ein Luxus: Wir wissen davon, aber in kritischen Situationen trauen wir uns nicht, es wirken zu lassen. Besonders wenn wir die Welt als feindselig ansehen, erscheint Mitgefühl als etwas Leichtsinniges und Unverantwortliches. Aber damit machen wir es uns und anderen wohl etwas zu leicht. Solange wir uns nicht auf das Mitgefühl und die Wirklichkeit des 21. Jahrhunderts ausrichten, werden wir weiterhin von anderen getrennt bleiben. Mitgefühl ist heutzutage mehr als notwendig, und kein glücklicher Mensch kann ohne es leben. (Mehr über dieses wichtige Thema in Kapitel 11.)

In Bezug auf das Fehlen von Mitgefühl tappen wir auch deshalb im Dunkeln, weil wir in einem Widerspruch fest stecken: manchmal macht gerade unsere Suche nach Mitgefühl dieses unmöglich. Irene Pierce Stiver und Jean Baker Miller, die Autoren des Buches *The Healing Connection,* haben beobachtet: Viele Menschen, die sich unverbunden fühlen, sind auf das Verstecken von Teilen ihrer Persönlichkeit konditioniert. Wenn wir in unserer Vergangenheit nur ohne bestimmte Teile unserer Persönlichkeit akzeptabel und liebenswert waren, dann werden wir diese auch in späteren Beziehungen verstecken.

> Liz sucht ständig nach Beziehungen; dabei verbindet sie mit Beziehungsgeflechten mehr und mehr restriktive Vorstellungen. Das Ergebnis davon ist: Sie hält ihre Erfahrungen und ihre Reaktionen darauf immer mehr aus ihren Beziehungen heraus. Dieses Problem ist in der Tat das zentrale Paradoxon in Beziehungsgeflechten, und es ist von grundlegender Bedeutung für das Verstehen vieler psychologischer Probleme ... Indem sie weite Teile ihres Selbst aus einer Beziehung heraus hält, kann Liz mit anderen Menschen nicht vollständig in Relation treten und damit auch nicht mit ihnen wachsen.

Möglicherweise sind wir unfähig zur Verbundenheit, weil wir uns nach Beziehungen sehnen, in denen wir uns nicht vollständig zeigen müssen. Wenn wir jemanden kennenlernen würden, der glücklich wäre, wenn er alle Teile unserer Persönlichkeit entdecken könnte, dann könnten wir sie gar nicht mehr selbst finden – wie ein Schatz, der allzu gut versteckt ist. Würden wir in einer Beziehung nur wegen unserer ausgeprägten Selbstkritik oder Aggressivität geliebt, dann würden wir diese Beziehung aufrechterhalten, indem wir uns noch selbstkritischer und noch aggressiver verhalten. Würden andere sich darüber beklagen, sie würden „weg gestoßen", dann würden wir uns angesichts unserer Anstrengungen völlig missverstanden fühlen. Alles, was wir uns wünschen, ist die Unterstützung unserer Verbundenheit. Und doch sorgen wir viel mehr für Unverbundenheit.

Wenn wir das Mitgefühl mit uns selbst oder anderen verstecken, dann werden wir es auch künftig unterdrücken, indem wir den Anderen mit in unseren Augen akzeptablem Verhalten bombardieren. Wenn wir eine Beziehung einmal kitten müssen, dann bedrängen wir uns selbst mit bohrenden Fragen, mit aggressiven Schlussfolgerungen oder mit übermäßig fürsorglichem Verhalten, anstatt einfach mitfühlend zu handeln.

Ein typisches Beispiel dafür ist der Ehemann, der mit seiner Frau aggressiv streitet. Seine Absichten mögen gut sein, tatsächlich aber macht er alles nur noch schlimmer. Anstatt beim Austragen von Konflikten mitfühlend zuzuhören, baut der Gatte nur höhere Mauern. Unglücklicherweise wird sie sich dann immer mehr zurückziehen, was sein Gefühl der Hilflosigkeit noch verstärkt. Die Eltern Heranwachsender machen ebenfalls oft diesen Fehler. Anstatt den ohnehin schon überforderten Sechzehnjährigen mit pausenlosen Standpauken und Streitereien zu nerven, sollten sie ihm besser zuhören und ihm klare Grenzen setzen. Weil wir zu viel Angst vor dem Mitgefühl haben, greifen wir zur Strategien, die mit Sicherheit kontraproduktiv sind.

In all diesen Fällen müssen wir uns der Notwendigkeit des Mitgefühls gewiss sein – und die Gründe herausfinden, warum wir in kritischen Situationen kein Mitgefühl zeigen. Der unmittelbare Nutzen dieser Achtsamkeit beruht im Ausbremsen negativer Reaktionen, vielleicht sogar in der Form, dass wir uns selbst eine Auszeit geben. Indem wir uns urteilsfrei betrachten, bremsen wir kontraproduktive Reaktionen. Wenn wir unseren Verstand und Geist ein wenig herunterfahren, dann ist das bereits ein Akt der Selbstachtung, denn es gebietet verhärteten Reaktionen Einhalt. Wenn wir achtsam werden, können wir möglicherweise fähig zum Zugriff auf unser Mitgefühl werden und können es in die notwendige und gewünschte Richtung lenken. Vielleicht erzielen wir sogar ein Gleichgewicht des Mitgefühls für uns und für andere. Als Ergebnis werden wir beispielsweise unserem Nachbarn nicht mehr oder weniger Liebe entgegenbringen als uns selbst, sondern wir werden ihn so lieben *wie* uns selbst.[46]

Verbundenheit macht uns so lebendig wie nichts anderes auf unserer analytischen Bewusstseinsebene. Mitunter kostet uns das etwas, aber das Glück kommt nicht von allein. Es braucht Gesellschaft und es muss geteilt werden. Wenn wir uns innerhalb unserer Beziehungen spiegeln und stärken, dann wachsen wir als Menschen und nehmen aktiv am Tanz des Lebens teil. In einer Gesellschaft, in der soziale Isolation ein immer größeres Problem darstellt, haben wir nicht alles darüber gelernt, was wir für das Herstellen von Verbundenheit benötigen. Die zehn Bausteine der Verbundenheit helfen uns beim Erkennen dessen, was uns in unserem Repertoire fehlt – sie sind ein einfaches, aber entscheidendes Hilfsmittel. Das Glück kommt zu denen, die ihr Zuhause mit anderen teilen. Haustiere sind dort natürlich ebenfalls willkommen.

ÜBUNGEN ZUR ANALYTISCHEN BEWUSSTSEINSEBENE: VERBUNDENHEIT

Etwas zum Nachdenken

Stufen Sie sich auf einer Skala von 0 (gar nicht) bis 5 (vollständig) der zehn Bausteine der Verbundenheit ein.

1. Ich bin selektiv.
2. Ich bringe mich zum Ausdruck.
3. Ich würdige meine Freunde/meinen Partner.
4. Ich bestätige meine Freunde/meinen Partner.
5. Ich kümmere mich um meine Freunde/meinen Partner
6. Ich wertschätze meine Freunde/meinen Partner
7. Ich habe Spaß mit meinen Freunden/meinem Partner.
8. Ich bin für meine Freunde/meinen Partner in Notsituationen da.
9. Ich habe mich schon einmal verliebt.
10. Ich kenne meinen Partner(in) gut und umarme sie/ihn trotz aller Fehler.

Ihre Punktzahl soll Sie zum Denken veranlassen und nicht zum Messen oder Interpretieren Ihrer Erfahrungen. Wie funktioniert das? Was gibt Ihnen Kraft?

Stellen Sie sich folgende Situation vor

Sie befinden sich in einer erfüllenden Beziehung. Wie funktioniert das? Was gibt Ihnen Kraft?

Gehen Sie auf andere Menschen zu

Sprechen Sie über Ihre Stärken und Verletzlichkeiten in Beziehungen. Welchen Teil Ihrer selbst verstecken Sie für gewöhnlich? Welcher Teil von Ihnen steht an vorderster Front? Teilen Sie anderen mit, was Sie von ihnen benötigen, wenn es Ihnen schlecht geht. Wenn Sie keine Menschen treffen können, dann suchen Sie Orte auf, wo Sie das tun können, was Sie gern tun.

Zum Beispiel: Wenn Sie gern Sport treiben, besuchen Sie ein Fitnessstudio; wenn Sie gern lesen, werden Sie Mitglied in einem Literaturclub. Falls Sie sich extrem isoliert und einsam fühlen, dann überlegen Sie, ob Sie vielleicht die Hilfe eines Psychotherapeuten in Anspruch nehmen könnten.

Entdecken Sie Ihre Gefühle

1. Schalten Sie alles aus, was Sie ablenkt, vom Telefon bis zum Fernseher. Setzen Sie sich mit einem guten Freund/einer guten Freundin zusammen und sagen Sie ihm/ihr, was Sie an ihm/ihr wert schätzen. Dann wechseln Sie die Seiten und hören Sie, was der/die andere an Ihnen wertschätzt. Für diesen Prozess ist Genauigkeit und Gründlichkeit vonnöten.
2. Wenn beim nächsten Mal Ihr Freund/Ihre Freundin oder Ihr Partner/Ihre Partnerin von seinem/ihrem Schmerz berichtet, hören Sie aufmerksam zu und unterbrechen Sie nicht. Seien Sie einfach da, und lassen Sie das den Anderen merken. Fragen Sie Ihren Freund/Ihre Freundin/Ihren Partner, was sie oder er von Ihnen braucht.

Dinge, die Sie tun können

1. Lesen Sie die Bücher *The Dance of Connection* von Harriet Lerner, *The Healing Connection* von Jean Baker Miller und Irene Pierce Stiver, *The Art of Happiness* vom Dalai Lama und von Howard Cutler, *Between People* von John A. Sanford, und vor allem die Kapitel über Kommunikation in *The Feeling Good Handbook* von David D. Burns.
2. Schauen Sie diese Filme: *Hinter dem Horizont*, *Das Haus am Meer*, *Harry und Sally*, *Seitensprünge*, den italienischen Film *Das Leben ist schön*, die

chinesischen Filme *Happy Together* und *Heimweg – The Road Home*, den australischen Film *Nur aus Liebe*.

3. Nehmen Sie professionelle Hilfe in Anspruch, wenn Sie trotz allen Bemühens keine Verbundenheit erzielen können.
4. Unternehmen sie lustige Dinge mit Ihrem Partner.
5. Zeigen Sie Mitgefühl sich selbst gegenüber, falls Sie zu selbstkritisch sind. Zeigen Sie auch Mitgefühl anderen gegenüber, falls Sie zu kritisch sind.
6. Sprechen Sie 10 Minuten lang aufmerksam mit Ihrem Partner, wenn Sie morgens wach werden und wenn Sie sich nach der Arbeit wieder zu Hause sehen.
7. Was könnten Sie tun, damit Ihr Freund/Partner glücklich ist? Tun Sie das.

Spirituelles Wachstum

Wir alle haben dunkle Seiten in uns, die unseren Beziehungen im Wege stehen. Wie sehen Ihre dunklen Seiten aus? Welche Funktion haben sie? Sie sollten an diesem Punkt nicht über sich selbst urteilen. Sitzen sie ruhig da und beobachten Sie Ihren Geist, während Sie die Sache ganz einfach nur betrachten.

[7]

Selbstvertrauen

Kein Vogel steigt zu hoch,
wenn er mit seinen eigenen Flügeln fliegt.

WILLIAM BLAKE

Wonach wir auch immer streben und was immer wir tun – allein oder in der Verbundenheit mit anderen – wir müssen an uns glauben und durchsetzungsfähig sein. Daher möchte ich unsere Erörterungen über die analytische Bewusstseinsebene mit einem Kapitel über das Selbstvertrauen abschließen.

AUTHENTISCH SEIN

Wenn wir bedenken, wie vergänglich das Leben ist, haben wir einen großen Bedarf an Selbstvertrauen. Ohne Selbstvertrauen können wir, was wir haben und lieben, nur schwer schützen. Als verantwortliche Erwachsene müssen wir vor uns selbst gerade stehen, wenn wir voll funktionsfähig sein möchten. Kompetenz ohne Selbstvertrauen bringt uns nicht weit. Todd Kashdan schreibt: „Ausgeprägte Fachkenntnisse allein genügen nicht. Das Vertrauen in die eigene Kompetenz scheint die wichtigste Voraussetzung für überdurchschnittliche Neugierde und Ausdauer zu sein; sie erhöht die Aussicht auf Erfolg.“[1]

Manche Menschen werden dadurch selbstbewusst in dem sie selbstbewusst handeln, während viele andere dabei unsicher bleiben. Ein erfolgreicher

Cellist vertraute mir einmal an: „Selbst meine Schüler wären überrascht, wenn sie wüssten, wie sehr ich mich davor fürchte, Fehler zu machen. Niemand ahnt auch nur, wie ich in meinem Inneren leide und dass ich meine zittrigen Finger mit Beta-Blockern ruhig stelle." Andere Menschen, wie mein ehemaliger Patient Graham, können ihr mangelndes Selbstvertrauen extrem gut verstecken. Sie bemerken diesen Mangel nicht einmal selbst. Wäre es bei Graham nicht zu einem plötzlichen Ausbruch einer klinischen Depression gekommen, hätte er niemals psychologische Hilfe gesucht. In unseren ersten Sitzungen fläzte er sich mir gegenüber im Sessel und prahlte über seine zahlreichen Erfolge und sein vermeintliches Selbstvertrauen. Graham war verwirrt, warum ausgerechnet er von einer Depression heimgesucht wurde. Wann immer ich ihn über seine derzeitigen Gefühle befragte, passierte Folgendes: Er schwitzte plötzlich stark, stolperte über seine eigenen Worte und vermied jeglichen Augenkontakt. Es dauerte eine ganze Weile, bis er seine Unsicherheit zugeben konnte. Obwohl er sich in seiner Kindheit nie mit jemandem verbunden gefühlt hatte, hatte er über sich selbst eine tolle Geschichte erfunden, eine Erfolgsgeschichte – die Geschichte eines glücklichen Kindes und glücklichen Mannes. Diese Geschichte hielt ihn davon ab, sein einsames Dasein, in dem er von niemandem Unterstützung erhielt, durchschauen zu können.

Für unser Überleben reicht lediglich selbstbewusstes Handeln. Wenn wir jedoch glücklich sein wollen, müssen wir selbstbewusst *sein* und wirklich an uns glauben. Glauben wir dabei allerdings nur an ein paar ausgewählte Bereiche von uns selbst, in denen wir uns kompetent fühlen, ist das nicht ausreichend. Daran glauben ist zwar wichtig (siehe Kapitel 5), kann aber nicht die Basis für Glück auf der analytischen Bewusstseinsebene sein. Diese Basis muss viel breiter und viel umfassender sein.

Für Glück benötigen wir den Glauben an unser authentisches, gesamtes Sein. Dies sollte nicht mit der totalen Zustimmung unseres Selbst verwechselt werden, oder damit, dass wir zu allem fähig sein müssen. Für den Glauben an uns selbst müssen wir alles, was wir sind, akzeptieren. Wir bestehen nicht nur aus ein paar ausgewählten Teilen unseres Selbst, sondern aus der Gesamtheit all unserer Erfahrungen, die dynamisch miteinander verbunden und voneinander abhängig sind.[2] Wenn wir einen Bereich, wie beispielsweise ein bestimmtes Gefühl, ablehnen, lehnen wir das Ganze ab, da dieser eine

Bereich mit dem Rest unseres Seins verbunden ist. Eine einzelne Erfahrung sollte uns nicht gleich entgleisen lassen. Selbstbewusst sein bedeutet: Wir haben die Einsicht, dass jede unserer Erfahrungen Teil von etwas Größerem sind, oder in anderen Worten: Wir werden uns des Ganzen bewusst, anstatt nur einzelner Teile.

UNSERE VERUNSICHERUNG ANNEHMEN

Interessanterweise bedeutet das: Eine wirklich selbstbewusste Person *fühlt* sich nicht ständig selbstbewusst. Sich dauerhaft wirklich selbstbewusst zu fühlen, das ist von der menschlichen Natur aus gutem Grund nicht vorgesehen: Verunsicherungen dienen nämlich einem Zweck. Sie verankern uns in der Realität und halten uns auf Trab. Außerdem bleiben wir durch sie mit der Gruppe verbunden. Verunsicherungen erinnern uns daran: Niemand von uns kann in der von Natur aus zerbrechlichen Welt der Form auf sich selbst gestellt sein.

Ein Beispiel: Als ich vor kurzem von einer Buddhistin interviewt wurde, fühlte ich mich plötzlich ein wenig verunsichert. Allerdings verstand ich nicht sofort, warum. Doch anstatt mir darüber Selbstvorwürfe zu machen, wurde ich auf einmal sehr neugierig und entdeckte schließlich: Ich hatte meinen üblichen, leuchtend roten Lippenstift aufgetragen, während mein Gegenüber mehr dem typischen Bild einer Buddhistin entsprach, schlicht und klösterlich. Durch meine Verunsicherung bekam ich die Gelegenheit, meine lächerlichen Vorurteile gegenüber „Lippenstift-Buddhisten" zu erkennen. Dank meiner Verunsicherung konnte ich eine starre Vorstellung loslassen, die sich unwissentlich in meinem Kopf gebildet hatte.

Solche Einsichten machen uns auf der einen Seite bescheiden. Auf der anderen Seite stärken sie unsere Verbundenheit und Seelenverwandtschaft mit anderen. Wenn wir stolpern, werden wir wendiger und zugänglicher. Im Gegensatz dazu erscheinen Menschen, die übermäßig selbstbewusst handeln, mechanisch, überlegen und unnahbar.

Ein Detail sollten wir dabei berücksichtigen: *Verunsicherungen* unterscheiden sich von dem Gefühl der Unsicherheit. Solange wir uns nicht mit diesen Gefühlen identifizieren und uns der Gesamtheit unseres Seins bewusst sind, fühlen wir uns auf „zuversichtliche" Weise unsicher. Es kann sogar belebend, wenn nicht sogar unterhaltsam sein, wenn wir gelegentlich Verunsicherungen erleben. Betrachten wir dieses Gefühl mit ein wenig Abstand, stellen wir fest: Wir bestehen aus viel mehr als nur diesem einen Teil. Dann werden wir auf angemessene Weise demütig und fühlen uns nicht zerschlagen. Der Vorteil davon ist: Wir können dann lernen, was wir lernen sollten und akzeptieren, was wir akzeptieren müssen. Bleiben wir stets in Kontakt mit dieser ganz besonderen und komplexen Person – nämlich mit uns selbst –, fällt es uns leichter mit den kleineren Problemen umzugehen.

SELBSTVERTRAUEN IN UNSER WAHRES SELBST

„Was", könnten Sie jetzt fragen, „ist so besonders an unserem wahren Selbst, dass wir es zur Basis unseres Selbstvertrauens machen sollten?"

Die Antwort auf diese Frage ist: Die Gesamtheit unseres Sein ist aus dem einfachen Grund so besonders, weil es das einzige ist, was wir haben. Mein Sein an sich ist *das,* worum es geht. Natürlich können wir lernen und wachsen. Doch in genau diesem Moment ist unser Sein der einzige Ausdruck des Lebens, auf den wir Zugriff haben. Und da wir einzig und allein nur dieses Leben haben, ist es etwas Besonderes. ICH BIN. Das ist Realität, die einzige Realität, die wir überhaupt kennen. Wenn uns diese Realität nicht gut genug ist, damit wir unser Selbstvertrauen darauf begründen, dann wird es nirgendwo möglich sein.

Insbesondere im Westen ist die Ansicht tief in uns verwurzelt, wir seien das, was wir erreichen. Wir messen den Wert eines Menschen an seinem finanziellen Erfolg. Wenn wir uns über den Reichtum von jemandem erkundigen, fragen wir buchstäblich: „Also, wie viel ist er/sie wert?" Es ist wundervoll, wenn wir bei etwas Erfolg haben. Das sagt aber wiederum nichts über unsere eigentliche Wichtigkeit aus. Jeder Tropfen im Meer ist für das Meer gleich wichtig. Es ist egal, ob der Tropfen dabei aus den Wolken, einem Fluss oder einem Schlammloch stammt. Ein Tropfen ist ein Tropfen – und das wird er immer bleiben: Für das Meer in jeder Hinsicht kostbar und hoffentlich auch kostbar für sich selbst.

SELBSTVERTRAUEN IM ANGESICHT DES SCHLECHTEN

Sie könnten auch fragen: „Gibt es nicht auch abgrundtief schlechte Menschen, die überall Verheerung anrichten? Wie kann ich angesichts all der Zerstörung Vertrauen haben?“

Wir alle haben negative Verhaltensweisen, negative Angewohnheiten, negative Gedanken, Pech und schlechte Laune und so weiter und so fort. Doch diese negativen Teile machen uns nicht aus. Nichts Schlimmes oder Gutes macht in dieser Hinsicht unser authentisches Selbst aus. Das Schlechte kann nicht ohne das Gute existieren. Alles ist mit allem verwoben. Nur das Ganze ist sinnvoll und wahrhaftig.

Stellen Sie sich eine Person vor, die Gutes tut, sobald andere zuschauen, aber Schlechtes, wenn sie sich unbeobachtet fühlt. Ist dann die gute Seite die echte Person? Das denke ich nicht. Wir alle haben uns an Politiker gewöhnt, die im Wahlkampf ihre Familienwerte oder ihr ach so ethisches Verhalten herausstreichen, aber heimlich ihre Familie mit Sexaffären betrügen und Schmiergelder annehmen. Oder denken Sie an einen Verbrecher. Der stiehlt, was immer geht, kann sich aber zuhause trotzdem in einen liebevollen Vater verwandeln. Können wir sagen, solch ein Mann sei durch und durch schlecht? Zwar unternimmt er viel Schlechtes, und doch ist er nicht schlecht (auch wenn wir ihn wohl besser einsperren, um die Gesellschaft zu schützen). Eine Person ist so viel mehr, als wir mit dem bloßen Auge sehen können. Vom Schlechten mag zwar jede Menge da sein. Unterm Strich ist die Gesamtpersönlichkeit jedoch mit dem *Sein* erfüllt.

Das soll nicht heißen, die Teile des Ganzen seien unwichtig. Außer, wenn wir krank sind, dient jeder Teil einem wichtigen Zweck, der das Ganze, unser Leben, funktionieren lässt. Obwohl wir alle gute Gründe haben und uns über dieses oder jenes beschweren, müssen wir eines besonders berücksichtigen: Alle Teile zusammen machen das Funktionieren der Gesamtheit unseres Seins erfolgreich möglich.

Stellen Sie sich selbst als einen Ball vor. Möglicherweise finden Sie den Ball zu klein, zu dick, zu alt oder zu gewöhnlich. Doch immer ist es ein Ball und per definitionem rund. Wenn Sie aus diesem Ball einen Teil herausnehmen, kann er keine gerade Bahn mehr fliegen, wenn Sie ihn werfen. Er wird taumeln. So würden auch Sie ins Schwanken geraten, wenn Sie bestimmte Teile aus sich herausschneiden könnten. Denn Sie sind ein System, in dem jeder Teil mit dem anderen verbunden ist. Lassen Sie einen Teil weg, können Sie nicht mehr funktionieren. Sollte der Schaden durch einen fehlenden Teil nicht von anderen Teilen kompensiert werden können, würden Sie zusammenbrechen.

Der Versuch, sich bestimmte Gefühle oder Gedanken auszureißen, führt nicht zu positiven Veränderungen, sondern schafft ein Handicap. Zwar müssen wir uns manchmal selbst verletzten – ich würde mir sicherlich ein Bein amputieren lassen, wenn ich dadurch mein Leben retten könnte –, aber wir sollten verstehen, welch negative Folgen eine solche Handlung haben kann. Zerstörende Handlungen sollten allerdings nur unser letzter Ausweg sein.

Bevor ich zu konstruktiven Ansätzen in Hinblick auf Veränderung komme, möchte ich noch etwas mehr über die Verbindung zwischen der Gesamtheit unseres Seins und unserem Selbstvertrauen sagen. Nathaniel Branden stellte mit seiner Forschung fest: Das Selbstwertgefühl baut sich aus „sechs Säulen" auf, wovon eine Durchsetzungsvermögen ist.[3] Weiter führt er aus: „Durchsetzungsvermögen heißt, bereit sein, für mich selbst gerade zu stehen, offen darüber zu sein, wer ich wirklich bin und mich in allen zwischenmenschlichen Begegnungen respektvoll zu behandeln. Durchsetzungsvermögen bewusst zu leben, heißt authentisch zu leben, aus der innersten Überzeugung heraus und im Einklang mit allen Gefühlen reden und handeln – als Lebensüberzeugung oder Richtschnur." [4]

Branden schlägt vor: Authentisch sein ist das Ergebnis des Wissens darüber, was wir denken und dass wir aufrichtig dazu stehen. Dem stimme ich zu. Allerdings möchte ich dem rein kognitiven Konzept der Authentizität von Branden etwas hinzufügen: Wir müssen auch die restlichen Teile in uns kennen, also unsere Instinkte, Empfindungen und Gefühle. Gedanken beeinflussen Gefühle, aber Gefühle beeinflussen unsere Gedanken ebenso. Das gleiche kann über Körpererfahrungen gesagt werden. Unsere Instinkte und Empfindungen formen ziemlich sicher unsere Gefühle und Gedanken.

Wenn wir lediglich einen Teil von uns selbst verstehen, verneinen wir alle anderen Teile, die sich dann in den Untergrund begeben müssen und dem

Ganzen im Geheimen dienen. Dieser verborgene Prozess verursacht Angst und sorgt für Heuchelei. Sobald wir das gesamte Bündel der zusammenwirkenden Teile kennen – unsere „Gestalt" wie Psychotherapeut Fritz Perls sagen würde –, haben wir die Basis unseres Selbstvertrauens gefunden. Jetzt ist Glück auf der analytischen Bewusstseinsebene möglich.

UNSER GESAMTES SELBST LIEBEN

Wir sind es gewöhnt, nur auf bestimmte Teile von uns stolz zu sein, etwa auf unsere Schönheit, unser Talent und unseren Besitz – also auf Dinge, für die wir von der Gesellschaft bestärkt werden. Doch was passiert, wenn ein bestimmter Teil seine Magie für uns und andere verliert? Schönheit wird zwangsläufig welk, und Leistungen werden uns, je älter wir werden, immer gleichgültiger. Besitztümer können verloren gehen. Außerdem kann eine Person, die viel schöner ist, mehr erreicht hat und reicher ist als wir, plötzlich auftauchen und unseren Platz einnehmen.

In der Psychologie gibt es ein Phänomen, das „Kontrasteffekt" genannt wird.[5] Dabei erscheinen große Teile von uns, auf die wir stolz sind, „kleiner als" sobald wir sie mit noch größeren anderen Teilen vergleichen. Nur wenn wir unser Vertrauen in die Gesamtheit unseres Seins setzen, können wir einen solchen Verlust gut verkraften. Wir nehmen dann Zuflucht in die Schönheit, die Leistung und die Fülle des Ganzen.

Noch einmal: Dies bedeutet nicht, einzelne Teile von uns nicht zu berücksichtigen. Schönheit hat beispielsweise einen biologischen und ästhetischen Wert. Problematisch wird es nur, wenn wir uns mit diesem Teil identifizieren und uns daran klammern. Wenn wir glauben, unser Wert würde sich durch den Grad unserer Schönheit, durch unsere Talente, Ressourcen oder einen einzelnen Teil von uns selbst festlegen lassen, werden wir uns gewiss unsicher fühlen. Glauben wir hingegen an die Kraft der Gesamtheit unseres Seins, werden wir Besonderheiten gegenüber nicht gleichgültig, sondern davon relativ unabhängig.

Da wir uns nicht mit einem bestimmten Teil identifizieren, haben wir auch mehr Bewegungsfreiheit und sehen alles in einem größeren Zusammenhang. Wir erkennen dann: Unsere Schönheit (oder ein anderer Teil von uns) ist mit dem Rest unseres Seins verbunden und wird somit von diesem beeinflusst. Folglich werden wir unsere Attraktivität mit guter Kleidung, guter Ernährung und einem offenen, freundlichen Auftreten beeinflussen. Im sozialen Miteinander übertrumpft unser Charme die Schönheit.[6] Die Psychologinnen Ann Demarais und Valerie White beschreiben, wie wir für andere attraktiv werden: Indem wir unsere Aufmerksamkeit auf andere richten, sie anlächeln, ihnen leicht über den Arm streichen.[7] Auf diese Weise können wir uns zwar immer noch um unsere Schönheit kümmern, lassen uns aber nicht auf sie festnageln.

Diese Freiheit erlaubt es uns auch, die gute Meinung anderer in die Gesamtheit unseres Seins zu integrieren. Streben wir beispielsweise nach Schönheit, schlägt Carlin Flora vor, sollten wir lernen, uns selbst mit den Augen der anderen zu betrachten. Denn die vergeben unsere angeblichen Mängel leichter, als wir es selbst vermögen.[8] In der Regel findet uns die Person, die uns liebt, besonders attraktiv. Oder wie Flora es formuliert: „Möglicherweise können Sie Ihren inneren Gradmesser für gutes Aussehen nicht ausschalten. Aber Sie können weniger Zeit mit dem Blick in den Spiegel verbringen und mehr Zeit für die Auseinandersetzung mit der Welt nutzen."[9]

Entgegen der landläufigen Meinung ist es für unser Selbstvertrauen nicht immer von Vorteil, wenn wir uns auf unsere guten Bereiche fokussieren. Das wäre dann nur eine weitere Fixierung auf bestimmte Bereiche. Es gibt viele Menschen, die predigen: Wir sollten an unsere guten Eigenschaften, guten Taten, guten Absichten, unser gutes Wesen usw. glauben. Wissenschaftliche Erkenntnisse setzen auf etwas anderes. Wir sollten vor allem daran glauben, was Psychologen als „Selbstwirksamkeit" bezeichnen.[10] Anstatt daran zu glauben, wie großartig wir sind, sollten wir lieber daran glauben, wozu wir in der Lage sind. Es gibt einen signifikanten Unterschied zwischen „großartig" und „in der Lage" sein. Es ist natürlich angenehm, wenn wir uns „oben auf" fühlen und damit unser Ego stärken. Glück entsteht aber aus dem Wissen über und dem Zugriff auf unsere inneren Ressourcen, also unserem allgemeinen Potenzial, dem Funktionieren des Ganzen. Wenn wir an unser Potenzial glauben, machen wir es für uns nutzbar. „Ich denke, ich kann das" entfesselt die Stärke der Gesamtheit unseres Seins.

In einer Studie über Trauerfälle stellten Jack Bauer und George Bonanno fest: Menschen erholen sich schneller vom Verlust ihrer Ehepartner, wenn sie den Glauben an ihr Potenzial in Sätzen wie „Ich kann meine Sache gut machen" ausdrücken:

> Besonders bei Trauerfällen bietet das Gefühl, fähig und stark zu sein, eine souveräne Basis für den Aufbau eines neuen Lebens ... Selbstwirksamkeit kann die negativen Emotionen beim Tod des Ehepartners minimieren. Hierfür müssen wir ein Gefühl dafür aufbauen, dass wir in verschiedenen Bereichen des Lebens noch vollständig funktionieren und auch weiterhin sinnvolle Beziehungen haben können.[11]

Sobald wir die Basis des Selbstvertrauens kennen, nämlich die Gesamtheit unseres authentischen Seins, müssen wir uns darauf konzentrieren und es für uns arbeiten lassen. Eines Tages haben wir dann ausreichend Liebe für unsere Stärke entwickelt und begreifen: Wir können auf sie zählen. All unsere Besonderheiten, die guten wie die schlechten, werden dann im Vergleich zum Funktionieren des Gesamten klein aussehen. Etwas lieben, was großartig ist, ist nur zu natürlich.

Je mehr wir unser authentisches Sein und das, wozu es fähig ist, lieben, desto eher können wir Dinge nüchtern betrachten und nach der Maxime leben: „sich den Kopf nicht über Kleinigkeiten zu zerbrechen".[12] Der Weg zu unserer Ganzheit kann per definitionem nicht schmal sein und auf rein kognitivem Weg stattfinden, sondern umfasst alle Arten von Erfahrungen. Mit anderen Worten: Wir können uns Selbstvertrauen nicht einreden, genau wie wir nicht einfach entscheiden können: Ich bin jetzt glücklich. Eine Beziehung mit der Gesamtheit unseres Seins kann nur dann aufgebaut werden, wenn wir die verschiedenen Teile von uns, die uns zu dem machen, „wer wir sind", erforschen und mit ihnen ringen. Gefühle müssen gefühlt, Gedanken gedacht, Empfindungen empfunden, gute und schlechte Seiten angesehen und integriert werden. Es führt kein Weg daran vorbei: Wir müssen mit unseren verschiedenen Teilen in den Ring steigen, wenn wir unser Selbstvertrauen in der Ganzheit, die uns ausmacht, finden wollen.

Haben wir eine liebevolle Beziehung mit uns selbst, fühlen wir im Ergebnis nicht mehr den Wunsch, einen schlechten Teil durch einen guten austauschen zu wollen. Stattdessen können wir das Schlechte zusammen mit dem Guten akzeptieren. Außerdem öffnen wir uns und können damit konstruktiver mit dem Schlechten arbeiten. Das heißt: Wir können lernen und müssen dabei unsere Authentizität aufgeben.

Jeder von uns ist eine einzigartige Verkörperung des Lebens. Wenn wir das, was ist, lieben lernen, wollen wir nicht mehr länger jemand anderes sein. Buddha hat einmal gesagt, wir sollten uns selbst eine Leuchte sein und Vertrauen in uns selbst finden.[13] Wenn wir fliegen lernen wollen, müssen wir dies natürlich mit den eigenen Flügeln machen.

UNSER EIGENER BESTER FREUND WERDEN

Bevor wir unser(e) eigene(r) beste(r) Freund(in) werden können, müssen wir uns zunächst mit einer weit verbreiteten Fantasie befassen. Viele von uns glauben: Wenn unser Leben einfacher oder besser wäre, hätten wir mehr Selbstvertrauen. Wir bilden uns ein, eine Beförderung, eine plötzliche Finanzspritze, eine atemberaubende wissenschaftliche Entdeckung oder der Prinz auf dem weißen Pferd würden die Dinge vollständig ändern. Doch in Wirklichkeit würden wir uns, auch wenn unsere Wünsche tatsächlich wahr würden, nicht ein bisschen mehr lieben oder selbstbewusster werden. Das jedoch ist die einzige Veränderung, die zählt. Würde sich das Leben in jeder von uns gewünschten Hinsicht ändern, würden wir spätestens dann erkennen: Gute Gefühle, die durch Erfolg entstehen, sind flüchtig und keine Ursache für Glück.

Der Wunsch nach besseren Zeiten ist allzu natürlich. Aber wir sollten uns nicht vom Ergebnis unseres Wunsches abhängig machen. Sobald unsere Grundbedürfnisse erfüllt sind, und wir uns für uns selbst einsetzen und wachsen können, hat Selbstvertrauen wenig mit den Umständen zu tun. Stattdessen geht es um die Art und Weise, wie wir zu unserem Selbst stehen. Dies sollte mit unbedingter, konsequent positiver Achtung erfolgen. Selbstliebe ist für unser Selbstvertrauen extrem wichtig. So, wie ein guter Freund für uns da ist, wenn wir harte Zeiten durchmachen, müssen wir für uns selbst da sein. Ein guter Freund gibt uns Unterstützung, wenn wir versagen. Wenn die Zeiten schlecht sind, gibt uns die Selbstliebe Stabilität und Selbstvertrauen, wenn wir dies am meisten brauchen.

Wir können unser eigener bester Freund sein, wenn wir verstehen, wie das Gute und Schlechte zu einer Realität verwoben ist. (Obwohl es sich hierbei um einen Gedanken aus dem Osten handelt, der auf die spirituelle Bewusstseinsebene hinweist, erörtere ich ihn im Rahmen der analytischen Bewusstseinsebene, da er das Ich-Gefühl effektiv verbessert.) Wenn wir zum Beispiel unseren Kindern nur Gutes bieten würden und alles in unserer Macht stehende unternähmen, um ihnen ihr Leben zu erleichtern, wüssten sie Belohnungen für Anstrengungen nicht zu schätzen. Nathaniel Branden betont die Gefahren der „Nicht-Anstrengung“ wie der Faulheit und des Vermeidens von Unbequemlichkeiten.[14] Wenn wir beschließen, unser Glück ist wichtiger als vorübergehende Widrigkeiten und bewusster und verantwortungsvoller leben, kann eine positive Veränderung stattfinden:

> Wir mögen uns selbst mehr, wenn wir das umsetzen, und wir bemerken das auch. Das weckt in uns den Wunsch nach mehr und lässt uns versuchen, weiter zu gehen. Wir werden ehrlicher zu uns selbst und zu anderen. Unser Selbstwertgefühl steigt. Wir übernehmen schwierigere Aufgaben. Wir fühlen uns ein bisschen robuster, ein wenig einfallsreicher. Für uns wird die Konfrontation mit unangenehmen Emotionen und bedrohlichen Situationen einfacher; wir fühlen: Wir besitzen mehr Stärken, mit denen wir etwas bewältigen können … Im Grunde bilden wir das spirituelle Gegenstück eines Muskels aus. Wenn wir uns als leistungsfähiger erleben, können wir Schwierigkeiten aus einer realistischeren Perspektive betrachten.[15]

Natürlich erweisen sich nicht alle Schwierigkeiten für uns als gut. Es gibt nichts Gutes am Schlechten, wenn es durch Menschen veranschaulicht wird, die stagnieren und ihre Situation sogar noch verschlimmern. In der Tat kann das Klischee „Was mich nicht umbringt, macht mich stärker“ von der Wissenschaft nicht bestätigt werden.[16] Die meisten Strafgefangenen beispielsweise mussten in ihrer Vergangenheit Misshandlungen erdulden. Sie waren hilflos und haben dem Bösen gegenüber resigniert,[17] wodurch sie ihr Schicksal nicht abwenden konnten.

Manchmal kann es sogar grausam sein, im Schlechten nach dem Guten zu suchen, z. B. wenn ein Elternteil ein Kind verliert. Rabbiner Harold Kushner weist darauf hin, dass einige schlimme Dinge schlicht und einfach keinen Sinn machen.[18] Dementsprechend sollten wir weniger über die Bedeutung des Todes und die Gesetze der Physik nachdenken, sondern stattdessen unserer neuen Realität ins Auge blicken und das Alte betrauern.

Dessen eingedenk, kann das Schlechte in Zukunft Gutes hervorrufen, aber nur, wenn (1) wir freundlich zu uns sind, und (2) wir uns auf gute Ziele und gute Beziehungen ausrichten (siehe Kapitel 4).

Hierzu ein Beispiel aus meinem Leben. Früher litt ich sehr aufgrund der Misshandlungen in meiner Kindheit. Daher musste ich mich besonders liebevoll für mich selbst sorgen. Trotz allem wollte ich mein Recht auf eine bessere Zukunft für mich behaupten und bewegte mich langsam auf mein Ziel zu: Ich wollte ein psychisch gesunder Mensch und eine Psychologin werden, die sich an liebevollen Beziehungen erfreuen kann. Während ich diese Ziele verfolgte, stellte ich fest: Ich hatte die Fähigkeit, das Leiden anderer Menschen nachzuempfinden, während viele meiner Kollegen sie rein „objektiv“, wenn nicht gar mit einer gewissen Kälte betrachteten. Letzten Endes machte mich das Unglück meiner Vergangenheit zu einer guten Therapeutin und glaubwürdigen Lehrerin des Glücks. Da mich mein Elend zu einer Suchenden gemacht hatte, bin ich heute eine Expertin in meinem Bereich. Weil ich das Schlechte positiv nutzen konnte, bin ich heute, was ich bin.

Wenn wir das Schlechte ins Gute kehren möchten, müssen wir dafür offen sein, vom Schlechten zu lernen. Unsere Schmerzen, Misserfolge und Verluste verdienen unseren Respekt, da sie oft die Basis für unsere zukünftigen Erfolge bilden. Nur diejenigen, die auch gut verlieren können, gewinnen am Ende. Bekennen wir uns nämlich zu uns selbst, können sich unsere Probleme als Chancen erweisen. Infolgedessen heilen wir die uns zugefügten Wunden, während wir uns standhaft auf unsere Ziele zubewegen.

AUF UNSEREN STÄRKEN AUFBAUEN

Befinden wir uns auf der spirituellen Bewusstseinsebene, können wir die Gesamtheit unseres Seins ausleben. Auf der analytischen Bewusstseinsebene jedoch aktivieren, trainieren, formen und integrieren wir die verschiedenen Teile unseres Seins. Die Arbeit an unserem Sein sollte aus positiven Gründen stattfinden, es sei denn, wir haben keine andere Wahl und müssen Teile von uns selbst amputieren oder uns für ein Verhalten bestrafen. Meist sind alle Versuche, uns mit der Peitsche in die passende Form zu bringen, vergeblich.

Die konstruktive Arbeit an unserem Sein muss mit einer tief greifenden Akzeptanz dessen beginnen, was gegenwärtig vorhanden ist. Hierzu gehören unsere natürlichen Veranlagungen (z. B. unsere sexuelle Orientierung), erworbene Persona, unsere Kultur und die Umstände. Auch wenn wir der einzige Mensch auf der Welt sind, der hierzu bereit ist: Wir müssen annehmen, wer wir sind.

Öffentliches Bekenntnis

Positives Wachstum nutzt unsere aktuelle Realität. Wenn wir auf erwünschtem Verhalten aufbauen, gehen wir weiser vor, als wenn wir unerwünschtes Verhalten bekämpfen. Auf diese Weise lernen wir Unerwünschtes tolerieren, abschwächen, ersetzen oder überflüssig machen. Die gute Arbeit an unserem Sein beginnt mit dem Anerkennen dessen, wer wir jetzt in diesem Moment sind. Wir müssen uns sowohl uns selbst und sehr wahrscheinlich auch anderen gegenüber „outen". Wir isolieren uns unnötigerweise häufig aufgrund unserer Ängste und schränken uns ein. Dabei sollten wir uns nicht von der Angst, sondern unserer Vernunft vorschreiben lassen, ob wir unsere Realität nun mit anderen teilen wollen, oder nicht.

Ein „Coming out" oder öffentliches Bekenntnis ist nicht nur für die meisten Homosexuellen gut, sondern für alle, die in einem Versteck leben. Tendenziell verstecken wir Familien- und private Geheimnisse (z. B. Selbstmord, Armut, genetische Krankheiten, Alkoholismus), bereits erkannte Stigmata und unzählige persönliche Eigenschaften vor anderen. Wir haben Angst, wir könnten unserem eigenen Ideal nicht das Wasser reichen. Aus dieser übermächtigen Angst heraus wollen wir andere ständig beeindrucken oder verfallen ins Schweigen. Dann befürchten wir wieder, wir könnten so wirken, als hätten wir mehr Glück als andere. Besonders Frauen stellen gerne ihr Licht unter den Scheffel, um die Todsünde des Stolzes zu vermeiden.[19] In all diesen

Fällen sollten wir entsprechende Wege für ein öffentliches Bekenntnis finden. Sobald wir das tun, beginnt unser Befreiungsprozess. Wenn negative Gefühle alles sind, was wir fürchten, können wir im Moment unseres Coming Out Selbstvertrauen gewinnen.

Ich bin nun mal so, wie ich bin. Es besteht keine Notwendigkeit, die Realität weiter zu rechtfertigen. Wenn die Menschen in unserem Umfeld ein Problem damit haben, wie wir in Wirklichkeit sind, sollten wir das zur Kenntnis nehmen, nämlich als *deren Problem*. Hoffentlich bekommen sie dieses Problem in den Griff, da es schlicht und ergreifend sinnlos ist, sich gegen die Realität zu wehren. Wir sind für das Aufrechterhalten unserer Grenzen verantwortlich. Wir müssen selbst unser Recht einfordern und dafür einstehen, wie wir wirklich sind. Nachdem wir uns so, wie wir in Wirklichkeit sind, anerkannt haben, müssen wir uns selbst unterstützen und entspannen, auch wenn wir durchaus Pläne für unser zukünftiges Wachstum haben.

Fokussierungstechniken

Obwohl Teil 3 dem entspannten Geist gewidmet ist, möchte ich Ihnen bereits an dieser Stelle zwei spezielle Entspannungstechniken für den Aufbau von Selbstvertrauen ans Herz legen. Mit der ersten trainieren Sie Ihre Zwerchfellatmung, mit der Sie „in Ihren Bauch“ hinein atmen können.[20] Wir atmen zu flach, wenn wir nur über den Oberkörper atmen. Das reicht nicht aus, sobald wir uns unsicher fühlen. Denn gerade, wenn wir ins Wanken geraten, sollten wir uns nur auf unsere Atmung konzentrieren. Wir sollten jeden einzelnen Atemzug bewusst verfolgen und dies mehrmals wiederholen. Dabei sollten wir unsere Lungen nur langsam und allmählich mit Luft füllen. Dabei müssen wir darauf achten, die Luft nicht anzuhalten. Vielmehr sollten wir langsam ausatmen und uns dabei vorstellen, wie die Luft nicht aus dem Mund, sondern unterhalb unseres Zwerchfells aus unseren Seiten entweicht. Dieses bewusste tiefe Atmen beruhigt die Nerven.

Die zweite Entspannungsübung können Sie entweder gleichzeitig mit der ersten oder auch einzeln durchführen. Sagen Sie einfach laut oder denken Sie bewusst: „Ich bin.“ Es wäre gut, wenn Sie diese Worte langsam und bedächtig mehrere Male wiederholen, um sich damit zu entspannen, bevor ein für Sie entscheidender Moment einsetzt. Hierbei gibt es nichts zu ergründen, Sie sollten nur fühlen. Richten Sie Ihren Fokus nur auf das: „Ich bin." Die Wiederholung dieser zwei kleinen Wörtchen hat vor und während einer schwierigen Situation eine starke Wirkung.

Richten wir uns auf die Worte „Ich bin" (aus), verhilft uns zu Erfolg. Eine meiner Patientinnen dachte „Ich bin" kurz bevor Sie einen Tennisball zurückschlagen wollte und verbesserte damit deutlich ihre Spielfähigkeit. Durch die Verbundenheit mit einer Sinnesempfindung unseres Seins erhalten wir Zugriff auf unsere größte Stärke. Es kann auch sehr nützlich sein, wenn Sie sich bei Misserfolgen an das „Ich bin" erinnern. Wir können lernen, wie wir rasch vom Gefühl, „am Boden zerstört zu sein" ins Selbstvertrauen hinüber gleiten können. Hierfür müssen wir unsere dunkelsten Gefühle zulassen und sie anerkennen. Dann sollten wir tiefer in uns hineinschauen und ein Licht in dieser Dunkelheit suchen, nach einer Stimme horchen, die uns Mut zuspricht und die wir nur hören, wenn wir erkennen, wer wir *sind.* Wenn wir uns mit dem „Ich bin" verbinden, erinnern wir uns auf einer tieferen Ebene, als unser emotionales Erleben es ermöglichen würde, wer wir sind. Diese Erfahrung wird im Songtext von „Sound the Bugle" von Gavin Greenway besonders schön ausgedrückt.[21]

UNSERE GEFÜHLE IN VOLLEN ZÜGEN ERLEBEN

Neben unserer Anerkennung und Unterstützung dessen, was wir sind, können wir auch ganz bestimmte Teile unseres Seins stärken. Möglicherweise haben wir kaum Zugang zu unseren Gefühlen. Dies ist ein häufiges Problem depressiver Menschen. Genauso, wie wir einen Muskel kräftigen können, indem wir den üblichen Trainingsplan bei Seite schieben und nur ihn stärker trainieren, können wir unsere Fähigkeit zu tiefer Empfindung trainieren.

Dies tun wir, indem wir unsere Gefühle vollständig erleben. Anstatt ein schwaches Gefühl einfach zu übergehen, betonen wir es mit fokussierter Aufmerksamkeit und Nachdruck. Im Normalfall würden wir Gefühle kleinreden oder unsere Aufmerksamkeit von denen abziehen, die uns Unwohlsein bereiten. Indem wir aber das leiseste Gefühl ernst nehmen, kultivieren wir das, was bereits vorhanden ist und erhalten Zugang zu noch mehr. Während unsere Aufmerksamkeit zum Großteil auf das Gefühl ausgerichtet sein sollte, kann es sehr hilfreich sein, wenn wir das Gefühl richtig benennen. Dieser Vorgang wird sehr anschaulich in den Büchern des Buddhisten und Psychologen Jack Kornfield beschrieben.[22]

Wenn wir unsere allgemeine Fähigkeit zu Gefühlen stärken möchten, müssen wir die Beurteilung unserer Gefühle einstellen. Vielen von uns wurde das Stirnrunzeln und Weinen in der Kindheit verboten. Für ein erfülltes und positives Leben müssen wir aber fühlen. Bauer und Bonanno haben festgestellt: Wer den Glauben an seine Fähigkeiten („Selbstwirksamkeit") ausdrückt, steht in Wechselbeziehung zu seinem Durchhaltevermögen. Entgegen einem aktuellen wissenschaftlichen Trend schlussfolgern die beiden Forscher: Das Ausdrücken negativer Gefühle ist ebenfalls vorteilhaft.[23] Die Teilnehmer ihrer Studie, die während eines bestimmten Betrachtungszeitraums nur ein einziges schlechtes Gefühl über ihre Persönlichkeit geäußert hatten, empfanden ihre Leidenszeit deutlich verkürzt, auch wenn dadurch keine Selbstwirksamkeit zum Ausdruck gebracht wurde. Diejenigen, die keine negativen Gefühle oder mehr als eines in dieser relativ kurzen Zeitspanne ausgedrückt hatten, zeigten diese günstige Auswirkung nicht in gleichem Maße. Die Forscher kamen bereits in früheren Studien zum gleichen Ergebnis.[24] Mit anderen Worten: Solange wir nicht jammern, hilft uns das Ausdrücken unserer negativen Gefühle beim Bewältigen von Problemen. Bauer und Bonanno sagen: „Dieses Szenario aus „meist gut, manches schlecht" kann der psychischen Gesundheit zuträglich sein, da es eine allgemein positive Sicht des Selbst erlaubt. Auch das Gefühl von Erdung in dieser normalen Welt der gelegentlichen Rückschläge ist darin eingeschlossen."[25]

Können wir körperliche Geborgenheit und Lust nur schlecht genießen oder anderen weitergeben, müssen wir unsere Empfindungen voll ausleben. Wurden wir über eine längere Zeit zu wenig, zu rau oder zu fest angefasst, können wir unseren Körper häufig nicht mehr entspannen. Daher leiden viele Menschen unter Muskelverspannungen oder Taubheitsgefühlen.

Unsere Kultur spielt bei den Schwierigkeiten, die wir mit Gefühlen haben, durchaus eine Rolle. Denn in ihr dreht sich alles um den äußeren Eindruck von Objekten und Körpern und weniger um deren Qualität und tatsächliche Empfindungen. Wir lieben das Gefühl und das Aussehen des „Großen und Großartigen": Großartigen Geschmack (Zucker, Salz und Fett), große Portionen („All you can eat"), große Dosen (die meist viel Wasser und Chemikalien enthalten), große Verpackungen (für kleine Teile) und große Brüste (Silikon). Je mehr wir wollen, desto weniger empfinden wir tatsächlich. In Deutschland überschwemmen große Brüste, Hintern und Genitalien geradezu die Medien. Doch offenbar haben die Menschen trotzdem immer weniger Interesse an Sex.[26] Wenn wir vollständige und selbstbewusste Menschen sein wollen, müssen wir uns selbst sensibilisieren und beginnen, unsere Körper wirklich zu spüren.

Dies können wir lernen, indem wir unsere Aufmerksamkeit im Hier und Jetzt auf unsere Sinne richten und uns eben nicht auf die zukünftige Bedürfnisbefriedigung ausrichten. Bewusstes Essen, Sehen, Riechen, Berühren, Hören, ohne Ablenkung und ohne an die Zukunft zu denken, hilft bei der Entwicklung unserer Sinne. Erlernen Sie MassageTechniken. Damit können Sie Ihr Gefühl für Berührungen verbessern. Es ist auch gut, selbst Massagen von anderen anzunehmen oder sich selbst zu massieren.[27] Hierzu eine einfache Übung: Nehmen Sie eine Dusche und wechseln Sie zwischen warmem und kaltem Wasser. Unsere körperlichen Empfindungen ändern sich mit der Wassertemperatur und vor allem auch mit dem Wasserdruck. Bewegungsprogramme können ebenfalls hilfreich sein, vor allem, wenn wir sie bewusst durchführen. Manche, wie Yoga und Tai Chi, sind auf die Verbesserung der bewussten Körperwahrnehmung ausgerichtet und funktionieren daher sehr gut.

Wenn wir Schwierigkeiten mit dem Erleben von Sexualität haben, sollten wir das, was Masters und Johnson als „Sensate Focus" bezeichnen, berücksichtigen.[28] Paare, die unter gehemmtem sexuellem Begehren leiden, Schwierigkeiten beim Aufrechterhalten eines hohen Erregungsniveaus haben, oder keinen Orgasmus erreichen können, sollten mit Berührungen experimentieren, ohne es zum Geschlechtsverkehr kommen zu lassen. Zuerst berührt die eine Person die nicht-erogenen Zonen der anderen Person, dann deren erogene Zonen, jedoch nur, um dem anderen Lust zu bereiten und ohne dass einer von beiden dabei etwas vorantreibt. Ein Höhepunkt sollte dabei vermieden werden, da es um die Ausrichtung auf die gegenwärtige Empfindung geht. Beide Partner müssen herausfinden, welche Art der Berührung der andere mag und sollten das Geben wie das Nehmen gleichermaßen genießen. Bei diesen Übungen sollten von Tag zu Tag immer mehr erogene Zonen und Sexualpraktiken einbezogen werden. Von der Masturbation bis zum Oralsex ist alles erlaubt. Das Paar sollte nur noch keinen vollständigen Geschlechtsverkehr ausüben. Der Schwerpunkt liegt hierbei auf dem Geben und Empfinden sexueller Berührungen mit liebevoller und intensiver Aufmerksamkeit im Hier und Jetzt und es geht nicht um das Erreichen eines Ziels.

Wir können einen Teil von uns wiederbeleben. Der Schlüssel dazu ist: Unsere Aufmerksamkeit auf diesen Teil richten und ihn bewusst nutzen. Dies gilt auch fürs Denken. Zwar werden die meisten von uns vom Denken dominiert, doch kann diese Art des Denkens entweder wirkungslos sein oder sogar unser gesamtes Sein schwächen. Bekanntlich können uns Gedanken quälen, da wir sie entweder erst gar nicht bemerken oder sie nicht im Griff haben.

Wenn wir bewusst denken möchten, müssen wir erst erkennen, wann wir *nicht* bewusst denken. Der Kognitive Psychologe Aaron Beck weist darauf hin: Unsere Gedanken kommen und gehen oft „automatisch" und sprunghaft. Das kann unsere Stimmung drücken.[29] Wir bemerken nicht einmal, wenn wir auf eine Weise denken, die unser Selbstvertrauen untergräbt. Wir verallgemeinern („Ich bin *nie* so gut wie andere"), übertreiben („Ich bin echt das Allerletzte") und machen uns klein („Was immer ich auch dazu beigetragen habe, ist jetzt bedeutungslos"). Ein schlechter Tag bei der Arbeit kann uns an unserer gesamten Karriere zweifeln lassen, wenn wir uns dieser zermürbenden, automatischen Gedanken nicht bewusst werden.

Damit wir lernen, wie wir unserer Gedanken gewahr werden können, schlägt der Autor David Burns tägliche Aufzeichnungen über unsere funktionsgestörten Gedanken vor. Zusätzlich sollten wir unsere bewussten, rationalen Gedanken direkt daneben schreiben: „Hierbei ist es extrem wichtig, Ihre automatischen Gedanken zusammen mit Ihren rationalen Antworten *aufzuschreiben*. Versuchen Sie nicht, die Übung nur in Ihrem Kopf auszuführen. Durch das Aufschreiben zwingen Sie sich viel stärker zur Objektivität, als Sie es mit den in Ihrem Kopf herum wirbelnden Gedanken je erreichen könnten. So können Sie auch die mentalen Irrtümer, die Sie so bedrücken, leichter dingfest machen."[30] Wenn wir unsere Gedanken der Situation besser anpassen – bewusst und langsam, vorzugsweise aufgeschrieben –, verstärkt das auch unsere Denkprozesse wenn wir darauf angewiesen sind.

Wenn wir uns auf einen bestimmten Teil von uns selbst ausrichten und ihn optimieren, sollten wir nicht das große Ganze aus den Augen verlieren. Alle Teile müssen entwickelt und miteinander in Einklang gebracht werden, damit wir auf die Realität flexibel und effektiv reagieren können und damit selbstbewusst werden. Wenn wir ausschließlich unser Denken schulten, würden wir letzten Endes alles zu Tode denken. Trainieren wir jedoch nur unsere Fähigkeiten des Fühlens und Spürens, würden wir schließlich alles zu Tode fühlen, herzen und auskosten. Oder um nochmal auf meine Analogie mit dem Ball zu kommen: Er würde schlingern. Zwar würde nichts fehlen, aber es gäbe ein Ungleichgewicht. Es kann nicht deutlich genug betont werden: Wir müssen unsere Augen auf den gesamten Ball richten, denn der ist im übertragenen Sinne wie unser komplettes Sein. So verlockend es auch ist, wir sollten uns nicht nur an einen Teil klammern, da das Selbstvertrauen, das wir aus diesem einen Teil ziehen, über die Zeit nicht der Realität standhalten kann.

Wenn wir nur einen Teil verbessern, schwächen wir allmählich und ungewollt einen Teil von uns selbst, indem wir ihm die Aufmerksamkeit entziehen. Aus diesem Grund sind Ablenkungen – auch anspruchsvolle, wohl platzierte, wie die Akupunktur – für viele Menschen so wirksam.[31] Wenn wir daher erkennen, wie gewisse Erfahrungen unser Selbstvertrauen behindern, sollten wir unseren Geist davon abwenden und stattdessen über etwas anderes nachdenken. So halten wir negative Auswirkungen in ihren Schranken. Unsere Wut wird beispielsweise eingedämmt, wenn wir bewusst freundlich sind oder uns auf etwas Banales wie das Zählen konzentrieren. Migräne kann mit Erfolg behandelt werden, wenn wir unseren Fokus vom Kopf weg auf andere Empfindungen richten. Immer mehr Menschen realisieren inzwischen: Beim Umgang mit unseren Gefühlen haben zerstörerische und bestrafende Reaktionen längst ausgedient.

Stärken entdecken und fördern

Bei unserer Arbeit mit der Gesamtheit unseres Seins gibt es noch eine weitere konstruktive Herangehensweise: Das Entdecken und Nutzen unserer vorhandenen Stärken. Wir alle haben Stärken, aber viele von uns haben davon keinen blassen Schimmer.

Damit wir unsere inneren Stärken finden können, sollten wir zuerst herausfinden, was unsere Stärken eigentlich ausmacht. Zunächst einmal haben wir Talente, die in der Regel jedoch nur entdeckt werden, wenn wir Gelegenheit haben, von ihnen Gebrauch zu machen. Ohne Gitarre können wir unmöglich herausfinden, ob wir ein Talent fürs Gitarre spielen haben. Als Erwachsene müssen wir uns Möglichkeiten suchen, damit wir unsere Talente entdecken, hervorbringen und kultivieren können. Wenn wir unsere Talente nicht nutzen und fördern, helfen sie uns in Bezug auf unser Selbstvertrauen natürlich nicht weiter. Doch für ein erfülltes und positives Leben sollten wir unsere Talente zum Leben erwecken, anstatt sie in den tiefsten Winkeln unseres Geistes verkümmern zu lassen. Oder wie die Kolumnistin Erma Bombeck sagte: „Wenn ich am Ende meines Lebens vor Gott stehe, möchte ich keinen einzigen Zipfel Talent ungenutzt gelassen haben und sagen können: „Ich habe alles genutzt, was Du mir geschenkt hast.“[32]

Unser Bildungssystem ist allerdings blind gegenüber den meisten unserer Stärken, so wie es wir Lernenden ebenfalls sind. Dabei wären viele dieser unbekannten Stärken wichtige Anlagen in unserem privaten und beruflichen Leben. Dazu gehören Eigenschaften wie emotionale Intelligenz,[33] Phantasie, Weitblick, Einfallsreichtum und Durchhaltevermögen. Es gibt noch nicht einmal passende Wörter für die Kraft der Ausgewogenheit und die Vielseitigkeit. Daniel Siegel und Mary Hartzell sprechen in Bezug auf diese Stärke von einer „neuronalen Integration“.[34] Dies bedeutet: Durch das gute Zusammenspiel verschiedener Teile des Gehirns können wir uns sowohl logisch als auch emotional sowie konkret und abstrakt verhalten. Wenn wir mehr über unsere Stärken lernen, gewinnen wir augenblicklich mehr Selbstvertrauen; bauen wir sie aus, wird das Selbstvertrauen noch weiter gesteigert. Deshalb sind wir gut beraten, all unsere Stärken auszudrücken – am besten schriftlich.

Wir können auch zu unterschiedlichen Stärken gelangen, wenn wir unsere Tugenden untersuchen. Dieses Verständnis von Stärke hat Martin Seligman. Er ermittelte sechs allgemein anerkannte Tugenden: Weisheit, Mut, Menschlichkeit, Gerechtigkeit, Mäßigung und Spiritualität, die sich als vierundzwanzig unterschiedliche Stärken manifestierten.[35] (Die Liste der Tugenden könnte sogar noch länger sein, wenn wir kulturspezifische Stärken wie Eifer und Autonomie mit einschließen würden.) Im Folgenden möchte ich sie Ihnen vorstellen:

Tugend I – Weisheit/Wissen
Stärken: Neugier, Liebe zum Lernen, Urteilsvermögen, Einfallsreichtum, soziale Intelligenz, Perspektive bewahren

Tugend II – Mut
Stärken: Tapferkeit, Durchhaltevermögen, Integrität

Tugend III – Menschlichkeit/Liebe
Stärken: Freundlichkeit, liebevoll sein

Tugend IV – Gerechtigkeit
Stärken: Engagement im Gemeinwesen, Fairness, Menschenführung

Tugend V – Mäßigung
Stärken: Selbstkontrolle, Besonnenheit, Bescheidenheit

Tugend VI – Spiritualität/Transzendenz
Stärken: Wertschätzung von Schönheit, Dankbarkeit, Hoffnung, Spiritualität, Vergebung, Humor, Begeisterung

Jeder Mensch hat einige dieser Stärken. Es tut uns sehr gut, wenn wir herausfinden, welche unsere eigenen sind. Seligman behauptet: Wenn wir über unsere individuellen Charakterstärken – Seligman nennt sie Signaturstärken – Bescheid wissen, können wir sie in allem, was wir tun, effektiver einsetzen. Wenn wir lernen, bereits bestehende innere Stärken zu nutzen, werden wir

„auf authentische Weise glücklicher" und ich denke, auch selbstbewusster. Ein weiterer hilfreicher Ansatz zur Gruppierung unserer Stärken stammt von Howard Gardner. Der Sozialwissenschaftler schlägt vor: Es existieren mehrere Arten relativ unabhängiger Formen menschlicher Intelligenz. Gardner hat achteinhalb Intelligenzen ermittelt: die musikalische, körperlich-kinästhetische, logisch-mathematische, sprachlich-linguistische, bildlich-räumliche, interpersonale, intrapersonelle, naturalistische und – in geringerem Maße – die existenzielle Intelligenz. Gardner rät uns dringend, all diese verschiedenartigen Intelligenzen und Kombinationen aus ihnen in uns zu kultivieren: „Wenn wir das gesamte Spektrum der menschlichen Fähigkeiten mobilisieren können, werden sich die Menschen nicht nur besser und kompetenter fühlen, sondern es bestünde sogar die Möglichkeit, dass sie engagierter werden würden und fähiger darin, mit der ganzen Weltgemeinschaft für ein größeres Ganzes zusammenzuarbeiten."[36]

Wenn wir das Erkennen und Kultivieren unserer persönlichen Intelligenzkombination verpassen, werden wir nie ein gutes Gefühl für uns selbst haben und unsere Talente niemals für unseren eigenen Vorteil und den der Welt nutzen. Sind wir blind für unsere einzigartige Kombination aus Stärken, verschwenden wir sie und rauben uns damit befriedigende und motivierende Erfahrung des Selbstvertrauens.

Neues lernen

Nicht zuletzt können wir konstruktiv an uns selbst arbeiten, wenn wir unsere Fähigkeiten und Kompetenzen (Kapitel 5) in disziplinierter Art und Weise erweitern. Wir sollten hierfür unsere negative Haltung zur Disziplin, die uns wie eine Strafe vorkommt, aufgeben und beim Lernen lieber stets positiv, ermutigend und nachsichtig bleiben. Mit der positiven Disziplin schützen wir uns (den Rest unseres Seins) vor Schäden und vor dem Umherirren auf dem Weg zur Authentizität sein.

Mein Tai-Chi-Lehrer, Dr. Mark Cheng, ist ein großer Anhänger jener Disziplin, die der chinesischen Kultur und Kampfkunst innewohnt. Möglicherweise klingt das Wort „Disziplin" in den Ohren mancher eher autoritär und wie ein Ausdruck längst vergangener Zeiten. Cheng besteht aber darauf:

Disziplin gibt uns Freiheit. Zusätzlich zu dem, was Disziplin in Bezug auf unsere Kompetenz bewirken kann, erhalten wir durch Disziplin auch Zugriff auf eine ganz große Ressource, auf die wir uns verlassen können. Cheng meint dazu: „Disziplin gibt uns Freiheit, denn sie ermöglicht es uns, mit Gewissheit durch die Irrungen und Wirrungen des Lebens zu navigieren. Diese Gewissheit bringt eine Leichtigkeit des Lebens mit sich."[37]

Das Erlernen neuer Fähigkeiten benötigt Disziplin, da wir häufig zu bequem für Veränderung sind. Wenn wir beispielsweise durchsetzungsfähiger werden wollen, hapert das oft an unserer Angst vorm Ausdrücken einer gegenteiligen Meinung oder einfach nur vor dem „Nein"-Sagen. Das heißt: Wir müssen uns selbst auf Kurs bringen und uns selbst vorsichtig nach vorne schubsen, um das gewünschte Verhalten üben. Positive Disziplin ist eine Geisteshaltung. Sie ist gekennzeichnet durch Hingabe und Bereitschaft, uns selbst zu einem nur schwer erreichbaren Ziel hinzuführen. Wenn wir positive Disziplin lange genug trainiert haben, wird sie zum Teil unseres Geistes, und unser Geist wird diszipliniert. Ein disziplinierter Geist ist wie ein unerschütterliches Hilfsmittel, auf das wir uns in jeder Lernsituation verlassen können.

Manche von uns haben Schwierigkeiten, die Idee der Veränderung dessen, was wir sind, mit der östlichen Idee der Nichteinmischung in Einklang zu bringen. Nur zur Erinnerung: Die Gesamtheit unseres Seins ist keine statische Sache, sondern ein dynamisches, lebendiges Ganzes. Wir sind dazu bestimmt, uns zu verändern. Doch sollten wir dabei nicht das Oberste zuunterst kehren. Lernen wir zum Beispiel, wie wir einen ersten guten Eindruck machen können[38], werden viele von uns selbstbewusster. Doch kann jeder von uns selbst bestimmen, wie weit wir mit diesem Training gehen wollen. Salonlöwen lächeln viel, wirken aufgeschlossen, sprechen in der gleichen Geschwindigkeit wie ihre Gesprächspartner und versuchen, andere sich gut fühlen zu lassen. Da wir fast alle gelegentlich solch eine Verhaltensweise an den Tag legen, ist es von Natur aus nicht per se ausgeschlossen, sich darin durch Übung verbessern zu können. Sollten Sie allerdings eher introvertiert sein, könnten Sie mit Ihren Übungen hin zum Salonlöwen Ihr Authentischsein gefährden. Das richtige Maß an Veränderung hängt von keiner Norm oder der Meinung anderer ab, sondern von Ihrer Persönlichkeit.

DURCHHALTEVERMÖGEN ERLERNEN

Viele von uns haben Schwierigkeiten mit ihrem Durchhaltevermögen. Dabei ist es nachvollziehbar: Ein positives und erfülltes Leben hängt bis zu einem gewissen Grad vom Durchhaltevermögen ab. Eltern, Lehrer, Trainer, Berater und praktisch jeder empfiehlt uns das Erlernen von Durchhaltevermögen. Aber kaum jemand sagt uns, wie wir das anstellen sollen. Hilflos beobachten wir uns dabei, wie wir ins Stocken geraten und unsere Bemühungen in entscheidenden Momenten im Streben nach wichtigen Dingen aufgeben. Dabei kennen wir aus anderen Bereichen unser Durchhaltevermögen durchaus. Obwohl wir andere Aufgaben locker stemmen, kriegen wir bisweilen die einfachsten Dinge nicht hin und schaffen es nicht, die banalsten Gewohnheiten abzustellen.

Das muss nicht so sein. Jeder von uns kann lernen, etwas durchzuhalten. Kleine Veränderungen in der Wahrnehmung und im Verhalten machen den großen Unterschied, wenn es um das Durchhaltevermögen geht. Stellen Sie sich vor, wie ein Kind beim Laufen lernen kämpft. Eine gewisse Frustration ist unvermeidlich. Das Kind wird Pausen einlegen und es erst einmal lassen. Doch dann sammelt es wieder Kraft für den nächsten Schritt. Angesichts der unzähligen Male, die das Kind auf seinen Hosenboden fällt, können wir uns nur wundern, warum es nicht einfach aufgibt. Was genau hat das Kind, was uns fehlt, wenn es ums Durchhaltevermögen geht?

Es gibt drei voneinander abhängige Komponenten, die für den Erfolg des Kindes verantwortlich sind: (1) fehlende Zweifel, (2) das Akzeptieren von Rückschlägen und (3) die Freude an der Aktivität. Wir werden jetzt jede einzelne dieser Komponenten prüfen und Wege finden, die das Durchhalten erleichtern. Hierbei berücksichtigen wir die Komplexität des Gehirns eines Erwachsenen und die anderen Lebensumstände Erwachsener.

Fehlende Zweifel

Während die noch unausgereiften Gehirne von Kleinkindern gar keine Fähigkeit zum Zweifeln haben, ist das bei uns anders. Unser Geist ist voll von Gedanken. Wenn kleine Kinder es könnten, würden sie vielleicht auch

Zweifel bekommen und sich denken: „Ich wusste gleich, dass das passieren wird! Ich bin darin eben nicht gut, und ich werde wohl nie lernen, wie man läuft. Ich könnte es eigentlich gleich aufgeben." So würde das Kind sämtliche Bemühungen im Keim ersticken.

Wie dem auch sei: Wir müssen mit dem Verstand arbeiten, wenn wir aufkommende Zweifel stoppen oder zumindest ihre Beschleunigungskraft eindämmen wollen. Hierfür gibt es viele Möglichkeiten. Wir müssen jedoch herausfinden, was in unserem Fall am besten funktioniert.

Das Entkräften pessimistischer Gedanken ist hilfreich, wenn wir uns eine optimistische Sicht der Dinge antrainieren wollen. Wir könnten uns das Argument angewöhnen: Es gibt nicht genug Hinweise für handfeste, negative Schlussfolgerungen. Positive Rückschlüsse mögen ein wenig rosa eingefärbt sein, aber sie sind häufig nützlich, da sie unsere Stimmung heben und uns motivieren. Sie helfen uns sogar, verheiratet zu bleiben.[39]

Es gibt zahlreiche weitergehende Übungen zur Verbesserung unseres Optimismus. Nach Martin Seligman können wir Ereignisse optimistischer einschätzen, wenn wir permanente und universelle Gründe als positiv und temporäre und spezifische Gründe als negativ ansehen.[40] So könnten wir beispielsweise einen Misserfolg folgendermaßen kommentieren: „Ich hatte einen schlechten Tag [temporär], weil ich nicht gut geschlafen habe und nicht auf diese Aufgabe [spezifisch] vorbereitet war." Und anstatt Erfolge als glücklichen Zufall wegzubügeln, könnten wir sie uns zueigen machen. Solche kleinen, aber bewussten Änderungen in unserem Denken können uns langfristig sehr beeinflussen.

Sollten Sie sich über Ihre Authentizität sorgen, entscheiden Sie zunächst bewusst, ob eine bestimmte Situation einen positiven Ausblick rechtfertigt. Wenn Sie außerdem Ihre Situation überprüfen und herausfinden, wie Sie darüber denken, werden Sie wahrscheinlich feststellen, dass ein negativer Ausblick *Ihre Meinung* häufig oft nicht widerspiegelt. Pessimismus rührt oft von erlernten negativen, kulturellen Botschaften her, die sich als fast automatisch aufsteigende Gedanken manifestiert haben. Denken wir über diese Botschaften und unser Denken nach, werden wir meist sofort optimistischer.

Eine weitere Möglichkeit, um nur mit wenigen oder gar keinen Zweifeln kämpfen zu müssen: Ersticken Sie aufkeimende Zweifel unmittelbar.

Manchmal ist es nur eine Frage der geistigen Disziplin. Denn wir sollten uns stets auf den gegenwärtigen Moment oder das zukünftige Ziel konzentrieren. Ersteres können wir erlernen: Wir halten unsere Aufmerksamkeit auf die Aufgabe gerichtet. Wenn wir beispielsweise eine Präsentation halten und uns gerade ein Patzer passiert ist, könnte unser Verstand über das, was gerade war, grübeln. Da unser Verstand immer in der Gegenwart eingebunden ist, wird unsere Aufmerksamkeit jetzt in zwei Hälften geteilt: eine Hälfte hängt noch in der Vergangenheit, die andere Hälfte ist in der Gegenwart.

Wir können unsere Gedanken sogar noch bis in die Zukunft ausrichten, was unsere Aufmerksamkeit noch weiter teilt, bis wir letztlich nur noch mit einem Bruchteil jener geistigen Kapazität denken, die wir normalerweise zur Verfügung haben. Wenn wir ruhig und konzentriert blieben, würden wir wahrscheinlich die Bedeutung von ein paar Schnitzern nicht überbewerten. Da jedoch unsere Denkfähigkeit reduziert wird, können wir unsere weitere Perspektive nicht aufrecht erhalten. Infolgedessen erleiden wir und unsere Präsentation noch größeren Mangel.

Damit wir das Aufspalten unserer so dringend benötigten Aufmerksamkeit vermeiden, können wir in weniger als einer Sekunde unsere Aufmerksamkeit wieder neu ausrichten. Unabhängig davon, welche Art von Fehler uns gerade unterlaufen ist, müssen wir uns in die Gegenwart zurückholen, indem wir einfach „Jetzt!" denken. Auch wenn wir von uns eine höhere Erwartung hatten, verdient und benötigt die Gegenwart unsere ungeteilte Aufmerksamkeit.

Wir können das trainieren: Stellen Sie sich eine stressbehaftete Situation vor, in der Sie einen Fehler machen. Stellen Sie sich jetzt vor, wie Sie sich auf den gegenwärtigen Moment konzentrieren. Eine Technik, unsere Aufmerksamkeit auf die Gegenwart gerichtet zu halten, ist: Wir kehren zu einem wichtigen Punkt unserer Arbeit oder Präsentation zurück. Geraten wir beispielsweise ins Wanken, während wir gerade unsere Position verteidigen, sollten wir sofort zu unserem zentralen Argument zurückkehren. Bei einer Vorstellung kehren wir zum wichtigsten Aspekt unserer Ausführungen zurück: zu einer Schlüsselqualifikation, einer wichtigen Formalität, einem Schlüsselwort, einem Slogan oder einer bestimmten Bewegung. Solange wir unseren Fokus voll und ganz in der Gegenwart halten, haben wir zum Entwickeln von Zweifeln weder Raum noch Zeit.

Die Konzentration auf den gegenwärtigen Moment kann als Notfallhilfe genutzt werden, denn damit bleiben wir auf Kurs. Alles, was wir auf der analytischen Bewusstseinsebene tun, hilft uns, mit einem definierbaren Ziel oder einem anderen Wesen in Beziehung zu kommen. Wenn unsere Beziehung oder ein Ziel langfristig ausgerichtet ist und Zweifel aufkommen, ist ein Ausblick in die Zukunft (siehe auch Kapitel 4) besonders wichtig. Da die vorgestellte Zukunft im Wettstreit mit der unmittelbaren Erfahrung steht, müssen wir uns das, was wir wollen, sehr stark vorstellen. Erwartungen haben nur dann einen Wert, wenn wir sie uns im Jetzt anschaulich vorstellen.[41] Eine mentale Repräsentation kann positive Gefühle auslösen und uns sogar die Kraft für den längsten Marathonlauf geben.[42]

Da das Leben hart sein kann, sind Hinwendungen zur Hoffnung und süße Vorfreuden womöglich genau das, womit wir durchhalten können.[43] Vorstellungen über die Zukunft können allerdings auch zu einer vergeblichen Flucht vor notwendigen Maßnahmen werden. Im Namen der Hoffnung können Menschen sogar im größten Elend leben. Viele von ihnen schieben ein positives und erfülltes Leben jahrzehntelang auf, da sie „auf Godot warten",[44] also entweder auf den Ruhestand oder ein Leben nach dem Tod.

Dennoch sollten Sie nicht vergessen: Wenn Sie sich die Zukunft vorstellen, steht Ihnen ein verblüffendes Geisteswerkzeug zur Verfügung, das die menschliche Evolution erst in jüngster Zeit erschaffen hat. Geht es nach dem Autor Daniel Gilbert, funktioniert dieses Werkzeug nicht immer präzise und kann auch missbraucht werden.[45] Wenn wir dieses Werkzeug allerdings für unsere eigene Motivation nutzen, etwa um die Schmerzen und Qualen während eines Langstreckenlaufs besser zu ertragen, dann verwenden wir es richtig. Hätte ich nicht gelegentlich in Fantasien geschwelgt, würde wohl auch dieses Buch nicht existieren. Am besten stellen wir uns abhängig von der jeweiligen Situation entweder das ultimative Ziel unseres Handelns oder ein unmittelbar erreichbares Ziel vor. Hierzu schrieb Stephen Covey, der darauf hinwies, wie schwierig das Ändern von Gewohnheiten ist:

> Dieser Prozess ist manchmal sehr schmerzhaft. Diese Veränderung muss durch einen höheren Zweck motiviert werden. Hierfür müssen wir bereit sein, das, was wir im Moment wollen, dem unterzuordnen,

> was wir später wollen. Doch dieser Prozess erzeugt Glück – „das Ziel und die Form unseres Daseins." Glück kann zumindest zum Teil so definiert werden: Als die Frucht dessen, was wir uns Wünschen und als unsere Opferbereitschaft in Bezug auf unsere momentanen Wünsche zugunsten der Wünsche, die wir *letztendlich* haben.[46]

Zwar habe ich ein anderes Verständnis vom „Ziel unserer Existenz". Doch ich stimme zu: Das Hinausschieben unserer aktuellen Bedürfnisse zum Wohle eines größeren Ziels trägt zum Glück bei. Daher müssen wir uns beim Aufkommen von Zweifeln stets unsere höhere Absicht vergegenwärtigen und sie klar vor Augen halten.

Werden wir durch ein zu weit entferntes ultimatives Ziel oder eine Absicht nicht motiviert, müssen wir den Weg dorthin in kleinere Abschnitte aufteilen und verschiedene Teilziele verfolgen. Was mein persönliches Durchhaltevermögen betrifft, kann ich beispielsweise meine Kraft nicht nur aus den Gedanken an eine Veröffentlichung beziehen. Stattdessen habe ich mein Buch in Teile, Kapitel und Abschnitte unterteilt. Gelegentlich halte ich mich über Wasser, indem ich mich auf nur einen Absatz, einen Fakten-Check oder auf einen Satz konzentriere.

Wir können jeden längeren Prozess in kleinere, überwindbare Teile zerlegen. Ohne diese Aufteilung würden wir von Zweifeln geradezu überflutet werden. Wenn wir beispielsweise 15 Kilo abnehmen möchten, geben wir womöglich schon auf, bevor wir überhaupt ein Zehntel davon erreicht haben. (Hüten Sie sich vor Diäten, die zu viel versprechen!) Wollen wir dabei allerdings Erfolg haben, setzen wir uns ein Ziel für das Abnehmen, das wir aller Wahrscheinlichkeit in absehbarer Zeit erreichen können, wie beispielsweise zwei Pfund in einem Monat.

Denken Sie an Joe Simpson, den Bergsteiger, über den wir in Kapitel 6 gesprochen haben. Er setzte sich ein Ziel nach dem anderen und konnte so sein Leben retten. Dabei schien seine Situation hoffnungslos: Er hatte kein Wasser und musste mit einem gebrochenen Bein den Berg hinunter kriechen. Doch Simpson stellte sich erreichbare Ziele vor. Trotz all seiner großen Schmerzen waren die umsetzbar. Also setzte er sie um.[47] Heften wir unseren Blick auf ein einzelnes machbares Ziel, können wir Zweifel in die Schranken weisen.

Rückschläge annehmen

Da die Wege zum Erfolg mit jeder Menge Hindernissen gepflastert sind, haben wir für unser Vorwärtskommen nur eine Möglichkeit: Wir müssen einen nicht-linearen Weg einschlagen. Abhängig von der Aufgabe sollten wir uns stets auf Höhen und Tiefen gefasst machen; auch kann es zwischendurch zu längeren Stillständen kommen, so beispielsweise, wenn Sie auf gesunde Art und Weise ein oder zwei Pfund pro Monat abnehmen möchten. Dem erwachsenen Verstand ist am besten gedient, wenn Rückschläge so angenommen werden, als handele es sich dabei um ein Naturgesetz. Wir können uns lähmende Frustrationen sparen, wenn wir von vornherein wissen: Ziele sind nur selten auf direktem Wege erreichbar.

Wir müssen daher darauf vorbereitet sein. Alles beginnt also mit der richtigen Einstellung. Dies sieht auch die Kolumnistin Ann Landers so: „Würde man mich um den nützlichsten Ratschlag für die gesamte Menschheit bitten, wäre das Folgender: Nehmen Sie Probleme als unvermeidlichen Teil des Lebens an und halten Sie den Kopf hoch. Wenn es schließlich dazu kommt, schauen Sie dem Problem direkt in die Augen und sagen Sie: „Ich bin stärker als du. Du kannst mich nicht besiegen.“[48]

Wenn wir Rückschläge vorauskalkulieren, gibt uns das ein gewisses Maß an Kontrolle.[49] Hierfür ist es häufig notwendig, das, was wir bei einem Rückschlag denken und anschließend unternehmen möchten, im Voraus zu planen. Je besser wir vorbereitet sind, desto leichter können wir voran schreiten. Haben wir beispielsweise bei einer Diät einen Stillstand erreicht oder sogar wieder ein paar Pfund zugenommen, sollten wir uns sagen: „Ich wusste, das würde irgendwann passieren. Jetzt ist es an der Zeit, diese Phase durchzuhalten.“

In einer solchen Phase müssen wir entscheiden: Ist es besser für uns, mit dem, was wir tun, weiterzumachen, oder sollten wir den Rückschlag als Chance nehmen? Denn wir können aus ihm lernen und durch ihn Änderungen umsetzen. Wollen wir beispielsweise Gewicht verlieren, sollten wir womöglich unser Fitnessprogramm ändern, bevor sich unser Körper daran gewöhnt hat. Wenn wir mit einer bestimmten Diät nicht zurechtkommen, müssen wir uns eine suchen, mit der wir für den Rest unseres Lebens leben können. Andererseits kann der Stillstand bei einer Diät auch genau die Zeit sein, die unser Körper für die Anpassung an die Diät benötigt. In diesem Fall müssen wir Wege finden, wie wir diese Phase überstehen.

Hierfür sollten wir uns im Voraus verschiedene Lösungen zurechtlegen, damit wir den Kurs halten können. Die richtige Ermutigung zur rechten Zeit von der richtigen Person entscheidet oft über Weitermachen oder Aufgeben. Wir müssen uns zu einer geplanten Absprache verpflichten, auch wenn wir betrübt oder beschämt sind. Gerade bei Rückschlägen sollten wir uns nicht isolieren! Manchmal müssen wir andere Hilfsmittel einplanen: eine professionelle Beratung, eine Selbsthilfegruppe oder ein hilfreiches Buch. Es kann bekanntlich immer zu Rückschlägen kommen. Daher können wir uns jede Menge Kummer sparen, wenn wir uns vorausschauend darauf vorbereiten.

Fühlen wir uns trotz unserer Bemühungen deprimiert, liegt das wahrscheinlich an unserem Ego oder unserem Ich-Gefühl, das Schaden erlitten hat. Das Ego will uns einreden, wir sollten toller sein, als wir es momentan sind. Sobald wir einmal vom Erfolg gekostet haben, kann uns das wie Alkohol zu Kopfe steigen. Dann wollen wir mehr davon, um das Level zu halten. Wenn wir scheitern – und Scheitern ist unvermeidlich –, möchten wir am liebsten zusammenbrechen und schmollen: „Ich Arme/r! Jetzt brauch ich einen Drink“. Scheitern ist menschlich. Je früher wir uns das selbst eingestehen, desto eher sitzen wir wieder im Sattel.

Aktivität genießen

Wie wir jetzt wissen, sollten wir gut vorbereitet sein und unsere Zweifel im Griff haben. Wenn wir unsere Aktivitäten allerdings nicht genießen können, ist das mit dem Durchhaltevermögen sehr schwierig. Zwingen Eltern ihr Kind zum Erlernen von Dingen, die sie hassen, wird das Kind höchstwahrscheinlich seine Sache nicht gut machen. Zu Recht rät uns jeder: Wir sollten einen Bereich angehen, der uns Spaß macht und für den wir wahrscheinlich eine Leidenschaft entwickeln können. Kleinkinder empfinden das Laufenlernen als recht einfach. Sie lieben es, langsam Kontrolle über ihren Körper zu erlangen, indem sie sich selbst hoch ziehen können und dann vor den stolzen Augen der jubelnden Eltern los watscheln und lustige Stürze hinlegen – auch wenn einige davon wirklich weh tun. Wir sollten, so oft wir können, unserer Leidenschaft im Leben folgen und vor allem nicht nur dem Geld hinterher jagen (siehe auch Kapitel 4).

Andererseits müssen wir als verantwortungsbewusste Erwachsene auch manchmal „liefern", wenn es uns keinen Spaß macht. Was also tun, wenn wir eine Sache nicht mögen, ohne die wir ein bestimmtes Ziel aber nicht erreichen könnten? Manchmal können wir unser Ziel neu definieren oder umformulieren. Bei anderen Gelegenheiten können wir in unserem Streben genau nach dem suchen, was wir aufrichtig mögen. Es gibt so ziemlich in allem auch etwas Gutes. Zunächst sollten wir vielleicht unsere unverkennbaren Stärken in die Aufgabe einbringen, wie Martin Seligman es vorschlägt (siehe Kapitel 4). Häufig können wir Teile unserer Aktivitäten freudvoller gestalten und uns dann darauf konzentrieren.

Wenn keine dieser Techniken hilft, müssen wir unsere Perspektive fest im Blick behalten und die Teile, die wir nicht mögen, hinnehmen. Und nicht vergessen: Aller Anfang ist schwer. Möglicherweise können wir eine Sache zuerst überhaupt nicht ausstehen, mögen sie aber, sobald wir an ihr wachsen. Wenn es hart auf hart kommt, sollten wir uns mit Tricks zu einer Aktivität zwingen. Ändern Sie die Art, wie Sie mit sich selbst reden: „Mist, jetzt muss ich heute noch eine halbe Stunde Sport machen!" in: „Vielleicht trainiere ich heute mal nicht die volle Zeit. Ich könnte ja einfach erst einmal beginnen und nach fünf Minuten aufhören." Haben wir erst einmal angefangen, machen wir häufig auch weiter.

Diese Technik benutze ich in meinem eigenen Leben. Wenn mir vor einer offenen Rechnung graut, lege ich sie sichtbar vor mich auf den Tisch. Im nächsten Schritt lege ich lässig einen Stift oben drauf, aber nur, damit alles schön vorbereitet ist. Dann entschließe ich mich, lediglich das Datum auf dem Scheck einzutragen. Spätestens dann fülle ich den Scheck meist vollständig aus und verschicke ihn.

Bei schwierigeren Angelegenheiten wie der Jobsuche, können wir auch so vorgehen. Wir helfen uns selbst, wenn wir Aufgaben in mehrere aufeinander folgende Schritte einteilen, anstatt einen Riesensprung zu wagen. Der erste Schritt kann einfach nur eine erste Recherche im Internet sein. Holen Sie sich dort Hinweise zur Jobsuche. Danach könnten Sie sich erst einmal

Unterstützung bei Ihren Freunden und Ihrer Familie holen. In einem nächsten Schritt schauen Sie sich die Jobangebote im Internet an, aber ohne Druck. Antworten Sie nicht direkt. Listen Sie die Angebote erst einmal auf. Es gibt keinen Grund, gleich jedem Arbeitgeber dieser Liste noch am selben Tag zu schreiben. Wir könnten uns aber verpflichten, mit nur einem Jobangebot, nur zu Übungszwecken, anzufangen. Ein Schritt führt in der Regel automatisch zum nächsten. Daher ist das Beginnen mit ein paar einfachen Schritten so ungemein hilfreich.

Das Erlernen von Durchhaltevermögen lohnt sich wirklich. Denn diese Fähigkeit führt zu Erfolg und Glück. In seinem Buch *Überflieger* konnte Malcolm Gladwell bei der Untersuchung des Erfolgs drei Komponenten festmachen: allgemeine Fähigkeiten, Chancen und harte, harte Arbeit. Gladwell zeigt dies am Beispiel einer Studentin namens Renee, der eine Mathematikaufgabe vorgelegt wurde. Renee war nicht etwa so ungewöhnlich, weil sie Aufgaben besonders schnell lösen konnte, sondern weil sie ausdauernder war als andere Studenten und viel länger herum experimentierte. Gladwell schloss daraus: „Erfolg ist abhängig von der Ausdauer, Verbissenheit und Bereitschaft, über einen Zeitraum von 22 Minuten hart an einer Sache, die von den meisten Menschen bereits nach dreißig Sekunden aufgegeben wird, zu arbeiten, weil wir das Problem durchschauen wollen."[50]

Wenn unser Erfolg widerspiegelt, wer wir sind und wer uns dabei hilft, eine Verbindung zur vergänglichen Welt der Form herzustellen, macht uns das glücklich. Das Leben ist kein Sprint, sondern ein Marathonlauf. Bewegen Sie sich langsam. Wenn es gar nicht anders geht, hinken Sie oder machen Sie eine Pause, aber geben Sie nicht auf. Die Aktivität an sich wird Ihnen Selbstvertrauen geben.

Nachdem wir dieses Kapitel mit den Übungen für die analytische Bewusstseinsebene abschließen, erörtere ich in Teil 3 den zweiten Flügel des Glücks – die spirituelle Bewusstseinsebene. Hoffentlich konnte ich Sie ausreichend dazu inspirieren, Ihr Glück bei den Hörnern zu packen, damit Sie sich aktiv in den Bereichen Ihres Lebens engagieren, die es nötig haben. Denken Sie aber immer daran: Unser Engagement im Leben beruht nicht auf der Entscheidung zum Überleben. Wir engagieren uns, weil wir Glück erleben möchten. Es gibt einen Weg, wie wir Glück erfahren können: Wir sollten dafür unseren Geist auf eine Sache oder eine Person außerhalb unseres eigenen Selbst ausrichten und dem nachstreben.

Vergessen Sie dabei nie die Zutaten: Eifer, Kompetenz, Verbundenheit und Selbstvertrauen. Sie alle dienen Ihrem Glück. Lassen Sie sich nicht von Ihren Beschäftigungen in die Falle locken. Sie müssen stets unserem großen Ziel – dem Glück – untergeordnet bleiben. Der Philosoph Epiktet formulierte es so:

> „Das Streben nach weltlichem Erfolg ist keine Schande: Es ist normal. Dein Problem liegt nicht im Streben selbst, sondern wie du dein Ziel verfolgst. Du lässt es selbst zu, dass deine wahnsinnigen, fehlgeleiteten Sehnsüchte und Ängste dein Urteilsvermögen trüben. Damit überschätzt du den Wert deiner Bestrebungen, der diesen innewohnt. Auf diese Weise baust du auf dein Streben, um dir Glück zu verschaffen. Damit bringst du die Mittel mit dem eigentlichen Ziel durcheinander.“[51]

Verlieren Sie sich niemals *für* ein Ziel, sondern nur *im* Prozess. Wenn wir uns auf den Prozess wirklich einlassen und uns selbstvergessend guten Zielen und guten Menschen hingeben, geben wir dem Glück eine Chance.

ÜBUNGEN AUF DER ANALYTISCHEN BEWUSSTSEINSEBENE: SELBSTVERTRAUEN

Etwas zum Nachdenken

- Was bringt Sie dazu, die Fehler anderer Menschen zu verzeihen?
- Die Teile Ihres Selbst, mit denen Sie sich am unsichersten fühlen – welche Rolle spielen die für Ihr Gleichgewicht?
- Skizzieren Sie einen Plan: Wie wollen Sie bei einer Aktivität, die Durchhaltevermögen erfordert, mit Rückschlägen oder Stillständen umgehen:

Stellen Sie sich folgende Situation vor

Denken Sie an die Teile Ihres Selbst, mit denen Sie sich am unsichersten fühlen. Übertragen Sie diese auf eine Person, die Sie lieben und bewundern. Wie beurteilen Sie die „mangelhaften" Teile jetzt? Wie sehen Sie die gesamte Person?

Andere um Hilfe bitten

- Bitten Sie eine Person, die große Stücke auf Sie hält, Ihnen zu sagen, was sie über einen Teil von Ihnen denkt, den Sie als fehlerhaft ansehen.
- Bitten Sie um Zuspruch, auch wenn Sie davon in der Regel Abstand nehmen.

Erforschen Sie Ihre Gefühle

Was würde passieren, wenn jeder den Teil von Ihnen sehen könnte, den Sie in der Regel unter Verschluss halten? Was ist das Schlimmste, was passieren könnte? Für diese Übung sollten Sie lediglich Ihre Argumente erforschen, ohne sie zu erörtern. Bestimmen Sie die Gefühle, die Ihren Gedanken zugrunde liegen. Sprechen Sie Ihre Gefühle laut aus. Damit können Sie sie enttarnen und herausfinden, ob Sie lediglich Angst vor einem Gefühl haben. Erinnern Sie sich daran: Gefühle sind Erfahrungen, die Sie selbst erzeugen und nicht in Stein gemeißelte Fakten. Wenn Sie mit Angst behaftete Gefühle mit diesem Bewusstsein annehmen, haben sie die Tendenz, nach und nach ihre Macht zu verlieren.

Dinge, die Sie tun können

- Schauen Sie sich diese Filme an: *Spirit – Der wilde Mustang*, *Der Gladiator*, *Insider*, *Grüne Tomaten*, *Jenseits von Afrika*, *Spartacus*, den neuseeländischen Film *Whale Rider*, den deutschen Film *Aimée und Jaguar*, den italienischen Film *Brot und Tulpen*, die chinesischen Filme *Der König der Masken* sowie *Tiger and Dragon*. In Bezug auf das Durchhaltevermögen schauen Sie sich die wahre Geschichte im Film *Sturz ins Leere* an.

- Lesen Sie das Buch *Raus aus der Glücksfalle* von Russ Harris, um das Annehmen negativer Erfahrungen zu erlernen. In seinem Buch stellt Harris auch seine Akzeptanz- und Commitment-Therapie (ACT) vor, die auf Achtsamkeit basiert.
- Üben Sie das „Nein"-Sagen, wenn es Ihnen nicht leicht fällt. Wenn Sie Schwierigkeiten mit Ihrer Durchsetzungsfähigkeit haben, üben Sie Sätze wie: „Ich muss Ihnen widersprechen. Meine Meinung ist ..." Wenn eine Person aus dem Dienstleistungsbereich Sie respektlos behandelt, sagen Sie, Sie wollen ihren Chef sprechen. Bringen Sie Ihr Anliegen nicht wütend vor, sondern bleiben Sie stets respektvoll. Wenn eine Person unhöflich zu Ihnen ist, fragen Sie sie: „Warum sagen Sie so etwas?" Wenn Sie für sich selbst eintreten, können Sie zwar nicht unbedingt die Meinung anderer ändern. Doch Sie reagieren trotzdem anders.
- Besuchen Sie einen Kurs zum Training von Selbstbehauptung.
- Wenn Sie sich in gesellschaftlichen Situationen unsicher fühlen, lernen Sie, wie Sie einen ersten guten Eindruck machen können. Über das Thema gibt es auf dem Markt zahlreiche Bücher, wie *Mit dem ersten Eindruck begeistern: Wie wir andere in 5 Minuten für uns gewinnen* von Jutta D. Blume.
- Legen Sie das übergeordnete Ziel einer Aktivität fest. Setzen Sie sich anschießend ein bestimmtes langfristiges Ziel und teilen Sie es mithilfe einer entsprechenden Zeittabelle in verschiedene Teilziele auf.
- Suchen Sie sich eine Aktivität, die in Ihnen Unwillen hervorruft, und versuchen Sie, sie angenehmer zu gestalten. Fokussieren Sie sich entweder auf einen bestimmten Aspekt der Aktivität oder wenden Sie Ihre persönlichen Stärken bewusster auf die Aufgabe an.
- Überlegen Sie sich, ob Sie nicht einen Kurs in einer Kampfkunst, in Tai Chi oder Yoga machen. Bewegung stärkt Ihr Selbstvertrauen.

Spirituelles Wachstum

Sagen Sie sich häufig „Ich bin", und lassen Sie dabei Ihren Atem bewusst fließen. Kleben Sie an eine unübersehbare Stelle einen Notizzettel mit diesen beiden Wörtern, damit Sie die Übung nicht vergessen.

TEIL III

Die spirituelle Bewusstseinsebene

Die Augenblicke des Glücks, die wir genießen, überraschen uns.
Nicht wir ergreifen sie; sie ergreifen uns.

ASHLEY MONTAGU

[8]

Die Lebenskraft

Du wirst den Himmel in dem Moment berühren, Jonathan,
in dem du die perfekte Geschwindigkeit erreichst.
Das bedeutet nicht: Ich fliege mit tausend Meilen pro Stunde,
oder einer Million, oder mit Lichtgeschwindigkeit.
Denn jede Zahl bedeutet eine Grenze,
und Vollkommenheit kennt keine Grenze.
Die vollkommene Geschwindigkeit, mein Sohn, ist das Dasein.

RICHARD BACH

Wir sind so kraftvoll, wie die Welt, in der wir leben. Sie strahlt Kreativität aus, Spontaneität, Schönheit, Brillanz und Ausgewogenheit. Dennoch wissen wir nicht, wie kraftvoll wir sind. Wir sehnen uns danach, doch eines übersehen wir: Wir müssen nicht ersehnen, was wir bereits besitzen. Wir müssen uns nicht anstrengen, denn die wunderbarsten Eigenschaften des Universums sind bereits Teil von uns, und wir sind Teil von ihnen.

Natürlich können wir unsere Kreativität vergrößern; wir können spontaner werden und unsere Schönheit noch mehr erstrahlen lassen, ganz so, wie Dinge in einem Garten kultiviert und veredelt werden können. Doch auf einer Ebene der Erfahrung, die ich die spirituelle Bewusstseinsebene nenne, können wir dem Leben unmittelbar begegnen, uns in ihm auflösen, oder noch besser gesagt: Wir können wahrnehmen, wie wir ständig Teil von ihm sind. Anstatt ein gutes und erfülltes Leben zu führen, was so entscheidend für unser Glück auf der analytischen Bewusstseinsebene ist, können wir unsere Beziehung zu dem guten und erfüllten Leben ganz einfach erfahren.

DIE LEBENSKRAFT VERSTEHEN

Wir können einen Sinn für die Lebenskraft entwickeln, indem wir uns entweder auf den Makrokosmos ausrichten, der alles Sichtbare einschließt (vom Marienkäfer bis zum Himmelskörper), oder auf den Mikrokosmos, der zu klein ist, als dass ihn unsere Augen wahrnehmen könnten. Es gibt so viele Dinge innerhalb unseres Universums, über die wir staunen. Und schon diese Tatsache ist erstaunlich. Wir bekommen eine Ahnung von der Lebenskraft, wenn wir auf eine kleine Blume herabblicken, die aus den Rissen im Asphalt hervor wächst und sich dem nährenden Sonnenlicht zuwendet. Wenn wir aufmerksam sind, kann in uns die Energie eines geschäftigen Bienenschwarms erwachen, als ob sie uns erfreuen wolle. Wenn wir unsere Sinne öffnen, können wir das Rascheln der Blätter eines Baums hören, seine Blütenpracht riechen, seine Rinde berühren und wiederum von dem berührt werden, was wir gerade berühren. Um unsere Sinne für das Teilhaben an diesem erstaunlichen Leben zu kräftigen, machen wir uns auf zum Ozean, in dem wir schwimmen und in dem wir uns verlieren könnten. Dieses wundersame, unendlich tätige und schöpferische Universum erschafft die Seen, Flüsse, Berge, Wüsten, mit all ihren bizarren und wunderschönen Kreaturen.

Seit das Leben auf der Erde entstand, existierten Millionen und Abermillionen verschiedene Lebensformen und nur ein kleiner Prozentsatz von ihnen wurde detailliert erforscht.[1] Doch Zahlen sind ein Abstraktum. Unser Geist und Verstand sind schon durch das simple Beobachten einer Kreatur in seiner ökologischen Nische zutiefst erstaunt. Wir können kaum verstehen, dass sie Teil eines größeren ausbalancierten ökologischen Systems ist, von dem auch wir ein Teil sind. Solch eine Vielfalt! Solch ein Wechselspiel! Es verging viel Zeit, bis all diese Arten, diese unterschiedlichen Tiere und Biosysteme entstanden. Tatsächlich vergingen 3,5 Milliarden Jahre von der Entstehung erster Lebensformen bis hin zum *Homo sapiens* – auf einer Erde, die bereits eine Milliarde Jahre länger existierte.[2]

Ein Gefühl für die Kraft des Lebens erwächst in uns auch dann, wenn wir in den Himmel schauen. Alles, was uns umkreist, wurde und ist durch die Kräfte des Universums geschaffen. Unser Sonnensystem mit seinen Planeten entstand vor etwa 10,3 Milliarden Jahren. Trotz des enormen Gewichtes der Erde[3] dreht sie sich um sich selbst, und das innerhalb nur eines Tages! Die Schwerkraft bewahrt uns vor dem „Hinunterfallen“ in den Weltraum; die Sonne, die eine Million Mal größer ist als die Erde, bewegt uns mit einer Geschwindigkeit von 107.344 Kilometern pro Stunde um sie herum.

Im Mittelalter glaubten die Menschen, alle Sterne und Planeten würden die Erde umkreisen, was Gottes besondere Stellung zu uns zu bestätigen schien. Dann entdeckte der polnische Astronom Nikolaus Kopernikus: Alles dreht sich um die Sonne. Damit war die Erde nicht mehr der wichtigste Planet und die vorherrschende Weltsicht erschüttert.[4] Um das daraus resultierende Gefühl der Unbedeutsamkeit abzuwehren, diskreditierten die Menschen die Wissenschaft. Sie wollten der einzigartige Mittelpunkt des Universums bleiben, gerade so, als sei dies die einzige Möglichkeit, sich als etwas Besonderes zu fühlen. Es scheint mir etwas Besonderes darin zu liegen, dass die Erde nur ein Jahr für die Umkreisung der Sonne benötigt und sich jede Nacht und jeden Morgen auf sie zu und von ihr weg bewegt, dass sie Leben hervorbrachte und damit uns – in einem größtenteils unbewohnbaren Universum. Es ist etwas Besonderes daran, dass wir Erdbewohner diese Fakten entdecken und aus ihnen schlussfolgern können, diese Tatsachen dann aber auch wieder vergessen können und nichts als unser Teilhaben an diesem einzigartigen Leben empfinden können. Wenn wir dieses Geschenk des Lebens auf dem so besonderen Planeten Erde in uns aufnehmen, dann empfinden wir die Wahrheit der Worte von Johann Wolfgang von Goethe: „allen ist das Dasein so gelind“[5].

In den folgenden Kapiteln werde ich zeigen, wie uns das Staunen der Erfahrung von Teilhabe am Leben näher bringt. So lange die Menschen ausschließlich mit ihrem unmittelbaren Überleben beschäftigt waren, staunten sie ständig über das Leben und seinen Ursprung. Heute wissen wir: Das Universum entstand vor 15 Milliarden Jahren mit einer gigantischen Explosion, dem so genannten Urknall. Mit dem Wissenschaftler Stephen Hawking nehmen wir an: Es gab einen Zeitpunkt, „in dem das ganze Universum und alles, was in ihm enthalten ist, zu unendlicher Dichte zusammengepresst war."[6]

Innerhalb dieses Punktes existierten weder Raum noch Zeit, und die uns bekannten Gesetze der Physik galten nicht. Weniger als eine Sekunde nach dem Urknall verbanden sich die Quarks zu Protonen und Neutronen. In einer einzigen Sekunde verbanden sich diese wiederum zu den Atomkernen der so genannten leichten Elemente wie Helium und Wasserstoff. Es ist erstaunlich: Dieses riesige Universum mit etwa 100 Milliarden Galaxien, von denen eine unsere Milchstraße mit 300 Milliarden Sternen ist, entsprang diesem einen Punkt. So viel entstand aus so wenig – wie viel Kraft darin liegt![7]

Die schwereren Elemente wie Kohlenstoff und Sauerstoff, aus denen wir bestehen, entstanden wesentlich später, aber sie alle entstanden aus den frühen leichten Elementen, vor allem dem Wasserstoff.[8] Der Wissenschaftsautor Brian Swimme bringt uns diese atemberaubende Schöpferkraft nahe: „Das ist die größte Entdeckung innerhalb der Wissenschaft: Man nimmt einfach Wasserstoffgas, überlässt es sich selbst, und daraus entstehen Rosenknospen, Giraffen und Menschen."[9]

Wir staunen über diese Schöpfung, die uns einschließt, und wir haben allen Grund dazu. Sie entfaltet sich unaufhörlich in uns selbst. Wir können nicht selber Sterne oder Gattungen erschaffen, aber wir können eine innige Beziehung zu dieser Schöpferkraft herstellen, denn wir sind ein Teil von ihr. Wir befinden uns in der Mitte dessen, was das Universum bewegt, deshalb wohnt die dem Universum innewohnende Schöpferkraft auch uns selber inne.

Einige Menschen wenden dagegen ein: Es muss doch etwas außerhalb unseres Universums existieren, etwas Entferntes, das die ersten Elemente oder deren Bestandteile hervorgebracht hat. Etwas, was ist, kann doch unmöglich von Nichts kommen. Obwohl dies unvorstellbar ist, so *kann* etwas aus dem Nichts kommen und *tut* das auch. Denn es existiert eine merkwürdige Energie, die Wissenschaftler als „Vakuumenergie" bezeichnen. Sie existiert überall, in uns und außerhalb von uns. Sie verfügt über unglaubliche Kräfte.[10] Selbst wenn wir alle sichtbaren und unsichtbaren Elemente aus dem Himmel über uns entfernen würden, würde dieser mit Un-*Dingen* angefüllte Weltraum neue Teilchen gebären!

Diese omnipräsente Vakuumenergie wird im Zusammenhang mit der „Quantenfeldtheorie" untersucht.[11] Denn diese Energie ist an keine Materie gebunden; sie kann weder sichtbar gemacht noch gemessen werden. Den Newtonschen Gesetzen zufolge haben alle Dinge eine Ursache und eine Wirkung. Doch in der Welt kleinster Partikel liegen die Dinge anders: Sie entstehen spontan und ohne Grund aus dem Nichts heraus.

Die meisten von uns verstehen: Das Universum und alles in ihm ist schöpferisch; aber wir haben dennoch wenig Blick für diese Schöpferkraft. Doch wie kann sich die Welt aus sich selbst heraus erschaffen? Da unsere materielle biologische Natur sich einen immateriellen Raum nicht vorstellen kann, können wir uns nichtkausale Vorgänge auch nicht vorstellen. Trotzdem gilt das Prinzip der Kausalität nicht, wenn wir uns mit der Grundlage des Lebens befassen, die auf Teilchen beruhen, die klein genug sind, innerhalb der Vakuumenergie eingebunden zu sein. Wir können solch winzig kleine Teilchen nicht präzise vermessen, denn sie sind nicht fixiert. Sie befinden sich in schwingender Bewegung, und zwar in der Form von Wellen.[12]

Die Vakuumenergie entlässt diese Teilchen ohne regelmäßigen Plan in die Existenz; insofern sind sie unbestimmbar. Der Grund, warum die Grundlage des Daseins sich in einer solch schöpferischen Art vollzieht, ist: *Es ist möglich.* Das Dasein ist völlig frei. Das bedeutet jedoch nicht, dass auch wir Menschen solch eine Freiheit hätten. Wir sind eben keine Wellen kleinster Partikel. Wir sind auch keine Quanten[13] und sind auch nicht absolut frei. Dafür sind wir zu groß und zu komplex. Auch wenn viele Bücher aus dem Bereich des New Age das fälschlicherweise suggerieren: Wir können uns nicht so verhalten, als gäbe es kein Kausalitätsprinzip in unserem Leben.

Doch wir können uns durch die Lebenskraft inspirieren lassen und es in unserem aktiven Leben nachhallen lassen, wenn wir uns auf der analytischen Bewusstseinsebene befinden. Wir können unsere Freiheit wachsen lassen, indem wir gute Ziele verfolgen und uns innerhalb unserer Gebundenheit an die Liebe befreien. Zudem – und das ist das Thema der folgenden Kapitel – können wir die Lebenskraft auch unmittelbar erfahren. Wenn wir uns auf dieses einzigartige Leben achtsam ausrichten und uns damit auf unsere spirituelle Bewusstseinsebene berufen, dann realisieren wir unsere Teilhaftigkeit an der Lebenskraft.

DAS GROSSE BILD DES LEBENS

Oft schlüpfen wir in die spirituelle Bewusstseinsebene, wenn wir die Schönheit um uns herum und in uns selbst betrachten, den Nacht- und den Tageshimmel, Kristalle, Landschaften, Pflanzen, Tiere, Kunstwerke, oder ein inspirierendes menschliches Verhalten. Die natürliche Ordnung offenbart sich in symmetrischen und ausgeglichenen Formen, jedoch auch im zufälligen Zusammenspiel aller Dinge. Jenseits ihrer Fragilität ist die Welt auf eine höchst pittoreske und uns tief bewegende Weise zusammengefügt. Wenn etwas zerstört wird, erwächst etwas Neues.[14] Es gibt das Streben der Dinge nach Verbundenheit. Unverbundenheit – so zerstörerisch sie auch für kurze Zeit sein mag – führt oft zu einer Expansion, meist größeren und komplizierteren Ausprägungen des Lebens.[15]

Schon das Nachdenken über dieses wunderbare Zusammenspiel hilft uns beim Erkennen des großen Bildes, das das Leben ohne Unterlass malt. Wir erleben die vollständigste Erfahrung, wenn wir nicht mehr auf Einzelteile fixiert sind, auf Stücke und Stückchen, wie es meist unserer Wahrnehmung entspricht. Wir müssen noch tiefer ins Universum schauen, wenn wir die ganze Lebenskraft erfahren wollen. Irgendwann verlieren wir dann den kognitiven Filter und sehen das Leben als einen ganzen Körper, oder – im Sinne östlichen Denkens – als ein Bewusstsein.

Dabei kann uns eine Vorstellung hilfreich sein: Alle Dinge und alle Menschen entstammen der Vakuumenergie, die Brian Swimme als den „alles nährenden Abgrund" bezeichnet.[16] Das Entstehen aller Dinge erfolgt spontan, und sind sie erst einmal groß genug, folgen sie den Gesetzen der Physik: Alle wollen sich verbinden, sich trennen und immer komplexer werden, und alles ist voneinander abhängig. Das östliche Denken ist vielfältig; es gründet sich auf dem Verständnis von Leben als eines Ganzen und nicht als eines Konglomerates von Teilen.

Intellektuelles Verstehen ist hilfreich, aber wir benötigen es nicht, wenn wir einen intuitiven Sinn für dieses Ganze entwickeln wollen. Alles, was wir brauchen, ist der auf das Leben fokussierte Geist; so werden wir uns unserer Beziehung zu ihm bewusst. Wenn wir unsere Beziehung zum Leben empfinden (was in unterschiedlichen Graden möglich ist), dann befinden wir uns auf der spirituellen Bewusstseinsebene. Wir nehmen keine Distanz mehr wahr zu Menschen oder Zielen – eine Distanz, die für das Glück auf der analytischen Bewusstseinsebene so notwendig ist.

Die Erfahrung der „Nicht-Distanz“ kann bis zum Gefühl des Eins-Seins mit der Unendlichkeit reichen. Wenn wir uns dem größeren Strom des Lebens hingeben, verlieren Grenzen ihre Bedeutung, und es werden keine Ich-Gefühle erzeugt. Als ein natürliches Ergebnis empfinden wir Frieden und Zufriedenheit. Je mehr wir unseren Geist auf das Leben fokussieren, desto mehr werden wir von jenem Gefühl überwältigt, das dem ähnlich ist, was Hindus *Moksha* und Buddhisten *Nirwana* nennen.[17]

DER ZUGANG ZUR SPIRITUELLEN BEWUSSTSEINSEBENE

Es sind viele Wege zur spirituellen Bewusstseinsebene möglich. Ich werde nicht sämtliche östliche Denkschulen aufzählen, sondern mich auf vier grundlegende Elemente beschränken, die essenziell für alle sind. Diese Elemente sind: Aufnahmefähigkeit, Gelassenheit, Vertrauen und Unbeschwertheit. Ich sehe diese Elemente weniger als Werkzeuge an, sondern als sich überschneidende, mitunter kongruente Pfade zum Glück. Ein westliches Verständnis östlichen Denkens kann uns den nichtaktiven Weg der Teilhabe am Leben näher bringen, denn er ergänzt auf so perfekte Weise den westlichen aktiven Weg.[18]

Im Rückgriff auf meine Analogie erkennen wir zwei Ebenen des Glücks: die analytische Bewusstseinsebene und die spirituelle Bewusstseinsebene, also die zwei Flügel eines Vogels, die wir zum Fliegen benötigen. Wir haben das Fliegen mit Hilfe der analytischen Bewusstseinsebene erlernt; nun erlernen wir das Fliegen mit Hilfe der spirituellen Bewusstseinsebene. Ich glaube, wir können nur dann glücklich sein, wenn wir dieses Fliegen auch wahrnehmen. Die spirituelle Bewusstseinsebene setzt uns mit dem gesamten Bild in Verbindung: mit dem, was wir tun, was für uns getan wird und was in uns geschieht. In anderen Worten: Die spirituelle Bewusstseinsebene gestattet uns das Wahrnehmen des Seins.

[9]

Aufnahmefähigkeit

Tatsächlich spreche ich die Wahrheit aus:
Alle Objekte deines Geistes,
wie gut sie immer sein mögen,
bilden eine Grenze zwischen dir und der Innersten Wahrheit.

MEISTER ECKHART

Das Wahrnehmen der Lebenskraft oder des Seins auf der spirituellen Bewusstseinsebene bedeutet: Wir erfahren uns selbst in der Mitte des gesamten Lebens. Es ist ein Empfinden unserer Verbundenheit in alle Richtungen der Weltgemeinschaft.

Freilich ist dies leichter gesagt, als getan. Wir sind an die Erfahrung der Trennung des „Ich“ vom übrigen Sein und den Dingen gewohnt – anstelle der Erfahrung der Verbundenheit mit allem. Die hoch entwickelte menschliche Hirnrinde, vor allem der Parietallappen[1], ermöglicht eine solche Zergliederung. So erreichen wir eine bessere Steuerung von Teilen unseres Lebens. Unglücklicherweise können wir nur unter großen Schwierigkeiten dieses eigentlich so nützliche Werkzeug zur Seite legen.[2]

Das bewog Menschen zu dem Glauben, die zergliederte Welt, in der alles getrennt voneinander erscheint, sei die wirkliche Welt. Wenn wir wahrnehmen wollen, was sich hinter dem gerasterten Bild verbirgt, müssen wir gleichzeitig den Parietallappen entspannen und jenen vorn befindlichen Teil des Gehirns aktivieren, mit dem wir unsere Aufmerksamkeit fokussieren.[3]

Das Ziel ist nicht, das Betrachten der Kleinteile, die wir nun sehen können, zu stoppen, sondern zugleich etwas Größeres wahrzunehmen.

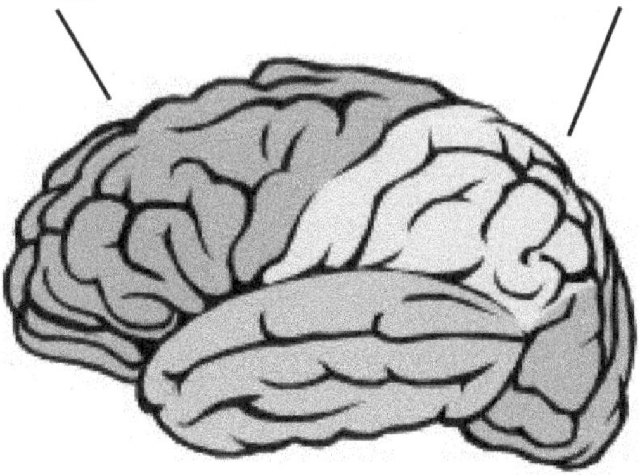

Teile des menschlichen Gehirns: Der Frontallappen ermöglicht uns das Fokussieren unserer Aufmerksamkeit; der Parietallappen ermöglicht uns das Differenzieren zwischen Objekten.

Doch wo sollen wir damit beginnen? Wie können wir aufnahmefähig für die Allheit mit seiner Kraft werden, wo wir doch nur auf das Wahrnehmen seiner Teile und seiner Zerbrechlichkeit konditioniert sind?

UNSER DENKEN BETRACHTEN

Bevor ich Methoden zur Entspannung unseres zergliedernden Geistes vorstelle, wollen wir uns darauf mit einem Blick auf unsere Art und Weise, wie wir denken, vorbereiten. Während der Meditation denken wir wenig oder gar nichts. Im tiefsten Stadium der Meditation erreichen wir das anhaltende Gefühl, vollständig auf die Gesamtheit des Lebens ausgerichtet zu sein. Es ist eine außergewöhnliche Erfahrung von Grenzenlosigkeit.

Aber natürlich müssen wir denken und tun das auch, denn abgesehen von dieser Erfahrung müssen wir funktionierende menschliche Wesen sein. Das Denken an sich verhindert nicht die Erfahrung von Lebenskraft. Nur wenn unser Denken in Unordnung oder verhärtet ist, trennt es uns von dieser Erfahrung. Wir müssen also nicht notwendigerweise das ändern, *was* wir denken, wenn wir unsere Aufnahmefähigkeit vergrößern wollen. (Sich zu positivem Denken zu zwingen mag nützlich sein oder auch nicht.[4]) Wir sollten unsere Art und Weise des Denkens untersuchen.

Wenn wir unsere Achtsamkeit in Bezug auf unsere Art zu denken nur leicht vergrößern, dann machen wir uns empfänglicher für das Ganze des Lebens und seine Kraft. Auch wenn wir nur kurz auf das schauen, was sich in unserem Verstand abspielt, verlangsamen wir unser Denken und kommen zu dem, was den eigentlichen Unterschied ausmacht. Nur durch das Suchen nach Hindernissen, die unseren Gedankenfluss blockieren, können unsere Gedanken leichter fließen. Um eine Metapher aus China zu verwenden: Mit wachsender Achtsamkeit in Bezug auf unsere Art zu denken, wird unser Denken dem Wasser eines reinen Flusses ähnlich: klar und erfrischend. Wenn wir unser Denken über einen gewissen Zeitraum betrachten, dann stellen wir fest: Ein Gedanke folgt auf den anderen. Je mehr wir betrachten, dabei nicht an Altem festhalten und das Neue nicht zurückweisen, umso mehr fließen unsere Gedanken.

Das Betrachten unserer Art zu denken bedeutet: Wir bemerken die Geschwindigkeit, mit der wir denken, wir bemerken Pausen, Verzögerungen, Wiederholungen, Grübeleien und die emotionale Färbung, sei sie negativ, neutral oder positiv. Manche Gedanken empfinden wir als laut, manche als leise. Einige empfinden wir als wichtiger als andere, was in uns möglicherweise sofort einen emotionalen Tonus und den Impuls zur Verteidigung oder zum Verstecken auslöst. Indem wir unsere Art zu Denken ohne Beurteilung und ohne Verurteilung vornehmen, erreichen wir Klarheit.

WIR SIND NICHT, WAS WIR DENKEN

Das Betrachten unserer Art zu denken ist besonders hilfreich in Phasen, in denen wir verhärtet oder verwirrt sind. Die meisten Menschen keilen dann einfach aus oder ziehen sich zurück. Wenn wir uns jedoch die Zeit nehmen und beobachten, wie wir verhärten und uns selbst verwirren, dann können wir diese Hindernisse rasch beseitigen. Es reicht nicht aus, wenn wir nur eine bestimmte Ansicht analysieren und uns fragen, ob wir recht haben oder nicht. Wir müssen weiter gehen und uns eindringlicher befragen. Meist finden wir dabei heraus: Wir haben uns mit einer bestimmten Ansicht identifiziert. Manchmal stellen wir fest: Wir haben uns mit all unseren Ansichten identifiziert. Was wir glaubten, das wurden wir schließlich selbst. Bestätigt zu werden ist deshalb von allergrößter Bedeutung. Wenn eine Situation oder eine Person nicht unseren Erwartungen entspricht, dann können wir dem neuen Flow nicht folgen, denn unsere ganze Existenz scheint in Frage gestellt.

Identifiziert man sich allzu sehr mit seinem Denken, ist das ein Zeichen von Unsicherheit. Anstatt unser Denken als ein nützliches Werkzeug zu benutzen, handeln wir, als seien wir selbst das Werkzeug, das unser Denken in eine automatische Waffe verwandelt. Wir Menschen haben uns zu Geiseln unseres Denkens gemacht; wir geben unserem Denken alle Macht und lassen es über unseren Selbstwert entscheiden. Wir bringen die Gedanken selbst hervor, aber wir merken das nicht einmal mehr. Wir klammern uns an unsere Ansichten und Meinungen, als hinge unser Leben davon ab. Wir fürchten nicht nur inkonsequente und bestrafende Gedanken anderer, wir fürchten oft auch unsere eigenen. Wenn wir denken, sind wir schlecht oder könnten es zumindest sein. Dies bedeutet mitunter: Wir verstecken unser wahres Selbst hinter bestimmten Gedanken oder benutzen unseren gesamten Denkprozess als Versteck.

Wenn wir die Sinnlosigkeit der Identifikation mit den Gedanken anzweifeln, dann verhärtet sich unser Denken weniger und wir werden weniger selbstgerecht. Denn Selbstgerechtigkeit entspringt oft der unbewussten Annahme, das Leben könne allein durch das Denken erfasst werden. Wir sind überzeugt: Wir haben herausgefunden, wie die Dinge sind und sein sollten. Als Ergebnis berücksichtigen wir keine neuen und scheinbar nicht zu vereinbarenden Gedanken. Verliebt in das, was wir wissen und gleichzeitig abgeschnitten von dem, was wir nicht wissen, haben wir keine Wahl: Wir recyceln alte Gedanken bis zur Besinnungslosigkeit. Dies gleicht dem polarisierenden Schwarz-Weiß-Denken sehr. Schließlich beachten wir Informationen nicht mehr, wenn sie nicht in eine unserer Lieblingskategorien passen. Selbst kleine Beigaben unserer Denkkonstrukte erscheinen uns zweifelhaft, inakzeptabel und zu kompliziert.

Die schlimmste Folge verhärteten Denkens ist vermutlich: es führt zu einem Mangel an Neugier. Unser Geist ist festgelegt und unbeweglich und kann uns nicht den Weg zur Totalität des Lebens eröffnen.

VERHÄRTUNGEN AUFLÖSEN

Sobald wir unsere Art und Weise des Denkens betrachten und uns dabei nicht verhalten, lösen wir unsere Verhärtungen. Allein durch dieses Betrachten lässt die Identifikation mit den Gedanken nach; durch das Nicht-Zugreifen und Nicht-Wissen fühlen wir uns leichter und besser. Langsam lernen wir die Annäherung an das Leben in der Art, wie es auf uns (selber) zu tritt. Wir erkennen, wann es nützlich ist, das Leben mit Gedanken zu erfassen und wann nicht. Wir gestehen uns Nichtwissen ein. Wir identifizieren uns nicht mehr länger mit dem Wissen. Wir schämen uns nicht für das Nicht-Wissen.

Wir fühlen uns behaglich angesichts unseres Nicht-Wissens und können so dem Leben leichter begegnen. Wir fragen und lernen nicht nur mehr und integrieren komplizierte Gedanken, wir verhalten uns auch mehr wie das Leben selbst: Unser Geist beginnt so zu fließen, wie es das Leben unentwegt tut. Konfuzius lebte vor 2500 Jahren in China und lehrte Moralvorstellungen um ein neues politisches Klima zu erwecken. Er sagte: Wissen heißt wissen, was wir wissen und wissen, was wir nicht wissen. Wichtig ist nicht die Fülle von Informationen, die wir angehäuft haben, sondern die Fähigkeit, zwischen dem zu unterscheiden, was wir wissen und dem, was wir nicht wissen.[5]

Wenn wir verhärtet sind und unseren Gedanken nachhängen, fehlt es uns an Demut. Ohne Demut können wir nicht auf behagliche Weise die Grenzen unseres Geistes ausmachen. Dies führt zu einer Entfremdung unsererseits gegenüber der Fülle des gesamten Daseins. Wir treten nur noch in Beziehungen zu Menschen ein, die so denken, wie wir und grenzen andere als gefährlich, minderwertig, auffällig oder bedauernswert aus. Die rigiden Köpfe der Fundamentalisten aller Religionen denken exakt so. Sie halten ihren Glauben für eine absolute Wahrheit, fühlen sich mit ihres gleichen eng verbunden und überhaupt nicht mit Außenstehenden. Viele Studien zeigen: Fundamentalisten, die von klein auf zu verhärtetem Denken erzogen wurden, sind weitaus anfälliger für Vorurteile gegenüber anderen Menschen.[6]

Aber vergessen wir dabei nicht die Verhärtungen in unserem eigenen Denken. In unserer Suche nach Selbstgefälligkeit, Selbsterfüllung und persönlicher Bedeutungsfülle neigen wir zum Festhalten an unsere Gedanken. Sobald wir glauben, eine Sache verstanden zu haben, erfassen wir die Welt durch die Brille dieses Verstehens. Zunächst merken wir das nicht. Doch tatsächlich erwarten wir: Dieser persönliche Glauben sollte auch die Überzeugung aller anderen Menschen sein.

Zum Beispiel der Glaube an Gott. Manche Menschen werden zu Mördern, weil sie diesen Glauben verfechten. Andere bestehen hartnäckig darauf: Gott existiert nicht, und sie können in keine Beziehung zu Gläubigen eintreten. Andere wiederum verdammen Menschen, die nicht glauben, Gott habe seine grundsätzliche Bedeutung verloren (dass also „Gott tot ist", wie es Friedrich Nietzsche formulierte).[7] Dann gibt es auch noch jene Menschen, die sich selber für göttlich halten und sich über Gefühle und Intuition anderer lustig machen. Die amerikanische Objektivistin Ayn Rand zum Beispiel beschreibt ihre Philosophie als: „Das Konzept des Menschen als eines heroischen Wesens, dem das Glück der moralische Zweck seines Lebens ist, dem produktive Leistung als edelster Zweck erscheint und für den der Verstand das einzig Bestimmende ist."[8]

Dogmatische Menschen, ob Kapitalisten oder Kommunisten, Gläubige oder Atheisten, Idealisten oder Materialisten, Linke oder Rechte leiden unter diesem unflexiblen Denken. Anstelle des Genießens der Vielfalt und der persönlichen Wahlfreiheit können wir in keine Beziehung zu Menschen eintreten, die nicht unsere Grundsätze teilen; deshalb fühlen wir uns unter ihnen einsam. Wenn wir uns „im Recht" fühlen, dann entfremdet uns das von den meisten Menschen auf unserem Planeten und auch vom wirklichen Leben, wie es im Hier und Jetzt stattfindet.

Wenn wir unser Denken von Verhärtungen befreien wollen, dann müssen wir eines verstehen: Unsere vorgefassten Meinungen über die Wirklichkeit stehen ihrer unmittelbarer Erfahrung im Wege. Damit ist nicht das Verwerfen vorgefasster Meinungen an sich gemeint, denn ohne sie könnten wir unser Leben nicht bewältigen. Es bedeutet allerdings: Wir müssen uns darüber klar werden, wie wir denken und wie wir an persönlichen Grundsätzen festhalten. Wenn wir über unser Denken nachdenken, dann befreien wir uns aus dem klammernden Griff unserer Grundsätze. Wir lassen uns nicht mehr durch unsere Vergangenheit bestimmen und auch nicht durch unsere daraus folgenden Zukunftsvorstellungen. Das achtsame Denken macht uns aufnahmefähig für den Strom des Lebens, und zwar so, wie er gerade fließt.

Treten wir nun einen Schritt zurück, betrachten und hinterfragen wir einmal die Art und Weise unseres Denkens. Lassen Sie uns Fragen stellen wie diese: Nutzen wir das Denken zu unserem Vorteil oder zu unserem Schaden? Verhilft uns unser Denken der Klarheit, oder umwölkt es unseren Geist und Verstand? Nutzen wir unser Denken als Werkzeug, oder funktioniert es wie ein Roboter, der seine Unabhängigkeit entdeckt hat? Sind wir gedankenerfüllt oder von Gedanken angetrieben? Sind unsere Grundsätze hilfreich für uns und die Gemeinschaft, oder klammern wir uns an ihnen fest, damit sie uns mehr Bedeutung verleihen? Wie sehr bestimmt das Denken den Wert eines Menschen?

Einfach nur da zu sitzen und unser Denken zu betrachten, ölt unseren Geist und Verstand und nähert es dem Flusslauf des Lebens an. So beginnen wir den östlichen Weg der Demut zu beschreiten, der unseren Geist öffnet und ihn aufnahmefähiger macht.

DAS NICHT-WISSEN GENIESSEN

Die mehr als 2500 Jahre alte Philosophie des Taoismus lehrt uns viel über das nicht zergliederte Leben und dessen unmittelbare Erfahrbarkeit. Das Wort Tao kann man als „Weg“ oder „Essenz der Natur“ übersetzen.[9] Es bezeichnet nicht das, was die Natur tut. Die Fragen nach den Ursachen von Naturphänomenen oder nach den Bausteinen der Materie werden von den Naturwissenschaften beantwortet. Das Tao beinhaltet all das, was dem zugrunde liegt – eine undefinierbare, aber gleichwohl wirkliche und alles verbindende Beschaffenheit der Natur.

Diese Philosophie wurde von dem legendären Laotse begründet, und sein mächtigster Wortführer war Chuang-Tse.[10] Diese beiden Weisen gehörten einer Kultur an, die endlose Regeln für das tägliche Leben aufstellte. Richten wir unser Leben auf den Weg der Natur, das Tao aus, vermittelte einen damals dringend benötigten Sinn für Freiheit und ein Leben in größerem Einklang mit der Natur.

Konfuzius, der ungefähr zur gleichen Zeit lebte, war überzeugt: Die Verbundenheit zwischen den Menschen konstituiert sich durch das Erschaffen moralischer Verpflichtungen.[11] Als hoch gebildeter, ehrenvoller und ehrgeiziger niederer Regierungsbeamte erkannte Konfuzius die Ursachen des zunehmenden Verderbs seiner Gesellschaft: die unmoralischen und barbarischen politischen Führer. Daher entwarf er eine Philosophie des Wettbewerbs, welche Disziplin, Anstand, Rituale, Gehorsam gegenüber Autoritäten, Genügsamkeit, Aufrichtigkeit und Bildung in den Vordergrund stellte. Sein Hauptanliegen war ein politisches, nämlich das Wohlergehen der Gesellschaft. Die Werte, die er etablierte, haben in Asien bis heute Gültigkeit und sind unseren westlichen Werten nicht unähnlich.[12]

Es ist leicht nachvollziehbar, warum Konfuzius, der lebenslange Gelehrte, am Taoismus interessiert war. Während er mit dessen Pfad zur Güte nicht einverstanden war, respektierte er doch die Kategorie der Demut im Taoismus. Er übernahm auch den Begriff „Tao", obwohl er ihn anders verstand. Thomas Merton, der Erforscher des chinesischen Denkens, unterscheidet zwischen Konfuzius' „Tao des Menschen", also dem ethischen Weg, und dem taoistischen „Tao des Himmels", dem natürlichen Weg.[13]

Die Taoisten kannten Konfuzius' Ideen. Sie erkannten seine Güte an, obwohl sie sie als unnatürlich ansahen, ähnlich einem fremden Objekt, das sie erwerben sollten. Doch anstatt die Ethik des Konfuzius zu verwerfen, gingen die Taoisten darüber hinaus, denn sie glaubten an die der Natur innewohnende Güte und identifizierten sich mit ihr.[14]

Aufgrund des gegenseitigen Respekts zwischen Konfuzius und den Taoisten, integrierte Chuang-Tse die Figur des Konfuzius in seine Schriften. In einer Passage ließ er Konfuzius eine Frage seines Lieblingsschülers Yen Hui beantworten:

> „Du bist vertraut mit dem Wissen derer, die wissend sind, aber du hast noch nicht das Wissen derer erlernt, die nicht wissend sind. Betrachte dieses Fenster: Es ist nichts, als ein Loch in der Wand, doch deswegen ist der ganze Raum mit Licht erfüllt. Wenn also deine Fähigkeiten leer sind, dann ist dein Herz von Licht durchflutet."[15]

Obwohl Bildung und Wissen für Konfuzius von größter Bedeutung sind, lässt er dem Nicht-Wissen doch Raum. Die Anerkennung des Nicht-Wissens hilft uns bei der lebenslangen Suche nach Güte im konfuzianischen Sinne. Im taoistischen Sinne hilft sie uns bei der Hingabe zur der Natur innewohnenden Güte.

Ob wir nun aufnahmefähig für die Güte oder die Lebenskraft werden wollen – sollten wir dem Nicht-Wissen einen Platz einräumen. Wir müssen uns dessen bewusst sein. Deshalb müssen wir unseren Blick nach innen wenden, anstatt ständig nur nach Antworten zu suchen. Wenn wir ruhig sitzen und gehen, dann werden wir immer neugieriger und begeistern uns sogar über unser Nicht-Wissen. (Lesen Sie dazu die Abschnitte über Meditation in diesem Kapitel.)

DIE TUGEND DES ZWEIFELNS

Wir müssen auch das Nicht-einverstanden-Sein mit unseren Gedanken und denen anderer lernen und unseren Zweifel wach halten. Wir müssen wissen: Wir wissen nichts wirklich, und weder unser Verstehen noch unsere Wahrnehmung sind Wirklichkeit; sie sind nur mehr oder minder korrekte Abbilder der Wirklichkeit. Wissenschaft, Kenntnisse und Begründungen sind wichtige Bausteine der modernen Gesellschaft, und wir können nicht ohne sie leben. Wir sollten dennoch nicht zu viel Aufhebens von den Werkzeugen unseres Verstandes und deren Möglichkeiten machen. Es gibt viel zu lernen. Wir werden niemals die Gesamtheit des Lebens erfassen können, denn unser zupackender Verstand reicht für ihre unendlichen Vernetzungen nicht aus. Selbst die fortschrittlichsten Menschen sind durch ihre Kultur begrenzt und damit prädestiniert Fehlschlüsse zu ziehen. Einige Beispiele: So wie die meisten Juden seiner Zeit erwartete Jesus das baldige Weltende. Aristoteles glaubte, die Sonne kreise um die Erde. Konfuzius schickte die Frauen fort. Zum Schrecken aller Psychologen verließ Buddha heimlich seine Frau unmittelbar nach der Geburt seines Sohnes und befahl diesem später, er solle Mönch werden. Oft ohne es zu merken liegen wir alle mal falsch und sind ungerecht, ja sogar grausam. Wenn wir uns zugestehen: Unser Verstand ist fehlbar und für immer unfähig zum Erfassen der Totalität des Lebens, daher sollten wir dem Zweifel Raum geben.

Die Möglichkeit zu akzeptieren, dass wir im Irrtum sind, braucht den Mut eines gereiften Selbstvertrauens. Das Zweifeln ist deshalb kein Fehler, sondern Merkmal eines reifen Verstandes, der der Furcht nicht klein beigibt, der Wahrheit verpflichtet ist und willens zur Untersuchung und Nachprüfung mentaler Konstruktionen ist. Einige von uns befürchten, das Zweifeln könne zu einer Vernichtung aller Werte führen. Das ist selbstverständlich nicht der Fall. Wir können beides sein: zweifelnd und gleichzeitig suchend, nämlich nach unserem positiven, menschlichen Potenzial und der Humanität schlechthin.

Der Skeptiker Michael Shermer zum Beispiel ist völlig überzeugt von der „heroischen Natur der Humanität und der Fähigkeit menschlicher Intelligenz, Vernunft und Kreativität, die uns Probleme und Hindernisse beseitigen helfen kann."[16] Doch für Shermer muss eine solche Überzeugung Hand in Hand gehen mit „der Tugend des Zweifelns". Er schreibt:

> „Zweifler sind die Wachmänner für Denkfehler und entlarven schlechte Ideen. Vielleicht lässt sich ein Zweifler am besten als jemand beschreiben, der „ein Wahrheitssucher ist, ein Forschender, der noch nicht zu den letzten Überzeugungen gekommen ist". Zweifeln bedeutet nicht: „Suche, dann wirst du finden" – der klassische Fall dessen, was in der kognitiven Psychologie als Bestätigungsfehler bezeichnet wird –, sondern es bedeutet: „Suche und öffne deinen Verstand."[17]

Studien zufolge leben die glücklichsten Menschen der Welt in demokratischen Staaten[18], wo sie über Dinge frei, öffentlich und skeptisch diskutieren können. Da wir mehr Fragen als Antworten haben, zergeht die Verhärtung. Schrittweise erkennen wir, wie wenig gesichertes Wissen wir haben, und niemand sollte uns etwas Anderes weismachen wollen. Zweifel haben eine Voraussetzung: Niemand kann irgendetwas Absolutes herstellen. Nur die Art, die Qualität der Natur, das Tao, das manche Menschen in Beziehung zu Gott setzen, stellt das Absolute dar, das nicht „ausgedacht", definiert oder in irgendeiner Weise fest gehalten werden kann.

Dennoch sind Zweifel für das Erfassen der Lebenskraft nicht notwendig, vor allem nicht für die Glückserfahrung auf der spirituellen Bewusstseinsebene. Einige benutzen das Zweifeln, wenn sie andere Menschen verspotten wollen. Dies macht die anderen noch verhärteter und den Zweifelnden noch isolierter. Wieder andere benutzen den Zweifel als Werkzeug, mit dem sie Sicherheit bekämpfen, nur um diese in anderer Form wieder auferstehen zu lassen. Dies lässt den Zweifler noch mehr verhärten. Der französische Philosoph René Descartes (1596–1650) zum Beispiel untersuchte mit der Methode des Zweifelns seine eigenen fehlerhaften Ansichten, denn, so glaubte er, sie könnten möglicherweise sein rationales Denken beeinträchtigen. Da nach Descartes am Beginn des Weges zum „wirklichen" Wissen das Zweifeln steht, ist das Ziel mit Sicherheit erreichbar.[19]

Zu Descartes Lebenszeit waren das Kausalitätsdenken und vor allem rationale Methoden von hoher Bedeutung. Freilich: Sich daran anzuklammern wie an eine alles vernichtende Waffe (so, wie es religiöse Fanatiker tun), dient nicht dem Glück. Während kleine Details des Lebens verstanden werden können und auch sollten, wird die Totalität des Lebens immer über unseren zergliedernden Köpfen schweben.

Manche Zweifler sind unglücklich, denn sie fühlen sich von der aus dem Zweifeln erwachsenden Unsicherheit überwältigt. Es ist, als müssten wir „Bescheid wissen", damit wir uns als sicher verankert in der Wirklichkeit erleben. Wenn wir erst einmal demütige Skeptiker geworden sind, dann folgt daraus nicht automatisch ein Gefühl der Entspannung angesichts der Ungewissheit des Lebens. Aus all dem ergibt sich: das Streben nach Kontrolle ist eine gute Strategie für unser Überleben, es ist jedoch für unser Glück nicht notwendig.

DREI PFADE FÜR DEN UMGANG MIT UNGEWISSHEIT

Die drei nun folgenden Abschnitte helfen uns, innerhalb der Erfahrung der Ungewissheit zu verbleiben, ohne dass wir in unserem Inneren ein Chaos anrichten. Mit einiger Übung erlernen wir das Vertrauen in die Ungewissheit und können unsere Analysewerkzeuge zur Seite legen, wenn die Zeit dafür reif ist.

Unsere Erkenntnis ist bei weitem nicht ein so mächtiges Werkzeug, wie wir uns das vorgestellt haben. Dieser Gedanke löst bei vielen Menschen ein Gefühl des Unwohlseins aus. Gefühle der Unbeholfenheit, der Kraftlosigkeit, ja sogar der Wut drohen sich in uns auszubreiten. Ich möchte diesem Ganzen die Krone aufsetzen und zitiere deshalb Alan Watts, einen Interpreten östlichen Denkens:

> „Denn eine Annäherung an das, was Tao genannt wird, ist unmöglich, wenn wir uns nicht auf besondere Weise dumm stellen. Möglicherweise versucht der bewusste Verstand hektisch, die Welt in ein Netz von Abstraktionen zu fesseln. Solange er das tut und auf der Existenz von Grenzen des Lebens und dessen Angepasstheit an verhärtete Kategorien beharrt, so lange bleibt uns die Stimmung des Taoismus unverständlich."[20]

Laut Watts verharren wir jedoch keineswegs in einem Zustand „stumpfsinniger Leere" wenn wir uns in der „Stimmung des Taoismus" befinden. Es bedeutet aber auch nicht, dass wir Begründungen oder das Weglaufen vor ihnen unberücksichtigt lassen, wie es uns gerade gefällt. Stattdessen bedeutet es: Wir haben Einsicht in unseren Geist; dieser Geist ist nicht nur fähig zur Zergliederung der Wirklichkeit und zur Differenzierung zwischen verschiedenen Objekten und Formen, sondern er hat ein spontanes Bewusstsein aller Objekte und Formen und übermittelt uns ein Bild der Natur als eines ganzen lebenden Organismus, der alles umfasst. Solche eine Form der Achtsamkeit ist wichtig für Taoisten, Buddhisten und indische Religionen; sie alle haben erkannt: Die Welt, die wir mit unseren Augen als zergliedert erleben, ist eine Täuschung.

Dem östlichen Denken zufolge ist es nicht das Denken, sondern die Achtsamkeit, die uns mit der wahren Natur, deren Teil wir sind, in Berührung bringt. Nach Shankara, dem wichtigsten Interpreten der heiligen hinduistischen Texte, den Veden, können wir nur dann Achtsamkeit erreichen und unsere „innerste Wirklichkeit" zum Vorschein bringen, wenn wir uns selbst auferlegte Hindernisse wie etwa unser von Gedanken geprägtes Ego beiseite räumen.[21]

Es gibt viele verschiedene Wege zur Achtsamkeit. Ich habe die taoistischen und Zen-buddhistischen (oder *Chan* im Chinesischen) Pfade ausgewählt, denn sie passen am besten zu säkularisierten Gesellschaften und bieten wahre Alternativen zum analytischen Denken. Zum Schluss gehe ich auf die Meditation ein. Sie ermöglicht uns das konstruktive Verbleiben in der Erfahrung von Ungewissheit; Meditation offenbart uns das Wunder des Lebens – sanft, natürlich und ruhig.

Taoismus und Staunen

Wie bereits gesagt, kann der Begriff des Tao mit den Worten „Weg der Natur“ übersetzt werden; gemeint ist die Bewegung der Natur, die uns alle miteinander verbindet. Wenn wir das Beobachten erlernen, dann stellen wir fest: Wir sind Teil von etwas Größerem. Diese Wahrnehmung versöhnt uns mit einer Tatsache: Unser analytischer Verstand ist nicht so machtvoll, wie wir das gerne hätten.

Weil auch wir selber Teil des Tao sind, können wir unsere Aufmerksamkeit gleichsam auf die einzigartige Totalität des Daseins umlenken. Nach Laotse können wir die Erfahrung des Nicht-Wissens zulassen, denn wir können uns auf das Tao stützen. Der Weg der Natur weiß, was er tut; wir müssen ihn nicht verstehen. Wir werden durch das Tao genährt und gestärkt, nämlich durch die Erkenntnis und Verwirklichung dieser Stärke. Indem wir die Sicherheit des Tao empfinden, vermindert sich für uns die Notwendigkeit der Sicherheit im Denken.

Mit den Worten von Laotse ist das Tao, „überströmend ... Alle Dinge verdanken ihm ihr Dasein, und er verweigert sich ihnen nicht.“[22] Der Weg der Natur bringt ohne Aufgeregtheit immerfort Dinge, Pflanzen und Lebewesen hervor. Das Tao ist nicht von der bloßen Erkenntnis abhängig; deshalb können wir spielerisch mit dem Gedanken des Nicht-Wissens umgehen. Daher begegnet uns in asiatischen Schriften die immer wiederkehrende metaphorische Gestalt des „Narren“ auch in Laotses *Tao Te Ching*. Während jeder andere mit seinem Kenntnisreichtum prahlt und die Menschen mit seinem scharfen Verstand oder seinen brillanten Ideen beeindrucken möchte, beschreibt sich der Taoist auf gegenteilige Weise:

> Ich habe das Herz eines Toren, so wirr und dunkel.[23]

Während andere einen klaren Verstand besitzen, beschreibt Laotse seinen einsamen Verstand als „trüb“. Er gesteht sich nicht nur ein mangelndes Interesse an der Benutzung seines Verstandes im Sinne anderer Menschen zu; er scheint sogar stolz darauf zu sein. Er verweigert sich hartnäckig an den ganz normalen Geschäften teil zu nehmen, auch wenn ihn das von seinen Mitmenschen ein wenig separiert. Grundsätzlich hat diese Haltung seine Vorteile, denn der nicht wissende Verstand ist gleichzeitig der offene Verstand. Anstatt ihn gleichsam am Boden fest zu nageln, passt sich der offene Verstand aus freien Stücken der Wirklichkeit an. Demzufolge ist der größte Nutzen des nicht Festhaltens die Möglichkeit der vollen Teilhabe an der Nahrung und den Darbietungen von Mutter Natur.

Laotse hat sich dem Tao angepasst, das durch das Dasein fließt. Er erfreut sich an seinen schrullig anmutenden Balance-Akten und lebt in einem Zustand immer stetigen Staunens. Anstelle immer mehr vom Dasein zu verlangen, etwa besondere Begünstigungen oder materielle Güter, hat er gemerkt: Das Dasein ist in sich selber das größte Geschenk für uns. Er glaubt: Wir leben bereits in einem Märchenland.

Viele Menschen fragen sich, wie sie wohl einen so glücklichen Zustand erreichen können. Das Wenige, das wir von Laotse wissen, ist: Er war ein Weiser, der ein bescheidenes und einfaches Leben führte. Dies hielt ihn nicht vom Erkennen der Großartigkeit des Daseins ab. Aber grämen Sie sich nicht. Wenn wir die Existenz wahrnehmen wollen, müssen wir nicht weise sein. Mit ein wenig Einsicht unseres Inneren können wir Ablenkungen vermeiden und unser Leben in den wichtigsten Bereichen einfacher gestalten. Der kleinste Raum reicht für Reflexionen über das Leben aus. Und wenn alles schief geht, dann können wir moderne Interventionen einsetzen – etwa unsere Vorstellungskraft, wenn wir Hindernisse beseitigen wollen oder Dinge „mental“ beiseite rücken möchten.

Wenn wir uns zum Beispiel überwältigt fühlen, dann können wir uns fragen: Welcher Teil unseres Selbst fühlt sich überwältigt? Es kann sehr hilfreich sein, wenn wir uns fragen: Was genau benötigt dieser Teil? Falls wir unter Zeitdruck stehen, dann können wir uns eine Kiste vorstellen, in die wir den überwältigten Teil für später wegschließen. Psychologisch könnte man das als Ausgliederung bezeichnen. Genau das tut Scarlett O'Hara in *Vom*

Winde verweht, wenn sie ihre überwältigenden Probleme auf den nächsten Tag verschiebt. Ihre unverhohlene Habsucht hätte Laotse vermutlich nicht befürwortet. Aber vielleicht hätte es ihm gefallen, wie sehr sie sich auf ihr Land fokussiert und nicht auf ihre Probleme. Es vereinfacht unser Leben, wenn wir Dinge schrittweise erledigen. Wir können auch warten oder unseren Geist durch Meditation beruhigen; danach können wir unsere Probleme viel effektiver angehen.

Wir wissen auch: Laotse verbrachte viel Zeit in der freien Natur. Wenn wir uns in einer Umgebung befinden, die nicht durch das Denken erschaffen wurde, dann überzeugt uns das, den denkenden Geist auszuschalten oder zumindest zu verlangsamen. Die meisten Menschen werden ruhiger und lobpreisen die Natur, wenn sie eine Wanderung in den Bergen unternehmen. Wir sind beeindruckt von den immensen Ausdrucksarten der Natur; wir sind berührt von ihrer Schönheit und stehen ehrfurchtsvoll vor ihrer Kraft. Sollte uns die Natur jedoch rasch langweilen, dann nützt uns das tiefere Betrachten dieser Erfahrung. In der Tat: Wenn wir uns von der Langeweile überwältigen lassen, dann ziehen wir uns von dieser Erfahrung zurück. Niemand kann Mutter Natur widerstehen, wenn wir ihr von Angesicht zu Angesicht begegnen. Sie kann uns alle mit Staunen erfüllen.

Zen-Buddhismus und das Staunen

Wie wir an einen Ort des Staunens gelangen, an dem wir die Lebenskraft empfangen können, das wird ein wenig systematischer im Chan-Buddhismus (chinesisch) oder Zen-Buddhismus (japanisch) gelehrt. Im Westen benutzen wir in der Regel das Wort „Zen." Zen-Buddhismus ist eine Linie des Mahayana-Buddhismus und wesentlich vom Taoismus beeinflusst. Die Lehre des Nicht-Anhaftens und der Achtsamkeit im Buddhismus vertrug sich gut mit dem Verständnis des Tao.

Wir können den genauen Zeitpunkt der Begründung des Zen nicht mit historischer Genauigkeit angeben. Aus Aufzeichnungen wissen wir aber: Der indische Mönch Bodhidharma (der erste Patriarch des Zen-Buddhismus) reiste ungefähr im Jahre 520 nach China; dort traf er sich mit Kaiser Liang Wu Di. Obwohl der Eroberer Bodhidharmas Lehren nicht übernahm, fand der Mönch einen Schüler, Hui-k'o, der später der zweite Patriarch des Zen-Buddhismus wurde.[24]

Hui-k'o entwickelte die Methode der Zen-Geschichten, mit denen der denkende Geist ausgehebelt werden sollte; so wurde der Zuhörer unmittelbar und blitzartig in den Zustand der Achtsamkeit versetzt (im Sinne eines „Erwachens" – des *Satori*). Die Geschichten beinhalten eine Frage mit einer rätselhaften Antwort, die den Schüler in völliges Erstaunen versetzt. Zum Beispiel diese: Nachdem sich Bodhidharma standhaft geweigert hatte, Hui-k'o zu instruieren, schnitt sich der Schüler in seiner Verzweiflung einen Arm ab, damit er Aufmerksamkeit erhielt. Schließlich fragte Bodhidharma, was er erwartete:

> „Ich kann meinen Geist [*hsin*] nicht zur Ruhe bringen", sagte Hui-k'o. „Bitte bringe meinen Geist zur Ruhe."
> „Zeig mir deinen Geist", antwortete Bodhidharma, „und ich werde ihn zur Ruhe bringen."
> „Aber immer, wenn ich meinen Geist suche, kann ich ihn nicht finden."
> „Da!" fuhr Bodhidharma ihn an. "Jetzt habe ich deinen Geist zur Ruhe gebracht."[25]

Was für eine sonderbare Anekdote! Dennoch können westliche Laien etwas aus ihr lernen. Nach dieser Auseinandersetzung mit seinem Lehrer war Hui-k'o in der Lage, sich auf seine Achtsamkeit zu berufen. Obwohl es ganz plötzlich geschah, hatte er auf diesen Augenblick bereits sehr lange gewartet. Er wusste: Bodhidharma hatte seinen eigenen Geist bereits zur Ruhe gebracht, also seine Achtsamkeit von Hindernissen befreit, und er hatte sich gefragt, was dieser friedvolle Geist wohl bedeute.

Die Suche nach dieser Erfahrung muss zeitweise gar nicht friedvoll verlaufen sein. Ihm waren alle denkbaren Antworten ausgegangen und in welche Richtung er auch immer dachte, es führte zu nichts. Mit anderen Worten: Hui-k'o fühlte sich so bedrängt von seiner existenziellen Frage, dass er für eine Antwort darauf sogar „seinen Arm geopfert" hätte. Auf dem Höhepunkt seiner Verzweiflung erreichte ihn die Antwort.

Wir können daraus schließen: Die Zeit, in der wir uns Fragen zu unserem Dasein stellen, ist keine verlorene Zeit. Indem wir auf diese Art und Weise existenzielle Fragen stellen, öffnen wir uns sogar. Genau dieses Fragen macht uns aufnahmefähig für die Lebenskraft.

Viele ältere Erwachsene fühlen sich diesen Fragen entwachsen, die sie in ihrer Jugend so bedrängten. Aber das ist ein schwacher Trost. Das Dasein in einer für uns zergliederten Welt ohne Verwirrung über die Gesamtheit des Lebens, verschafft uns Vorteile für unser Überleben, nicht jedoch für unser Glück. Das Überleben ist die Grundlage des Glücks, doch die Beschränkung auf das Überleben hindert uns voran zu schreiten. Indem wir unsere existenziellen Fragen wieder entdecken, entdecken wir auch unsere Offenheit gegenüber dem Leben wieder.

Der Unterschied zu uns gereifteren Erwachsenen ist: Unsere Fragen überwältigen uns emotional nicht so sehr, wie in unserer Jugend. Sie sind uns jetzt weniger beschwerlich. Anstatt uns zu fragen: Was wird das Leben uns bringen? Wie stehen wir zu dieser Welt? Passen wir zu ihr oder nicht? sollten wir uns fragen:

„Wer bin ich wirklich?“
„Was verbirgt sich hinter meiner Persona?“
„Wer bin ich jenseits der Konditionierung durch unsere Kultur?“
„Worum geht es im Leben?“
„Was macht mich zu einem Teil des Lebens?“
„Bin ich ein Teil Gottes?“
„Wie kann ich erfahren, ob ich ein Teil Gottes bin oder nicht?“
„Was ist das?“

Die letzte Frage ist eine einfache Zen-Frage. Wenn Sie eine Frage stellen und darüber nachdenken möchten, dann stellen Sie eines sicher: Der Wortlaut Ihrer Frage ist im Vergleich zum Akt des Fragens sekundär. Beachten Sie auch: Der Fokus liegt nicht irgendwo in der Zeit, sondern im Hier und Jetzt. Was immer Sie auch fragen: Suchen Sie die Antwort nicht in der Außenwelt. Die Antwort hat mit Ihren ganz persönlichen Erfahrungen zu tun und nichts mit einem Objekt, auf das Sie zeigen könnten.

Was immer auch mit Hui-k'o in dem Augenblick des Satori geschah: Es hatte nichts mit einem kognitiven Verstehen seiner Situation zu tun, oder mit dem Festhalten an einer objektiven Wahrheit. Er war vorher im Zustand des Staunens, und als er bereit war, ließ er sich von diesem Gefühl des Staunens übermannen und erfuhr dabei: „Das ist es. Ich erfahre das Tao." Die Antwort auf unsere Gebete finden wir im Hier und Jetzt; wir können darauf warten, aber wir können nichts Bestimmtes erwarten. Stephen Batchelor verfasste das Buch *The Faith to Doubt: Glimpses of Buddhist Uncertainty* und schrieb:

> „Die tiefsten Zweifel oder Fragen, die Sie in Bezug auf die Existenz haben, werden als Schlüssel wahrgenommen, der die Tür zu ihrer „Antwort" öffnet – wenn dieser Schlüssel richtig und mit angemessener Kraft herum gedreht wird. Diese existenzielle Ratlosigkeit ist genau der Ort in uns, an dem wir dem Erwachen am nächsten sind. Wenn wir dies leugnen und lieber eine bequeme Sammlung von Meinungen zur Verfügung haben wollen, dann verzichten wir auf genau den Impuls, der uns auf den richtigen Weg bringt."[26]

Auch die Lin-chi-Schule des Zen (oder auf Japanisch: die Rinzai-Schule, im Jahre 1191 gegründet von dem japanischen Mönch Eisai) nutzt diese Methode des „überwältigenden Zweifels". Hier werden die Studenten mit einem Zen-Problem konfrontiert. Es heißt *Koan.*[27] Das Koan verstört den Verstand in einem Maße, dass er seine Absurdität erfährt. Das Koan kann nur gelöst werden, wenn der Verstand sich in einen meditativen Zustand begibt und so eine spontane Antwort plötzlich auftauchen kann.

So werden die Schüler beispielsweise gefragt: Wo kommst du her? oder: Was hast du mit der Welt gemein? Statt das Problem rational zu analysieren und durch kluge Antworten zu lösen, müssen sie in die Erfahrung des Staunens eintreten und so eine Antwort aus sich selbst heraus entstehen lassen. Hier ein klassischer Dialog aus der Zen-Literatur:

> *Frage:* Jedermann hat einen Geburtsort. Was ist dein Geburtsort?
> *Antwort:* Heute Morgen aß ich weißen Reisschleim. Nun bin ich wieder hungrig.[28]

Zen-Gespräche können wirklich recht sonderbar sein. Lassen Sie uns nun nicht die Antwort analysieren, sondern unsere Sinne auf das Staunen hin wenden. Wenn Kunst, Musik oder die Liebe uns verwirren, dann sollten wir ein genaues Augenmerk auf diese Erfahrung richten. Ein guter Therapeut, ein Kind oder auch ein neugieriger alter Mann im Lebensmittelgeschäft – sie alle können uns mit einer Frage überraschen, auf die wir keine Antwort haben.

„Was bist du ohne deinen Schmerz?"
„Was wäre, wenn morgen das Ende der Welt eintreten würde?"
„Wer ist glücklich, wenn du glücklich bist?"
„Wie spät ist es wirklich?"
„Was bewegt dich?"

Die meisten Menschen stellen ihre existenziellen Fragen nicht öffentlich, sondern halten sie im Privaten. Es wäre vielleicht angemessen, sie ohne Kommentar in uns hervor zu rufen und sie uns für eine Weile zu Eigen machen.

Vor allem müssen wir unsere Augen für die ganz alltäglichen Merkwürdigkeiten öffnen, die wir überall beobachten können. In jedem Augenblick kann man wundersame Entdeckungen machen. Das Geräusch, das Sie jetzt gerade hören, stimmt mit dem Gedanken und dem Herzschlag überein, den Sie nur jetzt haben. Welch eine Übereinstimmung! Wie erstaunlich dies Dasein ist! Hören wir zu, wenn wir über unsere Existenz staunen und uns dieses Staunens bewusst werden. Werfen wir mit einem ruhigen Geist in unserer Vorstellung einen direkten Blick auf unsere Existenz. Wir können auf merkwürdige Weise von der Existenz berührt sein, friedvoll, aufgeregt, still beschwingt.

Wenn wir mit großer und anhaltender Aufmerksamkeit staunen, fühlen wir uns nicht danach, die Stille zu brechen oder so weiter zu sprechen wie wir es sonst tun. Es ist oft eine gute Idee, wenn wir über solch glückliche Augenblicke nicht sprechen. Denn dafür sind sie zu kostbar. Wenn wir in Kontakt mit dem Wunder des Daseins sind, dann können wir dieses Staunen im Stillen wachsen lassen. Dann bricht manchmal eine wunderbare Antwort hervor. Vielleicht erleben wir uns lächelnd, ohne einen offensichtlichen Grund: Vielleicht lächeln wir einen Baum an, der doch keine Augen hat. In manchen Momenten des Staunens entfährt unserem Mund ein merkwürdiges Kauderwelsch. Vielleicht verlieren wir uns in einer fremd anmutenden Metaphorik oder produzieren spontane Kunst. Weisen Sie eine solche Erfahrung niemals zurück.

Beim Staunen über das Staunen erfahren wir Momente, die uns die Augen öffnen. Wenn wir das Erklären erstaunlicher Augenblicke unterlassen und still bleiben, dann werden wir allmählich von ihnen bestimmt.

Meditation und das Staunen

Wenn wir den Zustand des Staunens auslösen und in ihn eintauchen, dann sollten wir das nicht wegen des Effektes tun, den dies auf uns hat. Anstatt nach einem bestimmten künftigen Zustand zu suchen, etwa den vollkommenen Geistesfrieden oder Satori, sollten wir uns ganz auf unsere gegenwärtigen Erfahrungen konzentrieren. Eine weitere große japanische Zen-Schule – die Soto-Schule, die Dogen im Jahre 1227 gründete – warnt vor übersteigerten emotionalen Zuständen, die wir während des Wartens auf etwas Großartiges erschaffen. Deshalb lehrt die Soto-Schule das Meditieren ohne Absicht, einzig um des *Seins* Willen – „sitzen, nur um zu sitzen".[29]

Es ist offensichtlich: Auf welchem Wege wir auch immer unsere Aufnahmefähigkeit für die Lebenskraft steigern wollen, wir müssen unseren Verstand entspannen, während wir uns auf das Leben ausrichten, so wie es ist. Dies geschieht im stillen Gebet oder in der Meditation, die frei von Inhalten sind. De-Identifizierung mit den Gedanken, Zweifel und der Existenz gegenüber verblüfft sein – dies bereitet uns auf eine nichtaktive mentale Erfahrung vor. Wir müssen auf die eine oder andere Weise verlangsamen und innehalten, was Eckhart Tolle unseren „unfreiwilligen Denkprozess" nennt.[30] Die meisten von uns nehmen dieses ständige Geplapper in unseren Köpfen schon gar nicht mehr wahr. Tolle macht deshalb einen Vorschlag, der sehr asiatisch anmutet: Wir lassen uns in die Lücke zwischen unseren Gedanken fallen. Das gilt ebenso für alle anderen Erfahrungen, die wir erzeugen.

Dies Vermögen, auf spielerische Weise dennoch vollständig präsent und aktiv zu sein, kann jedoch nicht erzwungen werden. Es ist das Gegenteil: ein sanftes Loslassen. Wir befreien uns also nicht mit aller Kraft von unseren

Gedanken, Gefühlen und Vorstellungen; wir lassen sie einfach vorüber ziehen, wir beobachten sie und beurteilen sie dabei nicht. Einige Menschen lernen dies, indem sie sich auf ihre natürliche Atmung konzentrieren. Andere wiederum gewöhnen sich bewusst einen gesunden Atemrhythmus an. In jedem Falle muss unsere Atmung sich vertiefen und auch noch die letzte Faser unseres Innern erreichen. Wenn unsere Muskeln zu verspannt sind, dann können wir Geist und Körper durch Massagen, heiße Bäder oder Sport lockern. Ein Übermaß an Denken und Fühlen kann ein guter Psychologe behandeln, körperlichen Schmerz kann ein Arzt oder ein Therapeut mildern, der mit Akupressur, Akupunktur oder Biofeedback arbeitet. Es gibt keinen Königsweg, aber es gibt viele Möglichkeiten zum Auflösen der Panzerungen von Körper und Geist.

Einige Menschen beginnen zu meditieren, indem sie ihr Augenmerk auf natürliche Erfahrungen richten: Sie tun etwas Rhythmisches, Rituelles oder etwas Methodologisches wie: Gehen, bestimmte Zeremonien ausüben, im Garten arbeiten oder die Hausarbeit erledigen – all diese Tätigkeiten erfordern wenig Gedankenkraft. Wenn wir durch diese Bewegung hindurch gehen und dabei nicht auf die Erfahrung in unserem Inneren achten, schlagen wir lediglich Zeit tot. Aber wenn wir darauf achten, dann beginnen wir uns mit dieser Bewegung eins zu fühlen. Wenn wir uns eins mit der Bewegung fühlen und tief atmen, dann verändert sich unser Gefühl für Begrenztheit. Zu Beginn mögen wir uns nur eins mit jenen Menschen fühlen, mit denen wir gemeinsam meditieren. Dann aber fühlen wir uns möglicherweise eins mit vielen anderen Menschen, anderen Spezies, Pflanzen, mit der Erde und mit der Luft, die wir alle atmen.

Die Neurowissenschaftler Eugene d'Aquili und Andrew Newberg haben herausgefunden: Sowohl Rituale als auch Meditation erleichtern die Erfahrung des Eins-Seins mit der Welt. Eine solche Erfahrung:

> „erzeugt oft eine gesteigerte Achtsamkeit bezüglich der Grenzen zwischen dem Subjekt und anderen Individuen (also ein Gemeinschaftsgefühl); dies betrifft ebenso das Verhältnis zwischen dem Subjekt und externen unbelebten Objekten und das Verhältnis zwischen dem Subjekt und allen vermutlich übernatürlichen Seinsformen; im Extrem-

> fall kommt es zu einer völligen Aufhebung aller Grenzen zwischen getrennten Seinsformen bis hin zu einer kurzzeitigen Erfahrung völlig einheitlichen Seins.“[31]

Die klassische Meditationshaltung

Wir achten auf natürliche Rhythmen und Bewegungen, und können zusätzlich eine bestimmte Körperhaltung einnehmen, die uns die Wahrnehmung der Lebenskraft erleichtert. Alle großen Religionen schlagen ganz bestimmte Haltungen der Ehrfurcht für die mystische Erfahrung des Eins-Seins vor. Diese Körperhaltungen würdigen eine Wirklichkeit, die höher steht als die greifbare Welt und das Selbst. Wir können nach unten oder nach oben schauen, wenn wir diese Ehrfurcht fühlen wollen. Viele schließen ihre Augen zur Hälfte oder ganz. Das Knien oder das Sitzen scheinen optimal zu sein, obwohl einige Menschen auch im Stehen oder im Liegen meditieren. Das Liegen kann jedoch schläfrig machen, weswegen aufrechte Positionen bevorzugt werden, wie etwa bei rhythmischen Tanzmeditationen oder der Gehmeditation.

Die buddhistische Meditationshaltung zieht mehr und mehr westliche Menschen an (mehr Anleitungen dazu finden Sie im Übungsteil weiter unten). Der Priester und Zen-Buddhist Williges Jäger beschreibt die Lotos-Position: Wir kreuzen unsere Beine übereinander, halten den Rücken gerade, das Becken nach vorn, damit der Magen nach vorn tritt, wir entspannen die Schultern (lassen sie jedoch nicht hängen). Eine Hand hält den Daumen der anderen Hand leicht im Schoß, oder wir legen beide Hände auf die Knie; der Mund ist geschlossen und die Zunge entspannt.[32]

Diese klassische Lotos-Position, in der wir unsere Beine übereinander kreuzen (und beide Füße auf den jeweils gegenüber liegenden Oberschenkel legen) ist jedoch nur gut für Menschen, die sie seit ihrer Jugend benutzen. Es ist völlig in Ordnung, wenn wir die halbe Lotos-Position (nur ein Fuß ruht auf dem gegenüber liegenden Oberschenkel), oder auch den Schneidersitz (die Beine sind einfach gekreuzt) einnehmen. Wir können auch auf unseren Beinen sitzen (mit oder ohne Hilfe eines Meditationsstuhles, wahlweise mit oder ohne Kissen), oder wir setzen uns einfach auf einen Stuhl. Setzen Sie sich stabil hin, mit geradem Rücken.

Die klassische Lotos-Position ist eine von vielen Positionen, die wir für die Meditation einnehmen können

Jack Kornfield beschreibt den Nutzen der Meditation wie folgt:

> „Wenn wir auf dem Meditationskissen sitzen und die Meditationshaltung einnehmen, dann verbinden wir uns mit dem gegenwärtigen Moment in diesem Körper und auf dieser Welt. Wir befinden uns mit unserem physischen Körper auf dem halben Weg zwischen Himmel und Erde; wir sitzen aufrecht und gerade. Wir besitzen majestätische Kraft und Würde in diesem Tun. Gleichzeitig müssen wir aber auch ein Gefühl der Entspannung haben, eine Offenheit, eine anmutige Aufnahmefähigkeit dem Leben gegenüber. Der Körper ist anwesend, das Herz ist weich und geöffnet, der Geist ist aufmerksam. In dieser Position sitzen wir da, als seien wir Buddha. Wir spüren die universale menschliche Fähigkeit, sich zu öffnen, zu erwachen."[33]

Dennoch wechseln viele westliche Menschen in einer ganz normalen Körperhaltung und Aktivität von der analytischen Bewusstseinsebene zur spirituellen Bewusstseinsebene. Beim Rasenmähen, beim Zeitungholen oder sogar beim Geschirrspülen können wir urplötzlich ein bewusstes Gefäß für die Lebenskraft werden. Unsere Augen bewegen sich so langsam, als würden sie sich gar nicht bewegen. Die Augen schauen, als würden sie das zum ersten Mal tun. Sie schauen mit Ehrfurcht, denn sie nehmen wahr: Die Welt ist nicht wie ein Mosaik zusammengesetzt; sie besteht aus einem Stück, einem Bild, das in einer Erfahrung widerhallt.

Alle Anstrengung fällt von uns ab, wenn wir uns die Zeit für die Beobachtung unserer Umgebung nehmen. Sobald wir diese Beobachtung aufnehmen, hören wir wie unbeabsichtigt mit der Wahrnehmung unserer Umgebung als eines Objektes (eines Anderen) außerhalb unseres Selbst auf. Wir atmen tiefer, sehen, hören und „riechen die Blumen" des Lebens. Wir bemerken: Alles befindet sich in einem Prozess, in innigster Verbundenheit mit uns. Wir blühen, lachen, summen, sprudeln, klappern und rauschen. Wenn wir unbeabsichtigt von der analytischen Bewusstseinsebene zur spirituellen Bewusstseinsebene übergehen, dann genießen wir unerwartete Augenblicke einer überwältigenden Zufriedenheit.

Wir können das Gefühl des Eins-Seins mit der Welt nicht erzwingen, aber wir können anerkennen: Die Erfahrung *kann* mit uns geschehen. In anderen Worten: Wir sollten nicht voller Absicht auf diese überwältigende Zufriedenheit warten, sondern wir sollten die Hindernisse davor beiseite räumen. In die gleiche Richtung zielen die Worte Jesu, wir sollten das Reich Gottes nicht *erwarten,* sondern *anerkennen*: „[Es] ist ausgebreitet über die Erde."[34] Wenn die sitzende Meditation unseren Geist zur Ruhe kommen lässt, dann ziehen wir Nutzen aus dieser Körperhaltung. Wenn wir mit der Sitzmeditation Absichten verbinden, also etwas „wollen" oder „erwarten", dann erschaffen wir Hindernisse und werden aus unserer Körperhaltung keinen Nutzen ziehen. Laut dem frühen chinesischen Zen-Meister Huai-jang, der einer von fünf Schülern des sechsten Zen-Patriarchen Hui-neng[35] war, verringern solche Absichten unsere Aufnahmefähigkeit und „töten den Buddha", nämlich die Achtsamkeit.

Es ist weise, wenn wir mit der Körperhaltung experimentieren und herausfinden, welche uns am besten das Gefühl der Teilhabe an der Totalität des Lebens vermittelt. Wenn wir Geist und Körper entspannen und unsere Aufmerksamkeit auf das sich entfaltende Leben richten, dann empfangen wir. Mit etwas Übung, und sei es auch nur während einiger Minuten am Tag, werden wir einen Unterschied in unserem Sein feststellen. Wir fühlen uns viel energiegeladener, wenn wir von der Ganzheit des Lebens genährt werden. Wenn wir uns nicht mehr daran klammern, das Leben steuern zu wollen, dann bekommen wir einen Sinn für unser Sein, das alle Vorgänge, auch die Gedanken, in freier Weise durch uns hindurch führt. Die asiatische Philosophie versteht das in dem Sinne: Wir sind grenzenlos und leer, wir sind Leerheit. Alles geschieht durch uns hindurch, aber wir sind nichts. Wir sind nicht fixiert, sondern fließend wie das Leben. Weil all dies durch sich selber geschieht, ohne unsere Steuerung oder unsere Anstrengung, nehmen wir den Frieden in uns wahr

Aus diesem Frieden heraus resultiert ein allgemeines Wohlbefinden, eine Art Urvertrauen. Wir brauchen keine Rückversicherung über Alles und Jedes, denn wir stellen fest: Der Weltprozess findet ohne die Notwendigkeit unserer mentalen Einmischung auf wunderbare Weise statt. Wir wussten bereits: Die Welt dreht sich ohne Gedanken, ohne Kummer, ohne unser Zutun. Nun fühlen wir das auch. Wir wussten bereits, dass Wind, Regen und der Ozean frei sind von Gedanken. Nun spendet uns dieses Wissen auch Trost. Vögel finden Würmer, sie fliegen, bauen Nester und paaren sich, sie überleben ganz ohne Gedanken, und nun lächeln wir darüber. Seit jeher haben wir einen großen Teil unseres Lebens intuitiv gelebt, aber nun fühlen wir: Diese Intuition ist *wunder*bar.

DANKBAR SEIN

Viele Bücher über das Glück betonen die Wichtigkeit der Dankbarkeit – mit Recht. Wenn Sie glücklich sein möchten, dann seien Sie dankbar für das, was Ihnen in der Vergangenheit zuteil wurde und für das, was Sie in der Gegenwart besitzen. Dies ist nicht einfach eine Frage der Moral, die man mit oberflächlicher Gestik abtun kann. Lassen Sie uns ein wenig tiefer gehen und Dankbarkeit mit östlichem Gedankengut verbinden.

Zunächst betrachten wir westliche Untersuchungen dazu. Michael McCullough und Robert Emmons, die über das Phänomen der Dankbarkeit geforscht haben, fanden heraus: Bei Menschen, die jeden Tag niederschreiben, wofür sie dankbar sind – und zwar über einen Zeitraum von mindestens zwei Wochen – erhöhte sich ihre Freude, ihr Glück und ihre Zufriedenheit mit dem Leben signifikant. In einer neuen Studie zeigt Emmons: Der – genetisch vorbestimmte – Istwert für das Glück eines Menschen kann um 25 Prozent gesteigert werden, wenn er regelmäßig Dankbarkeit praktiziert.[36] Arthur Seligman, der Autor des Buches *Authentic Happiness*, nimmt Dankbarkeitsübungen in die Positive Psychologie auf. Nach Seligman sollten besonders Menschen, die nicht viel Dankbarkeit empfinden, fünf Minuten an jedem Abend niederschreiben, wofür sie an diesem Tag dankbar waren. Wenn sie sich dadurch glücklicher fühlen, dann sollten sie diese Übung zu einer abendlichen Gewohnheit werden lassen.[37]

Wenn wir unsere Stimmung heben wollen, dann reicht es nicht aus, wenn wir die Worte „Danke schön" aussprechen und ein sozial verbindliches Lächeln aufsetzen. Wie wichtig gute Manieren und ein Sinn für Verpflichtungen auch sein mögen – sie berühren und erfüllen uns nicht tief genug. Wir müssen unser Herz für die „Geschenke des Tages" öffnen, die wir oft und so missverständlich als die „kleinen Dinge im Leben" missachten. Diese Dinge sind ganz und gar nicht klein.

Denken Sie einmal daran, wenn Sie Ihr Lieblingslied im Radio hören. Das ist eine so wunderbare Sache. Wir haben Ohren; wir können Musik, Musiker und Radiosendungen genießen und haben die Zeit zum Zuhören. Die Tatsache, dass wir diese Zeilen lesen können, bedeutet: Wir haben Augen, Sprachkenntnis, Bücher, Schriftsteller und Zeit für die Lektüre. Die Gesundheit, die uns geschenkt wird, ist von phänomenaler Wichtigkeit; dies können wir auch dann empfinden, wenn wir nicht krank sind. Lebendig sein ist das größte aller Geschenke, und wir können dieser Tatsache jetzt und immer wieder bewusste Aufmerksamkeit schenken. Empfundene Dankbarkeit bedeutet: Wir nehmen „die Geschenke des Tages" nicht als selbstverständlich hin, denn wir haben ein tiefes Verständnis davon, wie jedes davon mit der Totalität des Lebens verwoben ist.

Je mehr wir unsere Augen für das Wunder des Lebens öffnen, in dem alles miteinander verbunden ist, desto mehr leben wir unser Leben in Dankbarkeit. Wenn wir eine Dankbarkeitsübung ohne ein tieferes Verständnis der Bedeutung kleiner Dinge ausführen, dann wird der positive Effekt auf uns verschwinden, sobald wir die Übung beenden. Wenn wir unser Leben in Dankbarkeit führen, dann sind damit keine Handlungen der Dankbarkeit gemeint, sondern Haltungen, ein fortwährendes Feiern des Lebens, aus dem dankbare Handlungen folgen. Selbst wenn wir uns mit negativen Vorgängen befassen müssen, wenn wir uns gestresst fühlen, wirkt gelebte Dankbarkeit unterstützend auf uns. Um die gelebte Dankbarkeit zu erreichen, müssen wir uns nicht auf gekünstelte Weise verhalten. Stattdessen sollten wir dasjenige pflegen, das natürlicherweise in uns vorhanden ist.

Laotse lehrte: Nichts wohl Geplantes kann entwurzelt werden; wir müssen uns nicht davor ängstigen, was geschehen mag, solange wir gewährleisten können: Unsere Kraft wächst aus unserem Inneren empor. Keine äußere Kraft muss uns steuern, halten oder formen, wenn wir uns unserer inneren Kraft zuwenden. Laotse rät uns: „Bilde die Tugenden in dir selbst aus", denn alles, was wir dafür benötigen, ist bereits vorhanden.[38]

Statt uns dankbar fühlen zu müssen, wenn wir es nicht sind, sollten wir uns einfach auf unsere natürlichen Empfindungen verlassen. Wir alle machen schlechte und gute Erfahrungen, doch meistens bemerken wir sie gar nicht. Manche Menschen möchten ihre schlechten Erfahrungen gern ignorieren. Sie achten nicht auf Schmerz und Trauer; sie tun alles, damit sie in einer vorfabrizierten Welt ewigen Sonnenscheins fröhlich wirken. Manche Menschen ignorieren das Gute. Sie wenden sich von freudvollen Augenblicken ab und leugnen, jemals Gutes empfangen zu haben. Andere Menschen wiederum vermeiden jede Unruhe und klammern sich an neutrale Erfahrungen.

Es ist unwahrscheinlich, dass irgendjemand auf erfolgreiche Weise sowohl alle guten als auch alle schlechten Erfahrungen nicht an sich heran lässt. Wir können uns der Ebbe und der Flut des Lebens nicht verschließen. Wenn wir den Zugang zu gelebter Dankbarkeit finden wollen, dann müssen wir unsere Fixierung auf alle Erfahrungen aufgeben, seien sie nun schlecht, neutral oder gut.

Meine Großmutter väterlicherseits lebte ihr Leben, als ob sie sich ständig in einem „Tal der Tränen" befände. Sie war so enttäuscht über den Verlauf ihres Lebens. Sie wollte Lehrerin werden, doch stattdessen gebar sie zehn Kinder und zog sie groß. Nichts war in ihren Augen jemals gut, und nichts würde jemals gut werden. Sie hatte das Leben immer nur als etwas empfunden, das sie eben ertragen müsse. Wenn sie sah, wie sich meine Mutter abends ausruhte, dann sah sie sie böse an und sagte ihr, sie dürfe niemals faul sein.

Doch am Ende ihres Lebens, als ihre negativ gefilterte Wahrnehmung nicht mehr funktionierte, erlebte ich, wie sie eine positive Erfahrung machte. Sie schwitzte und fühlte sich unwohl im Bett; meine Mutter kühlte ihr die Stirn mit erfrischendem Kölnisch Wasser. Plötzlich lächelte meine Großmutter und sagte: „Wunderbar. Ich danke dir. Wunderbar." Es war, als hätte sie in diesem Moment den Himmel berührt.

Wir müssen nicht unser Sterben abwarten, wenn wir den Himmel erleben möchten. Wir sollten unsere Dankbarkeit und auch das Leben unseres Lebens nicht aufschieben. Das Leben offeriert uns viele gute Erfahrungen im Hier und Jetzt. Wenn wir sie annehmen, ist das der Beginn der Pflege des Guten in uns selbst. Allerdings bleiben neutrale und schlechte Erfahrungen stets ebenfalls Teil des gesamten Lebens. Sobald wir akzeptieren, wie gute Erfahrungen vergehen, um Platz für neue Erfahrungen zu machen; vertieft dies unsere Wertschätzung des Lebens. Wenn wir alle Erfahrungen durch uns hindurch gehen lassen und an keiner festhalten, verlieren wir mehr und mehr unsere Lebensangst.

Ich schließe dieses Kapitel mit den Worten von Dorothy Thompson, die den Geist östlichen Denkens und der spirituellen Bewusstseinsebene so treffend zum Ausdruck bringt: „Erst, wenn wir frei von Angst sind, beginnen wir in jeder Erfahrung – sei sie nun schmerzhaft oder freudvoll – zu leben: in Dankbarkeit für jeden Augenblick und in der Fülle."[39]

ÜBUNGEN FÜR DIE „SPIRITUELLE BEWUSSTSEINSEBENE": AUFNAHMEFÄHIGKEIT

Verhärtungen lösen

Beschreiben Sie, *wie* Sie denken, nicht *was* Sie denken. Benutzen Sie Begriffe wie: klar/verworren, wiederholend/erneuernd, langsam/schnell, mit offenem Geist/engstirnig und so weiter.

Wenn Sie sich manchmal als selbstgerecht empfinden, dann fragen Sie, welchen Zweck diese Verhärtung haben mag.

Das Zweifeln

- Definieren Sie drei Ihrer wichtigsten Ansichten oder Glaubenssätze. Sprechen Sie sie laut aus.
- Was bedeutet die Aussage: „Irren ist menschlich" für Sie?
- Wenn alles in Frage gestellt würde, was würde das für Ihr Selbstverständnis bedeuten?
- Stellen Sie sich vor, sie erklären Ihren Kindern, wie sie mit Selbstvertrauen sprechen und gleichzeitig die Möglichkeit des Irrens offen lassen können.

Das Staunen

- Schreiben Sie Ihre existenziellen Fragen auf. Falls Sie Schwierigkeiten mit der Formulierung existenzieller Fragen haben, dann stellen Sie sich eine weise Person vor, die sie alle beantworten kann. Was würden Sie für Fragen stellen, wenn diese sich nicht auf die Vergangenheit oder die Zukunft beziehen dürften? Sie könnten auch tief in den Spiegel schauen und fragen: „Was bin ich jenseits meines physischen Körpers? Was ist mein wahres Selbst?" Schließen Sie Ihre Augen, und fahren Sie mit solchen Fragen fort. Oder schauen Sie irgendein Objekt an (eine Blume oder einen Tisch), und fragen Sie sich ganz tief, was das Wesen dieser Sache ist.
- Üben Sie Ihr existenzielles Fragen mit liebender Aufmerksamkeit und ohne stets eine Antwort bereit zu haben. Fahren Sie mit dem Fragen fort und entwickeln Sie einen Sinn für die „großen" Fragen.

Meditieren lernen

- Wenn Sie empfangen wollen, dann muss Ihr Geist-Körper durchlässig sein. Versuchen Sie, Ihren Geist-Körper zu entspannen. Seien Sie dabei stets aufmerksam. Können Sie sich auf den jetzigen Moment ausrichten, wenn Sie Ihre Muskeln entspannen? Falls nicht, dann hilft es vielleicht, Ihre Atemzüge beim (1) Einatmen und beim (2) Ausatmen zu zählen. Zählen Sie bis zehn und beginnen Sie von vorn. Mit etwas Übung können Sie das Einatmen und das Ausatmen als einen Zug zählen. Sie können sich auch einfach auf Ihren Atem konzentrieren und dabei nicht zählen.
- Experimentieren Sie mit verschiedenen Körperhaltungen, die Sie entspannt und gleichzeitig aufmerksam werden lassen. Damit der Körper sich entspannen kann, muss er sich in einer stabilen Position befinden: auf einem Stuhl, mit überkreuzten Beinen auf einem Kissen (*Zafu*), kniend mit Unterstützung durch ein Kissen oder auf den Füßen (Gehmeditation). Richten Sie Ihre Aufmerksamkeit auf den Atem, auf andere natürliche Rhythmen (Wellen, tropfendes Wasser), Töne (Musik, Vögel, Wind) oder Empfindungen (Kribbeln, Temperatur, Druck, Jucken). Sie können Ihren Körper auch langsam abtasten und sich bewusst auf alles ausrichten, was geschieht.
- Wenn Sie die tibetanische Meditation kennen lernen möchten, dann lesen Sie das Buch *Buddha und die Wissenschaft vom Glück* von Yongey Mingyur Rinpoche. John Daido Loori war ein hoch verehrter Zen-Lehrer in den Vereinigten Staaten, und sein Buch *A Beginner's Guide to* Zen *Meditation* (2007) ist sehr hilfreich. Sie können auch in einen Dialog mit einem Lehrer eintreten, sich einer Meditationsgruppe anschließen oder ein Meditationszentrum besuchen (siehe zum Beispiel: http://www.buddhismus-deutschland.de/gruppensuche-bundesweit). Manche Zen-Zentren kann man auch virtuell besuchen, wie das von mir gegründete *Los Angeles Center for Zen Psychology*. Machen Sie zunächst keine Meditationsübungen von langer Dauer; beginnen Sie mit kurzen Zeitspannen (eine bis drei Minuten), und zwar mehrmals täglich. Verlängern Sie diese Zeit nach und nach. Setzen Sie sich nicht unter Druck, aber verpflichten Sie sich diesen Übungen. Denken Sie daran: Während der Meditation gibt es keinerlei

Probleme, sondern nur Chancen. Sobald Sie irgendeine Bewegung Ihres Geistes erkennen, meditieren Sie bereits. Sollten Ihre Gedanken hektisch und nicht langsamer werden, dann haben sie begonnen, ihre Aufmerksamkeit auf das Geplapper in Ihrem Geist zu richten.

Dankbarkeit

- Schreiben Sie auf, wofür Sie heute dankbar sind. Inwiefern sind die „kleinen Dinge“ groß und bedeutungsvoll für Sie? Was sind die „großen Dinge“, die Ihnen in Ihrem täglichen Leben, für das Sie dankbar sind, klein vorkommen? Vielen Menschen nützt es sehr, wenn sie ein Tagebuch der Dankbarkeit führen.
- Gibt es jemanden, dem gegenüber Sie regelmäßig und persönlich Dankbarkeit oder Wertschätzung zum Ausdruck bringen sollten? Falls ja, dann geben Sie diesem Ausdruck von Dankbarkeit Priorität.
- Geben Sie Acht darauf, sich gut zu fühlen. Falls dieses Gefühl nachlässt, dann begegnen Sie dem mit Dankbarkeit.
- Üben Sie sich im „Loslassen“ durch das Geben: Zuhören, aufmerksam sein, auf etwas zugehen, Dinge für andere Menschen tun, spenden.
- Üben Sie sich im „Loslassen“ durch das Empfangen: Seien Sie aufmerksam für die vielen Geschenke anderer.
- Wenn Sie Dankbarkeit auch in unbehaglichen Momenten praktizieren, dann bleiben Sie authentisch.

[10]

Ruhe

Was soll'n die Mühen dieser Welt,
wenn uns die Zeit zum Staunen fehlt?

WILLIAM HENRY DAVIES

Das Leben ist ein endloser Strom von Geschehnissen. Es zieht an uns vorüber, wenn wir es nicht bemerken. Wenn wir zu viel Geplapper im Kopf haben, können wir am Leben nicht teilhaben, und deshalb haben wir nur wenig Erinnerung daran.

Unser Geist muss zur Ruhe kommen. In gewisser Hinsicht gilt für die spirituelle Bewusstseinsebene: Sie *ist* Ruhe, und deshalb ist Ruhe ein immer wiederkehrendes Thema im Hinduismus, im Buddhismus und im Taoismus.

RUHE VERSUS AKTIVITÄT

Im östlichen Denken lernen wir etwas über die Gesamtheit des Lebens, das Eins-Sein oder die „ non-duale“ Wirklichkeit. Wenn wir uns „eins“ fühlen wollen und über die angebliche Dualität zwischen den Dingen und unserem Geist hinausgehen wollen, dann müssen wir den analysierenden Teil unseres Geistes zur Ruhe bringen. In anderen Worten: Nur der ruhige Geist kann das Eins-Sein mit der Wirklichkeit genau widerspiegeln. Als Buddhas unübertroffener Schüler, der Laie Vimalakirti, gefragt wurde, wie er die Natur der „non-dualen“ Wirklichkeit beschreiben würde, da antwortete er: „donnernde

Stille".[1] In der Tat: Der ruhige Geist bezieht sich nicht auf voneinander isoliert existierende Einheiten, auf all diese kleinen Punkte, die ein Ganzes bilden. Er bezieht sich auf das immens Große, den alles beinhaltenden Organismus, den sie formen und hat deshalb eine wirklich erweckende, donnernde Kraft.

Im Westen wird Ruhe oft als das Gegenteil jener geschäftigen Welt der Aktivitäten begriffen, auf die wir uns oft beschränkt sehen. Gott hat uns aus der Beschaulichkeit des Paradieses vertrieben, weil Adam und Eva von der verbotenen Frucht kosteten. Jenseits dieses Reiches der Harmonie sind wir alle mit Mühsal beladen. Das Paradies ist uns versperrt, denn Gott sprach: „Im Schweiß deines Angesichts sollst du dein Brot essen, bis du wieder zurückkehrst zum Erdboden; denn von ihm bist du ja genommen. Und du bist Staub, und zum Staub wirst du wieder zurückkehren."[2]

Viele religiöse Menschen folgen diesem Weg der Mühsal; sie entscheiden sich für eine Kultur der Arbeit und des Leidens und sie beeinflussen damit sogar nichtreligiöse Menschen. Die dem zugrundeliegende Annahme ist: Wenn wir schon keinen Frieden mit Gott finden, dann können wir doch wenigstens unsere Bestrafungen hinnehmen. Dieser Glaube half vielen Menschen in der Vergangenheit, ihr oftmals hartes Leben ertragen zu können. Die Moral spiegelte all dies wider und setzte es fort. Die Unvermeidlichkeit und die moralische Verpflichtung zu Anstrengung und Mühsal musste den einfachen Menschen gegenüber nicht einmal öffentlich ausgesprochen werden. Inzwischen genießen privilegierte Menschen oft das süße Nichtstun und sehen harte Arbeit als ein Zeichen von Armut an.

Diese überkommenen Moralvorstellungen liefern keine Erklärung für alles und jedes. Und doch es ist wahr: Die Menschen im Westen fürchten kaum etwas so sehr wie den Müßiggang. Misstrauisch gegenüber Nicht-Aktivität, werden wir mehr und mehr unfähig, unsere Freizeit auf sinnvolle Weise zu verbringen. Robert Kubey und Mihály Csíkszentmihályi haben in Studien ermittelt: Die Menschen fühlen sich dann am besten, wenn sie außengeleiteten Aktivitäten nachgehen.[3] Ich zweifle daran, ob dies auch für praktizierende Buddhisten gilt, denn sie erschaffen gute Gefühle während der Meditation und in einem meditativen Leben.

Stefan Klein, der mehrere Untersuchungen darüber anstellte, worauf sich positive Gefühle zurückführen lassen, kam zu dem Ergebnis: Glück lässt sich durch Aktivität leichter erreichen als durch Nicht-Aktivität.[4] Tatsächlich haben einige Forscher festgestellt: Manche Menschen bewerten auf einer Skala der Zufriedenheit ihre Freizeit niedriger als ihre Arbeitszeit. Joseph Veroff nennt ein Beispiel: Aus einer Gruppe von Arbeitnehmern erklärten 49 Prozent ihre Arbeit für befriedigender als ihre Freizeit, nur 19 Prozent sagten das Gegenteil.[5]

Offensichtlich haben wir Schwierigkeiten mit der Erfahrung von Erfüllung, sobald wir keine außer uns liegenden Ziele verfolgen. Die Ursache dafür ist meiner Ansicht nach: Wir leben abgetrennt voneinander, in Unverbundenheit (siehe Kapitel 6). Dazu kommt: Wir orientieren uns an Aktivitäten und sind für die Nicht-Aktivität gar nicht geschult.

DIE ANGST VOR INAKTIVITÄT VERLIEREN

Wenn wir unser Vorurteil gegenüber der Aktivitäten angehen wollen, dann müssen wir unsere Furcht vor Inaktivität verlieren. Das ist keine Gotteslästerung; es ist auch keine Sünde oder eine Hürde. Zunächst müssen wir einen Unterschied lernen, nämlich den zwischen Nicht-Aktivität und Inaktivität, wobei Letzteres uns meist wirklich nicht gut tut.

In großen Teilen östlichen Denkens wird Nicht-Aktivität als ein kreatives Nichtstun verstanden, das inspiriert und erfüllt. Insofern können wir sie als Verwirklichung von Kreativität betrachten. Wenn wir dafür lieber das Wort „Passivität“ benutzen möchten, dann im Sinne von „aktiver Passivität“. Das bedeutet auf keinen Fall stundenlanges Herumsitzen vor irgendeinem Bildschirm, was uns nur erschöpft. Im Gegenteil: Nicht-Aktivität füllt uns mit Energie; sie bringt Ideen zum Sprudeln, die von keiner Aufgeregtheit des Geistes zurückgehalten werden. Das heilt, kräftigt und bereichert uns.

Wenn wir uns von der Furcht vor Nicht-Aktivität befreien wollen, dann müssen wir auf die Notwendigkeit der Ausgewogenheit eingehen. Denn eines findet sicher allgemeine Zustimmung: Alles Exzessive steht unserem Glück im Weg. Nicht-Aktivität ist etwas Gutes, denn wir erfahren die nährende Verbindung mit dem Leben. Wir können es mit der Nicht-Aktivität natürlich auch übertreiben, aber dann sind wir mitnichten großartige Kämpfer für kostbare Ziele, die voller Leidenschaft sind. Denn das Ergebnis solch einer Haltung könnte sein: Wir betrachten den Eifer anderer Menschen mit Verachtung, wir machen ihre Wünsche und Bedürfnisse schlecht.[6] Ein wenig Inaktivität tut unserer Ausgewogenheit gut, denn wir entspannen uns von fast all unseren Anstrengungen, wenn wir zum Beispiel schlafen oder uns ein wenig auf die faule Haut legen. Doch sogar auf der spirituellen Bewusstseinsebene strengen wir uns ein wenig an, denn die Ausrichtung auf das Leben kostet ja auch Kraft. Das Bewusstsein ist ein aufwändiges Unternehmen in unserem Körper. Aber zu viel Schlaf oder zu viel Herumhängen verursacht Depressionen, Trübsal, Schwäche an Körper und Geist, Gewichtszunahme, Verlust von sexueller Ausstrahlung und ein Verlust der Libido.

In anderen Worten: Aktivität ist natürlich etwas Gutes – solange wir es damit nicht übertreiben. Wenn wir unseren Körper stressen und überanstrengen, dann erzeugen wir ungesunde Strukturen. Wenn wir unser Streben nach Verbundenheit übertreiben, entwickeln wir möglicherweise Zwänge; etwa den Zwang, anderen ständig helfen zu müssen. Ko-Abhängigkeit ist trotz aller aktuellen Diskussionen darüber noch immer ein allgemeines Problem, besonders unter Frauen.[7] Das zwanghafte Verfolgen von Zielen kann uns unseren Freunden und unserer Familie entfremden. Dies gilt aber auch für kleinere Ziele, wie persönliche Hygiene, Sport und gesunde Ernährung. Selbst der strengste Befürworter zielgerichteten Verhaltens, Mihály Csíkszentmihályi, konzediert: Das dadurch erzeugte freudvolle Gefühl des Flow kann süchtig machen. Ganz im Sinne Csíkszentmihályis beschreiben zum Beispiel Chirurgen Operationen als süchtig machend; es sei wie „Heroin konsumieren".[8]

In der Tat: Es gibt eine Menge von Aktivitäten, die uns nicht so gut tun. Schlechte Ziele oder reine Habgier etwa machen Ruhe unmöglich. Einige allzu aktive Menschen schütteln mitleidig den Kopf, wenn Ihnen jemand vorschlägt, sie sollten doch einmal eine Auszeit nehmen. Sie können einfach nicht stillsitzen, ein Buch lesen oder spazierengehen. Selbst wohlhabende Menschen haben den Drang, sich zu überarbeiten. Ein normales Arbeitspensum erzeugt bei ihnen Schuldgefühle oder auch Minderwertigkeitsgefühle gegenüber ihren Mitmenschen. Tatsächlich sind viele von ihnen nicht nur übermäßig geschäftig, sie sind auch noch stolz darauf. So wie der Müßiggang früher einmal das Kennzeichen reicher Leute war, so ist es die Arbeitswut heute. Wir müssen unsere E-Mails sofort checken, sie alle sofort beantworten, noch schnell „diesen einen Anruf“ entgegennehmen, ständig über Geschäfte reden, immer sagen: „Ich bin beschäftigt“; wir stellen unsere Geschäfte über unsere Freundschaften und unseren persönlichen Vorteil über den der Gemeinschaft oder sogar den der Familie. Diese westliche Arbeitsmoral mit all ihren Zwängen hat eine neue Art der Armut hervorgebracht: „... wenn uns die Zeit zum Staunen fehlt!“[9]

Es erfordert wirklich Mut, wenn man, anders als der Mainstream das fordert, nach Ruhe strebt. Doch obwohl Ruhe uns bereichert, könnten wir doch die einzige Person in unserem Bekanntenkreis sein, die sie wertschätzt. Betrachten Sie diese westliche Haltung einmal mit Distanz. Lin Yutang (1895–1976) glaubte an „die Möglichkeit des wahren Genießens von Faulheit.“

> Sie muss einem inneren Reichtum der Seele eines Menschen entspringen, der die einfache Lebensweise schätzt und dem ständigen bloßen Geldverdienen skeptisch gegenübersteht. Es gibt genug Dinge im Leben, die wir genießen können – wenn wir uns dazu entschlossen haben. Wenn Menschen ihr Erdendasein nicht genießen können, dann deshalb, weil sie das Leben nicht genug lieben.[10]

Männer und Frauen müssen die Liebe zum Leben erlernen. Es ist die Ruhe, die uns zu diesem Ziel führt.

ÄUSSERE RUHE ERSCHAFFEN

Das Öffnen unserer Augen für die Fülle des Lebens fällt uns leichter, wenn um uns herum Ruhe herrscht. Irdische Güter, positive irdische Ziele, intime Beziehungen und Kinder bereichern unser Leben, aber Lärm und Unruhe sind ebenfalls ein Teil davon. Nonnen und Mönche, die sich vom weltlichen Leben abgewandt haben, sind viel mehr mit Ruhe von außen gesegnet als viele Laien. Ich habe mehrere Wochen in einem Kloster verbracht, und ich kann Zeugnis von jener himmlischen Ruhe geben, die dort widerhallte. Vor dem Hintergrund können wir alle Geschehnisse klar und bewusst aufnehmen. Sie sind nicht einfach störender Lärm und überflüssige Handlungen. Alles erlangt eine Bedeutung, sobald wir es wahrnehmen. Alles fließt nahezu widerstandslos von der Umwelt in den Geist und zurück. Wir dürfen mit Sicherheit annehmen: Ein solch ruhiger Ort führt uns zu Erfahrungen auf der spirituellen Bewusstseinsebene.

Aber wie viel Stille erleben wir an unseren Arbeitsplätzen? Was macht das mit uns, wenn wir während der Hauptverkehrszeit in unseren Autos fahren, uns in überfüllte Busse quetschen und in kreischenden U-Bahnen mitfahren? Haben Eltern jemals eine Chance auf Ruhe? Wir müssen Partys besuchen, Konferenzen abhalten, Schreibkram erledigen; wir müssen so viele Anforderungen in ein Gleichgewicht bringen. So viele Orte sind einfach nur hektisch und laut. Schon ein Telefongespräch zu führen, kann uns stressen, denn wir sprechen zu irgendwelchen automatisierten Stimmen, die uns in Warteschlangen belassen. Alle möglichen Geräte piepen und blinken, und alle erwarten, oder fordern gar, dass wir sie benutzen. Die Technik sollte uns eigentlich Zeit schenken, doch in Wirklichkeit kostet sie uns Zeit. Selbst wenn wir einen Zufluchtsort in unserem eigenen Haus hätten, hätten wir vermutlich nicht die Zeit für einen Rückzug dorthin. Was können wir angesichts all dieser Unruhe tun?

Auch wenn die moderne Lebensart nicht so von Ruhe und Einfachheit gekennzeichnet ist wie das klösterliche Leben, können wir diese Lebensart doch herunterfahren. Es ist ein wenig heikel, hier Ratschläge zu verteilen, denn unsere jeweiligen Lebensumstände und Prioritäten sind außerordentlich verschiedenartig. Was dem einen recht ist, ist dem anderen eventuell nicht billig. Aber schätzen Sie die Idee des Herunterfahrens nicht gering ein. Auch wenn Sie nicht alle folgenden Vorschläge für sich nutzen können, könnten sie doch einige kleine Anpassungen vornehmen, die weitreichende Folgen haben. Je mehr Sie Ruhe als einen notwendigen Pfad zur spirituellen Bewusstseinsebene wertschätzen, desto mehr werden Sie innere und äußere Unruhe vermeiden. Lassen Sie mich nun einige grundsätzliche, umfassende Vorschläge machen. Sie können Sie auf Ihre Bedürfnisse hin zuschneiden oder gerne noch etwas hinzu fügen.

„Nicht jetzt, bitte"

Der erste Vorschlag betrifft unsere Abhängigkeit von technischen Geräten. Nahezu alle von uns sind bis unter die Achseln verkabelt und ständig erreichbar für andere. Es stimmt ja: Wenn wir nicht ständig verfügbar sind, dann handeln wir uns Nachteile ein; deshalb sind die meisten von uns pausenlos für andere erreichbar. Doch das geht zu weit. Im Hotel können wir das „Bitte nicht stören"-Schild benutzen, und genau so können wir auch bestimmen, wann jemand mit uns kommunizieren kann. Wenn wir innerhalb eines festgelegten Zeitraumes Kontakt zu jemandem aufnehmen, dann wird unser Gegenüber uns das nicht übel nehmen. Das gilt auch für Familienmitglieder. Es ist kein Zeichen von Lieblosigkeit, wenn wir mal einen Anruf verpassen. Wenn wir einen Anruf in einem unpassenden Augenblick annehmen, dann schmälert das unsere Aufmerksamkeit dafür. Es ist ein Zeichen von Liebe, wenn wir sicherstellen, uns dem anderen ganz und gar und uneingeschränkt darzubringen.

Auf der anderen Seite fühlen wir uns vielleicht einsam oder unwohl, wenn wir all diese technischen Geräte nicht beachten. Die Verbreitung der modernen Technologie verführt uns dazu, Kontakt zu anderen aufzunehmen, bevor wir selber irgendetwas entscheiden. Weil wir auf diese Weise Kontakt aufnehmen *können*, glauben wir auch, wir *sollten* das tun. Schon der Kauf einer bestimmten Käsesorte kann uns ängstlich machen, wenn wir nämlich glauben, unser Partner hätte da ein Wörtchen mitzureden. Wenn wir einen Laden verlassen und haben unseren Partner nicht gefragt, was er braucht, könnten wir als rücksichtslos erscheinen. Das Resultat kann eine Infantilisierung unserer Familie sein: Wir produzieren unbewusst Ängste, die wir als Erwachsene nicht mehr haben sollten. Mit solchen Gewohnheiten brechen bedeutet: Wir gewinnen Selbstvertrauen innerhalb unserer Familie zurück, und wir erlangen mehr äußere Ruhe.

Wir könnten uns sogar schon dann unwohl fühlen, wenn wir diese Technologie nur etwas spärlicher nutzen, denn schließlich sehnen wir uns nach dem Gefühl: Ich werde gebraucht! Wer gefragt ist, der fühlt sich gut und wirkt cool. Mit einer Zigarette in der Hand vor unserem Gesicht herumfuchteln, das ist out. Das Telefonieren mit dem Handy dagegen ist absolut in. Ich möchte hervorheben: Ein solches Verhalten mag unter jungen Leuten tolerabel sein, aber als erwachsene Menschen sollten wir auf eigenen Füßen stehen und solche Unsicherheiten längst überwunden haben.

Was auch immer der Grund für den Wunsch nach ständiger Verfügbarkeit ist: Wir sollten unsere Verpflichtungen auf bessere Weise regeln. Wir können zum Beispiel festlegen: Wir möchten nicht beim Essen, bei einem Schläfchen oder im Urlaub gestört werden. Wenn wir uns in einem Gespräch befinden, dann sollten wir unsere Aufmerksamkeit nichts anderem zuwenden. Andere finden ihren Frieden, wenn sie bestimmte Zeitrahmen festlegen, innerhalb derer sie eine gewisse Ruhe und Gelassenheit genießen möchten. Das Wichtige ist: Wir müssen unsere ständige Erreichbarkeit regelmäßig herunterfahren. Ein schnelles Drücken der „Aus"-Taste kann schon alles sein, um eine Umgebung von echtem Frieden und tiefer Ruhe zu schaffen.

Die Lautstärke verringern

Das Herunterfahren kann genauso einfach sein wie das Verringern der Lautstärke eines Elektrogerätes. Wenn es diesen Knopf gibt, dann benutzen Sie ihn ruhig.

Nur zu dumm, dass Eltern das nicht mit ihren Kindern machen können. Wenn sie schreien: „Sei still!", dann machen sie die Sache oft nur noch schlimmer. Aber wenn wir selber still sind, dann regelt das auch die Lautstärke innerhalb der Familie. Besonders bei jüngeren Kindern ist es viel wirksamer, wenn wir ihnen ein aufmerksames: „Sei still, bitte" zuflüstern, als wenn wir unsere Stimme anschwellen lassen. Wir könnten auch einen Wettbewerb im Flüstern starten: Wer hält am längsten durch?

In Konfliktsituationen helfen ebenso klare Regeln. Mit älteren Kindern müssen wir natürlich verhandeln. Gute Regeln sind: (1) Schreie nicht von einem Zimmer herüber ins andere, (2) beschimpft euch nicht gegenseitig und (3) knallt keine Türen zu. Das kann – auch wenn es ein wenig dauert – den Lautstärkepegel innerhalb der Familie angenehmer werden lassen. Bis das soweit ist, schließen wir die Tür hinter uns – es ist manchmal das einzige, was wir tun können.

Einen Rückzugsort schaffen

Wenn wir uns nicht oft oder für einen langen Zeitraum an einen Rückzugsort zurückziehen können, dann kann eine kurze Periode vollkommener äußerer Stille eine große Veränderung in unserem Leben bewirken. Wir können einen kleinen Raum oder eine Ecke als unseren ganz eigenen Raum gestalten. (Ich habe meinen begehbaren Schrank in einen kleinen Ort für Meditation verwandelt.) Ein Kissen oder ein Stuhl zum Sitzen, eine einfache Kerze, ein Blumenarrangement, ein Zimmerspringbrunnen oder auch ein religiöses Symbol: Das kann schon ausreichen. Wir können Klängen der Natur lauschen, ruhige meditative Musik abspielen, den Duft der Blumen aufnehmen oder Räucherstäbchen anzünden. Wenn wir asiatische Traditionen lieben, dann können wir eine Buddha-Statue oder einen buddhistischen Altar aufstellen, oder auch andere Symbole benutzen, die für uns diese Atmosphäre entstehen lassen. Falls Sie eine Vorliebe für den tibetanischen Buddhismus haben, dann lesen Sie das Buch von Robert Thurman: *Grenzenloses Leben* für detailliertere Anregungen.[11]

Am wichtigsten aber ist: Unsere Zufluchtsstätte sollte einfach, sauber und ungestört sein. Als ich noch Studentin war, passten in mein Zimmer gerade mal ein Bett, ein Tisch und ein Stuhl. So saß ich denn jeden Morgen aufrecht in meinem Bett, hielt in meinen Händen eine Tasse heißen Tee und tat nichts als mich auf mein Inneres auszurichten. Was auch immer Ihre Zufluchtsstätte sein mag: Sitzen Sie einfach dort, beten Sie, meditieren Sie (siehe Kapitel 9), sinnen Sie nach, atmen Sie, fragen Sie: „Wer bin ich?" „Was ist das?" „Bin ich neugierig?" Seien Sie nur im Hier und Jetzt, bewusst entfernt von allem Lärm, und zwar für festgelegte 15 Minuten pro Tag. Die Stimme der Stille kann Sie berühren und Sie über den Tag hinweg begleiten.

Unordnung beseitigen

Die Idee eines Rückzugsortes können wir auf unsere ganze Wohnung bzw. unser ganzes Haus ausdehnen. Unabhängig vom persönlichen Geschmack können wir unsere Umgebung ebenfalls „herunterfahren", indem wir die Unordnung in unserem Zuhause beseitigen. In reichen Ländern ist das Loslassen von Dingen oft der richtige Schlüssel dazu. Entscheiden Sie sich: Sie können Dinge wegwerfen (falls es unwahrscheinlich ist, dass jemand anderes es weiter benutzen möchte), Sie können sie spenden (denken Sie daran, was diese Dinge für arme Kinder oder Obdachlose bedeuten könnten) oder Sie können sie verkaufen (aber ersetzen Sie sie nicht). Wir können auch zusätzlichen Stauraum schaffen, dann müssen wir die Unordnung nicht länger mitansehen. Aber schaffen Sie sich damit nicht gleich einen neuen unordentlichen Bereich. Denken Sie daran: Weniger Gerümpel erzeugt mehr äußere Ruhe.

Aufgrund unseres Überlebensinstinktes können wir uns bei der Beseitigung von Unordnung unbehaglich fühlen. Das Horten von Dingen gibt uns ein Sicherheitsgefühl; das Weggeben von Dingen kann Gefühle wie Ängstlichkeit und Verzicht verursachen. Aber wenn wir dem Glück eine Chance geben wollen, dann müssen wir solch vorübergehende Gefühle hinnehmen; falls nötig, mit der Hilfe eines Psychologen. Ob Sie nun ein gemäßigter Messie sind oder eine ausgewachsene Zwangsneurose haben: Wenn Sie sich zu einem ausgewogenen äußeren Leben verpflichten, dann könnte Sie das auch mit einem ausgewogenen Innenleben belohnen. Das gute und erfüllte Leben ist all Ihre Mühen wert.

Mit Hilfe der chinesischen Methode des *Feng Shui* können wir unser Zuhause in einen offeneren und lebenswerteren Ort verwandeln. Karen Kingston hat ein praktisches Buch darüber geschrieben, wie Sie die Unordnung im Alltag beseitigen können, nämlich ganz im Sinne des *Feng Shui*.[12] Wenn Sie Ihr Zuhause ausgewogener und ruhiger gestalten möchten, dann ist dieses Buch genau das richtige für Sie.

Mehr Aktivitäten zuhause

Unser Heim ist längst nicht mehr unsere Burg, denn wir sind in der meisten Zeit des Tages gar nicht da. Nahezu alle sozialen Aktivitäten werden außerhalb unseres Zuhauses geplant und finden außerhalb statt. Die Kinder leiden, weil sie nach der Schule von ihren Eltern zu allen möglichen Orten geschleppt werden, und die Erwachsenen sind davon erschöpft. Wir laden unsere Freunde und unsere Familie nicht mehr zum Kaffeetrinken nach Hause ein, nein:

Wir treffen uns in Cafés. Wir kochen nicht mehr für andere Menschen; wir treffen uns in Restaurants.

Der Vorschlag ist: Entdecken Sie ihr Zuhause neu für soziale Aktivitäten. Seien Sie gesellig, aber seien Sie das öfter in Ihrer privaten Umgebung. Was außerhäusliche Aktivitäten angeht, so beginnen Sie nicht alle paar Monate etwas ganz Neues. Beschränken Sie sich auf zwei bestimmte Aktivitäten für die Dauer von mindestens einem oder zwei Jahren. Das erfordert Verbindlichkeit, aber es ist viel vergnüglicher, wenn wir uns auf bestimmte Aktivitäten konzentrieren und unsere Kompetenz erweitern. Fast unausweichlich werden Sie mit mehr äußerer Ruhe belohnt.

UNSERE BUDDHA-NATUR VERSTEHEN

Äußere Ruhe ist wertvoll. Sie hilft uns beim Hingleiten auf die spirituelle Bewusstseinsebene, aber sie ist nicht dieser Vorgang selbst. Dieser Zugang liegt allein im Geist selbst. Erst wenn wir uns von der Welt unabhängig gemacht haben, wenn wir uns nämlich wohl und zufrieden in ihr fühlen, können wir den inneren Frieden und die Ruhe genießen. Der ruhige Geist *ist* die Ruhe. Er ist unser Pfad und unsere Bestimmung.

Im Buddhismus wird der ruhige Geist oft als „Buddha-Natur" bezeichnet. Das Wort „Natur" bezieht sich in diesem Zusammenhang nicht auf unsere biologische Natur. Es meint damit vielmehr jenes, das essenziell ist für unser Sein: unsere Achtsamkeit. Wir können Achtsamkeit als wichtigste und in mancher Hinsicht als realste Eigenschaft unseres Geistes bezeichnen. Achtsamkeit ermöglicht uns das Schauen der Welt in ihrem natürlichen Zustand, „wie sie ist", ohne durch unseren Geist zergliedert zu sein. Wir alle besitzen die Fähigkeit zum Schauen der natürlichen Welt mit unserem natürlichen Geist.

Eines ist sehr wichtig: Das Wort „Buddha" in „Buddha-Natur" bezieht sich nicht auf eine bestimmte Person. „Buddha" ist kein Name, sondern ein Prinzip oder ein Zustand, den wir alle erreichen können. Es bedeutet: „erwachend", „erblüht", „erleuchtet".[13] Die berühmte Person mit dieser Bezeichnung wurde um das 5. Jahrhundert (v.u.Z.) geboren. Sein Geburtsname war Siddhartha Gautama. Er übte seinen Geist in der Transzendierung alles bestimmbaren Anderen, jeder bestimmbaren Erfahrung, Form oder geistigen

Formation (ich bezeichne dies als das Problem der Partikularisation), und er riet anderen ebenfalls zu dieser Schulung.

Siddhartha Gautama war kein Gott, und er bezeichnete sich auch nicht als solchen. Eine Legende erzählt: Ein Mann begegnete Gautama auf der Straße und war beeindruckt von dessen außergewöhnlicher Ausstrahlung und friedvoller Erscheinung. Der Mann fragte Gautama:

„Mein Freund, was seid Ihr? Seid Ihr ein himmlisches Wesen oder ein Gott?"
„Nein", sagte der Buddha.
„Dann seid Ihr vielleicht eine Art Magier oder Zauberer?"
Wieder sagte der Buddha: „Nein."
„Ihr seid ein normaler Mensch?"
„Nein."
„Nun, mein Freund, was seid Ihr dann?"
Der Buddha antwortete: „Ich bin erwacht."[14]

Diese Legende verdeutlicht: Wir sollten keine Grenze zwischen uns und dem ruhigen Geist errichten, den einige Buddha-Natur nennen. Der ruhige Geist ist nicht begrenzt auf übermenschliche, mystische Wesen, auch nicht auf übermenschliche, mystische Umstände. Er ist uns allen zugänglich und er gilt für das ganz normale Leben, sei es im Osten oder im Westen.

Gautama wuchs als ein Königssohn in Kapilavastu auf, einem Ort nahe der heutigen indisch-nepalesischen Grenze. Er heiratete, verließ jedoch seine Frau und seinen gerade geborenen Sohn. Denn er suchte die Befreiung von dem Leiden, das er in der Welt erblickt hatte. Jahrelang zähmte er seinen Geist als Asket; doch dann wählte er eine andere Vorgehensweise. Er lockerte seine Anstrengung und begann wieder zu essen. Schließlich wurde er sich mit enormer Entschlossenheit seiner Achtsamkeit bewusst und wohnte fortan in ihr. Gautama hatte seine Buddha-Natur entdeckt.

DIE VIER EDLEN WAHRHEITEN

Buddha verfolgte seinen Weg in Gedanken zurück und lehrte Die Vier Edlen Wahrheiten. Sie helfen uns bei der Bewusstwerdung unserer Achtsamkeit, vor allem dem ruhigen Geist, der die Buddha-Natur ist. Ich erkläre sie in einer Weise, die sie dem westlichen Denken verständlich macht.[15]

Die Erste Edle Wahrheit: Die Wahrheit des Leidens

Es gibt keinen Zweifel daran: Das Leben ist vergänglich, es beinhaltet den Tod, Krankheit, Gebrechlichkeit, Verluste und Fehlschläge. Misshandlungen und Entbehrungen können uns hart treffen, besonders in den Jahren der Kindheit, in denen wir am verletzlichsten sind. Manche Menschen tun so als ob es keinen Schmerz im Leben gäbe. Tatsächlich können wir das Leiden verdrängen oder vor ihm die Augen verschließen.

Doch Schmerz ist real. Er war in unserer Vergangenheit da, er ist jetzt da, und er wird in Zukunft da sein. Möglicherweise sind wir genau so überzeugt wie einige Anhänger des New Age, die sagen: „Alles findet nur in deinem Geist statt“ oder: „Der Geist steht über der Materie“. Die Wahrheit jedoch ist: Wir können das Leben nicht zu einem Dasein ohne Schmerz transformieren. Schmerz, Unbehagen und Missvergnügen sind allen empfindungsfähigen Wesen inhärent, gleichgültig wie bewusst, fromm, gebildet oder stark wir auch sein mögen.

Auch seelischer Schmerz ist ebenso real wie unvermeidbar. Es schmerzt uns, wenn wir über einen längeren Zeitraum nicht das erhalten, was wir brauchen, etwa Aufmerksamkeit, Zuneigung oder Liebe. Ein Freund kann die Freundschaft zu uns plötzlich beenden. Ein geliebter Mensch kann erkranken oder sterben. Wenn wir alt werden, könnte sich unsere Familie entscheiden, uns abzuschieben. Die Gründe für seelischen Schmerz sind schier zahllos; und Seelenqualen sind nicht minder schmerzhaft als körperliche Qualen.

Wenn wir die vollständige Teilhabe am Leben erfahren möchten, dann müssen wir zunächst, ganz so wie Gautama, den Schmerz als Teil des menschlichen Daseins akzeptieren. Denn nur wenn wir dieser Realität ins Auge sehen, finden wir Frieden im Leben. Solcher Friede kann eine Plattform für uns sein, von der aus wir Veränderungen erkunden oder schaffen.

Deshalb ist die erste Voraussetzung in Gautamas Lehre die Tatsache menschlichen Leidens. Für den Buddhismus ist eines von größter Bedeutung: Wir müssen unseren Schmerz und den anderer Menschen anerkennen, und zwar als einen ersten Schritt zu einem besseren und erfüllteren Leben. Wenn wir unseren eigenen Schmerz als Teil der Wirklichkeit erkennen, die wir umfassen wollen, dann haben wir die Möglichkeit zur Entwicklung von Empathie. Mithilfe dieser Empathie können wir uns und anderen hilfreich sein und auch das Gefühl der Verbundenheit mit der Welt verstärken. Die Verbundenheit mit allen fühlenden Lebewesen und das tiefe Verstehen all unseres Schmerzes lässt die innere Ruhe wachsen. Anstatt gegen das Leben anzukämpfen, beginnen wir es zu akzeptieren.

Sollten wir auch unnötigen Schmerz und unnötiges Leiden akzeptieren? So viele Male geben wir der Wut nach, der Furcht, der Habsucht, hängen unseren Enttäuschungen nach und verletzen andere Menschen. In diese Richtung zielt Alan Watts Interpretation von Buddhas Erster Edler Wahrheit: „Das Leben, so wie wir es im allgemeinen führen, bedeutet Leiden".[16] Das ist eine gute Bemerkung, besonders wenn wir einen Blick auf Die Dritte Edle Wahrheit werfen (siehe unten). Für Buddha ist die Verankerung unserer selbst in der Wirklichkeit ein weiser Schritt. Das radikale Akzeptieren der Existenz allen Schmerzes bewahrt uns vor hochtrabenden Ideen und verschiedenen Arten der Weltflucht in Form von Esoterik oder Fantasiegebilden.

Buddha begann seine Reise mit der Beobachtung leidender Menschen, und seine Lehre klang ernüchternd: Die Geburt bedeutet Leiden, der Verfall bedeutet Leiden, der Tod bedeutet Leiden, Kummer, Klagen, Schmerz, Trauer und Verzweiflung bedeuten Leiden, wir leiden, wenn wir nicht bekommen, was wir uns wünschen – kurz gesagt: Die fünf Arten der Existenz bedeuten Leiden. Noch einmal: Das Leben ist zerbrechlich, und dies zu leugnen ist sinnlos. Wir können die Welt auf akzeptierende Weise betrachten, doch auch dann bleibt es dabei: Der Schmerz ist ein Teil der Welt. Erst wenn wir dieser Tatsache ins Auge geblickt haben, können wir einen Nutzen aus der Veredelung des Geistes ziehen. Das führt uns zum zweiten Teil von Gautamas Grundsätzen.

Die Zweite Edle Wahrheit: Die Wahrheit über den Ursprung des Leidens

Es existiert ein Unterschied zwischen der Tatsache des Schmerzes und der Erfahrung von Schmerz. Wenn wir mit der Wirklichkeit als etwas Außenstehendem in Beziehung treten (gemäß der Funktionsweise unseres Gehirns, besonders des Parietallappens), dann bezieht sich unser von uns wahrgenommenes Selbst auf verschiedene Kategorien. Es ist nicht nur so, dass wir das Schlechte einfach nicht mögen, wir weisen es zurück. Wir erfreuen uns nicht nur einfach am Guten, wir klammern uns daran.

Buddha war überzeugt: Der Grund warum wir Menschen so viel leiden ist, dass wir so klammernd oder anhaftend reagieren. Immer dann, wenn wir an etwas anhaften, wird unser Ich-Gefühl aktiviert oder wiedergeboren. Sobald wir uns mit diesem Ich-Gefühl identifizieren, trennen wir uns vom Rest der Welt und werden Gefangene des Leidens. Gautama erkannte: Alles was uns Freude bereiten kann – Empfindungen, Gedanken, Fantasien und Gefühle – kann langfristig das Verlangen danach in uns erzeugen.

Schmerz ist Schmerz. Wegen unserer Sehnsüchte fügen wir ihm jedoch noch das Leiden hinzu. Wenn wir nach etwas ganz Bestimmtem verlangen, dann verlieren wir den Blick auf alles andere. Metaphorisch gesprochen: Wir nageln uns an den Boden fest und hindern den Wind daran, uns in die Lüfte zu tragen, wo wir fliegen könnten. Die guten Dinge aus unserer Vergangenheit sind längst gestorben und vorbei, aber wir halten an diesen Leichen fest. Die guten Dinge im Hier und Jetzt betrachten wir mit Misstrauen. Über die guten Dinge in der Zukunft sorgen wir uns. Die guten und schlechten Geschehnisse lassen uns taumeln, und wir finden keine Zuflucht in uns selbst. Das Gute und das Schlechte sind miteinander verbunden, und das Leben schlägt unerwartete Kapriolen. Doch das erkennen wir nicht, denn wir starren stets nur in die Richtung, aus der das vermeintlich „Gute“ kommen soll.

Dennoch wissen wir alle: Das Anhaften bringt uns auch Vorteile. Hartnäckigkeit hilft uns beim Erreichen unserer Ziele. Die Hoffnung kann uns in schier ausweglosen Situationen beistehen. Es ist menschlich, wenn wir unsere Verluste betrauern. Wenn wir Dinge so schnell loslassen, wie sie uns widerfahren, dann würden wir zu Robotern. Wenn wir auch nur ein bisschen Herz und Seele in uns haben, dann brauchen wir Zeit für das Verarbeiten von Geschehnissen und das Wertschätzen von Erinnerungen.

Dem hätte Buddha sicherlich zugestimmt. Seine Richtlinien führen uns nicht zu einem mechanischen Leben, losgelöst von Anderen. Der Schmerz existiert, er spielt eine wichtige Rolle in unserem Leben, und wir können diese Rolle definieren. Aber wir bestehen nicht nur aus Schmerz. Wir sollten uns mit dem Schmerz nicht identifizieren und damit zum Leiden machen. Den Schmerz nutzen und bewusst an Erfahrungen festhalten: Das kann ein Werkzeug für uns sein. Doch das blinde Festhalten an Schmerz ist selbstzerstörerisch und der Grund für unnötiges Leiden.

Die Dritte Edle Wahrheit: Die Wahrheit über das Auslöschen des Leidens

Wir können den Schmerz aus unserem Leben nicht auslöschen, aber wir können unnötigen Schmerz beenden, indem wir nicht länger an dem anhaften, was wir als gut wahrnehmen. Wir können lernen, die Welt als aus Höhen und Tiefen bestehend zu betrachten. Die Achtsamkeit in Bezug auf das Ganze verleiht uns eine Freiheit: Sie befreit uns von reflexartigen Reaktionen wie etwa dem reflexhaften Anhaften an das Gute. Die Achtsamkeit oder unsere Buddha-Natur ist die einzig stetige, unerschütterliche Konstante in einer dynamischen Welt. Buddha sagte: „Und ein in dieser Weise befreiter Schüler, in dessen Herz der Frieden eingekehrt ist, hat alles vollbracht, nichts mehr bleibt für ihn zu tun übrig. So jemanden können Formen, Klänge, Gerüche, Geschmäcke oder irgendwelche Berührungen angenehmer oder unangenehmer Art ebensowenig ins Wanken bringen wie ein Sturm einen massiven Felsen; unbeirrbar ist sein Geist, Befreiung ist erlangt."[17]

Alles was wir jenseits unserer Achtsamkeit wahrnehmen, was also durch unser Ich-Gefühl entsteht, kann uns zum Anhaften verführen. Gier und Hass sind ganz besonders verlockend, denn sie sind zumeist intensiv und lang andauernd. Die Achtsamkeit bewahrt uns vor der Anhaftung an unser Ich-Gefühl. Solange wir des Ganzen möglichst gewahr sind, verliert dieses Ich-Gefühl seine absolute Macht über uns. Unser allumfassender Blick auf das Leben bewahrt uns vor dem Steckenbleiben in lauter Einzelheiten und damit vor dem Gefühl, davon überwältigt zu werden.

Die Vorstellung, man könne sich von Gefühlen wie Hass und Trauer befreien, lässt sich offenbar nur sehr schwer in das gegenwärtige westliche Denken integrieren. Viele von uns verstehen solche Gefühle und wollen nicht von ihnen befreit werden. Gefühle verbinden uns schließlich mit unserem Körper und der Außenwelt. In der Tat: Das Ausdrücken von Gefühlen ist oft befreiend, stärkend und wenn es angemessen geschieht, verbindend.

Buddhas Worte wurden auf verschiedene Weisen interpretiert. Wenn Sie Angstgefühle oder Depressionen heimsuchen, dann könnten Sie zum Beispiel Nutzen aus den Schlüssen des tibetanischen Buddhismus ziehen. Sie versuchen, negative Gefühle durch die Vermeidung von negativen Gedanken im Keim zu ersticken.Wenn die Gedanken verzerrt sind, dann würde sich die Herangehensweise der kognitiven Therapie[18] anbieten. Tatsächlich sollten wir unsere Gedanken kontrollieren, sobald, oder noch besser: bevor sie uns verletzen. Wir sind nicht vollkommen und neigen dazu, hin und wieder unseren Kopf zu „verlieren" – das kann im Handumdrehen zu einem Chaos führen. Halten wir also unsere Pferde im Zaum und lenken wir sie.

Freilich: Im Allgemeinen binden westliche Menschen ihre Gefühle lieber ein. Und siehe da: Einige Interpretationen der Worte Buddhas zielen in genau diese Richtung. Das starke Primat der Emotion vieler Therapiemethoden der 60er und 70er Jahre, die Gefühle zu etwas Göttlichem erhob, hat sich längst gemäßigt. In gewisser Weise hat der Begriff der emotionalen Intelligenz durch die damalige Extremposition sogar Eingang in die meisten konservativen Kreise gefunden.[19] Die angemessene Art der Gefühlsäußerungen wurde Teil des gesamten Spektrums sozialer Interaktion, von persönlichen bis hin zu öffentlichen Beziehungen. Niemand würde mehr blindlings seinen Gefühlen nachgeben. Wir nehmen negative Gefühle nicht mehr als „schlecht" wahr; wir akzeptieren deren Existenz und können möglicherweise sogar von ihnen lernen.

Die vielversprechendste Interpretation in Bezug auf diese westliche Einbindung von Gefühlen hat wenig mit Kontrolle, sondern vielmehr mit einem Rückzug in und ein Vertrauen auf Achtsamkeit zu tun. Wenn wir voller Absicht auf den Aufruhr in unserem Inneren schauen, dann leitet das bereits negative Gefühle von uns ab. Das ist die Denkweise des Zen-Buddhismus. Der vietnamesische Zen-Buddhist Thich Nhat Hanh etwa lehrt uns, wie wir mit Schmerz und Unwohlsein einfach sitzen können.[20] Wir sollten uns unseres Schmerzes nicht nur in einem Freudschen Sinne bewusst sein. Die Lehren von Thich Nhat Hanh machen deutlich: Unser Ich-Gefühl soll uns nicht nach vorn peitschen und jede unserer Handlungen bestimmen. Stattdessen sollten wir von unserem ruhigen Geist ausgehend handeln, der auf alles acht gibt, was sich bewegt – unsere Gefühle eingeschlossen. Achtsamkeit erlaubt uns loslassen.

Wenn wir uns in Beziehung zur Gesamtheit des Lebens setzen, dann werden wir uns aller Phänomene in genau diesem Moment bewusst. Wir sagen: „Ja". Vielleicht missfällt uns eine Erfahrung, und wir möchten sie zurückweisen; eine solche Reaktion ist natürlich und oft notwendig. Dennoch sollten wir die Wirklichkeit im Hier und Jetzt nicht zu unserem Gegner machen. Wir sind uns zutiefst bewusst: Allem wohnt eine vorübergehende, existenzielle Kraft inne – wir ziehen daraus jedoch keinen unmittelbaren Nutzen, sondern ertragen den Schmerz in uns und verlieren uns nicht in ihm. Der Weg zu dieser Haltung ist anstrengend, aber die Haltung selbst ist frei von Anstrengung. Es ist die tiefe Erfahrung von Geduld – wenn wir erst einmal unseren Weg dorthin gefunden haben, vermittelt sie uns die Erkenntnis: Wir sind angekommen. Es ist das Da-Sein. Diese Interpretation der Worte Buddhas ist der Haltung des Taoismus ähnlich, einem der Vorläufer des Zen-Buddhismus. Laotse schrieb:

> Wie kann ein Mensch in Aufruhr Frieden finden?
> Soll er geduldig warten, bis ein Fluss wieder klar wird[21]?

Schlammwasser wird klar, wenn wir es stillstehen lassen. Die Ruhe im Leben ist die Buddha-Natur.

Die Vierte Edle Wahrheit: Die Wahrheit des Pfades, der zur Auslöschung des Leidens führt

Das Erlernen des Lebens in Achtsamkeit ist kein einfacher Pfad. Zunächst warnte Gautama vor allen exzessiven Vorgehensweisen. Wie Sie sich erinnern, wurde er sich seiner Buddha-Natur erst bewusst, nachdem er das Leben als verwöhnter Prinz und dann das eines Asketen hinter sich gelassen hatte. Was Gautama den Mittleren Weg nannte, das befindet sich irgendwo zwischen Maßlosigkeit und Kasteiung. Wir ziehen häufig einen Nutzen daraus, wenn wir Extreme vermeiden und einen Mittelweg finden. Wenn wir das nicht tun, halten wir an der Methode fest. Der Mittlere Weg bewahrt uns vor ungesunden Konsequenzen – sowohl der Maßlosigkeit als auch der Entbehrung.

DER ACHTFACHE PFAD

Gautama entwickelte den sogenannten Achtfachen Pfad, der sich mit verschiedenen Aspekten des Lebens befasst:

1. Vollkommene Einsicht
2. Vollkommene Entschlossenheit
3. Vollkommene Rede
4. Vollkommenes Handeln
5. Vollkommener Lebensunterhalt
6. Vollkommene Anstrengung
7. Vollkommene Achtsamkeit
8. Vollkommene Versenkung

Diese allgemeinen Leitlinien *(hier in der Formulierung nach Kornfield)* vermitteln uns zwei Dinge: Wir halten Ausschau nach den vielen Hindernissen auf dem Weg zur Achtsamkeit; und nach denen, die wir beiseite räumen müssen, wenn wir aus der achtsamen Perspektive heraus leben wollen. Was wir genau benötigen, hängt davon ab, wer wir sind. Gemäß Gautamas eigenem Hintergrund, den wir heute als hinduistische Tradition bezeichnen, kann uns kein Lehrer sagen, was wir tun müssen. Wir müssen es selbst herausfinden, durch Selbstbeobachtung und den Dialog mit einem Lehrer. Dies führt uns zum Verständnis der Buddha-Natur zurück: Wir können sie nicht erwerben, sie wird uns auch nicht verliehen. Wir müssen sie selbst entdecken.

Dennoch: Nur wenige westliche Menschen haben einen Guru oder möchten von einem Meister persönlich beraten werden. Meiner Ansicht nach ist es nicht begründbar, wenn wir eine Methode aus einer ganz andersartigen Kultur kopieren, die nicht zu unserer eigenen passt. Wir können aus Büchern lernen, von unterschiedlichen Weltanschauungen, Kursen, von einer Psychotherapie, von Predigten, der Natur, Veranstaltungen und aus Erfahrungen. Ernsthafte, ehrliche und konzentrierte Diskussionen können diesen Prozess außerordentlich fördern; sie können zwischen zwei emanzipierten menschlichen Wesen stattfinden; ein Guru ist dafür nicht notwendigerweise erforderlich. Wir sollten solche Dialoge mit Freunden und der Familie suchen und die Aufmerksamkeit, die sie uns schenken, zurückgeben. Der Schlüssel liegt nicht darin, dass wir uns nur Nettigkeiten sagen, sondern innerhalb unserer Beziehung wachsen (siehe Kapitel 6), denn gemeinsam stolpern wir über Hindernisse auf dem Weg zur Achtsamkeit, die wir sonst nicht finden würden. Ist es nicht so: Wenn wir allein unseren Gedanken nachgehen, sehen wir oft den Wald vor lauter Bäumen nicht?

Die acht Bereiche unseres Lebens befassen sich mit dem Bedarf an der Weisheit (1–2), des ethischen Verhaltens (3–5) und der geistigen Disziplin (6–8).

Weisheit

Wir alle sind verschieden voneinander, aber in einem gleichen wir uns alle: Wir benutzen gern den kürzesten Weg, der aber natürlich nicht immer der „richtige" ist. Manche von uns zum Beispiel verstehen das vollständige Aufgehen in der Gegenwart als Aufforderung: Lebe so, als gebe es kein Morgen. Das, so reden wir uns ein, gibt uns Freiheit (etwa Geld verdienen, ganz wie es uns gefällt), und es bewahrt unsere Spontaneität (als könnten wir Sex mit jedem haben, wenn uns gerade danach ist). Diese Weltsicht (die eher der von Heranwachsenden ähnlich ist) fördert Materialismus und andere Süchte, die wir kaum als Zeichen der Freiheit bezeichnen können. Daher muss ein „rechtes Verständnis" dessen, wie die Dinge in der realen Welt ablaufen, berücksichtigen: All unsere Handlungen haben Folgen, wie es das östliche Konzept des *Karma* beschreibt. Welche Begrifflichkeit wir auch immer dafür benutzen: Das Verstehen von Gründen und deren vielfachen persönlichen und globalen Auswirkungen sollten wir zu einem Teil unserer eigenen Weisheit werden lassen.

Ethisches Verhalten

In Bezug auf ethisches Verhalten führe ich fünf Regeln an, die im Buddhismus Orientierung geben. Sie sind unseren westlichen Leitlinien nicht unähnlich, indem sie beschreiben, was negatives Verhalten ausmacht und wie es das gute und erfüllte Leben behindert. Dies sind:

1. Töte nicht.
2. Stehle nicht.
3. Begehe kein sexuelles Fehlverhalten.
4. Nutze keine unlautere Rede.
5. Nimm keine berauschenden Mittel zu dir.

Trotz ihrer Ähnlichkeit mit westlichen Leitlinien sind diese Regeln keine Gebote. Sie wurden den Menschen von einem Menschen übergeben. Wir müssen sie vernünftig und verantwortungsvoll in unser Leben integrieren. Die ehemalige buddhistische Nonne und Autorin Martine Batchelor betont: „Die Ethik des Buddhismus besteht nicht aus blinden Regeln und Verbindlichkeiten. Sie existiert nicht, damit du zu etwas gezwungen wirst, sondern damit du über deine Motivationen und Handlungen reflektierst."[22]

Einige Menschen betrachten diese Freiheit als Erlaubnis zu unethischem Verhalten, das ihnen sofortigen geistigen Frieden schenkt. Alan Watts zum Beispiel, der ansonsten großartige Lehrer, der tausende westlicher Menschen mit großer Einsicht und Weisheit mit östlichen Gedanken vertraut machte, tappte in diese Falle. Gegen den Rat seiner Ärzte konsumiere er Alkohol in einem Ausmaß, das möglicherweise zu seinem frühen Tod im Alter von 59 Jahren beitrug. Wir alle haben Schwächen, er jedoch glaubte sich frei davon. Er tat eben einfach das, was sich für ihn in einem bestimmten Moment gut anfühlte. Durch den Alkohol, so sagte er, fühle er sich „sexy" und wahrscheinlich auch spontaner.[23]

In Bezug auf die analytische Bewusstseinsebene hindern uns unsere Schwächen vermutlich am Verfolgen von Zielen. Sie belasten ganz sicher unsere intimen Beziehungen. Wenn wir unserem negativen Verhalten nichts entgegensetzen, dann verletzen wir uns selbst und andere noch mehr. Wenn wir uns ethisch verhalten, tragen wir mehr Sorge für andere und vernachlässigen sie weniger. Wenn wir unsere Schwächen besiegen, dann ist das ein großes Geschenk an die, die uns brauchen und uns lieben.

Hinsichtlich der spirituellen Bewusstseinsebene berauben wir uns der Möglichkeiten der Seinserfahrung, wenn wir destruktiven Impulsen und Gewohnheiten nachgeben. Deshalb schmälert unethisches Verhalten unser Wachstum und hindert uns an der vollkommenen Teilhabe am Leben. Wenn wir das Gefühl der Leere tolerieren, was wir beispielsweise durch den Verzicht auf Drogen erreichen, dann kann uns das beim Entdecken einer ganz anderen Seite von uns helfen. In anderen Worten: Wenn wir versuchen, ein „guter" Mensch zu werden, dann begegnen wir vielleicht dem „wirklichen" Menschen.

Zunächst mag uns dieser wirkliche Mensch weniger liebenswert und ein wenig zu verletzlich erscheinen, aber möglicherweise finden wir als dieser wirkliche Mensch ein Eingangstor zur Menschlichkeit. Gedemütigt und ohne falsche Identitäten können wir vielleicht erkennen, wie wir zu der Kraft und der Endlichkeit, dem Licht und der Dunkelheit, den Höhen und Tiefen des Lebens passen. Wer weiß schon, wohin die nackte Wahrheit unseres vollständigen Selbst uns führen wird? Ein wenig mehr Erhabenheit kann unser Bewusstsein von Hemmnissen befreien, die wir kaum vorhersehen können.

Geistige Disziplin

Bezüglich der geistigen Disziplin, über die Gautama im Achtfachen Pfad spricht, existieren viele hilfreiche Wege für uns, klar ausgerichtete menschliche Wesen zu werden – einer der Wege ist die Meditation (siehe Kapitel 9). In der Meditation praktizieren wir Aufmerksamkeit, erschaffen dabei jedoch keine geistigen Produkte oder Formen. Diese Aufmerksamkeit erreichen wir durch die Ausrichtung auf unseren Atem, ein ganz bestimmtes Objekt oder auf alle Phänomene. Die Zen-Praxis trägt den Namen *Zazen,* was als „einsgerichtete" Konzentration interpretiert werden kann, oder als die obengenannte Innenschau mithilfe eines *Koan* (inhaltsloses Staunen), oder das „nur Sitzen" (*Shikantaza*). Letzteres bezeichnet einen hohen Grad der Konzentration auf das, was ist. Zazen ermöglicht uns eine generelle Aufmerksamkeit, die uns unsere Vernetztheit mit der Gesamtheit des Lebens erschauen lässt.

Während der durchschnittliche westliche Mensch wohl kaum stundenlang stillsitzen kann, müssen wir verstehen: Die Aufmerksamkeit auf das Sein fliegt uns nicht so einfach zu. Es stimmt: Wir sind uns ständig irgendwie unserer Umgebung und unserer inneren Erfahrung bewusst – denn sonst würden wir ständig stolpern und fallen, gehemmt sein und straucheln. Es ist aber nur wenig, dessen wir uns bewusst sind. Wir blenden alles aus, was für unser unmittelbares Überleben unwichtig scheint. Das gilt auch für alles, was Unordnung in unserer Ich-Erfahrung verursachen könnte. Wir lassen „die andere Seite" außen vor, wenn sie nicht in unser Schema passt.

Die vollständige Achtsamkeit erfordert Übung. Alles verlangsamen, um sich herum schauen, nach innen schauen, tief schauen und sorgfältig hören: Das sind die Grundlagen dieser Übung. Indem wir schauen und akzeptieren, lernen wir das Ehren des Weltlichen, und zwar von einem Standpunkt der Demut aus, und wir übernehmen willentlich diese andere Perspektive. Alles sehen, heißt: alles akzeptieren. Alles akzeptieren, heißt: mit allem verbunden sein. Mit allem verbunden sein, ist: Staunen. Das Staunen entzieht unserer Ego-Erfahrung die Bedeutung. Unserer Ego-Erfahrung weniger Bedeutung geben, heißt: alles schauen. Es bedarf einer lebenslangen Hingabe, bis wir vollständige Achtsamkeit entwickelt haben. Wir tragen unsere Buddha-Natur in uns, doch sie ist unter vielen Hindernissen verborgen. Wir haben eine Aufgabe: Wir müssen jeden Stein herumdrehen und so viele Steine wie möglich beiseiteschaffen.

Doch über all diesen Hinweisen auf das Anstrengende, das Beiseiteräumen von Hindernissen, das Einüben von Konzentration, dürfen wir eines nicht vergessen: Der ruhige Geist an sich ist frei von jeder Anstrengung. Der Dichter Rainer Maria Rilke beschrieb den ruhigen Geist einmal als ein Haus tief in unserem Inneren, das kein Lärm von außen stören kann.[24] Und obwohl wir den Weg zu diesem Haus finden müssen, so müssen wir es doch nicht selber bauen. Wenn wir uns in dieses Haus zurückziehen, dann erblicken wir das Ganze, fühlen unsere Teilhabe, halten uns an nichts Einzelnem fest und lassen uns von nichts Einzelnem verärgern. Wir bemerken die flüchtige Existenz von allem. In anderen Worten: Wenn wir uns mit dem Strom, der durch das Dasein fließt, nicht identifizieren, dann erfahren wir relative Freiheit und Klarheit. Ob nun Träume wahr werden oder Tragödien uns heimsuchen: Wir verlieren niemals den Sinn für die Gesamtheit des Daseins.

Es ist unwichtig, wie wir diesen Sinn nennen. Manche nennen ihn höchste Einheit (Islam),[25] manche Einheits-Bewusstsein (etwa Neurowissenschaftler wie Eugene d'Aquili und Andrew Newberg),[26] oder eben Buddha-Natur; wieder andere geben diesem Sinn irgendeinen anderen Namen. Wir alle können diese Erfahrung machen: Wir sind mehr als bloß unsere individuellen Körper, und diese Erfahrung zählt. Da wir uns über alles bewusst sein können, ist auch alles in uns vorhanden und in voller Bewegung.

Ich schließe diesen Abschnitt mit einer einfachen, dennoch schönen Definition der Buddha-Natur. Sie stammt von Stephen Batchelor, der zehn Jahre als buddhistischer Mönch sowohl in tibetischer als auch in der Zen-Tradition lebte: „Betrachte die Buddha-Natur als eine Art der Achtsamkeit. Wenn wir sagen: Wir alle besitzen diese Buddha-Natur, kann dies bedeuten: Wir alle sind uns einer tiefen und mystischen Dimension (wenn auch möglicherweise nur schwach) bewusst, die den Wurzeln unseres Lebens entspringt."[27]

DIE HINGABE AN DEN FLUSS DER DINGE

Die Realität der Dinge und Vorgänge ist vielleicht gar nicht so, wie wir sie zunächst sehen, wenn wir uns nämlich im aktiven Modus, also auf der analytischen Bewusstseinsebene befinden. Auf der analytischen Bewusstseinsebene sehen und verfolgen wir Ziele und trennen Wesenheiten, Entitäten. Wir reagieren rasch, wenn auf der Oberfläche offenbar etwas falsch läuft. Wenn wir tiefer schauen, was uns auf der spirituellen Bewusstseinsebene möglich ist, dann erblicken wir nicht nur unser Streben, sondern auch das, was dem zugrunde liegt.

Auf der spirituellen Bewusstseinsebene können wir, ganz wie in der Wissenschaft, unterschiedliche Größen voneinander trennen und systematisch untersuchen. Aber wir können uns auch ganz einfach der Vernetzungsprinzipien des Lebens bewusst werden. Auf diese Weise bleibt unser Geist geöffnet, klar und relativ unabhängig von dem, was an der Oberfläche geschieht. Alle Dinge und alle Geschehnisse durchströmen unseren Geist; sie werden nicht zu klammernden Gedanken und zielorientierter aggressiver Handlung. Aus diesem Grunde haben wir auf der spirituellen Bewusstseinsebene die Möglichkeit der Hingabe und der Nichteinmischung.

Nichteinmischung ist essenziell für den Vorläufer des Zen-Buddhismus, den Taoismus. Wenn wir durch die Unruhe hindurchblicken, dann bleibt der Geist ruhig und standhaft. Geduldig und mit größtem Vertrauen in den natürlichen Fluss der Dinge beobachtet dieser ruhige Geist und widersetzt sich nicht. Der Strom fließt ruhig dahin, wenn er nicht gehindert wird und wir ihm seinen Weg durch Freiheit und Zustimmung gehen lassen. Laotse merkt an: „Diejenigen, die so fließen wie auch das Leben fließt", seien von äußeren Bedingungen nicht abhängig. Modern gesprochen, können wir sagen: Sobald wir Frieden mit der Veränderlichkeit des Lebens geschlossen haben und flexibel reagieren können, brauchen wir keine Tranquilizer, keinen Alkohol und kein Fernsehen mehr, keine Unmengen von materiellem Kram und all die anderen Krücken. Wenn wir uns dem Fluss des Lebens hingeben, dann erlangen wir natürliche Gelassenheit, Standhaftigkeit, und wir werden belastbarer.[28]

Manchmal offenbart sich die Hingabe wie von selbst: wenn wir buchstäblich die Waffen und Werkzeuge niederstrecken, eine hoffnungslose Situation akzeptieren und mit Würde kapitulieren. Es gibt viele Situationen, in denen eine solche Hingabe notwendig ist. Zum Beispiel dann, während wir um unser Leben kämpfen und dafür neue, bessere Medikamente entwickeln wollen, sollten wir jedoch nicht mehr kämpfen, wenn der Tod unmittelbar bevorsteht. Der Tod ist ein Teil des Lebens, und wie sehr wir ihn in einzelnen Situationen auch vermeiden konnten: Wenn er da ist, ist er da. Wenn eine Tasse Milch verschüttet wird, dann ist das verschüttete Milch. Es ist zu spät, wenn wir irgendeine Handlung bedauern, die bereits unumkehrbar stattfindet. Wenn es für uns momentan nichts mehr zu tun gibt, dann ist alles Tun ein Klammern und verursacht Leiden. Ein Geist, der die spirituelle Bewusstseinsebene erreichen kann, wird sich nicht für das Erreichen eines tatsächlich nicht erreichbaren Ziels abhetzen. Er wird den Moment im Hier und Jetzt wahrnehmen und loslassen.

Wir geben uns auch dann hin, wenn wir nicht mehr gegen die Realität eines Augenblicks kämpfen, in dem wir einfach das tun, was gerade getan werden muss. Solches Tun bedeutet keine Beeinträchtigung von Handlungen, die in diesem Moment und an diesem Ort geschehen müssen, sollten oder werden. Es ist eine sinnvolle Handlung, ausgerichtet an dem natürlichen Strom aller

Dinge. Es macht zum Beispiel keinen Sinn, wenn wir voller Ärger die Milch anschreien oder sie wieder in die Tasse zurück bugsieren wollten. Wir sollten besser die Tasse hochheben und die Tropfen mit einem Handtuch auffangen. Wenn wir das Problem mit der Milch losgelassen haben, dann ist unser Geist klar und kann in Übereinstimmung mit neuen Umständen wieder frei handeln. Eine solche Handlung kann man auch als Nicht-Aktivität bezeichnen, denn sie stellt eine Nichteinmischung in die bevorstehende Handlung dar.

Unglückliche Umstände meistern

Mit einer persönlichen Geschichte über eine Verkettung unglücklicher Umstände möchte ich Hingabe und die damit verbundenen Schwierigkeiten veranschaulichen. Während eines Urlaubs erkrankte meine gesamte Familie an der Grippe. Ein Säugling, zwei Kleinkinder und zwei Erwachsene im Fieber und mit Schmerzen am ganzen Körper. Mein Mann Steven war trotz schwerer Medikamente auch noch gezwungen, bei der Arbeit einen Notfall im Büro zu meistern. Die Situation wurde verschlimmert, als ich mir auch noch den Knöchel verdrehte und mitsamt meinem fiebrigen zwei Jahre alten Sohn die Treppe herunterfiel. Meinen Sturz konnte ich nicht abfedern, da ich vor allem mein Kind vor Verletzungen schützen musste. Zum Glück stand unser Kindermädchen Barbra gerade an der Haustür, als ich auf den Boden aufprallte. Dadurch konnte ich wenigstens in die Klinik, um meinen gebrochenen linken Fuß schienen zu lassen. In dem Moment, als ich mich verletzt hatte, fühlte ich vor allem Wut. Ich konnte mich nicht trösten, sondern ärgerte mich über mein Schicksal, das meinem ohnehin schon vorhandenen Elend noch eins draufgesetzt hatte.

Am nächsten Tag war es ein echter Kampf, mich um meine drei Kinder und mich selbst zu kümmern. Mein Baby lag neben mir auf dem Sofa; Windeln, Wasser und Essen lagen in Reichweite. Die beiden anderen Kinder hatten nur leichtes Fieber und fühlten sich vor dem Fernseher sogar eher wohl. Plötzlich klingelte das Telefon. Da ich meine körperlichen Einschränkungen erst gar nicht akzeptieren wollte, hüpfte ich ohne meine Krücken die zwei Stufen in den Nebenraum hoch. Nachdem ich noch vor dem Anspringen des Anrufbeantworters geschafft hatte (Ha!), riss ich das Telefon hoch und musste erfahren, dass nun auch Barbra die Grippe erwischt hatte und sie nicht kommen konnte. Mit Schuldgefühlen und Verärgerung hüpfte ich die beiden Stufen wieder nach unten und fiel erneut hin. Trotz der Schiene brach ich mir meinen großen Zeh. Gerade als ich mich unter Schmerzen krümmte, kam mein Sohn angewackelt, hielt mir seine schmutzige Windel über meinen Kopf und sagte: „Guck, Mama: Aa"!

Ich versichere Ihnen, die Szene wäre selbst für eine Slapstick-Komödie noch zu übertrieben gewesen. Ich hatte Schmerzen, fühlte mich hilflos und völlig erschöpft. Gerade als ich wie ein Kind losheulte, klingelte das Telefon erneut. Trotz allem musste ich loslachen. „Wenn ich heute sterben sollte", dachte ich mir, „werden die Menschen bei meiner Grabrede was zu lachen haben." Das Leben spielte mit mir. Doch obwohl ich die Angeschmierte war, konnte ich darüber lachen, oder besser, ich konnte *damit* lachen.

Ich war sicher nicht im herkömmlichen Sinne des Wortes glücklich, aber letztlich war ich an einem Punkt vollständiger Klarheit angekommen. Ich hatte Schmerzen und musste einen Grad von Verantwortung zeigen, den ich nicht mehr bewältigen konnte. Das erkannte ich. Die extreme Situation hatte mich in die Gegenwart hinein gezwungen. Es gab keine Flucht in die Zukunft mehr, kein Ziel, keine Sorge. Es gab auch keine Flucht in die Vergangenheit, keine Reue, keine Wut. Unter Schmerzen stand ich also auf, machte alles sauber und kümmerte mich um meine Kinder, bis mein Mann ein paar Stunden später heimkehrte. Nach meinem zweiten Sturz hatte mich irgendetwas an der Situation wachsen lassen. Von da an war mein Fokus geschärft, und alle meine Handlungen geschahen bewusst. Anders als manche Menschen, die unter Schock stehen, stand ich nicht wie neben mir und beobachtete mein Tun. Ich beobachtete mich selbst, während ich gleichzeitig ganz da war. Ich hatte mich schließlich hingegeben.

Erlebnisse wie diese können auf drastische Weise Aufmerksamkeit und Lernen auslösen. Seit langem ist bekannt: Zu viel Stress schadet Geist und Körper. Doch neuere Forschungen haben gezeigt: Stress kann für uns auch Auslöser von Veränderung und persönlichem Wachstum sein.[29] Abgesehen von diesen positiven Reaktionen stellt sich heraus: Wir haben die Fähigkeit, bei stressigen Ereignissen vollständig aufmerksam zu sein. Im Gegensatz zu Situationen, in denen wir uns von unserem Ich-Gefühl leiten lassen, können wir unter Stress unsere Aufmerksamkeit auf jedes einzelne Detail, das uns widerfährt, lenken. Hieraus können wir ableiten: Die Achtsamkeit und Hingabe für den natürlichen Fluss der Dinge ist auch während ganz normaler Umstände möglich. Wir stellen fest: Wenn wir uns dem Moment nicht widersetzen, sei er gut, neutral oder schlecht, sind wir so voll (von sich ändernden Erfahrungen), wie wir leer (von aller Anhaftung) sind.

LOSLÖSUNG BEGREIFEN

Eines der größten Missverständnisse über den Buddhismus ist: Die Hingabe an den Moment würde emotionaler Distanziertheit gleichkommen. Buddhistische Loslösung bedeutet: Aus der Achtsamkeit heraus zu leben. Dies schließt keine Gefühle aus, aber hilft uns, uns nicht mit ihnen zu identifizieren.

Der japanische Dichter Kobayashi Issa (1763–1827) drückte beispielsweise seine große Traurigkeit in seinen Haikus aus. Er erlitt zahlreiche Schicksalsschläge wie den frühen Verlust seiner Mutter in seiner Kindheit, den Tod von dreien seiner Kinder, und er lebte in Armut. Doch obwohl er im übertragenen Sinne wie ein Vogel mit beiden Beinen im Schlamm stand, verlor er nie den Blick für die Frühjahrsblüte.[30] Nachdem seine einjährige Tochter Sato-jo an den Pocken verstorben war, schrieb er ein „Ein-Atemzug"-Gedicht. Darin stellt er fest, die Welt sei wie Tau, wie schöner Tau, aber eben auch Tau, in dem sich nicht nur Freudiges, sondern auch Trauriges widerspiegelt. Oder in Issas Worten: „Und doch, und doch …" [31]

Issa ist sich der Vergänglichkeit aller Lebensformen bewusst und akzeptiert sie. Ihm ist es gelungen, die Welt so zu lieben, wie sie ist. Gleichzeitig ist er sich seiner Traurigkeit bewusst. Seine Gefühle betrachtet er nicht als festen Geisteszustand, vielmehr sieht er darin Bewegung. Das Fließen der Worte „Und doch, und doch …" vermittelt dem Haiku Leichtigkeit und Freude. Selbst in Issas dunkelsten Gefühlen steckt noch Liebe zu diesem Leben. Dieser einzelne Tautropfen, den er verloren hat – seine Tochter Sato-jo – erinnert ihn an den wunderbaren Fluss des Lebens.

Daher: Nein, in der Hingabe hört unsere Fürsorge nicht auf. Stattdessen beenden wir das Bedauern der Realität und hören mit dem „Flattern" zwischen unseren Handlungen und Gedanken auf.[32] Wir engagieren uns in keiner Weise in einem aussichtslosen Kampf (im Gegensatz zu einer echten Ursache). Im Einklang mit der Realität sind wir realistisch. Wir bewegen uns mit dem Strom des Lebens.

UNSERE ACHTSAMKEIT VERTIEFEN

In Zeiten, in denen die Wirklichkeit uns sehr brutal erscheint, können wir unsere Achtsamkeit für das ganze Leben vertiefen. Im Sitzen oder im stillen Gehen können wir mit unserem fokussierten und weit geöffneten Geist Stärke erfahren. Issa, der sich auf derselben Stufe mit der kleinsten Kreatur fühlte, machte genau das. Der Zen-Poet hatte in seinem Leben schmerzhafte Verluste erlitten – wie den Tod seiner Kinder – und fand viel Trost in der Natur und der Beschreibung trauriger Frösche, die ganz ehrfürchtig die Berge betrachten.[33]

Wenn sich uns die Realität günstig darstellt, können wir durch die Hingabe an sie die süßeste Lust und tiefste Freude erfahren. Allzu oft lassen wir einen guten Moment verstreichen – ohne ihn zu spüren, zu feiern oder überhaupt zu bemerken. Wir drehen unsere Köpfe weg, wenn wir mit der Realität kämpfen, die uns nicht gut genug oder zu gut, um wahr zu sein, erscheint. Uns können Gier oder Selbstzweifel plagen. Möglicherweise ist auch unser Geist zu beschäftigt und kann daher den gegenwärtigen Augenblick nicht würdigen. Da wir mit der Vergangenheit oder der Zukunft ausgelastet sind, können wir nie einfach nur da sein.

Wie bereits erwähnt, hilft uns Hingabe nicht nur beim Erleben der Zerbrechlichkeit des Lebens, sondern auch beim Erfahren der Stärke und Schönheit des Lebens. Wenn wir uns vom Guten berühren lassen, können wir möglicherweise so fühlen, wie es im Buch *Die Geisha* beschrieben wird: „Solange ich mich erinnern kann, habe ich solch eine Glückseligkeit nicht gespürt. Wie ein in die Luft geworfener Ball bewegungslos erscheint, bevor er wieder fällt, fühlte ich mich wie schwebend in einem Zustand ruhiger Zeitlosigkeit."[34]

Der ruhige Geist ist der Ball, der sich nicht bewegt, während alles andere um ihn herum sich bewegt. Unser Geist bleibt zentriert, während unsere Handlungen ihren Lauf nehmen.

TRANCE UND STILLE

Trance ist ein Geisteszustand, auf den wir im Laufe des Tages spontan und häufig zugreifen. Obwohl eine Trance so natürlich wie Atmen ist, bemerken wir sie in der Regel nicht. So unauffällig ein Trance-Zustand auch ist, er gibt unserem überlasteten, denkenden Geist die stark benötigten Pausen. Unser Denken entspannt sich, während unser Unbewusstes mehr in den Vordergrund rückt.

Einen Trance-Zustand können wir auf vielerlei Arten erreichen: wenn wir tag-träumen, unsere Vorstellungskraft nutzen, uns auf Rhythmen fokussieren oder beim Versuch, alte Informationen abzurufen. Erinnern Sie sich beispielsweise an Ihren liebsten Urlaubsort. Tun Sie es jetzt. Wahrscheinlich haben Sie Ihre Augen ein wenig nach oben gerollt oder geradeaus geschaut und dann gewartet, bis die Informationen zu Ihnen kamen. Der Moment vor dem Abruf von Informationen ist nichts anderes als eine leichte Trance.

Wenn Sie diesen Zustand vertiefen wollen, könnten Sie sich Ihren Urlaub noch detaillierter vorstellen oder Ihre Erinnerung auf kreative Weise ändern. Wenn Sie den Zugang zum Trance-Zustand durch die Aufmerksamkeit auf einen Rhythmus, wie beim Tanzen, Singen und Wiederholen von Worten oder beim Beobachten von Wellen erreicht haben, können Sie solch einen Trance-Zustand wahrscheinlich vertiefen durch das Schließen Ihrer Augen oder weniger Ablenkung. Danach werden Sie wahrscheinlich feststellen: Sie sind mehr in Kontakt mit sich selbst und haben mehr Perspektiven. Nach einer solchen Erfahrung fühlen Sie sich auf beinahe magische Weise Ihren Aktivitäten besser gewachsen und sind mit Ihrem Dasein zufriedener.

Viele von uns meinen, der denkende Geist sei ein allmächtiges Werkzeug und halten das Unbewusste für unwichtig oder nicht existent. Andere wollen nichts mit dem Unbewussten zu tun haben, weil sie es mit dem freudschen animalischen „Es“ assoziieren, das sie als schlecht oder befremdlich ansehen. Nach den Psychoanalytikern Sigmund Freud und Carl Gustav Jung ist das Unbewusste der Sitz unserer persönlichen bzw. zwischenmenschlichen Konflikte.[35] Die meisten Menschen sind nicht so versessen auf Konflikte, schon gar nicht auf ihre eigenen. Während Trance im tibetischen Buddhismus und Hinduismus weithin angenommen ist, wird sie ansonsten oft gemieden, da sie angeblich unseren Geist vernebelt und die Aufmerksamkeit reduziert. In diesen Fällen gelingt es uns nicht, den unbewussten Geist und seine außergewöhnlich wohltuende Kraft zu verstehen.

Zunächst einmal müssen wir verstehen: Das Unbewusste ist für unser Überleben sehr wichtig. Wenn wir alle Informationen mit unserem denkenden Verstand erlernen und verarbeiten müssten, hätten wir in unserer biologischen Umwelt einen schrecklichen Nachteil. Es gibt einfach zu viele Informationen um uns herum, die wir mit unserem Denken allein nicht filtern könnten. Timothy D. Wilson schreibt in seinem Buch *Strangers to Ourselves: Discovering the Adaptive Unconscious:*

> Wir nehmen 11.000.000 Informationen pro Sekunde auf, können bewusst aber nur 40 davon verarbeiten. Was passiert mit den anderen 10.999.960? Der Entwurf eines Systems mit solch unglaublicher Sinnesschärfe, aber zu geringer Kapazität, um die ankommenden Informationen nutzen zu können, wäre schrecklich verschwenderisch. Glücklicherweise können wir viele dieser Informationen außerhalb des Bewusstseins nutzen.[36]

Aus diesem Grund bezeichnen Gerd Gigerenzer und seine Kollegen die adaptiven Werkzeuge des Unbewussten, insbesondere einfache Entscheidungsregeln, als „schnell und einfach".[37] Sie funktionieren gut, da sie für die jeweilige Situation spezifisch, aber nicht zu spezifisch sind. Unser Unbewusstes filtert auch Geräusche und andere Ablenkungen. Mit diesen Fähigkeiten können wir uns auf wichtige Angelegenheiten oder auf Fragen konzentrieren, mit denen wir in der Regel bewusst umgehen.

Ohne viel darüber nachzudenken, berücksichtigen wir eine Menge aus unserer Umgebung. Wir erkennen, wir sind ein Teil des Zeitgeistes. Wir bemerken nicht einmal, wie sehr unser eigenes Denken und Entscheiden von ihm beeinflusst wird. Selbst Menschen, die von sich behaupten, sie würden sich nicht für Mode interessieren, kleiden sich im Allgemeinen so, wie es die Zeiten vorgeben. Während wir glauben, wir hätten etwas wirklich Originelles gedacht, wurde es sicherlich vorher bereits von vielen anderen Denkern gedacht. Und für alle diejenigen unter uns, die uns als unabhängige, moralisch höher stehende Wesen betrachten, ist eine Erkenntnis ziemlich ernüchternd: Auch wir haben bloß kulturelle Werte angenommen. Die Filter unseres Unbewussten sind daher nicht nur für uns als Individuen von größter Bedeutung, sondern auch für den Zusammenhalt und die Harmonie unserer Gruppe.

Niemand kann ernsthaft wünschen, auf das Unbewusste verzichten zu wollen. Nur das Unbewusste arbeitet weiter, wenn wir schlafen. Es rettet mehrmals am Tag zahlreiche Leben, wenn wir uns gedankenlos durch den Verkehr bewegen. Es regelt unsere Herzfrequenz und den Blutdruck. Es schützt uns vor Überhitzung und Ersticken, indem es uns schwitzen und richtig atmen lässt. Ein Leben ohne diese unbewussten Hilfsmittel wäre nicht möglich. So fehlerhaft der unbewusste Geist auch sein mag, er ist für uns alle eine unschätzbare Ressource.

Wir sollten unser psychologisches Verständnis des Unbewussten ebenfalls verbessern, um seine gesamten Vorteile nutzen zu können. Wenn sich unsere Konflikte teilweise offenbaren, ist es sinnvoll, wenn wir das bewusste Urteilen darüber umgehen – zum Beispiel in Träumen. Solche Offenbarungen können das Unglück so mancher Menschen reduzieren. Jedoch ist das Fokussieren auf Konflikte, wie es viele Anhänger Freuds tun, keine gute Empfehlung für gut funktionierende Menschen. Der Mythologe Joseph Campbell sah etwas sehr viel Positiveres im unbewussten Geist. Er nannte es den „tiefen, dunklen Boden, der der Rückhalt unseres bewussten Lebens ist."[38] Milton Erickson, der wohl wichtigste Klinische Hypnotherapeut, der je gelebt hat, zapfte diese Stütze direkt an. Damit half er unzähligen Patienten mit einer Vielzahl an Symptomen und linderte auch seine eigenen Symptome der Kinderlähmung.[39]

DIE BEZIEHUNG ZWISCHEN TRANCE UND ACHTSAMKEIT

Bevor ich Wege aufzeige, mit denen wir unser unterstützendes Unbewusstes ohne formale Hypnotherapie anzapfen können, möchte ich auf die Bedenken eingehen, die Zen-Buddhisten gegen die Trance hegen. Sie glauben häufig, Trancen würden uns weiter von der Achtsamkeit weg führen. Auf den ersten Blick erscheint diese Sorge berechtigt, da wir unsere Achtsamkeit tatsächlich etwas ausblenden, wenn wir in Trance sind.

Dem möchte ich allerdings zuallererst entgegensetzen: Während eines Trance-Zustands haben wir nach wie vor Kontrolle über unser Handeln, wie Milton Erickson mehrfach betonte.[40] Die Zirkusnummern, in denen Menschen dazu gebracht werden, sich wie Hühner zu benehmen, sind Zaubershows mit willigen Darstellern. Im wirklichen Leben und während einer absichtlich herbeigeführten Trance lassen wir die Entspannung der bewussten Wahrnehmungssteuerung selbst zu. Wir vertrauen uns unseren unbewussten Prozessen genau solange an, wie wir das wollen. Niemand kann mit uns etwas in Trance anstellen, was wir selbst nicht wollen oder was wir missbilligen würden.

Zweitens und noch wichtiger: Während wir in einem Trance-Zustand unser Bewusstsein für bewusste Prozesse ausblenden, erhöhen wir unsere Achtsamkeit für die Prozesse des Unbewussten. Nach und nach wird durch den Fokus auf das Unbewusste eine stärkere Brücke zwischen dem bewussten und dem unbewussten Geist aufgebaut. Wir lernen, wie wir unsere Augen für das Richtige öffnen können, was uns in der Regel verborgen bleibt. So vergrößern wir den Wirkungsgrad unserer Wahrnehmungen. Mit anderen Worten: Eine vorübergehende Reduzierung der bewussten Achtsamkeit erhöht letztendlich das allgemeine, übergreifende Bewusstsein.

Ein Beispiel: Eine Person, die ihre Gefühle mehr oder weniger nicht wahrnimmt oder ihre Kreativität nicht nutzen kann, erkennt plötzlich Pfade zu diesen inneren Kapazitäten. Sobald der Kontakt zu diesen Kapazitäten aufgebaut ist, umfasst die Achtsamkeit dieser Person auch die psychologische und kreative Achtsamkeit. Sie wird sich dann in der Realität erden und kann dadurch mit Beziehungen und Problemlösungen besser umgehen. Psychische Gesundheit ist immer von Vorteil, denn sie hilft uns beim Zugriff auf die spirituelle Bewusstseinsebene. Wenn wir unseren Alltag gut managen und als Person wirksam handeln können, sind wir eher in der Lage, die Leerheit aller Dinge – ihre Vergänglichkeit und Relativität – auszuhalten. Auf diese stoßen wir nämlich unwillkürlich, wenn wir uns wirklich klar werden über unser Eins-Sein mit der Welt.

Wenn wir das Unbewusste verstehen wollen, sollten wir auch Folgendes wissen: Unser Geist kann nur so stark verbunden sein, wie es das gesamte Leben ist. Es gibt keine absolut voneinander trennbaren Bereiche. Der bewusste Geist ist nicht etwa nur hier und der unbewusste Geist dort drüben. (Diese Verbindung gilt auch für die analytische und die spirituelle Bewusstseinsebene, was wir an anderer Stelle erörtern werden.) Wenn wir unseren Geist ausrichten, dann aktivieren und deaktivieren wir nur grob definierte

Bereiche. Außer wenn wir im Koma liegen, ist keiner dieser Bereiche vollständig deaktiviert oder vollständig unter Kontrolle. Wenn wir uns als getrennt von der Welt empfinden, so wie wenn wir uns stark auf ein Ziel innerhalb der analytischen Bewusstseinsebene fokussieren, erleben wir uns als effektiv und sind völlig in diesen Prozess vertiefte Teilnehmer. Setzen wir uns mit der Welt als nicht getrennt von ihr in Verbindung – wie über die Achtsamkeit auf der spirituellen Bewusstseinsebene – erkennen wir unsere vorhandene Teilhabe. Allerdings befinden sich zwischen diesen extremen Erfahrungen zahlreiche Varianten, von denen eine die Trance ist.

Eugene d'Aquili und Andrew Newberg haben sich mit großer Aufmerksamkeit der extremsten Erfahrung auf der spirituellen Bewusstseinsebene gewidmet.[41] Sie verwenden den Begriff „absolut einheitliche Erfahrung", der eine Entsprechung zum buddhistischen Nirvana und dem hinduistischen Moksha ist. Anstatt das Extreme als eine deutlich unverwechselbare Erfahrung anzusehen, begreifen sie es als Teil eines Kontinuums. Ästhetik, Liebe und spirituelle Erfahrungen der Realität (über Träume, Visionen oder Mandalas) sowie ein profundes Gefühl tiefer Einheit wären allesamt sich verstärkende Erfahrungen in diesem Kontinuum. D'Aquili und Newberg setzen vor die absolute einheitliche Erfahrung „verschiedene zunehmend intensive Trancezustände" innerhalb dieses Kontinuums. Ganz so, wie wenn wir die Gesamtheit des Lebens erfahren, verwischen wir in der Trance die Grenzen zwischen einzeln betrachteten Dingen.[42]

Schließlich kommen die Autoren zum Ende des Kontinuums, nämlich zum „glückseligen Zustand der Einheit mit der Welt."[43] Ihre Hypothese: Dies ist ein zutiefst ausgeglichener Zustand. Er wird durch die wohlabgewogene und konsistente Aktivierung unserer Ruhe- und Wecksysteme, das heißt des Parasympathikus und Sympathikus unseres autonomen Nervensystems.[44] In diesem Zustand schaffen wir es, alle Grenzen verschwimmen zu lassen, während wir selbst völlig wach sind.

Eins ist meines Erachtens offensichtlich: Obwohl die Trance diesem Zustand nicht entspricht, hat sie dennoch viel mit Gelassenheit gemeinsam. Mir sagt das Kontinuum Folgendes: Die Existenz bietet ein weit gefächertes Potenzial, wie wir die Welt erleben können. Wir können sie über (1) Grenzen, (2) verschwommene Grenzen beim Entspannen der bewussten Achtsamkeit und (3) verschwommene Grenzen beim Aufrechterhalten bewusster Achtsamkeit erleben. All diese Erfahrungen helfen uns, uns mit der Welt in Beziehung zu setzen und alle tragen zum Glück bei, also zur vollständigen Teilhabe am Leben.

WIE WIR TRANCEZUSTÄNDE ERREICHEN KÖNNEN

Im Weiteren möchte ich Ihnen Wege aufzeigen, wie Sie natürliche Trancezustände erreichen und vertiefen können.[45] Dabei ist eine Vorstellung hilfreich: Denken wir uns unser Unbewusstes als den Sitz zahlreicher Kapazitäten, die unser Wohlbefinden unterstützen. Hier eine Auswahl dieser Kapazitäten: Die Behaglichkeit (die Ihnen beispielsweise sagt, wie Ihre Finger am besten dieses Buch halten), das Vertrauen (es sagt Ihnen, wie Sie sich zumindest in diesem Moment entspannen können), die Neugierde (durch die Sie offen bleiben und nach neuen Informationen suchen) und die Kreativität (durch sie können Sie mit Ideen spielen und sich neue Erfahrungen ausdenken). Wenn wir unsere Aufmerksamkeit nicht auf den Inhalt, sondern auf die eigentliche Kapazität richten, können wir eher in eine leichte Trance versinken. Durch die Beobachtung unserer unbewussten Kapazitäten werden diese Bereiche für uns zugänglicher und Körper und Geist entspannen sich gleichzeitig.

Behaglichkeit

Nehmen Sie sich einen Moment Zeit, und finden Sie heraus, wie Ihre Finger das Buch umschließen, damit Sie es halten können. Aller Wahrscheinlichkeit nach haben Sie sich vorher keinen Plan zurechtgelegt, wie jeder einzelne Ihrer Finger hierfür ausgerichtet sein muss. Zwar benötigten Sie für das richtige Platzieren Ihrer Finger nicht Ihr Denken, wohl aber die Weisheit Ihres Körpers. Zerbrechen Sie sich nicht den Kopf über Anatomie und komplizierte Gehirnwindungen, richten Sie Ihre Aufmerksamkeit vielmehr auf die Behaglichkeit, die dies veranlasst hat. Schließen Sie die Augen oder senken Sie Ihre Augenlider. Konzentrieren Sie sich auf Ihren natürlichen Atemrhythmus. Während Sie die Empfindung in Ihren Fingern, Händen, Armen, beim Beugen Ihres Kopfes und in Ihrer allgemeinen Haltung verschärfen, prüfen

Sie Ihre Beziehung zu dieser Behaglichkeit. Sie können einfach nur an den Begriff „Behaglichkeit" denken oder in die Bewusstwerdung der Behaglichkeit hinein atmen. Experimentieren Sie ganz frei, bis Sie Ihr persönliches Gefühl von Behaglichkeit spüren.

Vertrauen

Nun nehmen Sie sich einen Moment Zeit, um zu erkennen, wie Sie Ihre Aufmerksamkeit auf diese geschriebenen Zeilen richten. Möglicherweise sind Sie nicht zu 100 Prozent konzentriert. Trotzdem konnten Sie sich für das Lesen dieses Textes ausreichend konzentrieren und entspannen. Sie haben den Text gefiltert und filtern tatsächlich auch weiterhin Ihre Umgebung auf mögliche Gefahren. Dennoch sind Sie zu dem unbewussten Ergebnis gelangt: „Ich kann diese Zeilen lesen, da um mich herum alles sicher genug ist." Anscheinend vertrauen Sie auch Ihren Fähigkeiten des Lesens und Verstehens, zumindest in einem Maße, das Sie weiter lesen lässt. Wir gehen eine Treppe herunter, ohne vorher die Größe der einzelnen Stufen abzumessen. Wir strecken unsere Hand aus, um eine andere Hand im exakt richtigen Moment schütteln zu können. Die Erde dreht sich und die Schwerkraft hält uns am Boden. Daran hegen wir keinen Zweifel. Trotzdem beäugen viele von uns lediglich ihr Misstrauen; nur wenige achten auf das tatsächlich vorhandene Vertrauen. Möglicherweise wünschen wir uns mehr Vertrauen. Durch das bloße Betrachten des Vertrauens, so wie wir auch unsere Behaglichkeit betrachten, wird unser dieser Wunsch erfüllt.

Neugier

Wir denken sehr häufig, wir sollten etwas wissen. „Wissend sein", so hoffen wir, könnte uns mehr Selbstvertrauen geben. Doch mit dem Druck, den wir auf uns selbst ausüben, untergraben wir unser Selbstvertrauen. Wenn wir diesen Druck loslassen und das Gefühl des „Nicht-Wissens" genießen, empfinden wir Neugierde. Das ist eine Erfahrung, die einen so demütig werden lässt, wie sie stärkend ist. Seien Sie also achtsam, steigern Sie Ihre Neugierde und "versuchen [Sie], die Fragen selbst liebzuhaben", wie es der Dichter Rainer Maria Rilke ausdrückte.[46] Das Erhalten von Antworten ist ein erhebendes Gefühl; der Weg dorthin ist zutiefst berührend und verändert uns im Kern.

Zur Steigerung unserer Neugierde können wir uns selbst fragen: „Ist Nicht-Wissen akzeptabel?“ Möchten wir auf diese Frage hin den Kopf schütteln, könnten wir weiter fragen: „Bin ich neugierig genug, herauszufinden, wie es sich anfühlt, das Nicht-Wissen zu akzeptieren?“ Wir können uns auch fragen: „Bin ich jetzt neugierig?“ Richten wir unsere Aufmerksamkeit nach innen, können wir über unsere Neugierde erstaunt sein und über unser Erstaunen staunen. Während wir über unsere Neugier staunen, löst sich unser mentaler Druck. Die Zeit steht still, und wir können damit beginnen, uns in unsere Neugierde hinein zu entspannen. Das Erstaunt-Sein über das Erstaunen ist ein wunderbarer Weg, durch den wir weniger angefüllt mit uns selbst als vielmehr „einfach menschlich“ sind.

Dieser Abschnitt über die Neugierde erinnert Sie wahrscheinlich an den meditativen Zweifel, der bei den so genannten Zen-Fragen, den Koans, ausgelöst wird. Trance ist einfach nur eine andere Art des Übens der „existenziellen Ratlosigkeit“. Zur Erinnerung lesen wir diese Zeilen Stephen Batchelors über den „großen Zweifel“, der im Zen-Buddhismus neben dem „großen Glauben“ und dem „großen Mut“ so wichtig ist: „Er bedeutet: Im Herzen unseres Lebens die Verblüffung lebendig zu erhalten. So können wir anerkennen, dass wir grundsätzlich nicht wissen, was geschieht und damit in Frage stellen, was auch immer in uns entsteht.“[47]

Die Betrachtung der Neugierde in einem Trance-Zustand unterscheidet sich von den Zen-Praktiken, dient aber letztlich einem ähnlichen Zweck. Wir werden demütig, sind weniger auf uns selbst fokussiert und – wenn sich unser inneres Auge entspannt – öffnen uns der Welt, die wir letztlich nicht begreifen können. Wir erkennen, dass wir oft nicht einmal unsere eigenen Handlungen begreifen; unser unbewusster Geist ist viel zu sehr mit der Verarbeitung der etwas auslösenden Daten beschäftigt. Durch die Meditation werden wir insgesamt aufmerksamer. Ungeachtet dessen bleiben wir – zumindest teilweise – vielen inneren Prozessen gegenüber unwissend. Auch das ist etwas, dessen wir uns bewusst sein sollten. Auch das ist Wahrheit.

Und noch einmal: Die Tatsache, dass wir auch von unserem unbewussten Geist geleitet werden, bedeutet nichts Schlechtes. Es gibt sicherlich Zeiten, in denen wir das Durchdenken von Dingen besser etwas verlangsamen sollten. So werden instinktive Reaktionen wie Panik oder blinde Wut weniger wahrscheinlich. Und wie Malcolm Gladwell, der Autor von *Blink! Die Macht des Moments*, ausführt, müssen wir unser Unbewusstes kontinuierlich pflegen.[48] Er weist beispielsweise darauf hin, dass wir es bewusst mit Assoziationen füttern sollten, wie z.B. mit Frauen mit Kompetenz und Schwarze mit Intelligenz gleichsetzen. Ungeprüfte unbewusste Assoziationen können zu Vorurteilen führen, was zu einem sehr schwachen Urteilsvermögen führen kann.

Außerdem sollten wir unser Unbewusstes bereitwillig und mit Wertschätzung nutzen. Gladwell zitiert Studien, die aufzeigen: Bewusste Prozesse wie die Verbalisierung behindern tatsächlich unbewusste Prozesse, wie das Erzeugen von spontaner Einsicht.[49] Mit anderen Worten: Unsere Gedanken können uns von unserem Instinkt abkoppeln. Ich habe festgestellt: Die Anerkennung des „Nicht-Wissens“ verbindet uns mit unserem Instinkt – und je tiefer wir in diese Anerkennung hinein entspannen, desto besser arbeitet unser Geist für uns. Alles, was wir tun müssen ist: der Erfahrung des Nicht-Wissens nachspüren. Dann kann Neugier auf natürliche Art und Weise aufkommen. Wenn wir sie zulassen, kann sie uns zu neuen Informationen, Orten und Ausblicken führen.

An dieser Stelle mögen Sie sich vermutlich fragen, was ich mit dem Nachspüren einer Erfahrung meine und wie Sie einen Trance-Zustand erreichen können. Wenn ja, nehmen Sie den Zustand des Nicht-Wissens als Ausgangspunkt. Versuchen Sie nicht, herauszufinden, was Sie tun sollten. Sie können sich nicht selbst in Trance denken. Fragen Sie sich lediglich, wie es sich anfühlt, es „nicht zu wissen“ (anstelle dessen, was das Gefühl auslösen mag). Bleiben Sie in dieser einfachen Erfahrung, atmen Sie natürlich und konzentrieren Sie sich auf das, was geschieht. „Was“, könnten Sie weiter fragen, „ist der Teil in mir, der über das Nicht-Wissen erstaunt ist und das Gefühl des Wissen-Wollens hat?“ Schließen Sie Ihre Augen, und lassen Sie Ihren Geist auf eine unbewusste Suche gehen. Das Nachspüren Ihrer Suche bedeutet: beobachten, wie es geschieht.

Kreativität

Sollten Sie glauben, Sie seien nicht kreativ, dann beweisen Ihre Träume das Gegenteil. Wenn sich Ihr denkender Geist beim Einschlafen entspannt, entspannt sich damit auch Ihr Urteilen. Ihr Geist kreiert dann vernunftwidrige, unkonventionelle, erschreckende und fantastische Geschichten. Kein innerer Richter verlangt, dass sie sinnvoll sein müssen. Daher ist Ihr Geist völlig frei, ungewöhnliche Perspektiven einzunehmen, aus denen heraus komplizierte Probleme gelöst werden können. Der Pharmakologe Otto Loewi träumte von seinem Experiment über die chemische Übertragung von Nervenimpulsen, was ihm den Nobelpreis einbrachte.[50] Ganz in diesem Sinne zeigte Deirdre Barrett auf: Probanden, die sich vor dem Einschlafen auf ein ganz bestimmtes Problem konzentrieren, träumen in der Regel die Lösung.[51] Nicht alle Träume sind so wertvoll, aber alle Träume sind im Grunde kreativ.

Beim Zugriff auf Ihre Kreativität machen Sie es sich viel einfacher, wenn Sie dabei entspannt sind und Ihrer Neugier vertrauen. Das soll Ihnen sagen: Alle Trance-Zustände sind miteinander verbunden. Durch den Zugriff auf eine Kapazität erleichtern Sie sich den Zugriff auf eine andere. Stellen Sie sich einen Maler vor. Er braucht eine leere Leinwand und so etwas wie einen leeren Geist. Wenn unser Geist fixiert und starr ist, kann bei unserem Erschaffen kein natürlicher Flow entstehen – oder das Erschaffen findet gar nicht erst statt. Auch wenn der Maler ein klares Bild vor Augen oder einen Plan im Sinn hat, muss er ab einem bestimmten Punkt einfach loslassen und sich von seinen eigenen Handlungen überraschen lassen. Daher beginnt jede Schöpfung mit einem gewisses Maß an Behaglichkeit in Bezug auf den schöpferischen Akt und mit Vertrauen in die eigenen kreativen Fähigkeiten. Über die Erfahrung des Nicht-Wissens müssen Sie (oder ein Teil von Ihnen) sich zu dem, was Sie erschaffen möchten, treiben lassen.

Sie müssen lediglich den Druck verringern, der Ihnen sagt: Ich muss etwas wissen; So beseitigen Sie die Angst, die mit diesem Druck einhergeht, und schon werden Sie kreativer. Sie lassen Ihren kreativen Energien einfach freien Lauf. Dies ist einfach so, weil der Vater der Erfindung nicht etwa die Angst, sondern die Notwendigkeit ist. Manchmal ist das Einzige, was wir tun müssen, wenn wir auf eine Notwendigkeit treffen: sie anpacken.

Unsere unbewusste Kapazität der Kreativität springt dann oft automatisch an. Sollte dies nicht der Fall sein, können Sie testen, ob Ihr Geist mithilfe von sanfter Musik oder abgedunkeltem Licht entspannt. Manche müssen sich die aufmunternden Worte eines guten Freundes ins Gedächtnis rufen. Sie können Ihren denkenden Geist auch mit schnellen und freien Assoziationen zu umgehen versuchen, wie wir es beim Brainstorming, allein oder mit anderen, machen.

Wenn Entspannungstechniken Sie schläfrig machen, haben Sie zu große Bereiche Ihres Verstandes entspannt. (Alkohol oder Fernsehen haben auch diesen Effekt und sind ausgesprochene Feinde der Kreativität.) Es ist wichtig, Ihre Entspannungstechnik mit Bedacht zu nutzen. Vielleicht möchten Sie Ihre Entspannung mit einer belebenden Aktivität ausgleichen. Nutzen Sie die Energie von Sport oder durch das Hören von Musik. So können Sie Ihrer Kreativität einen Kick-Start geben.

Sie können sich auch ein tolles Gefühl, ein inspirierendes Ereignis, einen ungeheuren Erfolg oder eine unglaubliche Person vorstellen. Beginnen Sie mit Achtsamkeit zu atmen, und beobachten Sie dabei Ihren natürlichen Rhythmus. Wenn Sie zentriert sind, richten Sie sich auf eine gute Erfahrung aus, die Sie aufnehmen oder nutzen möchten. Entgegen der landläufigen Meinung sind gute Gefühle, nicht schlechte, für unsere Kreativität am besten, wie es die Forschung von Alice Isen aufzeigt.[52] Negative Gefühle geben unserer Kreativität zwar Gründe, aber positive Gefühle sind in der Regel anregender.

Am besten stellen Sie sich etwas Positives detailliert vor und begeben sich mitten hinein. Wenn Sie sich auf dem Höhepunkt Ihrer Erfahrung befinden, beginnen Sie mit der Arbeit an Ihrem Projekt. Möglicherweise müssen Sie das, was Sie erschaffen, optimieren oder korrigieren, da das Unbewusste zahlreiche Regeln ignoriert. Dennoch, der kreative Flow hat begonnen.

Lassen Sie mich ein paar Beispiele anführen. Angenommen, Sie haben eine Schreibblockade. Stellen Sie sich einen Moment in Ihrem Leben vor, in dem Ihnen das Schreiben sehr gut gelang, Sie sich leidenschaftlich und überbordend gefühlt haben. Achten Sie genau darauf, wie zufrieden Sie waren. Erkunden Sie in Ihrer Fantasie, wie Sie geatmet haben, was Sie dachten und was Sie fühlten. Nehmen Sie sich Zeit, malen Sie sich das Bild in allen Einzelheiten aus: wie Sie sich fühlten, wie Ihr Umfeld war. Vielleicht wäre es für Sie vorteilhaft, wenn

Sie sich ein Symbol hierfür suchten, das Sie später ganz einfach an dies wunderbare Gefühl erinnert. Dann nehmen Sie einen Stift zur Hand und schreiben. Wenn Sie möchten, können Sie sich zwischendurch an das Symbol erinnern, das diese gute Erfahrung möglicherweise dauerhaft in Ihnen auslösen kann.

Manchmal ist es einfacher, sich jemanden oder etwas anderes vorzustellen. Beispielsweise könnten Sie sich ein Schriftsteller-Genie vorstellen, wie es ein sehr erfolgreiches, erfüllendes Buch schreibt. Stellen Sie sich die wichtigsten Schritte vor, die dieses Genie auf dem Weg zu seinem Ziel unternehmen würde, und wie gut es sich anfühlt, auf dem richtigen Weg zu sein. Dann lassen Sie das Bild in sich entstehen, wie das Genie ein Schreiben erhält, in dem es erfährt: Sein Buch wird veröffentlicht. Sie können sich sogar vorstellen, wie Sie ihm einen Preis für seine herausragende kreative Arbeit überreichen.

Nehmen Sie jetzt den Platz des Schriftstellers ein und werden Sie zu ihm. Atmen Sie seine Luft, sehen Sie mit seinen Augen, denken Sie seine Gedanken und halten Sie seine Dankesrede. Dann, ganz plötzlich, nehmen Sie diese positive Erfahrung und starten mit Ihrer eigenen kreativen Arbeit. Sollte dies bei Ihnen irrtümlich Druck verursachen, ändern Sie das Bild. Stellen Sie sich beispielsweise vor, wie eine Blase voller kreativer Energie über Ihrem Kopf schwebt oder Energie enthält, damit Sie Ihren ersten Schritt machen können. Sie benötigen nur einen Kick-Start, um in Ihre eigene Energie zu finden.

Psychologen verwenden schon seit langem die Kreativität und Fantasie zum Entspannen, zum Überwinden von Ängsten und zur Leistungssteigerung. Wir erhalten dadurch jedoch nicht nur Energie. Wir können aus den Bildern unserer Vorstellung genauso lernen, wie wir dies über unsere Wahrnehmungen tun können. Tatsächlich sind die Neurowissenschaftler überzeugt: Fantasie lässt Gehirnzellen wachsen.[53] Während einige östliche Denkschulen Trance-Zuständen gegenüber reserviert sind, nutzen viele sie für spirituelle Zwecke.

Im tibetischen Buddhismus wird beispielsweise die meditative Vorstellungskraft in der dominierenden religiösen Praxis des tantrischen Fahrzeugs (Vajrayana) verwendet. Während der rituellen symbolischen Visualisierungen nehmen die Übenden allmählich das auf, worauf sie sich ausrichten. Im Gottheiten-Yoga wäre dies beispielsweise die göttliche Gestalt in Form eines

Buddha. Rebecca McClen Novick erklärt: „Das Gottheiten-Yoga erfordert eine aktive Vorstellungskraft, ist aber nicht einfach „So tun als ob“, es handelt sich um ein System tiefenpsychologischer Übungen. Dabei wird ein Gefühl der göttlichen Identität geübt, wobei man sich selbst als eine Verkörperung der jeweiligen Gottheit ansieht, die man visualisiert.“[54]

Indem wir unseren denkenden Geist entspannen und uns eine starke positive Kraft vorstellen, werden wir Teil dieser Kraft oder zumindest machen wir uns mit ihr vertraut. Der Dalai Lama beschreibt das Gottheiten-Yoga als eine „Probeaufführung der Buddhaschaft.“[55] Die Logik ist einfach und überzeugend: Wenn wir uns Erleuchtung vorstellen können, sind wir der Erfahrung näher.

Unser Unbewusstes kann so gut wie alle Lernprozesse unterstützen. Da Trance auch Ruhe bedeutet, lernen wir ruhig in ihr, was in ihr selbst die Ruhe verstärken und verbessern kann. Mit anderen Worten: Ruhe bringt noch mehr Ruhe hervor. Wenn wir die Ruhe der Trance-Zustände mit einschließen und den unbewussten Geist als Teil der Wirklichkeit annehmen, können wir somit nur gewinnen. Unser Geist verwandelt sich selbst, wenn wir der Gesamtheit des Lebens gegenüber bewusster und gütiger werden. Während Trance nichts mit einem leeren Geist gemein hat – wir halten an Bildern fest und verfolgen Wünsche –, hilft uns die Trance, uns selbst mit liebender Güte zu begegnen. Die Trance ist kein so vollkommener Zustand wie die Gelassenheit der Leere oder das Nirvana, erinnert uns aber daran, dass wir Wesen sind, die weniger als vollkommen sind. Und wenn wir erst damit in Frieden leben können, wer wir sind, dann kann das Beste von uns, der Mensch in uns, sein Gesicht zeigen.

DEMUT ÜBEN

Es ist einfacher zu beschreiben, was Ruhe nicht ist, als was sie ist. Wir sind uns wohl alle einig: Wenn wir dem Kampf ums Überleben erliegen, handelt es sich nicht um Ruhe. Unsere Biologie annehmen und mit ihr arbeiten, ist eine Sache; von ihr getrieben zu sein, eine andere. Wenn wir getrieben sind, wollen wir Kontrolle übernehmen, Ziele erreichen und sind auf unsere Vorteile bedacht.

Eine Ausprägung dieses Drangs in unserer Kultur zeigt sich darin, dass wir uns ständig besonders fühlen wollen. Aber es ist nicht nur so, dass wir verzweifelt und häufig unbewusst nach unserem Vorteil trachten. Darüber hinaus sind wir auf der Suche nach einer wahren Begründung, warum wir den Vorteil auch verdienen. Die Zufriedenheit mit etwas Durchschnittlichem oder sogar Unterdurchschnittlichem widerspricht dieser Begründung und fühlt sich moralisch falsch an. Da wir alle etwas ganz Besonderes sind, schulden wir es uns und anderen, uns nicht mit weniger zufriedenzugeben.

Zur Erreichung unsere Ziele sind wir sogar zu Kriegen bereit. Unsere religiöse Gemeinschaft ist für uns etwas ganz Besonderes. Das bedeutet: Wir fühlen uns dazu berechtigt, anderen, die nicht so besonders sind, etwas wegzunehmen. Unsere Nation ist für uns etwas Besonderes. Aus diesem Grund fühlen wir uns berechtigt, anderen ihre Ressourcen wegzunehmen. Unsere Kinder sind für uns etwas Besonderes. Daher erlauben wir ihnen auch das Schummeln für bessere Noten und die Unterwanderung des Systems. Unsere individuellen Bedürfnisse sind für uns etwas Besonderes. Daher halten wir es für gerechtfertigt, unsere Umwelt auszubeuten. Wir zerbrechen uns aus Neid, Angst und Gier die Köpfe. Selbstbewusst und egoistisch leiden wir und verursachen Leid. Egal wie viel Macht, Sicherheit und Liebe wir jemals gewinnen können, nichts reicht aus, da die Konkurrenz niemals schläft. Also strampeln und kämpfen wir aktiv weiter, oder strampeln und ärgern uns. Egal welchen Krieg wir führen, er erscheint uns stets gerechtfertigt.

Wenn wir uns so getrieben fühlen, fällt unser Mitgefühl hinten rüber. Wir wollen immer höher hinaus und verbrauchen uns dabei. Es erscheint bereits als Schwäche, wenn wir uns um Gestrauchelte kümmern. Es gibt viel zu tun. Und dabei soll uns niemand im Weg stehen. Das Gefühl allgemeiner Verbundenheit wird immer seltener. Andere sollten von uns denken, wir seien besser als sie oder besser als der Durchschnitt. Sie sollen uns gefälligst in unserer Hoffnung oder unserem Glauben, etwas Besonderes zu sein, beipflichten. Das gibt uns nicht nur Sicherheit, sondern kann dazu führen, dass andere für uns sorgen und uns noch mehr Vorteile verschaffen. Sie wollen begierig unsere Verbündeten werden, denn sie hoffen, durch uns in irgendeiner Weise weiterzukommen. Sich mit anderen auf eine Stufe zu stellen, ist ein

Risiko, da die anderen uns ausnutzen könnten. Viele von uns haben nur mit Blutsverwandten Beziehungen; Opfer von Misshandlungen und Vernachlässigung haben nicht einmal das.

Lassen Sie mich wiederholen, was ich am Anfang dieses Buches gesagt habe: Wir sind alle von der Natur gesteuerte Tiere. Dafür muss sich niemand schuldig fühlen, dieser Realität können wir allesamt nicht entfliehen. Wir können diese Realität sogar feiern und uns an ihr freuen. Wir sind in diesem Leben etwas Besonderes, also können wir eine einzigartige Möglichkeit finden, dies auszudrücken. Jeder von uns zählt und hat ein Recht darauf.

Allerdings müssen wir auch erkennen: Wir sind viel mehr und viel weniger als Individuen. Wir sind Teil des gesamten Lebens und weisen deshalb viel mehr Gemeinsamkeiten mit anderen auf, als Unterschiede zu ihnen. Wir sollten uns allmählich mehr auf Augenhöhe mit der Welt begeben, als den Blick nach oben oder nach unten zu richten. Ruhe ist das Gefühl, besonders zu sein, während wir von einem einfachen, gewöhnlichen Ort aus wirken. Mittlerweile sind wir der Definition von Ruhe etwas näher gekommen, indem wir festgestellt haben, was sie nicht ist. Stellen Sie sich jetzt bitte jemanden vor, der von sich eine sehr hohe Meinung hat. Nachdem wir der Person eine Weile „gehuldigt“, oder zumindest so getan haben, als ob, würden wir wahrscheinlich am liebsten sagen: „Jetzt komm mal wieder runter! Sei ein Mensch. Sei einer von uns!“ Wenn wir denken, wir unterscheiden uns von anderen, entfremdet uns das. Niemand mag gerne mit einem Gorilla vertraulich sein, der sich pausenlos auf die eigene Brust schlägt. Obwohl wir nur wenig Geduld mit anderen Menschen haben, die sich uns gegenüber überlegen fühlen, haben wir Schwierigkeiten, das bei uns selbst zu erkennen. Dies ist aber so, obwohl fast alle von uns eine tiefe Sehnsucht nach Entspannung und einem Zugehörigkeitsgefühl haben. Wer von uns möchte nicht mit den anderen wie in einer einfachen, geerdeten und mitfühlenden Menschheitsfamilie zusammenkommen?

Ruhe ist nicht nur die Akzeptanz unserer animalischen Natur, sondern geht viel weiter. Sie ist auch die Akzeptanz eines höheren Bewusstseins. Es ist das Bewusstsein, ein Teil des größeren Seins zu sein, was uns „einfach menschlich“ macht. Die Verwurzelung in diesem Bewusstsein macht uns menschlich und lässt uns mehr als animalisch sein.

Nehmen wir Buddha als Beispiel. Wie wir alle war auch er von seiner biologischen Natur getrieben, wenn er aß, trank, Freunde und Favoriten hatte. Sein Sohn Rahula, der im Alter von sechs Jahren sein Novize wurde, erhielt besondere Aufmerksamkeit und wurde ein wichtiger Schüler. Der Buddha hatte hohe Ansprüche und wollte das vorherrschende religiöse Denken seiner Zeit überarbeiten. Allerdings entdeckte er: Er war viel mehr als ein suchendes und kämpfendes Wesen. Er ist bekannt für seine stille Körperhaltung, mit der er in der Achtsamkeit des Seins verankert war. Seine Verankerung oder sein erwachter Zustand brachte ihn nicht auf messbare Weise weiter. Deshalb bezeichnete der Buddha dies im Diamant-Sutra als „unübertroffen"[56] Aber es brachte seine Menschlichkeit zu Tage, was er wunderschön in einer seiner Aussprüche im Dhammapada erfasste. Nachdem er aufgezeigt hatte, dass alle Wesen den Tod fürchten und das Leben lieben, fuhr Buddha fort: Wir alle sollten uns selbst in anderen wieder sehen, damit wir uns keinen Schaden zufügen. Würden wir andere verletzen, bezweifelte Buddha, dass wir jemals glücklich sein könnten, und er erinnerte uns daran, dass wir alle gleich sind.[57]

Durch das Bewusstsein dessen, was außerhalb ist und dessen, was innen ist, könnten wir Verbundenheit sowohl mit anderen als auch mit uns spüren. Darüber hinaus können wir Zeuge unserer eigenen biologischen Grundlagen werden. Leben wir mit dem Bewusstsein für die Gesamtheit des Lebens, tolerieren wir nicht nur unsere Erfahrungen, sondern beobachten auch, wie sie sich auf dem Weg durch unseren Geist auslöschen. In den Worten von Stephen Batchelor:

> Das Loslassen der Begierde heißt nicht, sie abzulehnen, sondern ihr zu erlauben, sie selbst zu sein: Dieser bedingte Zustand des Geistes vergeht, sobald er entstanden ist. Statt uns gewaltsam von ihm zu befreien, sollten wir darauf Acht geben, wie er sich ganz natürlich selbst befreit. Dieses Loslassen ist wie das Freilassen einer Schlange, die unsere Hand fest umklammert hatte.[58]

Bei der Betrachtung unseres Lebens sehen wir: Alle Dinge sind unbeständig, auch das was uns antreibt. Wenn wir beobachten, was uns in unseren Geist kommt, sehen wir: Nichts hat Bestand. Alle Formen, auch Gedanken und

Gefühle, sind nur Gäste. Wenn wir die Gäste mögen, werden wir uns bereitwillig für sie engagieren und uns auf sie einlassen, aber letztlich muss uns jeder Gast irgendwann verlassen. Wir können einen guten Gast einladen und einen schlechten vom Kommen abhalten. Was immer wir tun – und was die Gedanken betrifft, ist vieles möglich – auf der spirituellen Bewusstseinsebene halten wir an nichts fest. Selbst unsere teuersten politischen, psychologischen oder spirituellen Ansätze müssen fallen gelassen werden, wenn wir „einfach menschlich" sein wollen. Wenn wir an Ihnen als Objekte anhaften, werden sie zu kalten Techniken und Hindernissen für das stille Gefühl der Verbundenheit innerhalb des Universums.

NICHTS BESONDERES

Wenn wir uns selbst beobachten, werden wir ruhiger und unser Geist wird so klar wie der blaue Himmel. Wolken können aufziehen. Gedanken, Gefühle, Ereignisse können passieren. Doch von einer Tatsache müssen wir uns nicht ablösen: Sämtliche Gedanken, Gefühle und Ereignisse sind lediglich Wolken, die von etwas anderem unaufhörlich abgelöst werden. Wenn wir beispielsweise referieren und dabei etwas Falsches sagen, können wir es einfach ziehen lassen. Es werden neue und bessere Gedanken kommen und durch unseren Geist fließen. „Einfach menschlich" sein bedeutet: Das Akzeptieren von dunklen Wolken, Fehlern und Missgeschicken, da wir um die Perfektion des Himmels wissen. Mit anderen Worten: Das Leben ist nicht perfekt, aber das was ihm zu Grunde liegt – Gott, der Weg, das Tao oder die Essenz des Lebens und deren Erfahrung in der bewussten Achtsamkeit – ist perfekt.

Wenn wir auf der spirituellen Bewusstseinsebene sind, löschen wir nicht hier schlechte Gedanken und Gefühle aus und loben dort gute Gedanken und Gefühle. Wir gehen über Unterscheidungen hinaus. Wir nehmen kein Schwert, um zu trennen. Wir fühlen uns in Frieden mit dem Prozess des Lebens, wie er sich vor uns entfaltet. Die natürliche Folge unserer Erfahrung von Frieden und Ruhe bringt unsere Menschlichkeit hervor. Oder wie es die Zen-Buddhisten ausdrücken: Wir werden natürlich, spontan und „einfach menschlich". Das Vertrauen auf die Vollkommenheit des Weges gibt uns Mut, so dass wir die Vorstellung, etwas Besonderes zu sein, loslassen können.

Wir können uns an den Fluss des Lebens anlehnen und dieses Anlehnen genießen. Sobald wir keine Angst mehr davor haben, nichts Besonderes zu sein, kann Demut aufkommen.

Für die Zen-Mönche und -Nonnen ist die Vorstellung von „nichts Besonderes“ (Chinesisch: *wu-shih*; Japanisch: *buji*) sehr wichtig.[59] Selbst der oder die fähigste Buddhist oder Buddhistin erkennt: Sie selbst oder ihre Erleuchtung ist „nichts Besonderes“. Nachdem Fa-yung zum Beispiel ein Gespräch mit dem 4. Patriarchen in China (579–651 u. Z.) hatte, soll er von den Vögeln keine besondere Aufmerksamkeit mehr erhalten haben.[60] Er hob sich nicht mehr von anderen ab. Ab einem bestimmten Punkt in unserem Reifeprozess müssen wir uns nicht mehr abheben. Wir finden große Kraft in der Anpassung an den Fluss oder die natürliche Ordnung der Dinge.

DIE WEISHEIT DES LAIEN P`ANG

Lassen Sie mich dieses Kapitel mit zwei Geschichten über einen chinesischen Laien namens P`ang (740–808) abschließen. Mehrere Monate hatte er mit dem Zen-Meister Shih-t‘ou studiert und den ruhigen Geist gut verstanden. Als er gefragt wurde, was aus seinen täglichen Aktivitäten geworden war, antwortete er: Sie seien nichts Ungewöhnliches, er fühle sich „auf natürliche Weise im Einklang“ mit ihnen. In ihm herrschte kein Konflikt mehr, und er wollte weder etwas greifen noch verwerfen.[61]

Später reiste der Laie mit seiner Tochter Ling-Chao, die hart arbeitete, um Bambuskörbe zu verkaufen. Er soll gesagt haben, der Geist spiegle Umstände wider, wenn er lediglich das sein könne, „was er ist“. Das Nicht-Unterscheiden zwischen dem, was sein sollte und dem, was ist, zwischen dem Sein und dem Nichtsein, empfand er wie „ein gewöhnlicher Mann, der seine Angelegenheiten regeln muss.“[62]

Genau wie die fleißigen Bienen und Kletterpflanzen müssen wir unsere Arbeit verrichten und strebsam sein. Doch am Ende sind wir lediglich ein Teil des größeren Eins-Seins. Die Anerkennung unserer bescheidenen Existenz in diesem wunderbaren Leben ist die großartigste Ruhe und damit der von allen beste Zugang zur spirituellen Bewusstseinsebene.

ÜBUNGEN FÜR DIE SPIRITUELLE BEWUSSTSEINSEBENE: RUHE

Die Kraft der Ruhe

Vergleichen Sie den Wert der Aktivität mit dem Wert der Nicht-Aktivität in Ihrem Leben:

Zum Beispiel: Die Reise an den Ort „X“ im Leben	Stellen Sie fest: Ich bin schon angekommen (Frieden)

Äußere Ruhe

- Das Ausführen von kleinen, aber dauerhaften Veränderungen bringt dauerhafte Ergebnisse, im Gegensatz zu kurzlebigen, großen Veränderungen. Verpflichten Sie sich zu ein paar dieser Veränderungen, damit Sie sich eine ruhigere Umgebung schaffen. Schalten Sie beispielsweise elektronische Geräte aus, schauen Sie an bestimmten Tagen kein Fernsehen, oder hören Sie sich ruhige Musik an.
- Disziplinierte Versuche, sich äußere Ruhe zu schaffen, sind auch sehr wertvoll, da sie Ihnen bei der Erkenntnis dessen helfen, was wirklich zählt. Führen Sie Aufgaben durch, die Sie gerne vermeiden (wie z. B. Putzen und Ordnung schaffen), oder setzen Sie sich schwierige Regeln (wie z. B. „Ich werde mein Handy während der Mahlzeiten nicht nutzen“). Erkunden Sie die Auswirkungen dieser Veränderungen.

Buddha-Natur

- Meditieren Sie nach der Lektüre über Ihre Buddha-Natur über die Frage: „Was macht meine Buddha-Natur aus?"
- Wenn wir eine ruhige Einsicht erleben wollen, müssen wir die Existenz von Schmerzen, Unbehagen und Tod vollständig akzeptieren. Was steht Ihrer Akzeptanz im Wege? Werden Sie ganz ruhig, wenn Sie diese Frage betrachten.

Hingabe

- Halten Sie bei der Verfolgung eines Ziels mittendrin inne. Sagen Sie sich, dass Sie alles, was Sie erreichen wollten, einfach loslassen. Denken oder sagen Sie „Ja", während Sie sich auf den Moment ausrichten. Atmen Sie tief durch, bis Sie sich im Frieden damit fühlen, einfach zu sein.
- Sitzen Sie still und achten Sie auf den vergänglichen Zustand von Lärm. Verfolgen Sie das Geräusch bis zu seinem Ursprung. Folgen Sie dem Geräusch bis zum Vergessen.
- Schauen Sie sich den Film: *Warum Bodhi-Dharma in den Orient aufbrach?* an.
- Lesen Sie das Buch von Byron Katie: *Eintausend Namen für Freunde: Leben in Harmonie mit dem Tao*, wenn Sie Problem mit dem Thema Hingabe haben.

Auch Trance ist Ruhe

Was entspannt Ihren Geist-Körper? Stellen Sie sich das mit geschlossenen Augen vor. Lassen Sie gelegentliche Tagträume zu. Welche Idee, welches Motto oder welche Botschaft möchten Sie sich zueigen machen? Schreiben Sie es auf, und schauen Sie auf das Geschriebene, während Sie sich entspannen.

Praktizieren Sie Demut

- Fragen Sie sich, wie Sie sich im Vergleich zu anderen fühlen. Inwiefern fühlen Sie sich anderen unterlegen und in welcher Weise ihnen überlegen?

Achten Sie darauf, wie Sie sich jedes Mal von anderen distanzieren, wenn Sie sich selbst zu klein machen oder auf andere herabschauen.

- Zwar sind wir nicht alle gleich, aber wir sind alle Eins. Wie sieht Ihre Verbindung zu diesem Einen aus?

[11]

Vertrauen

Wer weiß gewiss, wer mag es hier verkünden,
woraus geboren, woher diese Schöpfung?
Die Götter sind diesseits durch die Erschaffung von Diesem;
wer weiß also, woher es entstanden ist?

Diese Schöpfung, woher sie entstanden ist,
wenn er sie geschaffen hat oder wenn nicht,
der sie überschaut im höchsten Himmel,
der allein weiß es – oder wenn er's nicht weiß?

SCHÖPFUNGSMYTHOS AUS DEM RIG-VEDA

Für unser Glück ist es unerlässlich, dass wir uns an etwas anlehnen, nämlich an etwas, das größer ist als unser individuelles Selbst. Denn das Leben ist zu komplex, um es in all seinen Spielarten kontrollieren zu können. Wenn wir das trotzdem versuchen, verlieren wir die nötige Gelassenheit, mit der wir das Leben genießen können. Es gibt viele Zeiten, in denen wir uns auf uns selbst verlassen und die Kontrolle übernehmen müssen. Aber auch diese Zeiten sollten wir mit dem Verständnis angehen: Unsere persönliche Macht ist begrenzt. Irgendwie müssen wir allerdings die richtige Perspektive aufrechterhalten, mit der wir uns dem Moment hingeben können. Wir sind wie ein Körperteil eines lebendigen Organismus. Solange wir diese Teilhabe am Dasein nicht vergessen, ist unser aktives Eingreifen im Leben mit dem Glück zu vereinbaren. Allerdings müssen wir uns auch an diesen universalen Organismus anlehnen können, was auf der spirituellen Bewusstseinsebene passiert. Wenn wir das Leben in seiner Ganzheit bewusst wahrnehmen, merken wir: Wir dürfen und – wenn wir glücklich sein wollen – müssen unsere Bemühungen entspannen und unseren Kopf vertrauensvoll an den Lebenskörper legen.

UNSICHERHEIT ANNEHMEN

Vertrauen gehört zum Menschsein. Im Laufe unseres Reifeprozesses nimmt es allerdings verschiedene Gesichter an. Als Kinder sind wir in der Regel auf Eltern und Familie angewiesen. Wenn wir erwachsen werden, müssen wir selbständig und relativ unabhängig werden. Vertrauen auf der spirituellen Bewusstseinsebene bedeutet: Die Selbständigkeit nicht aufgeben, sondern über sie hinaus zu gehen. In unserem Verständnis, mit dem wir uns auf Gott, den Weg, oder die Gesamtheit des Lebens verlassen, gehen wir davon aus, nicht wie Kinder behandelt zu werden. Eltern erwecken in ihren Kindern die Vorstellung: Solange sie brav gehorchen, sind sie sicher und geborgen. Wenn wir heranreifen, erkennen wir schließlich: Im Leben gibt es eine solche Sicherheit nicht. Das Leben bietet keine absolute Gewissheit. Es gibt zu viele Variablen. Als Erwachsene müssen wir die Ungewissheit des Lebens akzeptieren. So können wir wohlüberlegte Wege des Vertrauens in die spirituelle Bewusstseinsebene erlernen.

Religiöse Menschen haben tendenziell zu Gott oder dem Weg eine Beziehung wie Kinder zu ihren Eltern. Dies führt häufig zu Enttäuschungen. Es wird sich keine Eltern-ähnliche Figur, kein Gott mit Augen und Händen, kein *Deus ex machina* vom Himmel herabneigen und sich um all unsere Anliegen kümmern.[1] Als Erwachsene sind wir nicht mehr die rechtmäßigen Empfänger elterlicher Fürsorge. Es ist sicher nichts falsch daran, wenn wir Gott liebevoll und demütig „Vater unser", „den Weg" oder „unsere Mutter" nennen. Aber lassen Sie uns eins nicht vergessen: Das, wozu wir da eine Beziehung haben, ist keine Person und wird sich auch nicht wie eine verhalten. Folglich haben wir mit unserem Willen oder Gebeten keine Möglichkeit der Kontrolle über ihn oder es. Wir können lediglich unsere eigene Empfänglichkeit (Kapitel 9) für den Weg oder Gott ändern. Solange es Leben gibt, wird es machen, was es immer tut: Mit der größten Sorgfalt und Intelligenz erschafft es sich selbst und erhält sich aufrecht.

Wenn wir die Unsicherheit des Lebens annehmen, machen wir den ersten Schritt in Richtung Vertrauen in die spirituelle Bewusstseinsebene. Im nächsten Schritt erkennen wir: Dieses unsichere Leben ist immer noch verlässlich. Wir müssen diesen Schritt machen. Ansonsten übernehmen wir zu viel Kontrolle, weil wir sie für notwendig erachten. Dann erleben wir die Existenz weiterhin als etwas, dem die natürlichen Ordnungsprinzipien fehlen, als bar jeder Intelligenz, als etwas Lebloses, Leeres, was sich unserem Willen unterordnen muss. Natürlich sind es unsere eigenen Handlungen, die bar jeder Intelligenz sind, denn wir selbst schädigen und beuten unsere eigene Umwelt aus und arbeiten uns freiwillig zu Tode. Wenn wir uns jedoch mit der Kraft des Lebens eins fühlen, geben wir deren großzügige Fürsorge uns gegenüber zurück, wir schätzen und schützen sie – und damit uns auch selbst. Das Leben, so wie wir es auf der Erde kennen, wird eines Tages ausgerottet sein, wenn wir es weiterhin als eine von uns getrennte, unbegreifliche Sache behandeln. Während sich die Existenz kontinuierlich und verlässlich erneuert, können die in ihr enthaltenen Erscheinungsformen der Zerstörung anheimfallen. Übernehmen wir zu viel Kontrolle und üben wir unsere Selbständigkeit wie eine Religion aus, schreitet die Zerstörung am Ende schneller voran, als das Leben es reparieren kann.

Da alle Erscheinungsformen des Lebens vergänglich sind und in Bezug auf Gott oder den Weg nicht viel Sicherheit vorhanden ist, könnten wir uns fragen: Worauf können wir dann überhaupt noch bauen? Es ist wahr: Vertrauen auf der spirituellen Bewusstseinsebene gibt uns nicht den gleichen Trost wie der Glaube an eine mütterliche Göttin oder einen väterlichen Gott. Doch sobald wir unsere Augen für das Wunder des Lebens geöffnet haben, verstehen wir aus tiefstem Herzen: Jeden unserer Atemzüge verdanken wir dem Weg oder Gott. Daraus können wir eine einzigartige und enorme Kraft ziehen. Zwar werden wir auch in Zukunft nicht vor Tränen verschont, aber wir werden weniger weinen.

Werden wir reifer, spendet uns dieser Gedanke Trost: Das Leben hört niemals auf, dynamisch zu sein. Wir wissen, dass wir nichts wissen und das ist die einzige Gewissheit, die wir haben können. Die Beständigkeit, mit der der Fluss des Lebens fließt, ist eine fantastische und ewige Kraftquelle. Dies macht uns zuversichtlich. Wenn wir an diesem Leben teilhaben, partizipieren wir auch von dieser Kraft.

Insbesondere die getriebenen Menschen im Westen müssen sich damit abfinden, dass die Kontrollierbarkeit Grenzen hat und sich auf das notwendige Vertrauen in die spirituelle Bewusstseinsebene einlassen. An dieser Stelle möchte ich jedoch noch einmal einräumen: Die Kontrolle über das, was wir kontrollieren können, kann für unser Selbstvertrauen sehr gut sein.[2] Der Glaube, wir könnten alles unter Kontrolle haben, fühlt sich sogar noch besser an, ist aber gefährlich. Das ist ein Ideal aus dem Westen: Wir wollen dieses übertriebene Gefühl, alles kontrollieren zu können, noch verstärken. Das Glück kommt im östlichen Denken aus dem Erkennen des Seins, in dem es keine voneinander getrennten und zu kontrollierenden Objekte (Andere) gibt. Das Vertrauen auf Gott oder den Weg des Lebens ist ein Zeichen einer solchen Erkenntnis. Das Leben ist wie Wasser, das uns durch die Finger rinnt, wenn wir es festhalten wollen. Halten wir aber inne, stellen wir fest: Wir können darin baden, das Wasser hält und trägt uns beständig.

WORAUF WIR NICHT BAUEN SOLLTEN

Im Laufe der Geschichte benutzten unzählige Herrscher und Anführer ihre Überzeugungskraft, damit sich die Menschen auf sie und ihre Philosophien verließen. Uns wurde und wird heute noch gesagt: Vertraut auf Könige, Diktatoren, staatliche, Finanz- und religiöse Institutionen und ihre jeweiligen Regeln. Das ist zu eurem Vorteil. Viele Herrscher und Anführer pochten auf ihre göttlichen Verbindungen. Das sollte die Glaubwürdigkeit ihrer Ansprüche erhöhen. Die Herrscher und Anführer hatten kaum Mühe, da wir immer brav gehorchten. Wir füllten ihre Taschen und hoben ihren Status, während wir unsere eigenen Interessen vernachlässigten. Folgsam sein ist leicht, wenn wir Annehmlichkeiten aus Machterklärungen und Sicherheitsversprechen ableiten. Uns behagt die Idee von Sicherheit inmitten der zahlreichen Eruptionen in einer sich ständig verändernden Welt.

Unsere Bereitschaft, uns auf Sicherheit zu verlassen, hat eine Ursache: Unser Gehirn lässt sich leicht austricksen. Wir sind anfällig für optische Täuschungen und kognitive Verzerrungen, da wir damit ein rosigeres Bild von der Welt der Form erhalten, das uns selbst möglicherweise mehr nützt, als die Realität es tut. Gerd Gigerenzer betont: „Sicherheit ist zum Konsumartikel geworden ... Die Illusion der Sicherheit kann als Instrument für politische und wirtschaftliche Zwecke aufgebaut und ausgenutzt werden ... Die Illusion der Sicherheit manifestiert sich bereits in unseren elementarsten Wahrnehmungserfahrungen von Größe und Form."[3]

Daher neigt unser Verstand dazu, Dinge zu sehen, wie wir sie gerne sehen wollen. Wann immer wir etwas sehen, sollte es zu dem bestehenden Sicherheitsschema unserer unbewussten Erwartungen passen. Unser Geist vervollständigt unfertige Bilder und wählt passend zu unserem vorhandenen Verständnis der Welt mögliche Sichtweisen aus. Ein Halbkreis wird zu einem vollen Kreis; ein schwarzer Umriss hinter einer weißen Form wird zum Schatten; ein vergoldeter Ring wird ein echter Goldring; schöne und reiche Menschen wirken strahlend und rechtschaffen. Oder wie Gerd Gigerenzer es ausdrückt: „Das Auge verfügt nicht über ausreichende Informationen. So können wir nicht mit Bestimmtheit wissen, was sich da draußen abspielt. Dennoch ist unser Gehirn durch diese Unsicherheit nicht gelähmt."[4]

Die Illusion von Sicherheit funktioniert gut und ist sogar ein wesentliches Überlebenswerkzeug. Wir könnten nicht viel erreichen, wenn wir um uns herum überall nur Unsicherheiten wahrnehmen würden. Die Illusion von Sicherheit kann allerdings auch kontraproduktiv sein. Dies ist dann der Fall, wenn wir von Ereignissen überwältigt werden. Tod, Krankheit und Unfälle, Alter, aufgeblasene Träume und kranke Herzen erinnern uns: Die Welt der Form ist eine Welt voller Träume und Schäume – labil und völlig unzuverlässig. Desillusionierung kann Bitterkeit verursachen, oder schlimmer noch: zu einer Gleichgültigkeit gegenüber der Welt der Form führen. Oder wir konstatieren einfach unsere eigene Dummheit, unseren Glauben an falsche Versprechungen und falsche Hoffnungen auf eine ferne Zukunft. Wenn wir kein *Ding* haben, auf das wir an einem solchen Punkt zurückgreifen können, riskieren wir eine Depression. Hängen wir uns andererseits verzweifelt an ein *Ding* und unsere Maßstäbe davon, macht uns das Angst.

Wenn wir uns nur auf das verlassen, was wir sehen und was wir erwarten, kann dies auch zu ernsthaften Fehlern in Theorie und der Praxis führen. Wir handeln ungeachtet der Realität, wenn wir erwarten: Dinge sollen sich auf eine ganz bestimmte Art und Weise verhalten. Beispielsweise können wir stürzen und uns die Knochen brechen, wenn keine Treppenstufe vorhanden ist, wo wir irrtümlich eine angenommen haben. Aber auch wenn es eine Treppenstufe gibt, wo wir keine erwartet haben, können wir immer noch stürzen und uns die Knochen brechen. Unsere Handlungen spiegeln unsere Überzeugungen der Realität wider. Sind unsere Überzeugungen zu starr, schießen wir oft am Ziel der Realität vorbei.

So brillant wie Albert Einstein auch war: Er wurde zum Opfer seiner eigenen Erwartungen. Durch seine Berechnungen entdeckte er: Das Universum breitet sich immer weiter aus. Diese Feststellung widersprach aber allem, was er über das Universum angenommen hatte. Dies führte den Wissenschaftler dazu, in seiner Gleichung eine „kosmologische Konstante" einzubauen, mit der er das Universum seinen Vorstellungen entsprechend wieder zurechtrücken wollte. Einstein bemerkte seinen „größten Fehltritt" erst, als Edwin Hubble ihm mit einem Teleskop die Realität direkt vor die Nase hielt.[5]

Einstein wollte außerdem partout nicht akzeptieren, dass sich winzige Partikel auf unvorhergesehene Weise verhalten könnten. Gemäß der Quantenmechanik können wir auf elementarer Ebene keinerlei Gewissheit erlangen. Einstein war darüber zutiefst beunruhigt und behauptete: „Gott würfelt nicht." Wie sich herausstellte, tat „Gott" aber genau das. Die winzigen Partikel bewegen sich eben nicht mit einer bestimmten Geschwindigkeit an einer bestimmten Position. Sie verhalten sich für den Betrachter ohne Rhythmus, Sinn und Verstand.[6]

Buddha wusste, dass er sich – ganz im Einklang mit der hinduistischen Tradition – nicht auf die Form und seine Erwartungen allein verlassen durfte. Er wies darauf hin: Jedes *Ding*, egal in welcher Form, ob in materieller Hinsicht oder bloß als Vorstellung in unseren Köpfen, ist flüchtig:

> „Alles Gewordene ist vergänglich; alle Erscheinungen sind leidhaft; alle Dinge sind wesenlos. Deshalb sollte man den ganzen Daseinsbereich, jede Gestalt, jedes Gefühl jede Wahrnehmung, jede Geist-

> regung und jeden Bewusstseinszustand, ob vergangen, gegenwärtig oder zukünftig, zu einem selbst gehörig oder von außen kommend, grob oder fein, erhaben oder niedrig, weit entfernt oder nah, wahrheitsgemäß betrachten und erkennen: 'Dies gehört mir nicht; dies bin ich nicht; dies ist nicht mein Selbst.'"[7]

Die Botschaft ist eindeutig: Verlass dich nicht auf etwas, was von Natur aus vergänglich ist. Die Zuverlässigkeit flüchtiger Dinge ist nur relativ. Wir sollten sie daher nicht zu unserer ultimativen Antriebskraft machen, mit der wir uns identifizieren. Zwar benötigen wir Dinge, Gedanken und Bilder, sie können aber nicht unsere Götter sein. Wir müssen uns in unseren Köpfen einen zugänglichen Raum freihalten, in dem es keine Sicherheit über die Form gibt. Dementsprechend dürfen wir auch andere Menschen nicht zu unserer ultimativen Antriebskraft machen. Stattdessen sollten wir uns auf etwas berufen, das wirklich und wahrhaftig ein Nicht-*Ding* und unerschütterlich ist. Dies könnte ein Prinzip sein, eine allgemeine Bedrohung, oder eine allgemeine Ursache der Wirklichkeit, ein Geist, oder –, wie es in der östlichen Literatur zu finden ist: ein höchstes Bewusstsein oder eine höchste Achtsamkeit. Ein solches Nicht-Ding ist leer von Form, leer von Selbst und somit unzerstörbar und verlässlich.

Wenn wir nicht einen solchen Raum in unseren Köpfen freihalten, hängen wir unsere Herzen und Köpfe an Materielles (Geld und Besitz) und Immaterielles (Gedanken oder Überzeugungen). In unserer allzu menschlichen Suche nach Sicherheit verankern wir uns in der Form und gehen mit ihr unter, wenn die Zeit dafür gekommen ist. Wenn wir uns aber solch einen Platz freihalten, können wir die Form weniger leidvoll loslassen, da wir in unserer Realität eine konstante Unterstützung finden.

Natürlich: Unsere Schmerzen bleiben, wenn wir etwas oder jemanden, den wir lieben, verlieren. Und auch ein Gefühl der Unsicherheit bleibt, wenn unsere Erwartungen nicht erfüllt werden. Dennoch: Wenn wir das Sein auf der spirituellen Bewusstseinsebene eingeübt haben, haben wir immer noch Augen für die restliche Realität und sind uns ihrer wohl bewusst. Wenn wir mit der Erfahrung unserer tieferen Wirklichkeit vertraut sind, mit unserem Gott oder dem Weg des Lebens, die uns als inneres Licht leiten, können wir auch dann immer noch sehen, wenn es Nichts zu sehen gibt. Das Leuchten wird auch dann nicht aufhören, wenn es für eine Weile überhaupt nicht hell erscheinen mag. Unser eigenes Selbst kann sich Vorstellungen von einer vielversprechenden Zukunft machen – aber das Licht leuchtet bereits in der Gegenwart. Es erwartet uns, wenn wir erneut bereit sind, es in seinem strahlenden Glanz zu erleben.

VERLASS AUF ETWAS, DAS GRÖSSER IST ALS UNSER SELBST

Dieses Nicht-*Ding*, auf das wir uns in guten und in schlechten Zeiten verlassen können, wurde auf vielfältige Wiese in den unterschiedlichsten Sprachen aller Kulturen dieser Welt beschrieben. Bevor ich auf die Begriffe der östlichen Welt komme, möchte ich auf die eingehen, die wir im Westen verwenden.

Die westliche, väterliche Gottheit, die Böses bestraft und Gutes belohnt, ist ziemlich weit von der tatsächlichen Erfahrung einer letztendlichen Wirklichkeit entfernt. Damit möchte ich nicht sagen: Menschen, die an diesem Verständnis festhalten, könnten solch eine spirituelle Erfahrung nicht erleben. Dies kann ganz spontan erfolgen, oder durch zahlreiche Handlungen hervorgebracht werden, wie beispielsweise durch Beten, Singen, Tanzen, oder eine gemeinsame Mahlzeit. Dennoch weisen bestimmte moderne oder mystische Konzepte direkter auf die Erfahrung einer letztendlichen Wirklichkeit hin.

Was allen Konzepten gemeinsam ist: Sie beziehen sich auf eine tiefere Wirklichkeit. Auf etwas, das größer ist als das individuelle Selbst. Selbsthilfegruppen mit einem Zwölf-Schritte-Programm nennen es eine „höhere Macht" und verpflichten sich aus dem gleichen Grund der Gruppenregel „Prinzipien stehen über Persönlichkeiten." Der Grund dafür: Nur mit Demut können wir aus einer absoluten Realität Kraft ziehen und uns auf sie verlassen. Besonders an Orten des Gebets schauen die Menschen daher in Ehrfurcht nach oben. Wir sollen uns beim Betrachten eines gotischen Fensters, einer über uns angebrachten Reliquie oder eines Buches sowie eines überdimensionierten Gemäldes im Verhältnis klein fühlen. Männliche Juden setzen sich die sogenannte *Kippa* auf den Kopf. Sie erinnert daran: Gott steht über allem. Das islamische Verständnis vom „großen" und „höchsten"

Gott spiegelt das ziemlich ähnlich wider: Wir sind im Verhältnis zur absoluten Realität, die wir erleben wollen, klein.

Die absolute Realität wird auch oft als etwas beschrieben, das unabhängig von uns ist. Obwohl sie im Netz der Existenz mit eingewoben ist, gibt es keine wechselseitige kausale Beziehung zwischen uns und ihr. In anderen Worten: Die absolute Realität ist für ihre Existenz nicht darauf angewiesen, wie wir sind, oder ob wir uns auf eine bestimmte Weise verhalten. Sie ist konstant und reagiert nicht auf uns Menschen und unsere sich ändernden Erfahrungen. Auf der anderen Seite können wir uns mit ihr besser identifizieren, sie sehen und deutlicher in ihr *sein*, wenn wir uns auf sie einstimmen.

Der Philosoph Epiktet, ein ehemaliger römischer Sklave, sah beispielsweise die Gutherzigkeit als eine wichtige Kraft und ein wichtiges Prinzip an: „Gutherzigkeit existiert unabhängig von unserer Vorstellung von ihr. Das Gute ist da draußen und war immer schon dort, noch bevor wir zu existieren begannen.“[8]

Die philosophische Debatte darüber, was Gutherzigkeit überhaupt ausmacht, war langwierig, so auch die Frage, ob sie wirklich von unserer Kultur unabhängig ist oder nicht. Denn die Bedürfnisse der Kultur ändern sich im Laufe der Zeit und mit ihrer Entwicklung. Wenn wir die Gutherzigkeit allerdings bewusst verstehen wollen, ist es sinnvoll, wenn wir sie als unabhängig von unseren Erfahrungen oder unserem Tun ansehen. Den Schlüssel hierzu haben wir in der Hand, wenn wir feststellen: Ein Naturgesetz oder ein Geist verhalten sich anders als die sich ständig ändernde Welt der Form. Dies kann sich mehr oder weniger stark manifestieren und nur von wenigen aus der Masse erkannt werden. Unabhängig davon gibt es sie, und sobald wir sie entdeckt haben, bekommen wir Zugang zu ihr. Obwohl die absolute Realität viel größer als wir selbst ist, können wir sie nur schwer erkennen. Dies verhält sich im Grunde wie bei einem lästigen Geräusch, an das wir uns gewöhnt haben und es nicht mehr wahrnehmen. Die Mystiker fordern: Wir müssen uns öffnen und mit dem Hier und Jetzt einverstanden sein, damit wir sie wahrnehmen. Wir müssen ruhig werden und uns innerhalb unserer subjektiven Erfahrung verankern, anstatt nach dem Anderen zu suchen. Dieser Vorgang kann objekt-freies Gebet genannt werden, das bereits dem christlichen Mönch Meister Eckhart (1260–1327) bekannt war. Die Lehren Meister Eckharts waren zwar bei seinen mittelalterlichen Zeitgenossen wenig beliebt, finden jedoch heute bei vielen spirituellen Menschen Anklang. Beinahe wie im Zen-Buddhismus rät uns der Mystiker: Wir sollten in unserem Gebet (der Aktion) ausschließlich die Gegenwart Gottes suchen:

> Der Gerechte liebt Gott um seiner selbst willen, weder für das eine noch für andere, und wenn Gott ihm Weisheit oder sonst etwas gegeben hätte, außer sich selbst, würde der Gerechte nicht danach suchen, noch wäre es nach seinem Geschmack; denn er will nichts, sucht nichts und hat keinen Grund, irgendetwas zu tun. Da Gott keine Motive hat, waltet er ohne sie. So waltet auch der Gerechte ohne Motive. Wie das Leben um seiner selbst willen lebt und keinen Grund für das Sein benötigt, braucht auch der Gerechte keinen Grund für das, was er tut.[9]

Alle westlichen Religionen haben einen mystischen Ableger, wie die jüdische Kabbala oder den islamischen Sufismus. Sie betonen, wie wichtig die direkte Erfahrung der absoluten Kraft ist. Für einen Mystiker ist das bloße Festhalten an einer Religion nicht ausreichend. Dies könnte erklären, warum eine Religion das Glück normalerweise nur mäßig steigert.[10] Mit Lippenbekenntnissen kommen wir beim Betreten der spirituellen Bewusstseinsebene nicht weit. Was wir brauchen, ist ein Hauch Gottes, einen bewussten Zugriff auf die absolute Realität oder den Weg. Nur wenn wir unsere Verbundenheit spüren, wird Religion zu dem, was sie verspricht, nämlich sozial und geistig „verbindend" zu sein.[11] Wollen wir einen Hauch Gottes oder des Weges erleben, müssen wir uns nach innen kehren. Lassen wir erneut Meister Eckhart sprechen:

> Das kräftigste Gebet, allmächtig fast, alle Dinge zu erwerben, und ebenso unter allen das wertvollste Werk ist solches, das hervorgeht aus einem ledigen Gemüt. Je lediger dieses, desto kräftiger, wertvoller, näher, desto löblicher und vollkommener so Gebet wie Werk. … „Was ist ein lediges Gemüt?" Eines, das nirgendwomit beladen oder beworren ist, an nichts gebunden, es nirgends auf seinen Vorteil

> absieht in der Welt, sondern ganz und gar in den liebsten Willen Gottes versenkt ist, den eigenen aber aufgegeben hat.[12]

Daher könnten wir sagen: Auch für uns Menschen aus dem Westen läuft der wichtigste Weg, um uns auf unsere absolute Realität zu verlassen, über den ruhigen Geist. In der Ruhe werden wir uns darüber bewusst, was größer ist als wir selbst. In der Ruhe werden wir bewusst von ihrer Kraft berührt, was uns wiederum Kraft gibt. Wenn wir in Anwesenheit unserer absoluten Realität fokussieren, beten und bewusst sind, können wir uns in guten wie in schlechten Zeiten leichter auf etwas verlassen, das wirklich ein *Nichts* ist. Auch wenn wir gerade nicht im Gebet versunken sind, spüren wir die Sicherheit unserer absoluten Realität. Wenn wir uns mit unserer höheren Kraft ausreichend vertraut gemacht haben und die Ruhe unsere Heimat geworden ist, können wir uns hinauswagen und dies beinahe vergessen. Je häufiger wir dorthin zurückkehren, desto sicherer fühlen wir uns in unserer unsicheren Welt.

AUF DIE ANSTRENGUNG VERTRAUEN

Judentum, Christentum und Islam unterstreichen die Bedeutung des Handelns und des Gutseins als Mittel, mit dem wir uns Gott, unserer absoluten Realität, näher fühlen können. Diese Religionen predigen uns: Wir sollen studieren, Traditionen befolgen, Gutes tun, Opfer bringen, beten und uns selbst prüfen; jede der Religionen auf ihre besondere Art und nach ihrem besonderen Verständnis. Da richtiges Tun schwierig ist, sind die vorgeschriebenen Pfade mit allerlei Mühen gepflastert. In den Augen der westlichen (ursprünglich mittelöstlichen) Religionen können wir Gott gegenüber nur würdig werden, wenn wir beten und „das Buch der Bücher" befolgen. Angeblich sind wir nach dem Ebenbild Gottes geschaffen. Das Streben nach Gutherzigkeit steht uns frei. Und doch: Wir *sind nicht* gut. Von unseren Anlagen her haben wir Potenzial, sind aber durch die Erbsünde beschränkt, wenn nicht gar beschmutzt. Viele Christen wurden in diesem Glauben erzogen.

Auch im Osten wird die Anstrengung betont, insbesondere im Hinduismus und der Theravada-Tradition des Buddhismus. Das Hervorheben der

Unterschiede zwischen deren Traditionen und den unsrigen kann uns helfen, damit wir in einer weniger schuldbeladenen und konstruktiveren Weise auf die Anstrengung vertrauen können. Werfen wir einen Blick darauf, wie im Hinduismus und im Theravada-Buddhismus die Anstrengung verstanden wird:

Anstrengung und Hinduismus

Der größte Unterschied zwischen den Traditionen besteht wahrscheinlich darin, wie die menschliche Natur verstanden wird. Im gesamten Osten werden wir von unserer Ur-Natur her als „gut“ angesehen, auch wenn wir schlechte Taten begehen. Wir haben Anteil am Göttlichen, am ganzen Leben oder einfach am natürlichen Gleichgewicht der Dinge. Der Hinduismus sieht uns beispielsweise zusammen mit dem Rest der Welt der Form als Ausdruck des Göttlichen an. Dementsprechend widerspricht ein weltliches Leben nicht dem spirituellen Leben.[13] Wir befinden uns bereits in der Nähe der absoluten Realität, denn wir sind es bereits jetzt, wenngleich aus hinduistischer Sicht nur zum Teil. Der Grund für die verordnete fortwährende Anstrengung ist: Solange wir nicht über diesen Teil hinausschauen können, sind wir darin verstrickt. Daher müssen wir recht mühsam erlernen, wie wir unsere Augen für unsere vollständige Natur öffnen können, die *Atman* genannt wird.

Im Hinduismus gilt es als Fixierung oder Gebundenheit, wenn wir nur den stofflichen Teil des Göttlichen sehen. Dies hat den immerwährenden Kreislauf der Reinkarnation zur Folge, der *Samsara* genannt wird. Der Kreislauf der ständigen Wiedergeburt symbolisiert unsere Unfähigkeit, uns von schlechten Gewohnheiten zu lösen. Die Reinkarnation wird daher als ein Problem angesehen. Sie ist Zeugnis unserer Unwissenheit gegenüber der absoluten Realität oder Brahma. Außerdem verursacht Samsara Leiden. Jeder Hindu hofft daher auf Befreiung aus diesem Kreislauf; der hinduistische Begriff für diese Erlösung heißt *Moksha*.

Lassen Sie uns jetzt genauer betrachten, welche Art von Handlung sich im Hinduismus auf die Anstrengung bezieht und welche Auswirkungen diese auf das Individuum hat. Mark William Muesse erklärt, es gebe traditionell gesehen drei Möglichkeiten, wenn wir der Welt von Samsara entkommen wollen.[14] Der erste ist der Weg des Handelns, gefolgt vom Weg der Weisheit und dem Weg der Hingabe. Alle drei Arten werden durch das Wort „Yoga" beschrieben. Hierbei handelt es sich um einen Prozess zahlreicher Praktiken (und um viel mehr, als die Körperübungen, die wir im Westen als Yoga kennen).

Die meisten Hindus verfolgen den Weg des Handelns in der einen oder anderen Form, die fortwährende Anstrengung erfordert. Die vier wichtigsten lobenswerten Ziele des Handelns sind: Pflicht (*Dharma*), Wohlstand erwerben (*Artha*), Freude (*Kāma*) und schließlich Moksha. Wenn Hindus Moksha, das höchste der vier Ziele, erreichen möchten, müssen sie die ersten drei Ziele hinter sich lassen. Doch gilt im Hinduismus: Eins nach dem anderen. Die Handlungen, die uns an der Welt der Form anhaften lassen, sind notwendig, bis eine bestimmte Lebensstation deren Vernachlässigung ermöglicht. All diese Handlungen erzeugen Karma, das gut oder schlecht sein kann, also Handlungen und deren Folgen. Muesse definiert Karma wie folgt: „Aus hinduistischer Sicht ist Karma das Prinzip der Gerechtigkeit. Damit wird sichergestellt: Die Auswirkungen von Handlungen kehren zum Handelnden zurück. Karma ist das, was die Seele an den Kreislauf der ewigen Existenz bindet und was ihre Station in zukünftigen Existenzen festlegt."[15]

Nur wenige Menschen aus der Kaste der Brahmanen (Priester und Gelehrte) können Handlungen ignorieren, die Karma erzeugen und können Moksha realisieren.[16] Da es für die meisten Menschen unerreichbar erscheint, in diesem Leben kein Karma zu produzieren, ist die wichtigste religiöse Disziplin im Hinduismus: Das Erzeugen von gutem Karma. Eine Möglichkeit hierfür besteht im Erledigen von Pflichten (Dharmas), die für das jeweilige Geschlecht und die Kaste vorgeschrieben sind. Diese Handlungen sind:

- Rituale (den Namen einer Gottheit aussprechen, rituelle Bäder, bei denen Mantras rezitiert werden, Gebete, bei Anbetungen Weihrauch entzünden und so weiter)
- Teilnahme an Übergangsriten zur Stärkung des Gemeinschaftssinns
- Feste (in Indien gibt es so viele Feste, wie das Jahr Tage hat. Dies spiegelt die große Anzahl der Gottheiten wider)
- Pilgerreisen (wie im Christentum und im Islam sind Pilgerreisen sehr wichtig. Selbst das Land „Indien" ist den Hindus heilig und Ausdruck

vieler Gottheiten; der Besuch der verschiedenen heiligen Stätten macht das Leben eines Hindu aus)[17]

Die eigentlichen Handlungen sind denen im Westen nicht unähnlich. Der Unterschied besteht im Verständnis dessen, was gute Handlungen darstellen. Während es bei uns um private Ereignisse geht, die zwischen dem Individuum hier und Gott dort stattfinden, geht es bei den Hindus insbesondere um gemeinschaftliche Erfahrungen. Gute Taten verbinden uns auf positive Weise mit der Gemeinschaft; schlechte Handlungen auf negative Weise. Was immer wir auch tun, wir beeinflussen damit das gesamte System um uns herum. Mit anderen Worten: Unsere Bemühungen nach „gutem" Tun haben nicht nur gute Folgen für uns selbst, sondern für das Ganze. Und während es für uns viel besser wäre, uns aus der Welt der Form herauszunehmen und nur das große Eins-Sein zu erleben, ist das richtige Tun immer noch sehr wertvoll und für den Augenblick gut genug.

Es besteht überhaupt keine Notwendigkeit für uns im Westen, ab sofort an die Reinkarnation, Gottheiten oder Karma zu glauben. Wir können jedoch aus dem Verständnis des hinduistischen Weges und der Integration seiner Essenz in unseren eigenen Lebens- und Glücksansatz etwas lernen. Beispielsweise können wir den Druck mindern, den uns die ausführenden Organe der Religionen und andere für ein eng definiertes „gutes Leben" vorschreiben. Keine Form der Gutherzigkeit ist überflüssig. Wir dürfen weder die Gutherzigkeit anderer Menschen abtun, noch bezüglich unserer eigenen arrogant werden.

- Gutherzigkeit können wir über soziale Normen und die Einhaltung von Gesetzen ausüben. Geht es um besondere Regeln, kann uns kein Instinkt leiten, denn die Regeln sind von Gruppe zu Gruppe und von Zeit zu Zeit unterschiedlich.
- Wenn wir uns um unsere Familien und uns selbst kümmern, ist dies auch eine Form von Gutherzigkeit. Allerdings nur, solange wir dies bewusst praktizieren und dabei nicht eigennützig sind (um das Überleben ausschließlich unseres genetischen Materials zu sichern). Auch sollte uns diese Fürsorge nicht von tieferen, spirituellen Bestrebungen (wie von

manchen Buddhisten empfohlen) ablenken. Dabei handelt es sich im Übrigen nicht um eine größere Belastung als jede andere Form der Gutherzigkeit. Tatsächlich vermindert die Fürsorge für die eigene Familie das Leiden auf grundlegende Art und Weise. Somit ist sie für viele Menschen der heroischste, liebevollste als auch friedenstiftende und erfüllende Beitrag, den sie in der Welt leisten können.

- Gutherzigkeit kann auch der gesamten Menschheitsfamilie, also allen fühlenden Wesen gegenüber die nicht mit uns blutsverwandt sind, ausgeübt werden – als auch gegenüber unserer Umwelt. Dabei ist es gleichgültig, ob wir hierfür durch Liebe oder politischen Aktivismus motiviert werden. Diese Art der Gutherzigkeit kann tatsächlich Leben retten.

Es geht um das „Gute", das wir tun können. Denn das bringt unser Menschsein zum Vorschein, zumindest gegenüber denjenigen, die wir mit unserer Sorge erreichen.[18] Alle Formen der Gutherzigkeit befreien uns geistig, da sie uns relativ unabhängig von äußeren Bedingungen machen und uns helfen, mehr als das für die Augen Sichtbare zu sehen. Dies geschieht, weil wir damit durch eine Vision, ein Prinzip und ein Verständnis geleitet werden. Das Materielle und in einem gewissen Ausmaß auch die Sorge ums reine Überleben werden dadurch verdrängt. Auf diese Weise hilft uns die Gutherzigkeit beim Entwickeln unseres vollständigen Potenzials. Hinduisten nenne dies Atman – unsere transzendierende, wahre Natur.

Eins darf dabei allerdings nicht geleugnet werden: Gutherzigkeit hat auch ihren Preis. Zum einen entgehen uns damit die Vorteile des materialistischen oder egoistischen Verhaltens, zum anderen erfordert Gutherzigkeit Mühe. Anders als auf der analytischen Bewusstseinsebene ist die Anstrengung im Hinduismus nicht auf ein bestimmtes Ziel oder eine bestimmte Person gerichtet. Es handelt sich vielmehr um einen undefinierbaren Prozess, der zu einer undefinierbaren Erfahrung führen kann. Indem wir Gutes tun, können wir uns gut fühlen. Wir trachten dann nicht nach einem bestimmten Ergebnis, sondern werden quasi selbst zum Ergebnis und zur Verkörperung von Gutherzigkeit. Wir können sie in uns lebendig machen, da sie in uns sitzt wie ein Samen in der Erde, der und auf seine Befruchtung wartet. Gehen wir den Pfad der Gutherzigkeit, können wir auf etwas viel Größeres stoßen, als es unsere ursprünglich gute Tat war. Wir können Brahman spüren, den Hauch Gottes, die Essenz des Pfades der Natur oder die absolute Realität.

Wenn wir gute Werke nur tun, weil uns das von oben angeordnet wird, verpassen wir unsere spirituelle Befreiung. Im Christentum kann uns der gute Hirte beispielsweise mit der Hölle und dem Ausschluss vom Himmel drohen. Mit der Folge: Wir erlernen das Richtige nur aus Angst vor dem Hirten und vor Gott. Damit wird jede Tat zur echten Mühsal, mit der wir Strafe vermeiden und in den Himmel kommen möchten. Die gute Tat wird so für uns zu einem Objekt, das zwar ein göttliches, aber ein spezifisches Ziel ist. Natürlich gibt es im Hinduismus zahlreiche Menschen, die sich von Strafen und Belohnungen antreiben lassen, wie wir es auch in den westlichen Religionen beobachten können. Jedoch verfolgt die hinduistische Denkweise einen ganz anderen, weniger linearen Ansatz hin zum Guten. Karma – im hinduistischen und buddhistischen Denken verankert – soll unser Bewusstsein auf das gesamte Weltsystem, unsere Lebensgemeinschaft und unsere ständig wachsende Familie richten.

Gute Taten im Hinduismus beziehen sich daher nicht darauf, dass ein Individuum ein fernes Ziel erreicht. Vielmehr soll der Einzelne damit seine Verbundenheit mit anderen in der physischen Welt des Hier und Jetzt herstellen. Da Gutes auf nicht leicht zu durchschauende Weise Gutes erzeugt und Schlechtes Schlechtes, sind wir durch Karma alle miteinander verknüpft. Diese Verknüpfung gibt unserem Leben Sinn.[19] Gutherzigkeit muss keine Methode sein, über die wir uns mit einem externen Ziel in Beziehung setzen können. Stattdessen kann es tief in uns ein Gefühl von Zugehörigkeit hervorrufen. Dieses darf in uns nicht erzwungen werden, sondern muss in unserem Leben erlaubt sein. Ganz so, wie wir unserem Bruder erlauben, unser Bruder zu sein und unserer Schwester unsere Schwester. Eine solch tief empfundene Gutherzigkeit muss uns nicht befohlen werden. Sie wird zur spontanen Reaktion, mit der wir auf unsere Familie reagieren.

Dennoch existiert Karma nicht um seiner selbst willen. Es ist auch ein Mittel zum Zweck, ein Pfad zu einem Ziel. Unsere positiven Taten sollen uns in ein besseres Leben nach dem Tod katapultieren, eine bessere Lebensstation, in die wir wiedergeboren werden. Damit bindet uns Karma an die materielle Welt, in der wir uns selbst als ein Subjekt und andere in gewisser

Weise als von uns getrennt ansehen. Mein Bruder und meine Schwester können mir zwar nah sein, aber sie sind nicht ich. Ein Leben nach dem gesellschaftlichen Gesetz von Ursache und Wirkung bringt uns zwar näher an die Welt heran, sorgt aber in sich nicht dafür, dass wir uns mit ihr „eins" fühlen. Solange wir ein „Ich" empfinden und etwas für ein „Du" tun, halten wir den Abstand zur Welt aufrecht.

Wir können allerdings durch das Erzeugen guten Karmas das „Einssein" fühlen, so wie es für zwei Personen möglich ist, sich als vereint zu empfinden. (Wie ich später noch weiter ausführen werde, ist es kein fixer Moment, in dem in unserem Bewusstsein eine Erfahrung endet und eine andere beginnt.) Manchmal, wenn wir ganz spontan „Gutes" tun und dafür keinerlei Gegenleistung erwarten, kann sich unser Abstand zur Welt fast auflösen. Da wir unsere Teilhabe an der Welt auf der analytischen Bewusstseinsebene nur mit Mühe erreichen können, können wir auf der spirituellen Bewusstseinsebene einfach in unsere dort bereits existierende Teilhabe hinein gleiten. Genau aus diesem Grund finden wir das Vertrauen auf die Anstrengung in seinen verschiedenen Abstufungen in allen Religionen.

Anstrengung und Theravada-Buddhismus

Wie bereits erwähnt, ist die Theravada-Tradition des Buddhismus die „Schule der Ältesten". Wie auch der Hinduismus hebt sie die „Anstrengung" hervor.[20] Die Theravada-Tradition, die auch als Hinayana bezeichnet wird, basiert auf dem Pali-Kanon (die älteste buddhistische Schriftensammlung, die als Ganzes erhalten blieb) und ist vor allem in den Ländern Südostasiens, außer in Vietnam, verbreitet. So, wie nur wenige Hinduisten ihre Befreiung oder ihr Einssein mit Brahman erreichen, können nur wenige Buddhisten dieser Tradition das Nirvana erreichen, also die Befreiung von Samsara (dem ewigen Kreislauf der Wiedergeburt). Tatsächlich kann nach Lehrmeinung des Theravada kein Mitglied der Laien-Gemeinschaft je die Erfahrung des „einfachen Seins" erleben, also des Seins im Hier und Jetzt, ohne auf die physische Welt zurückzugreifen. Nirvana oder die Erleuchtung soll hier nur den Theravada-Mönchen möglich sein, die durch ihre eigene Anstrengung zu heiligen Wesen (*Arahants* auf Pali) wurden.

Der Weg zu dieser Erlösung ist mühsam und erfordert Übung in den verschiedenen Disziplinen. In erster Linie sollen die Theravada-Buddhisten den Lehren Buddhas, wie den Vier Edlen Wahrheiten folgen, zu denen auch der Achtfache Pfad gehört (siehe Kapitel 10). Der Theravada-Buddhist soll Einsicht und Weisheit (*Prajna* auf Sanskrit) entwickeln, indem er auf böse Gedanken und Handlungen verzichtet und den Geist mit ethischem Verhalten und Meditation reinigt. Die Forderungen gleichen denen der westlichen Religionen: Wir sollen uns zu guten Menschen wandeln und unseren Geist formen und kontrollieren.

Obwohl diese Art des Denkens die Erleuchtung zu einem in der Ferne liegenden Ziel werden lässt, sind die Auswirkungen für das tägliche Leben im Hier und Jetzt gewaltig. Darüber hinaus hält der Theravada-Buddhismus am Konzept des „gerechten Königs" fest. Hierbei handelt es sich um einen König, der die buddhistischen Lehren, den Dharma, beschützt und verbreitet. (König Ashoka, 268–239 v. u. Z.) wurde nach seiner Konvertierung zum Buddhismus der Prototyp dieses Königs.) Daher sind im Theravada-Buddhismus Religion und Politik auf Gedeih und Verderb miteinander verflochten.[21] Die grundlegenden buddhistischen Werte wie Mut, Geduld, Toleranz und Gewaltlosigkeit müssen von allen geübt werden.

Es ist meines Erachtens offensichtlich: Wer sich auf diese buddhistischen Werte stützt, verbessert deutlich das Leben der Gemeinschaft. Auch reduzieren diese Werte Hass-, Gier- und Angstgefühle, die in unseren Köpfen erhebliche Turbulenzen auslösen. Dies gilt insbesondere, wenn wir gerne ein gutes Gewissen genießen wollen. Der Theravada-Buddhismus führt den Einzelnen zu seinem Ort der inneren Ruhe. Damit wird der Geist auf das Nicht-Anhaften und die Freiheit vorbereitet. Damit ist es sowohl für den Einzelnen als auch für die Gesellschaft von unglaublicher Bedeutung, ein guter Mensch zu sein.

Wer mit dem Gutsein ringt, mag dies jedoch als Hindernis zu seinem eigenen inneren Frieden und der Erfahrung des Nirvana empfinden. Das Festhalten an der Gutherzigkeit kann für die Erfahrungen auf der spirituellen Bewusstseinsebene notwendig sein, scheint jedoch nicht auszureichen. Zumindest können wir sagen: Wenn wir uns auf unsere individuelle Anstrengung verlassen, kann dies ein guter Anfang sein. Doch irgendwie müssen wir noch darüber hinauskommen.

DEM MITGEFÜHL VERTRAUEN

Indem wir unserer individuellen Anstrengung vertrauen und disziplinierte, gute Menschen werden, bereiten wir unseren Geist auf die spirituelle Bewusstseinsebene vor. So können wir möglicherweise in sie eintreten. Das Mitgefühl ist ein fester Bestandteil aller großen Religionen. Es vertieft unsere Verwirklichung: Wir sind Teil des Lebens. Mitgefühl hat eine unglaublich verbindende Kraft. Es ist mehr als nur eine moralische oder rationale Entscheidung. Mitgefühl arbeitet intuitiver, eine Regung der Einheit von Körper und Geist. Das Mitgefühl mit engen Familienmitgliedern ist uns von Natur aus gegeben, und diese Neigung können wir auch auf die immer größer werdenden Kreise unserer Weltfamilie ausweiten.

Ein mitfühlender Mensch erkennt: Niemand sitzt im Leben allein im Boot, es ist immer noch jemand anderes anwesend. Die gesamte Anstrengung, das wir für unser Vorwärtskommen aufbringen, beeinflusst daher auch andere. Es hat nie einen König gegeben, der nicht wenigstens einen kleinen Kreis von Freunden um sich scharen konnte. Entschließen wir uns zu einem Streben nach mehr als nur Macht, sondern auch nach Glück, werden auch wir viel mehr Menschen um uns scharen. Glück wird nicht dadurch erreicht, indem wir nur uns selbst stärken, auch wenn dies ein wesentliches Ziel der Hilflosen unter uns ist. Das Glück keimt vielmehr dann auf, wenn wir mit anderen Hand in Hand gehen und wissen: Der Andere könnte ich sein – und in einem spirituellen Sinn: Der andere ist mir vollständig gleich. Glück entspringt dem Geben, dem Vergeben, und dem Wunsch nach Glück für andere Menschen.

Die Heilsbotschaft der westlichen Religionen verkündet: Liebe deinen Nächsten wie dich selbst. Im Judentum, Christentum und im Islam sind Schöpfung und Schöpfer fest miteinander verbunden. Daraus folgt: Lieben wir das eine, müssten wir auch den anderen lieben. Wir können den Glauben an ein bestimmtes Gesetz, einen Propheten oder Heiland haben. Doch die Erfahrung der Essenz des Lebens oder Gottes muss diese Spezifizierung übertrumpfen. Der Gott der Bibel sorgte sich mehr über das Mitgefühl und den Glauben an Gott als über die Religion selbst: „Es ist dir gesagt, Mensch, was gut ist und was der HERR von dir fordert, nämlich Gottes Wort halten und Liebe üben und demütig sein vor deinem Gott.“ [22]

Ich möchte damit nicht ausdrücken, der Buddhismus betone das Mitgefühl mehr als westliche Religionen. Als ich aufwuchs, wurde ich dankenswerterweise geschult im Glaube an die Macht der Liebe, im Handeln im Namen der Benachteiligten und Kranken und ermutigt, denen, die Unrecht tun, zu vergeben. Und ich weiß: Andere wurden innerhalb ihrer eigenen Religion oder moralischen Erziehung auch so erzogen. In der Tat ist die starke Neigung des Dalai Lama zum das Mitgefühl im Westen nichts Neues.[23] Was ich allerdings sagen will: Es gibt einen bemerkenswerten Unterschied in der Annäherung an dieses Thema, Unterschiede, von denen wir lernen können.

Zunächst möchte ich darauf hinweisen, was im Buddhismus klar vermittelt wird: Mitgefühl beschränkt sich nicht auf unseren Nächsten. Es betrifft auch unsere eigene Person. Wir sollen mitfühlend mit uns selbst sein. Sicher, in der Aussage „Liebe deinen Nächsten wie dich selbst" wird dies impliziert. In zahlreichen buddhistischen Texten wird dies allerdings explizit formuliert. Unserer inneren Ruhe stehen starke negative Gefühle im Wege, da sie zu lange in unseren Köpfen verweilen, Unordnung verursachen und damit unsere Erfahrung von Gegenwärtigkeit behindern.

Außerdem geht Mitgefühl über die „Menschen" hinaus und bezieht sich auf mehr als unsere eigene Spezies. Buddhistische Texte erklären: Alle fühlenden Wesen verdienen liebende Fürsorge (*Metta* auf Pali) und Mitgefühl (*Karuna*). Kein Wesen steht außerhalb des Kreises. Es gibt keine Gruppe, die dazu gehört oder nicht. Niemand darf im Namen der Religion getötet werden. Auch Tieropfer sind untersagt. Wenn wir die Objekte unseres Mitgefühls auf diese Weise weit definieren, werden auch unsere Augen weiter geöffnet. So können wir größere Teile der Welt einbeziehen und kommen weg vom Sezieren der Welt in kleine Stücke. Zwar sehen wir dann immer noch separate Wesen, sehen sie aber innerhalb einer riesigen Gruppe. Je mehr Leben wir in diese Gruppe mit einschließen, desto stärker fühlen wir uns als Teilnehmer des Lebens als solches.

Mitgefühl und Mahayana-Buddhismus

Mitgefühl ist eine wichtige Tugend im gesamten Buddhismus. Im Mahayana-Buddhismus, einer Tradition, die ungefähr 200 Jahre nach der des

Theravada entstand, spielt es eine besonders faszinierende Rolle.[24] Mahayana-Buddhisten betrachten Mitgefühl nicht nur als ein hilfreiches Mittel, durch das ein Individuum zu einem besseren Menschen wird. Stattdessen soll das Mitgefühl uns weg von der Fokussierung auf das eigene Selbst ausrichten auf die Gemeinschaft aller fühlenden Lebewesen. Der Gedanke des Mahayana-Buddhismus dabei ist: Die Fokussierung auf die eigene Erlösung schafft Verlangen. Da Verlangen aber ein Anhaften an die Form bedeutet, stellt es ein Hindernis auf dem Weg ins Nirvana dar. In anderen Worten: Das Verlangen, nicht zu verlangen, das Anhaften an das Nirvana, zwingt uns in einen Teufelskreis. Das Mitgefühl soll uns vom auf das Ego zentrierten Verlangen befreien.

Wir sollen also nicht in die Falle unseres Egos tappen, während wir nach dem Nirvana streben. Dieses erscheint im Mahayana-Buddhismus als Ideal des sogenannten Bodhisattva. In den Worten des Gelehrten Malcolm D. Eckel ist ein Bodhisattva ein „zukünftiger oder angehender Buddha, der das Nirvana hinausschiebt, damit er so anderen in der Erreichung des Nirvana helfen kann."[25] Ein Bodhisattva und jeder, der ein Bodhisattva sein möchte, trainiert seinen Geist und wird darin durch Weisheit und Mitgefühl angeregt. Ein solcher Geist wird *Bodhicitta* genannt; damit ist unser angeborenes Potenzial gemeint. Der Dalai Lama, der als eine Manifestation des großen Bodhisattva des universellen Mitgefühls (Avalokiteshvara) angesehen wird, definiert *Bodhicitta* als „Güte, gepaart mit höchster Intelligenz."[26]

Das Training unseres Geistes beginnt damit, dass wir unser Wunsch-Ziel zum Ausdruck bringen. So werden wir um der anderen Wesen willen klar und geistesgegenwärtig (Buddhaschaft). Des Weiteren sollten wir ein tugendhaftes Leben führen; gemäß den sechs *Paramitas* oder *Befreienden Handlungen*: Großzügigkeit, Rechtes Verhalten, Geduld, freudiger Eifer, Meditation und Weisheit.[27] Wir können vom Mahayana-Buddhismus erstens lernen: Unser individuelles Glück ist an das der Gemeinschaft gebunden. Es gibt kein Glück, das nur darin bestünde, in den Himmel zu kommen! Zweitens: Unser Glück hängt davon ab, wie wir mit uns selbst umgehen. Wir müssen Mitgefühl mit uns selbst zeigen, denn wir sind ebenso Teil des ganzen Lebens wie alles und jeder andere auch. Der hoch angesehene Zen-Buddhist D. T. Suzuki soll gesagt haben: Wir werden vollkommen, wenn wir uns selbst in all dem lieben, zu dem wir gehören. Wir sollten das Mitgefühl freudvoll und in alle Richtungen ausbreiten.

Wir brauchen sehr viel psychische Energie, wenn wir uns zu guten Taten im Mahayana-Buddhismus verpflichten. Die Ethik des Buddhismus besteht nicht in blinder Befolgung von Regeln und Verbindlichkeiten. Nur tief empfundenes Mitgefühl verbindet uns mit dem gesamten Dasein. Die Mahayana-Buddhistin und Autorin Martine Batchelor erklärt: Wir zeigen diese Authentizität, wenn wir unsere Beweggründe und Handlungen reflektieren.[28] In anderen Worten: Wir sollten ständig in uns hineinschauen, während wir anderen etwas geben. Wenn wir einen Widerstand oder ein Gefühl der Abneigung entdecken, dann müssen wir es mit Neugier und mitfühlendem Verstehen betrachten. Wenn wir unseren inneren Erfahrungen Aufmerksamkeit schenken und sie beobachten, dann nähern sie sich unserer tieferen Buddha-Natur an (siehe Kapitel 10).

Ein authentisches oder „großes Mitgefühl" – ein Terminus aus dem Mahayana-Buddhismus – ist mehr als eine gefühlsmäßige Reaktion oder eine ganzheitliche Antwort, die ohne Zögern einfach geschieht. Je länger wir das Geben von Herzen üben, desto weniger empfinden wir es als Anstrengung. Das Gleiche gilt für die Meditation: Je mehr wir meditieren, desto leichter fällt sie uns. „Mühelose Anstrengung" ist deshalb eine wichtige Vorstellung im Mahayana-Buddhismus. Martine Batchelor rät uns, Meditation und Mitgefühl auf diese Weise zu üben:

> Übe dies mit Hingabe, aber ohne Erwartung; richte nicht über dich selbst und erpresse dich nicht. Sei absichtsvoll und aufmerksam, aber klammere dich nicht an irgendein Ergebnis. Dies bedeutet das Kultivieren müheloser Anstrengung – versuche nicht zu viel und nicht zu wenig, sondern einfach genug. Tue es sanft, aber zwinge dich nicht dazu. Mühelose Anstrengung ist eine leichte, aber stetige Absicht, die durch Inspiration energetisiert wird.[29]

Lassen Sie mich nun noch zwei der vielen Unterschiede zwischen dem Mahayana-Buddhismus und westlicher Religion in Bezug auf das Mitgefühl herausstellen. Für den Mahayana-Buddhismus gilt erstens: Wir sollten das

Mitgefühl nicht verteilen wie ein Geschenk, das von Oben herab gegeben wird. Wir sollten uns vielmehr wie in einem System unergründlicher Gegenseitigkeit fühlen. Im Sinne Buddhas sollten wir gleichzeitig die Nehmenden und die Gebenden des Mitgefühls sein.[30] Denn es existiert nur ein Diamant mit vielen Facetten, die einander widerspiegeln; es existiert nur eine „Blumengirlande“ (so der Titel des berühmten *Avatamsaka Sutra*).[31] Geben wir Anderen, so geben wir uns selbst. Wenn wir anderen etwas nehmen und dies Leid verursacht, dann nehmen wir etwas von uns selbst und verursachen Leid in uns selbst. So wird Glück im Mahayana-Buddhismus zu etwas wie einer moralischen Verpflichtung.

Zweitens: Im Mahayana-Buddhismus ist das Vertrauen in persönliche Strebsamkeit weniger wichtig als im Hinduismus oder im Theravada-Buddhismus. Dies wird am Beispiel der himmlischen Wesen wundervoll erklärt. Sie sind hochentwickelte Bodhisattvas und Buddhas und residieren in himmlischen Gefilden.[32] Da gibt es zum Beispiel den Bodhisattva Avalokiteshvara, der – laut des Lotos-Sutra – jede Gestalt annimmt, um einen bedürftigen Schützling zu retten. Durch das einfache Singen des Mantras OM MANI PADME HUM („Oh, du Juwel in der Lotosblüte“) kann das Mitgefühl von Avalokiteshvara heraufbeschworen werden.[33]

Amithaba (im Japanischen: „Amida“) ist ein weiterer wichtiger himmlischer Buddha, der im Himmel des Reinen Landes residiert. Dies ist eine Tradition, die vorwiegend in China und Japan beheimatet ist. Der Reformer des Reinen Landes, Honen (1133-1212), verdammte sogar alle Selbständigkeit und gestand den Anhängern allein den radikalen Glauben zu. Sie mussten lediglich Amidas Namen wiederholen, wenn sie Zugang zum Land der völligen Glückseligkeit erlangen wollten.

> Diejenigen, die daran glaubten, auch wenn sie ein klares Verständnis der Lehren Shakas (Shakyamuni, des Buddha) haben, die er zu Lebzeiten verkündete, sollten sich dennoch wie ein einfältiges Volk verhalten, das nicht einmal lesen kann; oder wie unwissende Mönche oder Nonnen, deren Glaube bedingungslos einfach ist. So sollten ohne pedantische Allüren immer wieder den Namen des Amida wiederholen, und nur diesen.[34]

Diese Abkehr vom Vertrauen auf die Strebsamkeit war für viele Buddhisten eine großartige Neuigkeit. Denn nun waren nicht länger nur einige auserwählte heilige Mönche dazu qualifiziert, den klaren Geist eines Buddhas zu entwickeln. Sehr viele Menschen, darunter auch Laien, konnten sich nun durch das Geben oder Empfangen von Mitgefühl erlösen. Aus diesem Grund bezeichnet der Mahayana-Buddhismus seine eigene Tradition als „Großes Fahrzeug" und die Theravada-Tradition als „Grundlegendes Fahrzeug".[35]

Es folgt nun eine kurze Beschreibung einer Form des Vertrauens, die sich noch weniger auf das Individuum zentriert. Betrachten Sie diese verschiedenen Formen des Vertrauens als sich ergänzend. So können Sie sie am besten in die westliche Denkungsweise integrieren.

DEN TUGENDEN VERTRAUEN

Chaos ohne positive Gegenkraft schafft Leid und Tod. Alles zufällig Entstandene muss sofort fähig werden, seiner Zerstörung zu entgehen. Dies gilt für den Mikrokosmos und den Makrokosmos, für die organische und anorganische Welt, für Pflanzen und Tiere. Wenn kleinste Partikel aus der Vakuumenergie hervortreten, dann müssen sie sich „freundlich" unter dennoch unbekannten Bedingungen begegnen, oder wieder zu einem Nicht-*Ding* werden.[36] Schließlich hängt das Leben von den Gesetzen und Regeln der Natur ab.

Soweit wir nicht bessere und humanere Organisationsprinzipien erschaffen, befinden wir uns vollständig in der Hand der Natur. Ihre harten Gesetze bestimmen: Im Durchschnitt siegt der Glücklichste, während der weniger Glückliche verliert. Keine dieser Gruppen kann sich jemals ausruhen. Wenn wir unser vollständiges menschliches Potential ausschöpfen wollen, dann müssen wir verbesserte Ordnungsprinzipien aufstellen und sie je nach Bedarf verändern.

Sollen unsere Ordnungsprinzipien von Erfolg geprägt sein, dann dürfen sie uns nicht zu sehr bedrängen. Wenn wir Menschen zu ihrem Glück zwingen, dann machen wir aus ihnen letztlich eine Armee ebenso disziplinierter wie freudloser, wenn nicht gar brutaler Untertanen, so wie wir es im

Nazi-Deutschland erlebt haben. Das Ziel der Harmonie muss mit dem der Freiheit verbunden werden.

Oft verdrängt der Wunsch nach Freiheit den nach einem harmonischen Zusammenleben. Die Flamme, die in den Herzen der Menschen für die Freiheit brennt, kann zu einem kleinen, kaum noch flackernden Lichtpunkt werden – und doch ist sie unauslöschlich. Und genau aus diesem Grund beugten sich die afroamerikanischen Sklaven niemals der Herrschaft ihrer Besitzer. Trotz großer Risiken ersannen viele von ihnen weiterhin Wege zur Flucht. Der ehemalige Sklave Frederick Douglas erzählt seine Geschichte, nachdem er sich einem weißen Aufseher gegenüber zur Wehr gesetzt hatte

> „Dieser Kampf gegen Mr. Corey war der Wendepunkt in meinem Sklavendasein. Er entfachte die Glut der Freiheit zu neuem Leben und erweckte in mir aufs Neue das Gefühl meiner Männlichkeit. Er schenkte mir mein verschwundenes Selbstbewusstsein wieder und rief mir die Bestimmung meiner Freiheit ins Bewusstsein. Die Belohnung, die mir dieser Triumph verlieh, war ein vollkommener Ausgleich für all das, was noch hätte kommen können, sogar für den Tod.“[37]

Sobald wir die Möglichkeit zu einem Leben in Freiheit erblicken, wollen wir nicht mehr in alte Gewohnheiten und Fesseln zurückfallen. Das gilt auch für Frauen, die von ihren Vätern und Ehemännern über einen langen Zeitraum hier in der westlichen Welt wie Kinder „gehalten“ wurden Damit die überkommene Ordnung innerhalb der Familie und der Gesellschaft aufrecht erhalten werden konnte, durften Mädchen nicht zur Schule gehen, keinen Beruf erlernen, nicht laut ihre Stimme erheben und auch nicht zur Wahl gehen (in Deutschland bis zum Jahre 1918 und bis 1920 in den USA). Frauen durchbrechen noch immer solche Grenzen und sind buchstäblich unaufhaltbar in ihrem Kampf für gleiche Rechte und Chancen. Es ist offensichtlich: Wir brauchen Harmonie, wenn wir in einer harmonischen Welt leben wollen. Harmonie ermöglicht uns das mühelose Atmen. Doch dabei sollten wir eines nicht vergessen: Es ist die Freiheit, die uns überhaupt das Atmen ermöglicht.

Konfuzius und die Tugend

Der chinesische Weise Konfuzius war sich der Spannung zwischen Harmonie und Ordnung schmerzhaft bewusst. Als er das Versinken seiner Zivilisation in Gewalt und Barbarei erblickte, war ihm nichts wichtiger als politische Veränderung.[38] Harmonie, so glaubte Konfuzius, kann nur aus Tugenden heraus entwachsen. Die wichtigste Quelle seiner Gedanken, die *Analekten des Konfuzius*, seine Lehrgespräche also, zeigen seine misstrauische Haltung gegenüber Gesetzen, die Menschen noch nachträglich bestrafen. Stattdessen glaubte Konfuzius: Die Menschen müssen sich Rechtschaffenheit wünschen und sich harmonisch ihre Rollen und Rituale auferlegen. Er stellte äußere und innere Kräfte gegenüber und sagte: „Führt sie mit politischen Manövern, bändigt sie durch Bestrafung, und die Menschen werden hinterlistig und schamlos. Führt sie mit Tugend, bändigt sie durch Rituale, und sie werden ein Gefühl für Scham und ein Gefühl des Teilhaben entwickeln.“ [39]

Konfuzius entwickelte zahllose Regeln über das menschliche Zusammenleben und er bestand darauf: Ein Anführer muss beispielhaft vorangehen und zum „Polarstern“ werden.[40] Der Weise lebte seinen eigenen Regeln gemäß und ließ dabei genug Raum für Leidenschaft, Liebe und Selbstentfaltung.[41] Natürlich wäre es nicht sinnvoll, sämtlichen 2600 Jahre alten Regeln des Konfuzius nachzueifern. Dennoch kann uns Konfuzius zu glücklicheren Menschen im Hier und Jetzt machen. Es ist ja noch immer wahr: Wenn wir tugendhaft leben, dann entwickeln wir einen „Sinn für die Teilhabe“, obwohl wir natürlich zeitgemäße Wege finden müssen, die den Umständen des 21. Jahrhunderts gerecht werden.

Bevor ich einige dieser Regeln und Anliegen erkläre, möchte ich zunächst folgende Tatsachen herausstellen: In keinem anderen Land der Welt lebt ein so hoher Prozentsatz der Bevölkerung im Gefängnis wie in den USA. Die Vereinigten Staaten haben je einen von 100 Erwachsenen hinter Gitter gebracht[42] Offensichtlich sind wir völlig überzeugt von dieser Methode der Bestrafung, besonders von Minderheiten, die nicht selten für das gleiche Verbrechen härter bestraft werden als Weiße. Im Ganzen betrachtet, benutzen wir sehr gern das Mittel der Furcht, wenn wir Menschen steuern wollen. Diese Furcht hat zum Ziel, dass schlechte Menschen dadurch ihre Aggressionen unterdrücken sollen und gute Menschen ihre Aggressionen gegen schlechte Menschen richten. Durch diese Furcht sind wir sogar bereit, unsere Söhne und Töchter den aggressiven Kriegshandlungen zu opfern und Misshandlungen als Mittel zur Konfliktlösung zu akzeptieren.

Doch selbstverständlich verfügen auch wir in der westlichen Welt über funktionierende Tugenden. Ganz im Sinne von Konfuzius glauben wir an Respekt, Disziplin und Bildung als Mittel unsrer Selbststeuerung. Freilich geht es mit manchen Tugenden bergab: Denken wir etwa an die Respektlosigkeit älteren Menschen gegenüber, oder auch gegenüber unseren Anführern, die oft genug in Skandale verwickelt sind. Dennoch neigen wir zu der Überzeugung: Im Großen und Ganzen strebt die Mehrheit nach dem Guten. Vor allem in den USA gehen wir mit Optimismus voran und geben gern etwas ab. Doch trotz all unserer Tugenden scheinen wir für Katastrophen geradezu prädestiniert: Das Polareis schmilzt, die Wälder sterben, und immer mehr Lebensformen sterben aus. Weder Wohlstand noch Chancen sind gerecht verteilt. Wir überfressen uns, überarbeiten uns und sind überfordert. Wir führen Kriege und bauen zu viele Gefängnisse. Wir wollen „den Ausgleich finden" und leben dennoch mit dem Ziel der Optimierung, Maximierung und des Überbietens.

Bevor wir Werten vertrauen, müssen wir erst einmal herausfinden, was wir mit ihnen eigentlich erreichen wollen. Konfuzius verstand die Besorgnisse seiner Zeit, und er hatte eine klare Vorstellung von der Zukunft. China war im Begriff des Auseinanderbrechens. Während China unter dem Herzog Zhou 500 Jahre vor Konfuzius geeint war, wurde er nun Zeuge des Zusammenbruchs. Simon Leys erklärt: „Konfuzius glaubte, der Himmel habe ihn als spirituellen Erben des Herzogs Zhou ausgesucht, und er solle den großen Plan wiederbeleben; die Weltordnung auf eine neue ethische Basis stellen und die gesamte Zivilisation erretten."[43]

Konfuzius' Welt war ein streng hierarchisch strukturiertes und patriarchalisches China mit eingesetzten Führern und Feudalherren. Unsere Welt ist egalitärer und führt weit über Grenzen von Nationalstaaten hinaus. Konfuzius glaubte: Seine Landsleute müssen sich in Beziehung zur Gemeinschaft setzen und ihre Rolle im Leben gut verstehen. Ich glaube: Wir in der modernen westlichen Welt wissen kaum, wer oder was diese Gemeinschaft ist und schon gar nicht, wie wir uns zu ihr in Beziehung setzen sollen. Viele von uns verlieren sich in ihrem Individualismus; es mangelt uns an einer bewussten und einigenden Vision für die globale Gesellschaft.

Wenn überhaupt, dann marschieren wir zusammen durch die Einkaufscenter, angelockt von Fernsehwerbespots, und wir sind uns dessen kaum bewusst. Wir glauben, wir kontrollieren Mutter Natur sehr gut, dabei sind wir tatsächlich ihre Sklaven, weil wir andere Menschen ständig übertreffen und übervorteilen wollen. Wir sind davon besessen, mehr Geld, mehr Macht, mehr Schönheit und mehr Luxus als unser Nachbar und sogar als unser Bruder und unsere Schwester zu besitzen. Als ein Ergebnis dieser Besessenheit des „Habenwollens" nehmen wir der Natur pausenlos etwas weg, und das ist das genaue Gegenteil dazu, sich als Teil der Natur zu begreifen. Wir sind das, was Daniel Quinn in seinem Roman *Ishmael* beschrieben hat: Zocker, die der Welt auf pompöse Weise vorstehen und von ihr nehmen, was immer wir bekommen können: „Solange die Menschen in unserer Kultur überzeugt sind: Diese Welt gehört uns, und unsere göttliche Bestimmung ist die Eroberung und Beherrschung dieser Welt, solange werden sie natürlich nicht aufhören, so zu handeln, wie sie es in den vergangenen zehntausend Jahren getan haben."[44]

In völliger Annäherung an Konfuzius legt Quinn dar: Wir können uns nicht mithilfe von Gesetzen verändern, sondern wir müssen unsere geistige Haltung ändern. Es ist Zeit für ein Innehalten und ein Nachdenken über unsere Prioritäten. Erstens (wir haben darüber in Kapitel 1 diskutiert) müssen wir anerkennen: Wir werden durch unsere Biologie und den Kampf ums Überleben angetrieben. Zweitens müssen wir uns fragen: Wollen wir uns auf diesen Kampf beschränken, oder wollen wir ihn stattdessen ausbauen? Der Pfad, der uns von unserem Erbgut vorgezeichnet ist, hilft uns beim Überleben. Wir können auf diesem Weg zum Glück gelangen – aber nur solange er dem ultimativen Ziel der Übervorteilung der anderen dient. Wie großartig wir uns auch immer beim Erreichen dieses Ziels fühlen mögen: Wir bleiben engstirnig und handeln – auch wenn wir das gar nicht bemerken – weit unter unserer Möglichkeiten.

Wenn wir im Leben Gutes tun, unser menschliches Potential aber dennoch nicht ausgefüllt ist, dann müssen wir dieses Gefühl transzendieren, was ich unser Ich-Gefühl nenne. Wir können nur dann vollständig am Leben teilhaben, wenn wir verstehen, wer und was zu diesem Leben gehört. Es geht nicht nur um das „Ich“, unsere Familie, unsre Rasse oder unsere Klasse. Es geht nicht nur um unsere Nation. Es geht auch nicht um alle Menschen, nicht einmal um alle fühlenden Lebewesen. Es geht um die Gemeinschaft sämtlicher Wesen und Dinge. Unsere Tugenden können nur dann Harmonie erschaffen, wenn sie uns beim Herstellen einer Beziehung zur Gesamtheit des Lebens helfen.

Wenn wir also die Tugend des Mitgefühls pflegen, dann sollten wir dabei an die Mitglieder einer anderen Kirche oder Religion denken. Die Tugend der Wohltätigkeit sollte weiterführen als nur bis zu der Schule, die gerade unsere Kinder besuchen. Das Mädchen, deren Eltern nicht genug Geld für den Kauf einer Schuluniform haben, ist unsere Tochter. Wenn wir die Tugend des Respekts zeigen wollen, dann müssen wir uns vor den Menschen verbeugen, die anders sind als wir. Alle alten Männer sind unsere Väter und Großväter, alle alten Frauen sind unsere Mütter und Großmütter. Die Luft, die in einem Teil der Welt vergiftet wird, trägt zur Erderwärmung bei, die uns alle betrifft. Wir sollten uns nicht nur um unseren eigenen Hinterhof kümmern, sondern um unseren gesamten Planeten.

So wie es Konfuzius half, wenn er sich ein geeintes China vorstellte, so sollten wir alle Wesen und Dinge als ein harmonisches Ganzes betrachten. Wir brauchen Anführer, die beispielhaft für unsere Tugenden sind, mit übergreifenden Ideen und einigenden Strategien. Diese Persönlichkeiten werden von Menschen emporgebracht, die von ihren Egos gelangweilt sind und die als globale Gemeinschaft zusammenströmen wollen, die als Ganzes gedeiht. Jeder Mensch, der dem Glück durch die „vollständige Teilhabe am Leben“ verpflichtet ist, wird eine neue politische Wirklichkeit vorantreiben. Und solange wir wissen, wohin wir uns auf dem Pfad der Tugend bewegen, solange wird jeder seinen Beitrag zur Verwirklichung leisten.

DEM UNBESTIMMBAREN SEIN VERTRAUEN

Tugenden können auf der analytischen Bewusstseinsebene objektiviert und verwirklicht werden. Je stärker wir Tugenden als einen Teil unserer Psyche wahrnehmen, desto geringer ist die Anstrengung, mit ihnen zu leben.

Konfuzius' Idee des Kultivierens unserer Tugenden aus uns selbst heraus statt sie sich von außen aufdrängen zu lassen, führt uns zur spirituellen Bewusstseinsebene. Das sanfte Verändern des Geistes – und gleichzeitig mit all unserer Macht – ist vergleichbar mit dem Konzept der mühelosen Anstrengung im Mahayana-Buddhismus. Sowohl der Konfuzianismus als auch der Theravada-Buddhismus bevorzugen den geübten gegenüber dem ungeübten Geist und vertrauen ihm. Für uns in der westlichen Welt ist der geübte Geist so etwas wie unsere bessere oder auch zweite Natur.

Aber es gibt noch eine andere Art des Vertrauens – und sie unterscheidet nicht zwischen dem ungeübten und dem geübten Geist. Es ist das Vertrauen in etwas Ganzes und Unbestimmtes. Wir können es als etwas betrachten wie eine Qualität oder Tugend, die mit der Natur aller Wesen und Dinge verwoben ist. Die westliche Religion würde es als Gottes Allgegenwart bezeichnen und unser Vertrauen darauf als Glaube. Die großen östlichen Religionen sprechen darüber auf ganz verschiedene Arten und Weisen, denn sie gehen von dem Gedanken aus: Wir alle sind grundsätzlich gut.

Taoismus und das unbestimmbare Sein

Die Philosophie des Taoismus erklärt die Essenz unserer Natur, vor allem den Weg oder das Tao, zum einzigen bedeutungsvollsten Gütesiegel. Der Taoismus schaut auf die Bewegung der Natur und zerschneidet sie nicht in Scheiben und Würfel. Diese Bewegung entzieht sich den Worten, die sie fixieren wollen; deshalb braucht der Taoismus die unmittelbare Erfahrung.

Aus diesem Grund war Laotse zurückhaltend, wenn es darum ging, über das Unbestimmbare und unsere Erfahrung damit in Bezug auf das Tao zu sprechen. Da das Unbestimmbare sich nicht definieren lässt (und dieser Tatsache wollte Laotse treu bleiben), sind seine Worte darüber mitunter eher mystifizierend als klärend. Anstatt diese Worte mit unserem analytischen Geist zu lesen, müssen wir sie mit unserem gesamten und offenen Geist aufnehmen.

In einem seiner Gedichte sagt Laotse: Wir müssen sein wie leere Schalen. Denn da der Fluss des Lebensstromes aus uns herausströmt, sobald er in uns eintritt, gibt es kein Stocken. Wir können also niemals zu wenig oder zu viel vom Leben haben. Das Fließen des Lebens steht im Gegensatz zu unserem Wunsch nach statischen Dingen, dem Herauslösen von Teilen des Lebensprozesses, dem Isolieren, Definieren und Ableiten von Dingen – wie wir es stets tun, wenn wir bestimmte Gedanken oder Gefühle bevorzugen oder nicht beachten. Der niemals endende Strom des Lebens harmonisiert alle Dinge andauernd und reichlich.

Insofern macht das Tao alle Dinge gleich. Es verbindet alle Dinge miteinander, glättet alle Unterschiede und bringt alles zur Ausgewogenheit. Diese „innere Arbeit" geschieht still und zieht keinerlei Aufmerksamkeit auf sich. Alles geschieht umfassend und gut. Das Tao lässt uns staunen wie die Kinder und löst in uns Fragen aus, für die es keine Antwort gibt; in Laotses Worten: „Ein Abgrund ist er, wie der Ahn aller Dinge." [45]

Wenn wir die Erfahrung des Unbestimmbaren machen wollen, dann müssen wir zu einem Gefäß für das Leben oder den Weg werden. Leersein bedeutet: offen sein für die wechselnden Vorgänge im Leben, jenseits vorgefasster Meinungen und automatischer Sortiermechanismen. Laotse spricht von „Einheit" und „Harmonie", und er vergleicht das Tao mit einem Elternteil. Laotse weist auf unsere Verwandtschaft mit der Natur hin; so möchte er ein Urvertrauen in uns hervorrufen. Anstatt also etwas, das die Natur schafft, als „gut" oder „schlecht" zu bezeichnen, umgeht er die Unbarmherzigkeit und die sanfte Strenge, mit der sie alles tut. Dementsprechend bedeutet Taoismus nicht das Vertrauen in alles Definierbare, das der Natur entspringt, sondern das Anerkennen der Tatsache, *dass* alles der Natur entspringt. Wir sollten die Natur nicht Stück für Stück beurteilen. Stattdessen können wir sie aufgrund ihrer Fähigkeit beurteilen, eine Ausgewogenheit zwischen all dem Stückwerk herzustellen.

Wir können etwas von diesem Unbestimmten in uns aufnehmen – zum Beispiel, wenn wir die Bewegungen der freien Natur beobachten. In freier Natur spüren wir, wie der Wind durch unser Haar fährt; die Vögel schlagen mit den Flügeln, wir sehen ihre Silhouetten in den wogenden Wolken, Hunde jagen Eichhörnchen hinterher, wir sehen Kinder beim Seilspringen. Und dann ist da das Wasser, ein Symbol für das Unbestimmte. Die meisten von uns halten sich gern am Wasser auf. Wenn das Wasser vom Berg herabfließt, herabstürzt, verrinnt und strömt, anschwillt und abschwillt, uns gänzlich umfasst, uns ohne Anstrengung fortträgt, dann sind wir besänftigt und gekräftigt. Der Mensch fühlt sich gut in der Natur. Uns selbst unterscheidet nur wenig vom Wasser und auch wenig von anderem, wenn wir in dessen Gegenwart sind. Wir alle ziehen gern unsere Schuhe aus, laufen und spielen am Strand. Niemand achtet dort auf Formalitäten, das Auftreten und auf unser wirres Haar, wenn wir einen Ball werfen. Weder Position noch Besitz sind von Bedeutung, wenn wir mit dem Surfbrett auf einer Welle reiten.

Es tut uns gut, wenn wir hin und wieder die Konventionen hinter uns lassen und unsere eigene, ganz einfache Natur genießen. Die versteckte Bewegung in der Natur, die ewige Dynamik, die die freie Bewegung hervorbringt – all dies können wir fühlen, wo immer wir auch sind. All dies bringt das Tao hervor. Und es ist in uns allen versteckt. Wenn wir dem Unbestimmten vertrauen, dem Strömen der Natur, wie es das Tao beschreibt, dann fühlen wir uns gut in unserer Haut, wo immer wir auch sind. Es liegt so viel Druck auf uns: Wir sollen uns ändern, uns anpassen, bereuen und erlösen. Doch wenn wir ein tugendhaftes Leben führen, dann müssen wir innehalten, bevor wir uns damit identifizieren. Denn in uns ist eine natürliche Güte, die tiefer geht als die, die wir erworben haben. Wenn wir mit dieser Güte in Kontakt bleiben, dem Unbestimmbaren nämlich, dann gibt uns das ein Gefühl der Befreiung und ein tiefes Annehmen dessen, was unsere Essenz ausmacht.

Das Vertrauen in die Kraft des Unbestimmbaren, das die Natur strömen lässt, scheint zunächst schwierig zu sein, besonders in der Tradition des Taoismus. Da Gott in der westlichen Tradition ebenfalls unbestimmbar ist, glauben wir an ihn als eine Wesenheit, die Sorge trägt und vorausplant. Wenn Gott offenbar nicht Vorsorge trägt, oder wenn guten Menschen schlimme Dinge passieren, dann beschuldigen wir uns des Nichtverstehens. Im Taoismus wird mit der Natur des Weges keine Wesenheit und keine Bewusstheit verbunden. Laotse sagt: Dieser Weg der Natur verrichtet seine Arbeit ohne jede Forderung an etwas. Er erfüllt die Bedürfnisse aller Menschen, tut dies jedoch nicht mit einem Machtgefühl. Deshalb kann man ihn als klein bezeichnen – so schreibt er.[46]

Da alle Dinge mit dem Tao beginnen und enden, und weil es dabei eine offenbare Richtung und Ordnung gibt, kennt der Taoismus keine Vorstellung eines Gottes, der jene unbestimmbare und der Natur innewohnende Kraft überwacht.

Aber warum sollten wir uns dem Weg der Natur anvertrauen, wenn der doch nicht vermag, was alles Menschliche vermag, nämlich die Fürsorge und das Planen? Wenn wir uns selbst klein fühlen, dann scheint es gegen unsere Intuition gerichtet, wenn wir uns dem anvertrauen, was „Das Kleine" genannt wird.

Um diesen Sprung zum Vertrauen zu vollziehen, müssen wir einen Schritt zurück gehen, weg von unseren persönlichen kleinlichen Gefühlen, weg von den Fehlern der Natur, wie sie sich uns stückchenweise und in handfesten Missgeschicken darbietet. Aus einiger Entfernung können wir das ganze Bild mit viel mehr Klarheit betrachten. Wir müssen die rechte Haltung einnehmen, wenn wir erkennen wollen: Die Natur findet ihren Weg aus sich selbst heraus, auch wenn sie blind scheint. Sie braucht keine Augen. Sie muss sich gar nicht bewusst um Dinge kümmern und sie planen. Sie führt gleichsam blind ein wohlausgewogenes Ganzes zusammen, und sie tut das im Guten wie im Bösen, in Krankheit und Gesundheit, im Leben wie im Tod.

Das chinesische Ying-Yang-Symbol zeigt, wie scheinbar entgegengesetzte Kräfte sich in der natürlichen Welt miteinander verbinden.

Das Tao wählt nicht ein einzelnes Schicksal als gut oder schlecht aus. Wenn wir das Tao auch mit einem Puzzle vergleichen, dann lässt es sich doch nicht anhand der einzelnen Teile bestimmen. Jede Form des Verstehens würde den Schöpfungsprozess unterbrechen. Die Teile kommen ohne Zögern zum Vorschein, „ganz aus sich heraus, einfach so" (*tzu-jan*); dies ist die chinesische Bezeichnung des Wortes Natur. Und sie kommen zusammen, weil sie passen. Jedes Teil vervollständigt das Ganze. In jedem Teil ruht die Antwort oder der Schlüssel für ein anderes Teil – so wie es das berühmte chinesische Ying-Yang-Zeichen symbolisiert.

Dementsprechend bildet jedes Unglück die Grundlage für Glück und umgekehrt. Wenn wir einen Schritt von den Einzelheiten zurücktreten, dann beginnen wir die „Möglichkeiten" innerhalb einer „Krise" zu sehen (beide Worte werden im Chinesischen als *weiji* bezeichnet).[47] Selbst wenn wir an einer persönlichen Krise gar nichts Gutes entdecken können, so hilft uns das Verstehen des Weges der Natur beim Akzeptieren dieser Krise als notwendiger Ergänzung zu unseren Möglichkeiten und damit als ein Teil des Lebens.

Zen-Buddhismus und das unbestimmbare Sein

Wenn wir einen Schritt zurücktreten, dann sehen wir, wie alles zueinander passt. Der Zen-Buddhismus lehrt uns die Fähigkeit des Zurücktretens um uns damit einen besseren Überblick zu verschaffen. Ebenso wie der Taoismus vertraut der Zen-Buddhismus zuerst und vor allem der unmittelbaren Erfahrung – im Gegensatz zu Lehrbüchern oder angemessenem Handeln. Zen-Buddhisten halten die Mahayana-Sutras und die fünf Regeln (Töte nicht, stehle nicht, begehe keine sexuellen Verfehlungen, lüge nicht und nehme keine berauschenden Mittel zu dir)[48] für wichtig, aber sie wissen: Diese Regeln sind kein Äquivalent für die tatsächliche Erfahrung eines Buddha. Der Zen-Meister Huang Po (gest. 850 u.Z.), der gemäß den sechs Paramitas oder Tugenden lebte[49] – Großzügigkeit, Rechtes Verhalten, Geduld, freudiger Eifer, Meditation und Weisheit – sagte: „Wenn die Gelegenheit zur Tugend da ist, dann nutze sie, wenn die Gelegenheit vergangen ist, halte inne."[50]

Huang Po lebte seine Tugenden, aber in Verehrung des natürlichen Flusses des gesamten Lebens übte er sie keinesfalls rigide aus. Wenn die Zeit für gute Gedanken und gute Taten gekommen ist, dann müssen wir dem folgen. Zu anderen Zeiten müssen wir gar keinen Gedanken nachgehen, sondern einfach eine gute Arbeit verrichten, sei es nun Gartenarbeit, putzen, etwas verarzten, gehen oder sitzen. Wenn eine Arbeit Denken nötig macht, dann pflegen Zen-Schüler wichtige Dinge in Bezug auf diese Arbeit zu denken. Damit sind sie nicht abgelenkt und machen sich keine unnützen Sorgen. Zen ist eine einfache und aufrichtige Erfahrung des Jetzt. Mit anderen Worten: Zen befasst sich nicht damit, „wie man das Richtige für das Erreichen entfernter Ideale tut", sondern befasst sich vielmehr mit dem authentischen Sein.

Dementsprechend verlangen Zen-Meister von uns nicht das Aufgeben unserer Sehnsüchte oder schlechten Gedanken. Der Zen-Meister Suzuki Roshi zum Beispiel, der Japan im Jahre 1959 verließ, weil er westliche Studenten in San Francisco unterrichten wollte, empfiehlt uns im Zen das Beobachten der „Dinge, wie sie sind." Die Disziplin ist eine wichtige Sache im Zen, denn sie bewahrt uns vor dem Ausleben schlechter Gedanken und führt uns zur Meditation; dennoch können wir nicht allein der Disziplin vertrauen. Wir sollten sehr mutig sein, wenn wir das „Schlechte" in Kauf nehmen.[51] In diesem Sinne ist der Zen-Buddhismus anders als der tibetische Buddhismus: Der Dalai Lama empfiehlt uns zu allen Zeiten das Aufrechterhalten einer positiven Geisteshaltung. Wir sollen „den störenden Gefühlen ins Angesicht schauen und sie an der Gefährdung unserer Friedfertigkeit hindern", indem wir Gegenmittel für jede Art von Negativität zur Hand haben. Wenn wir also gerade schlecht über jemanden sprechen wollen, dann sollten wir, so der Dalai Lama, uns vorstellen, wir hätten Exkremente im Mund.[52]

Unser individueller Ausdruck des Lebens, unser persönliches Sein, ist von allem abhängig, was in einem bestimmten Moment geschieht; dies macht es ununterscheidbar von dem Leben, der Unendlichkeit des Seins, dessen wir teilhaftig sind. Wegen unserer zahllosen Vernetzungen, können wir unsere Teilhabe am Sein gar nicht verhindern. Deshalb sind im Zen unser Geist und die einzelnen Puzzelteile, die wir als Leben wahrnehmen, beide unbestimmbar und unzertrennbar, in anderen Worten: Das Absolute und das Konkrete sind letztendlich zwei Seiten der gleichen Medaille. Der Geist ist eines dieser Puzzleteile des Seins. Wir tauschen uns viel mit „anderen" Menschen aus, aber dennoch existiert kein definitiver Unterschied zwischen uns und unserer Umgebung. Wir können weder unserem Geist noch dem Puzzle entkommen – und genauso wenig können wir unserer Anlehnung am unbestimmbaren Sein entkommen. Aber nur wenn wir uns hierüber bewusst sind, verwirklichen wir diese Teilhabe mit schöpferischem Engagement. Achtsamkeit erlaubt uns das Erschauen, Reflektieren und Heraufbeschwören der größten Schöpfung des unbestimmbaren Seins, nämlich des Lebens selbst.

Der amerikanische Zen-Meister Ta Hui (Donald Gilbert) hat ein wunderbares und humorvolles Buch geschrieben, mit dem er diese entscheidenden Lehren des Zen beleuchten wollte. Das Buch heißt *The Upside Down Circle.*[53] Er erklärt: Achtsamkeit bedeutet nicht eine Verkleinerung unserer Aufmerksamkeit, das Herausbilden neuer Gewohnheiten oder das Einschlagen irgendwelcher Richtungen. Sie gibt uns vielmehr das Empfinden, als stünden wir auf einem hohen Berg und könnten frei in alle Richtungen schauen. Ein Geist, der sich um 360 Grad drehen kann, ist flexibel und bleibt jung an Jahren. Weder zappelt er herum noch setzt er Rost an. Er nimmt die vielen einzelnen Teilchen wahr (Überzeugungen, Glaubensgrundsätze und andere vorgefasste Meinungen), aber er bleibt in ihnen nicht stecken. Er ist flüssig wie Wasser und glatt wie ein Spiegel, der den schöpferischen Strom des Lebens reflektiert.

Wenn wir in Achtsamkeit angesichts des Unbestimmbaren leben, dann erfahren wir das Leben auf tiefere Weise. Schon bald merken wir gar nicht mehr, ob wir absichtlich oder unabsichtlich gut sind. Und bald merken wir nicht einmal mehr, ob wir überhaupt gut sind. Wenn wir das Sein verstehen und fähig sind, uns darauf auszurichten, dann weiß der Geist aus sich selbst heraus, was das Leben von ihm erwartet. Unser Geist wird das Leben reflektieren, denn unser Geist hat akzeptiert: Wir sind dieses Leben. Deshalb vertraut Zen nicht in erster Linie auf Anstrengung, Training und Ausbildung, denn dies würde eine zweite Natur entstehen lassen. Stattdessen vertraut Zen auf eine angeborene Tugend: unser intuitives Wissen. Dies Wissen ist in uns allen enthalten, und es muss entdeckt werden. Wir alle haben das Potenzial in der gleichen Art und Weise zu funktionieren, wie es auch die Natur tut. Der Zen-Meister D. T. Suzuki formuliert das so: „Das Leben eines Künstlers des Lebens spiegelt jedes Bild wider, das er aus der unerschöpflichen Quelle seines Unbewussten erschafft. jede seiner Taten ist Ausdruck seiner Originalität,

Schöpferkraft und lebendigen Persönlichkeit. In ihm gibt es keine Konventionalität, keine Konformität, keine hemmende Motivierung."[54]

Die Praxis der Achtsamkeit hilft uns beim Vertrauen auf das unbestimmbare Sein. Im Zen wird dies oft durch eine besondere Art der Meditation erreicht, vor allem durch die Sitz-Meditation des Zazen (siehe Kapitel 10). Während Zazen eine formelle Übung ist, tun wir gut daran, wenn wir Achtsamkeit ständig ausüben. Wenn wir gehen oder essen, dann sollten wir auch nur gehen oder essen. Wie oft lassen wir uns vom Leben einfach ablenken? Es liegt nur an uns selbst: Wir können uns auf den Moment besinnen und die Gedanken, Gefühle und Vorstellungen anschauen, die uns in diesem Moment durchströmen. Anstatt uns Sorgen um die Zukunft zu machen, können wir das Jetzt erkennen. Anstatt unser Essen hinunterzuschlingen, sollten wir unsere Aufmerksamkeit auf die Konsistenz richten, auf den sich entfaltenden Geschmack, auf die Stimmung, die es hervorruft und auf die Menschen in unserer Umgebung. Wir werden dabei lernen: Alle einzelnen Dinge sind essenziell miteinander verbunden, als ob sie sich gegenseitig widerspiegeln. Allmählich oder plötzlich werden wir Alles in Einem entdecken.

Dies kommt wunderbar im Avatamsaka-Sutra zum Ausdruck, einem Mahayana-Text, der „Blumengirlande" heißt.[55] Der einfachste Weg zum Verstehen dieses Sutra ist: Wir betrachten tiefen Auges eine Blume, wir erblicken darin die Essenz aller Blumen, und schließlich erschauen wir – da sich in der Essenz alles ähnelt – die ganze Welt. In den Worten des vietnamesischen Zen-Meisters Thich Nhat Hanh: Eine Blume enthält alle Elemente von Nicht-Blumen.[56] Diese Nicht-Elemente, das ist die Sonne, die auf die Blume scheint, das sind die Minerale, die sie nähren, der Wind, der den Pollen weiterträgt, das ist der Gärtner und dessen Brotbäcker. „Achte auf die kleinen Dinge des Lebens" – das ist aus gutem Grund ein weit verbreiteter Rat.

Ein Leben in Achtsamkeit lässt uns die den meisten trivialen Dingen innewohnende Tugend gewahr werden. Indem wir das ganz gewöhnliche „Sosein" in jedem Ding sehen, sehen wir das Sein überall. Im Sandokai, welches Sekito Kisen (in chinesischer Sprache: Shitou Xiqian, 700–790 n.u.Z.) verfasste, steht, dass die Dunkelheit und Helligkeit zusammengehören so wie ein Fuß hinter dem anderen; beide sind nötig für das Fortschreiten im Leben. Zusammen genommen hat alles einen Sinn, dem es gilt sich hinzugeben.

Irgendwie müssen wir verstehen lernen, dass es keine fundamentalen Unterschiede zwischen Dingen gibt. Es gibt nicht das Gute hier und das Schlechte da. Wenn wir das nicht verstehen, so Sekito Kisen, wenn wir nur die Helligkeit, das Gute oder den einen vorgestellten Fuß wollen, dann 'wirst du durch hohe Berge oder große Flüsse vom Weg getrennt sein.'[57]

Lassen Sie uns nicht „vom Weg getrennt" bleiben, sondern unseren Blick auf das Sein richten, und zwar als einem verbundenen Ganzen, in dem auch der Geringste von uns einen Zweck erfüllt. Das Vertrauen in das Unbestimmbare bedeutet: Wir blicken tief in das sich ständig verändernde Sein, das „aus sich selbst heraus entspringt" (tzu-jan).

Auf diese Weise erkennen wir: Wir müssen nicht alles zu jeder Zeit steuern. Viele Antworten fliegen uns zu. Es ist o.k., wenn wir uns entspannen. Achtsamkeit bedeutet ebenfalls, mit erweitertem Blick auf das Leben schauen, denn dann erkennen wir: In allem was existiert, liegt der Grund für Handlungen, deshalb erledigen sich viele Dinge mit der Zeit einfach von selbst. Dieser weite Blick lässt uns erkennen: Alles und jedes besteht aus Vielem; das Gute kommt mit dem Schlechten, und das Schlechte kommt mit dem Guten. Es ist völlig in Ordnung, wenn wir uns gut fühlen, obwohl Schlechtes in uns und auf unserer geliebten Erde geschieht – solange wir dabei das Unbestimmbare im Auge behalten. Wenn wir uns radikal akzeptieren und auch unseren Nachbarn und unsere Erdenwelt, dann bringt das " – Frieden, Mitgefühl und Zufriedenheit hervor.

Lassen Sie mich dieses herausfordernde Kapitel mit einer Zusammenfassung beenden: Das Vertrauen in das Unbestimmbare ist anderen Formen des Vertrauens unähnlich, denn wenn wir dem Unbestimmbaren vertrauen, dann gibt es nichts Anderes, auf das wir vertrauen könnten. Es ist mehr als ein Glaube an das Sein. Es ist ein Urvertrauen zu dem, was jetzt gerade ist: die Achtsamkeit unseres wahren Selbst, das zu allem in Beziehung steht und keine Unterschiede macht. Professor Shin'ichi Hisamatsu brachte das auf hervorragende Weise zum Ausdruck: „Im Zen ist die wahre Autorität dies Selbst, das in sich selbst Autorität ist und auf nichts Anderes vertraut … Die wahre Autorität ist die, die keinen Unterschied zwischen dem macht, wem sie vertraut und dem, worauf sich diese Autorität gründet."

Alle Formen des Vertrauens sind wichtig, wenn wir ein glückliches Leben führen möchten. Ohne individuelle Anstrengung und einheitlicher Werte wie dem Mitgefühl ist eine Verankerung unserer selbst in der Welt nicht möglich. Martine Batchelor erklärte mir einmal, der Buddhismus dürfe sich nicht vom tugendhaften Handeln trennen, denn wenn er das tue, werde er möglicherweise zu einer Triebfeder ich-zentrierten Verhaltens.[59] Ich stimme dem völlig zu. Dennoch können wir uns auf das Vertrauen in die Anstrengung und das tugendhafte Handeln allein nicht verlassen. Die Erfahrung der Teilhabe am Leben gewinnen wir nur dann, wenn wir uns des Lebens vollkommen bewusst sind und aus diesem Blickwinkel heraus leben.

Unsere tiefe und breite Aufmerksamkeit für die nährenden Tugenden, die jedem Ding und jedem Wesen innewohnen, bereitet uns eine positive Grundlage für Veränderungen. Unser Gefühl für das Eins-Sein veranlasst uns dazu, etwas gegen das reichliche und unnötige Leiden in und um uns herum zu tun. Das Vertrauen in das Unbestimmbare hilft uns also bei unserem Streben, Gutes zu tun. Keine Art des Vertrauens ist überflüssig, und keine einzige Art ist hinreichend. So wie Prinzipien, die ineinandergreifen, oder auch so wie Puzzleteile, müssen alle Arten des Vertrauens dem Glück auf der spirituellen Bewusstseinsebene dienlich sein.

ÜBUNGEN AUF DER SPIRITUELLEN BEWUSSTSEINSEBENE: VERTRAUEN

Anstrengung

Welche Glaubensgrundsätze oder Überzeugungen schätzen Sie an sich selbst am meisten? Wie können diese Überzeugungen Ihnen helfen, wenn Sie disziplinierter mit Ihren Anstrengungen umgehen wollen? Was könnte Ihnen helfen, neue oder bessere Gewohnheiten zu entwickeln?

Hinterfragen Sie Ihre Werte

Schreiben Sie die für Sie am wichtigsten moralischen Werte nieder.

Fragen Sie sich selbst: Wer hat diese Werte am meisten verdient? Können Sie dann den Kreis der Empfänger vergrößern?

Hinterfragen Sie Ihre persönlichen Kategorien

1. Unterstreichen Sie jeweils das Wort in den folgenden Wortpaaren, das Sie in Ihren Augen am besten beschreibt.

Frau/Mann	Single/verheiratet	Mutter/Vater
heiter/ernst	reich/arm	hell/dunkel
überdurchschnittlich intelligent/ unterdurchschnittlich intelligent	hässlich/schön	gut/schlecht

2. Beschreiben Sie sich nun in Form von Kategorien. Beschreiben Sie Erfahrungen, die Ihnen jetzt, in diesem Moment, von Bedeutung sind (zum Beispiel: „Mir ist warm“, „Ich lese“).
3. Schreiben Sie auch nieder, was Sie in diesem Moment *nicht* sind (wenn Sie zum Beispiel im Moment *nicht* arbeitsfreudig sind oder keine Lust auf (die Erziehung) Ihrer Kinder haben, dann schreiben Sie: „Im Moment bin ich nicht arbeitsfreudig “ oder „Ich will gerade nicht erziehen”).
4. Nach dem Niederschreiben bringen Sie Ihren Geist zur Ruhe.

Diese Übung erleichtert die Achtsamkeit auf das Leben selbst, denn die meisten Identifikationen fallen dann zu jedem beliebigen Zeitpunkt ab.

Mitgefühl

Verpflichten Sie sich zu mehr von Freundlichkeit geprägten Handlungen als üblich, und beobachten Sie, wie Sie das mit anderen verbindet. Wenn Sie nur unter Schwierigkeiten freundlich zu Fremden sein können, dann stellen Sie sich vor, es wären Familienangehörige. Wenn Sie über jemanden wegen eines Fehlers richten wollen, dann suchen Sie den gleichen Fehler bei sich selbst. Können Sie sich selbst verzeihen? Können Sie Anderen verzeihen? Was steht dem Verzeihen im Weg?

Achtsamkeit

- Setzen Sie sich hin und werden Sie ruhig. Richten Sie sich ganz tief und heftig auf einen Gegenstand aus, als ob Ihr Leben davon abhinge. Schärfen Sie Ihre Sinne so gut Sie können, und benennen Sie diese Erfahrung – etwa so, wie wenn Sie „blau“ beim Starren in das Innere einer Flamme assoziieren oder „nervös“, wenn Sie Ihren eigenen Körper von Innen betrachten.
- Verbringen Sie eine gewisse Zeit im Freien und schauen Sie tief und mit weit offenem Geist den Bewegungen der Natur zu.
- Schalten Sie beim Autofahren das Radio und das Telefon aus. Achten Sie auf Ihre Hände am Steuerrad, auf die Dinge und Menschen, an denen Sie vorüberfahren und auf die Geräusche, die beim Fahren entstehen. Fügen Sie mehr und mehr ganz alltägliche Erfahrungen hinzu: zum Beispiel bügeln oder einkaufen – so können Sie Ihre Achtsamkeit üben.

[12]

Unbeschwertheit

Wir sind der Quell der Welt
Wenn wir das reiche Leben der Tugend leben
und wieder zur ursprünglichen Einfachheit zurückkehren.

Laotse

Eines leuchtet ein: Wir können nicht glücklich sein, wenn die Welt schwer auf uns lastet. Unbeschwertheit ist ein ebenso entscheidendes Element für das Glück auf der spirituellen Bewusstseinsebene, wie es Verbundenheit auf der analytischen Bewusstseinsebene ist. Nur der unbeschwerte Mensch kann hören, was Hermann Hesse als die „ewigen Sphärenklänge" bezeichnete.[1] Wir alle sind Teil dieser Komposition, aber nur unbeschwerte Menschen erkennen und verwirklichen diese Teilhabe.

Hesse stellte fest: Die Wahrnehmung dieser Teilhabe geschieht nur zu seltenen Gelegenheiten, zumeist in der Kindheit. Ich glaube: Es sollte nicht so selten geschehen. Wir können lernen, wie wir unsere Ohren öffnen und die Schöpfungsmelodie oft und nahezu regelmäßig vernehmen können. Es gibt Wege, die uns zu jener Unbeschwertheit zurückführen, die wir als Kinder besaßen – freilich braucht es jetzt eine gewisse Einsicht, wenn wir sie wahrnehmen wollen. Etwas von dieser Einsicht können wir in diesem Kapitel lernen, anderes müssen wir unmittelbar fühlen.

DAS WESEN DER UNBESCHWERTHEIT

Wenn wir klären möchten, was Unbeschwertheit ist, dann sollten wir uns jene näher anschauen, die darüber im Überfluss verfügen: Es sind die Kinder (allerdings nicht jene, die schon im jüngsten Alter zu kleinen Erwachsenen gemacht wurden oder ihre Zeit mit stundenlangem Hocken vor dem Fernseher verplempert haben). Kinder: Das sind diese Energiebündel, fast unberührt von der Kultur, frei und unverdorben, unvernünftig oder auch unmöglich! Ja, von ihnen können wir lernen, was Unbeschwertheit ausmacht. Gerade unsere Kleinen können uns etwas beibringen.

Betrachten wir zunächst ihre Leichtfüßigkeit. Aus gutem Grund assoziieren wir Beweglichkeit mit Unbeschwertheit. Unbeschwerte Kinder sind physisch und psychisch sehr aktiv, denn ihre Muskeln, Knochen und neuronalen Verbindungen befinden sich in einem Wachstumsprozess. Ihre kleinen Welten werden größer; ihre individuellen Veränderungen und Bewegungen spiegeln die des Lebens wider. Wir schließen daraus: Unbeschwertheit geht einher mit energetischer Bewegung und einem veränderlichen Geist-Körper.

Unbeschwerte Kinder planen nicht ihre Zukunft; sie leben viel mehr für den Augenblick. Aufgrund ihres Gegenwartsbewusstseins sehen sie die kleinste Mücke und das winzigste Flugzeug am Himmel. Sie hören nicht besonders gut zu, aber sie scheinen trotzdem alles mitzubekommen. Sie sind aufmerksam und deshalb vollkommen beeindruckt von der Welt. Jeder Tag ist für sie ein Abenteuer; an jedem Tag entdecken sie das Wunder des Lebens.

Eine weitere Seite dieser Unbeschwertheit ist der rasche Wechsel von einer Frage zur nächsten. Sie kennen nicht alle Antworten, von denen wir glauben, dass wir sie haben; sie stellen nur einfach sehr gern Fragen. Im Vergleich zu Erwachsenen erscheinen unbeschwerte Kinder als bescheiden und einfach. Statt Wissen einzusetzen richten sie sich nach ihrem Bauchgefühl und folgen ihren Eingebungen.

Dementsprechend handeln sie eher instinktiv. Sie nutzen ihre Hände und Füße, sie spielen mit Matsch und Lehm, sie tanzen, singen, spielen Fußball und sind mutige Abenteurer: All dies sind perfekte Aktivitäten für unsere kleinen Energiebündel. Ihr gesamter Körper und Geist kennt keine drängenden Gedanken an die Zukunft; deshalb verlieren sie sich in ihren Spielen und

„schwingen im perfekten Einklang mit der Natur“[2]. In anderen Worten: Sie sind mit der Natur verbunden.

Wenn wir auf unsere eigene Kindheit zurückblicken, dann liefern wir meist eine romantisierende Version dessen ab, was wirklich geschehen ist. Wir glauben oft: Meistens waren wir glücklich, und fast alles war nur wie ein Hauch. Aber nicht einmal die unbeschwerten Kinder, an die ich denke, machen solch fortdauernd beglückenden Erfahrungen. Das Leben ist keineswegs eine unaufhörliche Werbung für Babynahrung, sondern ist von Anfang an hart. Auch unbeschwerte Kinder schreien, weinen und werden wütend – so wie alle Kinder. Wenn dieser Zustand der schlechten Gefühle vorbei ist, schwingen sie sich auf zu höheren und besseren Gefilden. In anderen Worten: Sie hängen (zumindest nicht für längere Zeit) der Vorstellung von einer besseren Welt nicht nach, sondern akzeptieren diese Welt von ganzem Herzen, lassen los und passen sich an. Da sie mehr oder weniger frei von einzelnen Erwartungen und Identitäten sind, entkommen sie schlechten Situationen leicht, wohingegen Erwachsene mitunter durch sie zerschmettert werden. Während wir nachdenken und grübeln, bewältigen Kinder ihr Unglück und ihre Widersprüchlichkeit mit Unsinn und Gelächter, was natürlich reine Unbeschwertheit ist.

Hier eine Liste mit acht offensichtlichen Eigenschaften, die unbeschwerte Kinder charakterisieren:

1. Energetische Bewegung und energetischer Wechsel
2. Leben im und für den Augenblick
3. Ehrfurcht vor dem Wunder des Lebens
4. Einfachheit
5. Intuition
6. Verbundenheit mit der Natur
7. Von ganzem Herzen
8. Lächeln, Unsinn und Gelächter

Bevor wir die Wege finden, wie wir diese Eigenschaften in uns wiederbeleben können, müssen wir uns zunächst fragen: Warum haben wir sie verloren?

DAS ERWACHSENWERDEN

Je älter wir werden, desto mehr Enttäuschungen häufen wir an. Kinder fallen hin und verletzen sich häufig; ihre Gefühle werden ebenso verletzt, und ihre „Superman"-Träume zerstört. Bis wir erst einmal erwachsen sind, haben wir noch viel mehr Stürze und Verletzungen, Herzzerreißendes und Desillusionierendes ertragen. Dies allein könnte schon ein Grund für das Verschwinden der Unbeschwertheit sein, die viele von uns an sich feststellen.

Wir können jedoch mehr verstehen über die Gründe negativer Erfahrungen – und wie wir sie vermeiden. Wir benutzen kognitive Strategien, damit wir Risiken beurteilen und vorhersehen können – dies beschützt uns und unsere Familien, die zu unserer neuen Priorität geworden sind. Unglücklicherweise verhindert der Griff zu diesen kognitiven Werkzeugen genau jene Unbeschwertheit. Dazu kommt: Viele grundsätzlich neue Erfahrungen machen wir als Erwachsene nicht mehr. Es scheint, als wäre der Verlust unserer Unbeschwertheit der Preis, den wir dafür bezahlen müssen, dass wir verantwortungsvolle Erwachsene geworden sind.

Eines ist klar: Wir können nicht in unsere Kindheit zurückkehren und sollten auch nicht kindisch werden. Natürlich ist es von Nutzen, wenn wir das Wesen der Unbeschwertheit anhand derjenigen untersuchen, die sie verkörpern; aber es ist kindisch und auch gefährlich, wenn wir der Zeit der Kindheit nachhängen. Nun gibt es ja diese Menschen, die stolz darauf sind, wenn sie sich zu nichts als ihrem persönlichen Wohlergehen verpflichten. Einige von ihnen konsumieren Drogen, andere ergötzen sich an dem Überlegenheitsgefühl gegenüber jenen, die Verpflichtungen eingehen. Wenn wir unserer Kindheit nachhängen, dann werden wir eher desinteressiert als unbeschwert.

Die Wege, die ich im Folgenden aufzeige, wurden von Erwachsenen für Erwachsene entworfen. Sie zeigen uns: Wir können sowohl in der Gegenwart als auch für die Zukunft leben; wir können den Prozess genießen und uns gleichzeitig Ziele setzen; wir können aus dem Bauch heraus leben und dennoch Dinge durchdenken; wir können die Welt mit ganzem Herzen akzeptieren und uns trotzdem spielerisch verhalten, auch wenn wir Verantwortung übernehmen und die Dinge ernstnehmen.

Die Fähigkeiten, die wir auf der analytischen Bewusstseinsebene nutzen, sind wichtig für unser Überleben und unser Glück; wir müssen sie benutzen, wenn wir einen bestimmten Grad von Größe im Leben erreichen und aufrechterhalten wollen. Wir dürfen dabei einige Dinge nicht vergessen, die wir auf der spirituellen Bewusstseinsebene zu uns einladen und pflegen müssen: Aufnahmefähigkeit, Ruhe und Vertrauen. Erst dann können wir unsere Unbeschwertheit dauerhaft zurückgewinnen.

Hin und wieder widersprechen sich die Übungen auf der spirituellen Bewusstseinsebene – dies ist jedoch notwendig, wenn wir unser Bewusstsein entwickeln wollen. Wenn wir zum Beispiel das Zweifeln in das Praktizieren der Aufnahmefähigkeit integrieren (Kapitel 9), dann tun wir das, weil es notwendig ist, bevor wir dann das Stadium der Unbeschwertheit erreichen können, das sich durch Nicht-Zweifel und intuitives Wissen auszeichnet. Der Zustand der Ruhe bewahrt unseren Geist und Körper vor chaotischen und sinnlosen Aktivitäten. Und wenn wir – basierend auf der Komplexität des Lebens – ein tugendhaftes Leben führen, dann erleichtert uns das die erwachsene Variante der Naivität. Widersprüche ergreifen das Ganze unseres Geistes und bringen ihn an seine Grenzen. Mit mehr Flexibilität können wir so „aufmerksam unaufmerksam" und „feinfühlend albern" sein, wie wir es möchten.

DAS WESEN DER UNBESCHWERTHEIT WIEDER ENTDECKEN

Wir werden uns nun acht Dinge anschauen, die uns bei der Wiederentdeckung des Wesens der Unbeschwertheit helfen.

Energetische Bewegung und Veränderung

Es ist allgemein bekannt: Bewegung wirkt belebend auf die Seele. Nach einem zügigen Spaziergang von zehn Minuten Dauer fühlen wir uns für etwa zwei Stunden gut. Etwas anstrengendere Aerobic-Übungen haben sogar einen antidepressiven Effekt und verbessern kognitive Funktionen wie das Erinnerungsvermögen und das Lernen.[3]

Laut dem Harvard-Professor John J. Ratey existieren drei Änderungsstufen, die auftreten, wenn wir unsere Muskeln aktivieren und damit unsere

Blutzirkulation verbessern.[4] Die erste Stufe ist systemisch, denn wenn die Aktivität des Frontallappens gesteigert wird, dann hilft uns das bei der Fokussierung. Die zweite ist zellulär. Wir können durch Bewegung die Anzahl der Neurotransmitter erhöhen, die Signale sowohl zwischen den Zellen als auch zu der besonderen Gruppe der Neurotrophine (BDNF) aussenden, die die eigentliche Infrastruktur unserer Zellen bilden. Ratey bezeichnet BDNF als Dünger für unser Hirn, denn es erschafft unsere Zellen-Schaltkreise und hält sie in Funktion. Auf der dritten Stufe entsteht ein allgemeines Zellwachstum. Wie Astrid Bjørnebekk zeigte, können wir durch Sport und Bewegung komplett neue Gehirnzellen entstehen lassen, und zwar im Hippocampus, jenem Teil des Gehirns, der vor allem für unser Erinnerungsvermögen wichtig ist.[5]

Wie in John Rateys Buch *Superfaktor Bewegung* dargelegt, lehrt uns diese neue Wissenschaft von Sport und Gehirn eines: Wenn wir unseren Körper bewegen, dann impfen wir uns gewissermaßen gegen Stress, verbessern unsere Denkfähigkeit und fühlen uns dadurch besser.[6] Körperliche Übung ist deshalb fundamental wichtig für unsere Unbeschwertheit, besonders wenn wir altern und unsere Hormonspiegel und Neurotransmitter schwächer werden.

Abgesehen von körperlicher Ertüchtigung haben auch Übungen für den Geist einen großen Einfluss auf unser allseitiges Wohlbefinden. Gut erforscht ist auch eine weitere Tatsache: Wenn wir von Zeit zu Zeit unsere gewohnte Umgebung verlassen, Platz für aufregende Aktivitäten in unserem Leben schaffen und neue Fähigkeiten erlernen, dann hält das unser Gehirn frisch und beweglich.[7] Das Aufgeben von Gewohnheiten kann ganz einfach sein: Probieren Sie neuartiges Essen aus, putzen Sie Ihre Zähne mit der anderen Hand oder lesen Sie ein Buch, das Sie normalerweise nicht lesen würden. Wir werden nicht nur durch das Sammeln und Anwenden von Wissen (kristalline Intelligenz) mental fitter, sondern auch durch das Strukturieren und Lösen neuer Probleme (flüssige Intelligenz). Wie Susanne M. Jaeggi u. a. gezeigt haben, können wir unseren Geist umso mehr kräftigen, je mehr wir ihn trainieren und herausfordern.[8]

Die meisten von uns wissen: Wir fühlen uns einfach besser, wenn wir unseren Körper und Geist regelmäßig trainieren. Wir wissen auch: Zu viele Kekse machen uns träge; frisches Obst und Gemüse dagegen geben uns ein Gefühl von Leichtigkeit und Energie. (Eine ausgeglichene Diät ist ebenso wichtig für die Unbeschwertheit wie Bewegung.) Dennoch fällt es vielen von uns schwer, unseren Körper und Geist in Fahrt zu bringen. Wir beginnen mit den besten Absichten, aber wir bleiben nicht dran, trotz all der Ratschläge vieler wohlmeinender Menschen und Organisationen.

Es gibt Gründe, warum wir das, was das Beste für uns ist, einfach nicht machen, und diese Gründe müssen wir herausfinden. Die Hauptgründe, warum wir in dieser Unbeweglichkeit verharren, sind: unsere alternden Körper, unsere begrenzte Zeit und begrenzte Kapazitäten und die Annehmlichkeiten unserer Gewohnheiten.

Es besteht kein Zweifel: Je älter wir werden, desto schwerer fällt uns die Bewegung. Offensichtlich brauchen wir heute mehr Motivation für den Weg zum Fitnessstudio als in unserer Jugend. Aber selbst wenn wir erst einmal dort sind, müssen wir den Anblick von jungen Menschen ertragen, die aus einem einzigen Grund fitter sind als wir: Sie sind jünger. Wenn Sie auch nur ein bisschen Konkurrenzdenken haben (so wie ich), dann ist das nicht gerade ermutigend. Aber selbst wenn wir uns über dieses zugegebenermaßen lächerliche Konkurrenzdenken erhoben haben, fühlen wir uns trotzdem lahmer und durchweg erschöpfter als noch vor wenigen Jahren. Als ich Anfang vierzig war, musste ich schon eine Viertelstunde lang Dehnübungen machen, bevor ich mich sicher für den eigentlichen Sport fühlte.

Auch was die geistige Fitness angeht, haben wir nicht besonders viele Gründe für ein Training, denn die Welt ist ja inzwischen viel leichter zugänglich. Wir werden nicht mehr nach Schulzeugnissen bewertet, und unser erstes Einstellungsgespräch ist schon lange her. Außerdem haben wir herausgefunden: Unsere Verbindungen, unsere Kommunikation, unsere politischen Fähigkeiten – all dies wiegt mindestens so viel wie unser wendiger Geist. All diese Tatsachen sind wahr, und keine Bücher à la „Altsein ist nur Einbildung" können sie wegdiskutieren.

Im Alter ändern sich auch unsere Prioritäten. Im Gegensatz zu unserer Jugendzeit tragen wir heute eine Menge Verantwortung auf unseren Schultern. Wer hat da schon Zeit fürs Fitnessstudio? Abgesehen davon schonen wir mit unseren Gewohnheiten viel von der dringend benötigten Energie, während uns Sport jede Menge Unannehmlichkeiten und Unsicherheiten beschert. Die gleichen Mahlzeiten mit den gleichen Zutaten am gleichen Ort zu essen ist recht entspannend. Ohne unsere zeitsparenden und vorhersehbaren

Gewohnheiten könnten wir niemals die herausfordernden Tage bewältigen, die wir als verantwortungsvolle Erwachsene überstehen müssen.

Bevor jeder von uns mit dem Geist- und Körpertraining beginnen kann, müssen wir die Gründe kennen, warum uns das so schwerfällt. Außerdem müssen wir diesen Gründen entgegenwirken, aber nicht Punkt für Punkt, sondern mit Hilfe eines Paradigmas, das sowohl auf östlichen als auch auf westlichen Denkweisen basiert. Unsere gesamte Haltung dem Alter gegenüber muss sich ändern.

Wir alle erleben die Folgen des Alters. Die moderne Technik lassen uns die Auswirkungen leichter ertragen, aber kein Leugnen und keine Verjüngungskur kann sie einfach verschwinden lassen. Wir können jedoch den Umgang mit dem Altern erlernen, indem wir seinen Wert betrachten und seine Herausforderungen annehmen. Doch mit der Hilfe östlicher Vorstellungen können wir mit besseren Entscheidungen auf unseren veränderten Geist-Körper reagieren. Ein Paradigmenwechsel ist die Basis aller Veränderung.

Das Wertvolle des Alters sollte eigentlich offensichtlich sein, aber in einer vom Jugendwahn beherrschten westlichen Welt sind wir blind dafür. Erst das Altern macht die Jugend möglich, und nur als ein Ganzes – so wie das Ying und Yang – kann das Leben weitergehen. Alte Menschen sind weniger mit sich selbst beschäftigt, sie sind erfahrener, außerdem bereit und in der Lage, ihre Erfahrungen weiterzugeben. Wenn wir etwa ab der Mitte des Lebens unsere gierigste Phase erst einmal hinter uns haben, dann werden tatsächlich wir zu glücklicheren Menschen. Ganz im Gegensatz zur herrschenden Meinung konnten Untersuchungen zeigen: Das Alter bringt uns jene Unbeschwertheit zurück, die wir einst genossen. Linda Carstensen vermutet: Dies ist einer höheren Wertschätzung angesichts der Nähe zum Tode geschuldet.[9] Mit dem Alter kommt die Weisheit, und die Welt kann ohne diese Weisheit einfach nicht bestehen.

Es ist nur zu hoffen, dass wir unsere unschätzbare Weisheit noch vor unserem Tod erfolgreich weiterreichen. Wenn wir schließlich als integralem Bestandteil der Wirklichkeit in der Tatsache unserer persönlichen Endlichkeit einen Wert erblicken, dann könnte dies ein ultimatives Geschenk für die künftigen Generationen sein. Möglicherweise ist auf Erden nichts so wichtig wie die Achtung vor dem Leben und dem Tod. Und doch: Wenn wir schon selbst dem Altern und dem Tod keinen Wert beimessen, dann können wir von jüngeren Menschen auch nichts anderes erwarten.

Unbeschwerte Menschen weisen die Wirklichkeit nicht zurück, aber viele von uns tun genau das. Wir lieben nicht das Leben, sondern die Jugend, und richten über alles vom Standpunkt der Jugend aus. Junge Leute betrachten ältere Menschen nicht als prozesshafte Wesen, sondern als fertige Produkte. Wenn wir diese Perspektive nicht aufgeben, dann scheint alles Lernen unnötig. Wenn wir das nicht bedenken, dann erwarten wir nichts anderes als dass das Leben schon leichter werden wird, während wir uns auf unseren Lorbeeren ausruhen. Wenn wir auf der anderen Seite einen Sinn für die Unbeschwertheit bewahren, die uns sanft von einer Erfahrung zur nächsten springen lässt, dann können wir das Leben als Kontinuum akzeptieren. Das Leben ist ein endloses Abenteuer unter sich verändernden Bedingungen und Erfahrungen und mit nie endenden Chancen.

Das östliche Denken legt uns nahe, das Leben als ein Ganzes zu betrachten, in dem alle Aspekte den gleichen Wert haben, denn dann erkennen wir es als einen organischen Prozess. Wir dürfen das Leben nicht in Ziele und Phasen zerhacken, schon gar nicht mit dem Ziel eines „frühen Ruhestandes" – was nichts anderes bedeutet als: „Faulheit, wenn man noch jung ist". Stattdessen sollten wir unser Leben so führen, wie ein Baum wächst, nämlich von innen nach außen. Bis zu seinem Tod hört das Wachstum eines Baumes nicht auf, Jahr für Jahr und Ring für Ring.

Abgesehen von Yoga und Kampfsport ist das östliche Denken nicht berühmt für irgendwelche Bewegungsübungen. Dennoch verleiht seine Liebe zum Ganzheitlichen ihm ein positives Verständnis vom Alter. Der Zen-Meister Baizhang Huaihai (720–814 n. u. Z.), der vermutlich die ersten monastischen Regeln des Zen-Buddhismus aufstellte, sagte bekanntlich: „Ein Tag ohne Arbeit ist wie ein Tag ohne Essen."[10] Geistig rege und aktiv zu sein, ist ein sehr wichtiger Ansatz im Buddhismus, und im Zen-Buddhismus bezieht sich dies natürlich auch auf den Körper.

Wie so viele Zen-Buddhisten arbeitete auch der Zen-Lehrer Suzuki Roshi bis zum Ende seines Lebens. Obwohl er am Ende seines Lebens sehr krank war, unterrichtete er Zen und arbeitete im Garten, auf die typische bedächtige Zen-Weise. Als er einmal Steine im Garten umhertrug, schalt ihn seine besorgte Frau: Er werde damit sein Leben verkürzen. Roshi antwortete: „Wenn ich mein Leben nicht verkürze, dann können meine Schüler nicht wachsen."[11] Aktives Handeln schafft für uns ebenso wie für junge Menschen Verbundenheit mit dem Leben, und Letztere ziehen besonders großen Nutzen aus einem lebhaften und weisen Geist. Der Zen-Meister Donald Gilbert erklärte: Diese Welt ist eine „Welt des Wandels", und es sei das Beste, sich dem nicht entgegenzustellen. „Wer Glück und Sicherheit in der Welt des Wandels sucht, der wird nur Wandel finden."[12]

Wir tun besser daran, wenn wir den Wandel und uns selbst als „work in progress" akzeptieren. Wenn wir uns für ein Paradigma entscheiden, das dem Ganzen des Lebens Wert beimisst, es als kontinuierlichen Strom begreift und nicht auf bessere oder vollkommene Zeiten warten, dann sind wir besseren Entscheidungen verpflichtet. Es stimmt: Im Alter fällt es uns schwerer, Körper und Geist in Bewegung zu halten, doch andere Seiten des Lebens werden leichter. Es mag uns schwerfallen, wenn wir etwas Neues lernen und damit umgehen müssen – gerade so wie Kindern, wenn sie sich hinsetzen und das Einmaleins auswendig lernen müssen. Wenn wir von unseren Kinder erwarten, sie sollten sich ihren Herausforderungen stellen, dann sollten wir darüber nicht unsere eigenen vergessen.

Also, liebe Erwachsene, krempeln wir die Ärmel hoch, beginnen wir mit der Arbeit an uns selbst, bewegen wir unsere Körper, bewegen wir unseren Geist, zu unserem Nutzen und zu dem Anderer! Die Frage ist nicht, wer sich das Training von Körper und Geist erlauben kann, sondern: Wer kann es sich nicht erlauben? Wenn wir kein erfülltes Leben leben, dann erscheint es uns kurz, obwohl es in Wirklichkeit dank des medizinischen Fortschrittes lange dauert. Gewohnheiten sind eine gute Sache, aber mit einigen müssen wir brechen, sie ersetzen oder ganz abstellen. Wenn wir die Bewegung für unser Leben zurückgewinnen, dann verhilft uns das zur Freude an diesem langen Leben und vergrößert die Achtsamkeit unserer Teilhabe an ihm.

Leben für den Augenblick

Sich dem Augenblick widmen und ihn wirklich leben, das könnte eine Seite der Unbeschwertheit sein, die für Erwachsene die größte

Herausforderung darstellt. Ich kenne viele Menschen, die mit den östlichen Gedanken und Konzepten vertraut sind, die meditieren und die Bedeutung des „Jetzt“ verstehen. Trotzdem stellen sie immer wieder Fragen wie diese: „Wie können wir die vollständige Erfahrung unseres Seins im Jetzt machen, wo wir doch wichtige Ziele verfolgen müssen?“ Es scheint, als könnten wir es nicht ertragen, den Blick von etwas abzuwenden, besonders dann nicht, wenn Zeit eine Rolle spielt. Das „Jetzt“ und die Zukunft scheinen unvereinbar miteinander zu sein.

Wir müssen eines verstehen: Das Eintauchen in die Gegenwart hindert uns nicht am Nachdenken über die Zukunft. Solange wir uns der Wirklichkeit des Augenblicks hingeben, was fokussierte Aufmerksamkeit und Vertrauen erfordern, solange sind Gedanken an den nächsten Augenblick völlig natürlich und nicht leidvoll. Natürlich ist es leidvoll, wenn unsere Gedanken uns vom Fokussieren auf den jetzigen Moment abhalten, oder wenn wir uns dem Moment widersetzen. Nicht das Denken, sondern die Unachtsamkeit ist der größte Dieb unserer Unbeschwertheit.

Achtsamkeit schenkt unserem Geist Frieden, denn auch wenn wir das Schlechte erkennen, das hinter manchem liegt, so erkennen wir doch auch: Wir sind mit dem denkbar stärksten Stoff verwoben, nämlich dem Dasein. Natürlich können wir nicht leichten Herzens sein, wenn eine Katastrophe uns niederwirft. Als Psychologin der westlichen Welt halte ich es für unangemessen, wenn wir sogenannte negative Gedanken einfach übergehen. Alles hat seinen rechtmäßigen Platz in einem authentischen Leben. Dennoch erkennen wir, wie uns von Millionen wirklicher, gleichzeitig existierender Beziehungen geholfen wird. Wir leben innerhalb dieser Beziehungen und entgehen so der Isolation. Weil wir uns selbst in anderen sehen, können wir einfacher Hilfe finden. Da wir in Achtsamkeit als Teil eines größeren und unterstützenden Systems leben, können wir uns mit dem Moment besser auseinandersetzen und mit natürlichem Optimismus und Vertrauen voranschreiten.

So wie uns Gedanken über die Zukunft nicht notwendigerweise vom Augenblick wegführen, so wenig tun das Gedanken über die Vergangenheit. Es ist nichts Falsches daran, wenn wir über ein funktionierendes Gedächtnis verfügen, und kein Buddhist wünscht uns den Verlust dessen. Dennoch verbringen viele von uns zu viel Zeit in der Vergangenheit, so als würden wir uns dort noch immer aufhalten. Wenn wir alles in unsere Lebensgeschichte einpassen wollen, dann verlieren wir nach und nach den Blick für den jetzigen Moment. Kinder verderben sich das Jetzt, wenn sie das gerade Vergangene bedauern („Hätte ich doch nur dieses Spielzeug bekommen"); wir verderben uns das Jetzt, wenn wir uns wünschen, große Teile unserer Vergangenheit wären anders gewesen („Wenn ich doch nur bessere Eltern gehabt hätte; könnte ich doch nur die Zeit zurückdrehen und bessere Entscheidungen treffen"). Je mehr wir uns mit der Vergangenheit beschäftigen, desto flüchtiger empfinden wir den gegenwärtigen Moment. Die Zeit rast niemals, aber wir rasen von einer Schlussfolgerung zur nächsten und lassen die Vergangenheit mit unbestrittener Autorität schalten und walten.

Es ist ja tatsächlich ziemlich einfach, wenn wir uns von der Vergangenheit überwältigen lassen und sie über unsere Erfahrungen in der Gegenwart entscheiden lassen. Mit dem Nobelpreisträger Daniel Kahnemann gesprochen, wohnt in uns tatsächlich eine angeborene Tendenz, die Erinnerungen gegenüber Augenblickserfahrungen favorisiert.[13] Dies funktioniert sogar dann, wenn uns unsere Erinnerung trügt – wenn wir zum Beispiel einem negativen Erlebnis eine falsche Ursache zuordnen. Unsere Überlebensinstinkte steuern uns in sichere Gefilde – damit verhindern wir ein Bedauern über unsere Entscheidungen. Ähnlich den Buddhisten stellt Kahnemann den Wert von Vergangenem in Frage, und ob es unserem Glück dient.

Die meisten Psychologen bestimmen das Glück, indem sie es retrospektiv bewerten; Kahnemann dagegen interessiert sich für unser ‚on-line' Glück, also unsere momentane Erfahrung. Er fand heraus: Das Jetzt und unsere Erinnerungen laufen auf zwei getrennten Spuren ab. So können wir beispielsweise in diesem jetzigen Moment viel glücklicher sein als in der von uns als unglücklich wahrgenommenen Vergangenheit. So überrascht es gar nicht, wenn Kahnemann uns Aufmerksamkeit empfiehlt – mit dem buddhistischen Ausdruck: zu Achtsamkeit rät.[14]

Thich Nhat Hanh, ein Meister des Zen-Buddhismus, lehrte über viele Jahre hinweg westlichen Menschen die Achtsamkeit. Wenn er spricht, dann spricht er ruhig und langsam. Zwischen seinen sehr bewusst gesprochenen Worten ist sehr viel Raum. Diesem Raum kommt eine Bedeutung zu: Er erlaubt eine fortgesetzte Verbundenheit mit unserem Sein und dem allgemeinen Sein. Wenn wir eine intensive Aufmerksamkeit auf das „Jetzt" lenken, dann jagt uns die Vergangenheit nicht mehr, und die Gegenwart ist nicht mehr Besorgnis erregend. Wir werden friedvoll, fühlen uns genährt und leichten Herzens. Thich Nhat Hanh erzählt uns dazu ein Beispiel:

> Ich war ganz allein während einer Sitzmeditation, und ich war in Berührung mit dem Mond, dem Himmel und den Bergen. Es war sehr nährend – ich saß einfach da mit einer Tasse Tee. Danach lud ich die Brüder und Schwestern zu einer Gehmeditation ein. Noch immer stand der Mond am Himmel, und ich wusste: Das Gehen und das in Berührung kommen mit dem frühen Morgen, dem Himmel, dem Mond, den Bergen, den Bäumen und den Tieren, die in den Bergen leben – all dies war auch für mich gut.[15]

Meditation oder das inhaltsleere Gebet sind eine intensive Übung der Achtsamkeit. Wir können auch bestimmte Zeiten für das Ausüben der Achtsamkeit festlegen. Juden tun so etwas zum Beispiel am Sabbath. Sie ziehen sich von der Arbeit zurück und die orthodoxen Juden von *allem*, was an diesem Tag etwas mit Arbeit zu tun hat.

Eine andere Möglichkeit der Achtsamkeit betrifft das Essen. Mein orthodoxer jüdischer Freund erklärte mir, das koschere Essen sei seine Art der achtsamen Nahrungsaufnahme. Für Millionen von Menschen trifft das auf das Fasten und den Vegetarismus zu. Auch das langsame und bewusste Essen von unbearbeiteter und einfacher Nahrung ist eine gute Übung. Es gibt großartige Arten und Weisen, wie wir unsere Aufmerksamkeit auf den Augenblick richten können, wenn wir nämlich die Auswirkung von Nahrung auf unseren Körper wahrnehmen – wie sie riecht, schmeckt, wie sie unsere Stimmung verändert und ebenso die Verbundenheit zu unserer Umgebung, der Sonne, dem Erdreich und dem Wasser.

Es gibt eine sehr effektive buddhistische Übung der Achtsamkeit. Zunächst klingt sie freilich nicht danach, als ob sie zur Unbeschwertheit führen könnte. In dieser Übung betrachten wir unseren eigenen Tod. Dabei ist es nicht hilfreich, sich vorzustellen, wie schmerzhaft der Tod sein kann. Anstatt uns auf den Schmerz und den Verlust zu fokussieren, richten wir uns vielmehr auf die Unvermeidlichkeit und die Unvorhersehbarkeit des Todes aus.

Versuchen Sie es einmal mit dieser Übung: Beruhigen Sie Ihren Geist. Atmen Sie ein und denken Sie dabei: „Leben." Atmen Sie aus und denken Sie dabei: „Tod." Werden Sie sich, sobald Sie gleichmäßig atmen, der Tatsache bewusst: Ich werde sterben. Nehmen Sie die Unsicherheit wahr: Sie wissen nicht, wann Sie sterben werden. Atmen Sie mit dieser Unsicherheit.

Wenn Sie sich der Einheit von Leben und Tod bewusst sind und gleichzeitig des Unterschiedes von Leben und Tod, dann gewinnen Sie schlagartig Vertrauen in das Leben, welches dieser Moment ist, dem Sie angehören.

Die Betrachtung des Todes eröffnet uns eine Perspektive und eine tiefe Wertschätzung. Wir können den Tod nicht abwenden. Aber unsere Wahrnehmung des Todes verstärkt die Erfahrung des Lebens: Plötzlich erscheint es außergewöhnlicher, seine Augenblicke als etwas, das wir noch viel mehr genießen wollen. In anderen Worten: Den Tod Leben verstehen heißt das Leben verstehen. Wir sollten alle die Meinung der Komikerin Joan Rivers teilen, die auf die Frage, was sie glücklich mache, antwortete: „In meinem Alter – das Atmen."[16]

Dem Wunder des Lebens mit Ehrfurcht begegnen

Die Achtsamkeit von Kindern lässt sie das Leben als beeindruckend erfahren und das Wunder des Lebens entdecken. Die Entdeckung des Wunders des Lebens ist ein Teil der Unbeschwertheit, denn es erfüllt uns mit Energie und mit Staunen.

Kinder sind aufgeregt angesichts ihrer Entdeckungen des Lebens, und das ist ganz leicht für sie, denn die meisten dieser Entdeckungen sind für sie etwas Neues. Für Erwachsene dagegen sind Neuigkeiten selten geworden, denn längst hat die Routine Einzug gehalten. Die Dinge werden ganz einfach „alt". Weil wir dieser umfassenden Entwicklung etwas entgegensetzen möchten, werden manche von uns zu zwanghaften Suchern nach dem Reiz des Neuen und jagen allen möglichen Arten von Abenteuern hinterher. Aber dieses Suchen und Jagen ist unvereinbar mit der Stille, jener Pforte zur spirituellen Bewusstseinsebene, die viel leichter zugänglich und einleuchtender ist als jede andere. Dankenswerterweise existiert ein solch ausgewogener Pfad zum Erreichen und Bewahren der Ehrfurcht.

Das aufmerksame Schauen und sich dafür Zeit nehmen gehört dazu. Wenn wir Dinge oder Organismen so betrachten, als würden wir durch sie hindurchsehen, dann erschauen wir sie in ihrem *Sosein*. Nicht nur die Formen und Farben werden deutlicher, ihr ganzes Wesen beginnt zu uns zu sprechen und uns tief anzurühren. Wir empfinden eine starke Verbundenheit, eine Art von Verwandtschaft zu dem „Anderen". Je stärker wir uns auf diese Verbundenheit fokussieren und sie wahrnehmen, desto mehr verschmelzen wir mit dem Objekt unserer Verehrung, bis wir keinen Unterschied zwischen innen und außen mehr wahrnehmen. Wir erleben eine Art Erstaunen angesichts des Einsseins, und wir empfinden es ohne es zu benennen oder in Schablonen zu pressen.

Damit diese Art des Schauens funktionieren kann und uns fröhlich und unbeschwert werden lässt, müssen wir der Erfahrung Raum geben. Bei den meisten Erwachsenen ist der bewusste Geist mit dem Ich-Gefühl (Ego) erfüllt. Dieses Ich-Gefühl wird durch das Hervorbringen von Gedanken und Gefühlen zum Zwecke des Überlebens unserer Gene erzeugt. Das Ich-Gefühl hebt nicht unsere Gemeinsamkeiten, sondern unsere Unterschiede hervor; dies hilft uns beim Erkennen und Beantworten unserer voneinander abgegrenzten Interessen und unseres davon getrennten Überlebenstriebes. Deshalb lässt uns das Ich-Gefühl vergessen, wer wir essenziell betrachtet sind: nämlich nicht getrennt von Anderem, sondern verbunden mit der Fülle des Lebens.

Unfähig uns auf diese Gesamtheit des Lebens zu beziehen, definieren wir uns durch voneinander getrennte Tatsachen und Vorgänge, die wir ganz unnötigerweise in der Form der Routine wiederholen. Aufgrund dieser voneinander getrennten Tatsachen und Vorgänge achten wir lediglich auf die scheinbar Nutzbringenden. Im Hinduismus trägt diese Welt der Tatsachen und Vorgänge den Namen *Maya;* das bedeutet im Wesentlichen: „Ein Vorhaben bemessen, ausformen, erstellen oder gestalten."[17] Maya ist an sich keine Realität, sondern so etwas wie ein Versuch, sie „benutzerfreundlich" zu gestalten. Unglücklicherweise bezieht sich das Ich-Gefühl nur auf die kleine Welt der nützlichen Dinge – dies geht so weit, dass wir uns mit unserem

Ich-Gefühl identifizieren – und nimmt den gesamten Raum unseres Geistes ein.

Bevor wir fortfahren, wollen wir noch einmal festhalten: Die Fragilität des Lebens erfordert, dass wir uns im Sinne von Maya auf die analytische Bewusstseinsebene beziehen. Ich glaube, wir können kein Wachstum aufrechterhalten, wenn wir unsere biologische Natur ignorieren oder zurückweisen. Wir sind nicht (obwohl einige das behaupten) „von Natur aus funktionsgestört", nur weil wir Unterschiede wahrnehmen und Ich-Gefühle erleben.[18] Vielmehr sind wir mit außerordentlich wertvollen biologischen Instinkten und Neigungen ausgestattet. Sie sind unvollkommen, aber essenziell. Wenn wir sie als Teil des ganzen Lebens betrachten und nicht als gestörte Funktionen, die wir ausschalten möchten, dann entscheiden wir uns gegen das Konstrukt einer Dualität von Körper (der nach dem Überleben strebt) und Geist (der einfach da ist und nicht einmal eines Körpers bedarf). Auf der spirituellen Bewusstseinsebene existieren solche Unterschiede nicht, denn alles ist mit allem verbunden, und alles spiegelt alles wider.

Mit den Worten Laotses gesprochen: Es existiert kein inhärenter Unterschied zwischen Körper und Geist, zwischen dem inneren und dem äußeren Leben, zwischen der äußeren und der inneren Wirklichkeit. Sie sind abhängig voneinander und bringen sich gegenseitig hervor. Es ist nicht sehr wichtig, wie stark wir unsere Bezugspunkte empfinden, solange wir einen offenen Geist bewahren und „schauen." Selbst entgegengesetzte Dinge sind für sich allein genommen ähnlich und gleichzeitig ausgeschlossen. „Der Kern und die Oberfläche sind essenziell das Gleiche", schreibt Laotse.[19]

Wenn wir die Essenz dessen beschreiben wollen, wer wir als menschliche Wesen sind und wie wir gedeihen, dann sollten wir nicht zwischen der Oberfläche und dem Kern – dem Körper und dem Geist – unterscheiden, sondern unseren Geist mit dem Erstaunen füllen, wie Laotse in einem Gedicht schreibt. Durch unsere unerschütterliche Liebe zum Leben als Ganzem werden wir uns seines bewusst und schaffen Raum für das Wunder des Lebens. So erlangen wir den besten Ausgangspunkt für ein Wachsen, mit dem wir sowohl das Glück als auch das Überleben befördern können; es ist ein Weg, der unsere Instinkte eindämmt, unsere Einseitigkeit bearbeitet, unsere Vernunft stärkt, unsere großen Leidenschaften entfesselt und der uns gegenwärtig und ruhig sein lässt. Wenn wir es genau betrachten: Wir benutzen nicht irgendeine Technik, sondern wir öffnen uns dem Dasein.

Mehr und mehr Menschen haben einen Wunsch: Sie möchten sich öffnen und das Wunder des Lebens erfahren. Anders als zu früheren Zeiten ist das Wunder des Lebens nicht mehr nur einigen Künstlern, Dichtern und Idealisten vorbehalten – wie der französische Philosoph Henri Bergson meinte. Dank des zunehmenden Interesses an östlichem Denken und dem wachsenden Wunsch, sich mit Gott eins zu fühlen, verfügen wir nun über die Werkzeuge zur Entwicklung unseres menschlichen Potenzials. Wir erkennen: Der Prozess der Zermürbung und Abschwächung von Ich-Erfahrungen ermöglicht uns das Erschauen des Lebens als eines Ganzen und nicht nur dessen bloße Teile. Henri Bergson schrieb:

> Tief in unseren Seelen sollten wir die ununterbrochene Melodie unseres inneren Lebens hören – eine Musik, die oftmals heiter, noch öfter aber schwermütig, immer aber ursprünglich ist. Obwohl all dies in uns und um uns herum ist, nehmen wir keinen Deut von all dem ausgeprägt wahr. Zwischen der Natur und uns, nein, zwischen uns und unserem Bewusstsein befindet sich ein Schleier.[20]

Wir alle können lernen, wie wir diesen Schleier entfernen, das Wunder erschauen, davon beeindruckt werden, seiner Musik zuhören und danach tanzen. Es gibt keinen Grund, warum wir – die arbeitenden Menschen, die Studenten, die Mütter und Väter – nicht in der Lage sein sollten, diese Musik wahrzunehmen, die uns zum harmonischen Mitschwingen einlädt.

Einfachheit

Als Erwachsene haben wir die Aufgabe, Antworten auf Probleme zu finden und den folgenden Generationen Lösungen anzubieten. Doch obwohl diese Arbeit von größter Wichtigkeit für unser Überleben ist, ist das Wissen über das Nicht-Wissen dessen, was gerade von Bedeutung ist, ebenso wichtig für unser Glück. Doktor Faust, der Held in Goethes berühmter Tragödie, verzweifelte nahezu am „Nicht-Wissen“. Er fühlte sich vollständig verloren in der Welt. Die Tragödie zeigt uns, was geschieht, wenn wir glauben, wir müssten alles wissen, bevor wir das Leben lieben können.

Sein ganzes Leben verlangte es Faust nach dem Erschauen der absoluten Wirklichkeit – er nannte sie die „Seelenkraft". Er suchte danach in den Schriften, aber er fand sie nicht. Er suchte danach im sittlichen Leben, doch dort fand er sie ebenfalls nicht. Unfähig, das Geheimnis des Lebens zu erhellen, unfähig, die „Seelenkraft" zu verstehen, die in der Welt ruht und alles miteinander verbindet, litt er schlimmer als ein Hund. Dies alles war so quälend für den Professor, dass er versuchte, die „Seelenkraft" in einem unsittlichen Lebenswandel zu finden.[21]

Die Tragödie beschreibt Fausts Untergang: Er schließt einen Pakt mit dem Teufel und verursacht unendliches Leid; er macht einer Frau, die ihm absolut vertraut, falsche Versprechungen, er schwängert sie und lässt sie im Stich, was zu ihrem Tod und dem ihres ungeborenen Kindes führt. Dieses unsittliche Leben brachte Faust die Erkenntnis der Seelenkraft nicht näher. Engel müssen ihn retten, aber sie vollbringen dies erst nach seinem elenden Tod. Angesichts dessen, was Faust unschuldigen Menschen angetan hat, könnte uns eines überraschen: Er durfte in den Himmel einfahren, weil er ein strebender Mensch war. Die Engel tragen seine Seele empor, denn sie können den erlösen, der „immer strebend sich bemüht"[22].

Offensichtlich war gar nichts Falsches daran, wenn Faust den Ehrgeiz zur Erkenntnis entwickelte. Es war fast das Gegenteil: Die Engel erkannten keine Häresie in seinen Absichten, sondern einen Schlüssel zum Himmelreich. Diese Art des Strebens dient nicht dem Wunsch, mehr *haben* zu wollen, sondern dem, mehr *sein* zu wollen, und das bedeutet: gottgleich werden. Faust wollte Gott erkennen, indem er ihn als identifizierbares Objekt ansah; als ein „Es", das er eindeutig zu erkennen vermochte. Er wollte zu Gott wie zu einem Objekt in Beziehung treten und nicht wie zu einem allgegenwärtigen Prozess des Seins.

Rufen Sie sich Kapitel 9 in Erinnerung zurück. Wir haben dort beschrieben, wie intensives Streben auch für das östliche Denken eine Rolle spielt, vor allem im Zen-Buddhismus. Dort wird es als treibende Kraft zum Lösen von Rätseln (den sogenannten Koans) genutzt, die rational nicht auflösbar sind. Hätte Faust nicht dieses „Es" im Geiste gehabt, sondern nach der Einheit mit

Gott gestrebt, so hätte dies das Ego, das sich hinter Fausts Streben verbarg, möglicherweise zurücktreten lassen und ihn zur Achtsamkeit geleitet. Achtsamkeit bedeutet ja: Das Leben so erschauen, wie es ist und erkennen, dass es ein Wunder und unserer Liebe wert ist. Die Tragödie endet deshalb mit Worten der Liebe. Fausts einziger Fehler war: Er achtete seine ihm eigene göttliche Essenz nicht, sein inneres und unteilbares Sein, kurz: seine Seele.[23] Die Möglichkeit der Vergebung einer solchen Sünde durch bedingungslose Liebe wird im *Faust* durch Maria, die Mutter Jesu, symbolisiert.[24]

Hätte Faust sich mehr der einfachen Erfahrung des Seins geöffnet, wie sie bereits in der Begegnung mit Gott erfahren wird, dann hätte er sich nicht so verzweifelt mit der Suche nach einem Identifikationsobjekt außerhalb seiner selbst plagen müssen. Es gibt keine Notwendigkeit der Identifikation mit irgendeinem „Es“. Wenn wir das trotzdem tun, dann schmälern wir unsere Achtsamkeit und unsere Fähigkeit zu einer einfachen und unmittelbaren Erfahrung des Lebens. Wenn wir uns zum Beispiel vollständig mit unseren Glaubenssätzen identifizieren, dann verschließen wir unseren Geist vor Erfahrungen, die diesen Grundsätzen widersprechen. Wenn ich mich mit einem bestimmten Argument im Recht fühle, dann kann mich das souverän erscheinen lassen, aber Selbstgerechtigkeit kann mich vom Anhören der Gegenseite abhalten. Wenn wir irgendeinen Glauben, materielle Güter oder eine andere Person zum Gott erheben, dann versperren wir den Pfad zu bedingungslosen und einfachen Erfahrungen.

Wieder und wieder lernen wir von den östlichen Denkweisen: Wir müssen einen Weg finden, der uns durch unsere eigenen Erfahrungen führt und dann darüber hinaus. So werden wir unabhängig von allen Dingen, an die wir uns klammern, die wir festhalten. Viele von uns erklären Begründer und Lehrer von Religionen zu Göttern. Ihr Beispiel, ihre Lehren oder mit dem östlichen Terminus gesprochen: ihr Dharma –, all dies kann ein strahlendes Licht sein, aber kein einziger Mensch vermag uns zu erleuchten. Wir müssen unseren eigenen Geist gleichsam vereinfachen, und wir müssen die Identifikation mit allem, was er erschafft, beenden.

Der chinesische Zen-Meister Lin-Chi (Rinzai) aus dem 9. Jahrhundert fand diese Worte, die uns von der Identifikation mit Formen abhalten sollen:

> Ob du nun das Innere oder das Äußere anschaust: Was auch immer dir dort begegnet, töte es. Wenn dir ein Buddha begegnet, dann töte ihn. Wenn dir ein Patriarch begegnet, dann töte ihn ... Wenn du deinen Eltern begegnest, töte deine Eltern. Wenn du deiner Verwandtschaft begegnest, dann töte sie. Dann wirst du zum ersten Mal Befreiung erleben, du wirst nicht mehr in Dinge verstrickt sein und kannst in Freiheit alle Orte deiner Wahl aufsuchen.[25]

Es ist offensichtlich: Lin-Chi will uns schockieren, indem er Buddha als Metapher für alle Formen wählt. Er muss gehofft haben: Wir würden uns erregen, oder gar aufsässig werden und allen Mut zusammennehmen, mit dem wir die Welt der fixierten Ideen ebenso loslassen können wie das Gefühl der Kontrolle, das sie begleitet.

In der Tat: Mut ist erforderlich, wenn wir uns in den Zustand der Achtsamkeit, dem einfachsten Geisteszustand, zurückziehen oder einen Sprung in die Achtsamkeit hinein tun wollen. Vielleicht fürchten wir: Wenn wir uns mit nichts mehr identifizieren, führt das zu einem Gefühl der Dummheit oder Hilflosigkeit in unserem Kampf ums Überleben. Eckhart Tolle sagt jedoch dazu: Wir werden für dies Loslassen belohnt und machen einen Sprung in den Zustand, den er als das „Licht des Bewusstseins" bezeichnet, durch das alle Erfahrungen strömen: „Das ist das Sein; das ist das tiefere und wahre Ich. Wenn ich mich selbst als das erkannt habe, dann ist mir das, was immer in meinem Leben geschehen mag, nicht mehr von absoluter, sondern von relativer Bedeutung. Ich ehre es, aber es verliert seine verabsolutierende Bedeutung, seine Schwere."[26]

Wir können diesen Gedanken auch so anwenden: Wenn wir das Faustische in unserem Geist mindern – also jenen Teil, der ein „Es" kennen muss, damit er sich gut fühlt –, dann verstärken wir unser ganz einfaches Gefühl des Seins. Wir müssen nicht wie Faust auf unseren Tod warten, bis wir in die Gemeinschaft mit dem Sein eintreten können. Wir können unsere Ängste, die aus dem Nicht-Wissen herrühren, akzeptieren und uns gelöst in die Einfachheit des Seins begeben. Wir können aber auch durch diese Ängste hindurch gehen und uns leichter und freier fühlen denn je. Wir können sicher sein: Nichts muss für uns sterben, damit wir die Seelenkraft erschauen – es sei denn die alleinige Vorstellung dieser Seelenkraft selbst. Der Seelenkraft den Weg zu ihrer Verwirklichung öffnen: Mehr bedarf es nicht. Wenn wir diesen Weg geöffnet haben, dann nehmen wir alle Dinge viel leichter und bleiben doch mit der Realität zutiefst verbunden – bis wir eines Tages vielleicht sogar das Gefühl haben: Uns sind Flügel gewachsen. Als D. T. Suzuki gefragt wurde, mit welchem Gefühl er das *Satori* erreicht habe, soll er geantwortet haben: „Es war eigentlich eine ganz normale und alltägliche Erfahrung. Allerdings fand sie etwa fünf Zentimeter über dem Boden statt.“[27]

Einfaches Denken bedeutet: Wir erleben die gleichen Sehnsüchte und Schmerzen wie jeder andere auch, wir benutzen die gleichen Denk-Werkzeuge wie jeder andere auch. Tatsächlich können wir unseren Intellekt so differenziert benutzen, wie wir das möchten. Wir können nämlich unsere gewöhnlichen Erfahrungen aus einer anderen Perspektive erleben, und zwar der der Ruhe, der Aufnahmefähigkeit und der des Vertrauens. Aus dieser Perspektive erblicken wir die Schönheit des Lebens. Trotz aller denkbaren Schicksalsschläge können wir nicht anders, als das Leben um seiner Schönheit, seiner Demut, seiner Einfachheit und seiner Aufrichtigkeit willen zu lieben.

Intuition

Wenn wir uns von dem Zwang des Zergliederns der Ganzheit in benennbare Teile befreit haben, dann sind wir frei für den Blick auf das Ganze und sehen, wie es sich ungestört entfaltet. Die Natur lässt Dinge emporschießen und sich verändern – nicht immer so, wie wir es mögen – jedoch ohne Anstrengung und Zögerlichkeit. Auch unser inneres Leben gestaltet sich auf diese Weise. Nahezu alles, was in unserem Inneren stattfindet, geschieht spontan, fast auf magische Weise, oder tzu-jan („aus sich selbst heraus, einfach so“) – dies ist, wie Sie sich erinnern, der Ausdruck für das chinesische Verständnis von Natur. Tatsächlich sind selbst absichtlich hervorgerufene Gedanken insofern spontaner Natur, als sie unserem Bewusstsein entspringen.

Doch wenn wir älter werden, vergeht diese Spontaneität und wir machen weniger Gebrauch von unserer Intuition. Wir schneiden uns mehr und mehr von unserem Bauchgefühl ab und vertrauen mehr und mehr den Formen – auf das, was wir kennen oder auf die Vorstellung dessen, was wir kennen sollten. Das Wissen an sich behindert keineswegs unsere Fähigkeit zur Intuition (denken wir nur an Albert Einstein!), aber das Anhaften am Wissen und am Wissbaren tut genau dies.

Im Gegensatz dazu scheint gerade die altersgemäße Unwissenheit von Kindern ihnen einen Zugang zur Intuition zu ermöglichen. Kinder hüpfen von einer kreativen Idee zur nächsten – deshalb nehmen wir sie als unbeschwerter wahr als die gewohnheitsgeprägten Menschen, zu denen wir zumeist geworden sind. Kinder sind spontan agierende natürliche Wesen; sie lassen wie ein Orkan nichts an seinem Platz, sie sind wie Wolken, die den Himmel auspinseln, und sie entzücken uns ein über das andere Mal wie eine flüchtige Erscheinung von Regenbögen.

Niemand zwingt einen Regenbogen ins Dasein. Niemand pinselt einen Regenbogen aus. Kein Verursacher und keine Anstrengung sind im Spiel, wenn wir uns intuitiv verhalten. Aus genau diesem Grund sind Achtsamkeit, Intuition und Anstrengungslosigkeit im Zen-Buddhismus eng verwandt. Wir können uns nicht zur Intuition entschließen, aber wir können ihr erlauben, zu geschehen, oder besser gesagt: Wir können sie zu uns einladen und abwarten, was geschieht. Die Intuition gedeiht, wenn wir uns offen, also ohne vorgefasste Meinungen zur Welt verhalten. Ich-Gefühle sollten uns dabei nicht sehr stören. Wenn ich zum Beispiel auf kreative Weise schreiben möchte, dann beginne ich am besten mit nur ungefähren Ideen, die sich dann frei entwickeln – so, wie die Tinte auf das Papier fließt.

Die Tinte fließt umso unbeschwerter, je mehr ich mich einfach als Bote begreife, als eine Art Dienerin, die nicht mit ihren Fähigkeiten, Werten, Bemühungen oder ihrem Eifer hausieren geht. Im Vordergrund steht das Urvertrauen in das ganz einfache Gute in mir und in allem Seienden. Ich muss verstehen: Alles Gute, ob wir es nun Gott, Tao oder den Weg der Natur nennen, ist jener uns nährende Strom, der alle Zellen durchfließt und allen Raum dazwischen ausfüllt.

Der Trappisten-Mönch und großartige interreligiöse Gelehrte Thomas Merton erklärte:

> Anstelle des selbstbewussten Kultivierens dieses Guten (welches verschwindet, sobald wir es betrachten und unbestimmbar wird, sobald wir es begreifen wollen), sollten wir ruhig in der Demut eines einfachen und ruhigen Lebens wachsen – und dieser Weg entspricht (zumindest psychologisch betrachtet) dem christlichen „Leben im Glauben." Es geht mehr darum, an das Gute zu glauben statt es als Frucht unserer Arbeit zu betrachten.[28]

Statt mich hier selbst in dem, was ich geschrieben habe, zu ehren, verehre ich das Schreiben, das geschriebene Wort und vor allem die Leser.

Wenn wir uns einen besseren Zugang zur Intuition wünschen, dann müssen wir unsere Begabungen mit Hingabe und Disziplin pflegen. Dazu gehört auch, sich durch andere inspirieren zu lassen. In entscheidenden Momenten freilich müssen wir unsere Anstrengung zurücknehmen und die Dinge einfach geschehen lassen. Der provozierende Zen-Meister Lin-Chi warnte uns vor zu viel Anstrengung, denn sie ist es, die uns in erster Linie Probleme beschert. Es strengt uns an, wenn wir das Ich-Gefühl erzeugen, das die Illusion des Getrenntseins vom Ganzen hervorruft. Nach Lin-Chi ist das Fatale: Wir akzeptieren nicht, dass wir selbst dieses Ich-Gefühl in uns hervorrufen. Das Nicht-Tun kann uns an der Erzeugung von jedwedem hindern; und dies hielt er für einen guten Anfang:

> All die zehntausende Arten des gekünstelten Geschehens finden an einem Ort statt, der in Wirklichkeit kein Ort ist. Je mehr wir suchen, desto weiter entfernen wir uns, je verbissener wir etwas hinterherjagen, desto mehr verlieren wir uns … Solange wir nach etwas suchen, führt uns diese Suche nur zum Leiden. Besser ist: nichts tun.[29]

Die Aufmerksamkeit auf den Augenblick richten, auf die Kleidung, das Gehen, das Sitzen – all dies offenbart uns die „Seelenkraft" und damit unsere Intuition.

Einen weiteren Rat erteilt uns Lin-Chi in Bezug auf unsere Ängste und Zweifel. Die Anerkennung der Unsicherheit in der Welt der Formen führt uns zur Aufnahmefähigkeit und Achtsamkeit; das Zweifeln an unserer Achtsamkeit, die jenseits der Welt der Formen liegt, behindert unsere Intuition. Mit Lin-Chis Worten:

> Was immer dir gegenübersteht, lasse es nicht zum Verhängnis werden. Wenn du auch nur einen Moment des Zweifels zulässt, wird ein Bösewicht deinen Geist betreten … Erlerne das Beenden der Gedanken und schaue niemals nach etwas außerhalb deiner selbst. Wenn ein Objekt erscheint, richte dein Licht darauf. Vertraue dem, was in diesem Moment in deinem Inneren vonstattengeht. Außerhalb dessen existiert nichts.[30]

Das Loslassen von Ängsten und Zweifeln ist natürlich leichter gesagt als getan. Viele unserer auf Angst basierenden Erfahrungen werden unmittelbar ausgelöst. Meiner Meinung nach müssen wir noch nicht einmal über sie nachdenken. Seit frühester Kindheit haben wir uns in jahrelangem Training unsere Gewohnheiten angeeignet. Das Durchbrechen dieser Gewohnheiten kann enorm schwierig sein. Zen-Meister Donald Gilbert formuliert es so:

> Das Erwachen geschieht plötzlich, die Erlösung dann schrittweise. Auch nach dem Erwachen reagiert das angesammelte Karma (die alten Gewohnheitsmuster) tendenziell auf altvertraute Weise auf die Umstände … Nach dem Satori eröffnet sich daher der Weg zur wahren Praxis.[31]

Die gute Nachricht ist: Wir können den Geist entwirren und fast alle Schäden rückgängig machen, wenn es das ist, was wir uns vorgenommen haben. Manche von uns müssen allerdings besonders widerstandsfähige Ängste und Zweifel mit therapeutischen Techniken, vielleicht sogar mit Psychopharmaka bekämpfen. Andere müssen wiederum formale Meditationstechniken erlernen oder tiefgehende, inhaltsleere Gebete, mit deren Hilfe sie den Geist beruhigen. Viele von uns müssen all das Genannte und noch vieles mehr in den unterschiedlichen Stationen des Lebens erlernen. Doch bin ich davon überzeugt, dass bereits Millionen von uns bereits aus Folgendem Nutzen ziehen:

- aus der Erkenntnis, dass Selbstzweifel nicht weiterführen (Zweifel an der Achtsamkeit)
- aus der Beschäftigung mit einfachen Bewusstseinsübungen
- aus der Fokussierung auf das spontan sich entfaltende Wunder des Lebens.

Je mehr wir das einfache Sein kennenlernen, desto stärker werden wir der Großartigkeit des Lebens gewahr, das sich in jeder Minute unseres Lebens, bei jedem Atemzug, den wir tun, in uns entfaltet. Wenn Zweifel auftauchen, können wir sie zur Kenntnis nehmen, uns ihnen zu Ehren vor ihnen verbeugen und unsere Aufmerksamkeit auf das Sein richten. Ohne Sorgen und Grübeln lernen wir allmählich und auf natürliche Weise, wie wir auf das Leben ohne weiteres Zutun mit gesundem Menschenverstand und aus dem Bauch heraus, ohne zwanghafte Versuche kreativ reagieren können und auf leichte und direkte Weise zum Ziel gelangen.

Mit der Natur im Einklang

Erleben wir uns selbst als jemanden, der völlige Kontrolle über sein Leben hat, überlasten wir uns vor lauter Verantwortung. Doch es ist genau das, was unsere modernen Zeiten uns vorschlagen: Unsere guten Gedanken, guten Absichten, guten Entscheidungen sollen unser Schicksal bestimmen und Geld, Liebe, Gesundheit und Glück anziehen. Aber sollten wir wirklich in der Lage sein, so über unser Leben zu regieren? Wenn wir alle Fäden ziehen würden, hätten wir dann überhaupt die Zeit etwas anderes zu bemerken, als diese Fäden oder woran sie geknüpft sind? Zielen wir auf Kontrolle ab, würden wir die nötige Demut verlieren, mit der wir die Unvollkommenheit als normal und liebenswert akzeptieren können. Die Angst vor selbst verschuldetem persönlichen Unglück lässt unsere Angst vor dem geringsten negativen Gedanken oder einer negativer Absicht wachsen – vor unserem eigenen Schatten, wie es C.G. Jung bezeichnete –, oder wir wären ängstlich, nur weil wir nicht positiv genug denken.

Zum Glück hat niemand je die totale Kontrolle, und Dinge passieren einfach. Es ist gut, wenn wir für das, was wir können, Verantwortung übernehmen und das ändern, wozu wir in der Lage sind. Dennoch müssen wir nicht behaupten, wir befänden uns an der Weltspitze, denn in der Realität sind wir ein Teil davon. Wir können unser Ich-Gefühl entspannen, wenn wir unsere Teilhabe an einem weiten System anerkennen. Damit werden wir nicht inaktiv, handeln aber mit Blick auf das System. Denn wir stellen fest: Wir sind nicht alleine auf diesem Planeten, sondern im ständigen Austausch mit ihm. Wir erhalten von der Welt Hinweise, werden informiert, von ihr angeregt und geleitet.

Wenn wir aus der Achtsamkeit heraus leben, können wir so viel Verantwortung übernehmen, wie es passend ist. Wir würden unser Team unter allen Umständen berücksichtigen. Auf diese Weise würden wir viel effektiver handeln, oder, um es noch einmal mit den Worten des Philosophen Henri Bergson zu sagen: wir würden „in völliger Harmonie mit der Natur schwingen".[32] Diese Art der Handlung ist weniger mühsam und fördert die Unbeschwertheit. Im Taoismus und Zen-Buddhismus wird solche eine Aktion als *Wu wei*[33] bezeichnet. Der Begriff kann mit dem Wort „Nichthandeln" übersetzt werden. Die Soto-Schule nennt dies „Aktion ohne Motiv".[34] Ein Handeln im Einklang mit der Natur ist keine Untätigkeit, sondern eine harmonische Aktion. Thomas Merton erklärt dies so: „Seine Aktion [die des Weisen] ist keine gewaltsame Manipulation aus der äußeren Wirklichkeit heraus, kein „Angriff" auf die Außenwelt, die er seinem Eroberungswillen unterwerfen möchte. Im Gegenteil: Er respektiert die äußere Wirklichkeit, indem er ihr nachgibt."[35]

Der Natur oder Wirklichkeit nachgeben, kann vieles bedeuten: Von der vollständigen Aufgabe bis hin zur harten Arbeit. Dennoch wird unsere mit der ganzen Wirklichkeit verbundene Aktion nicht durch starre Vorstellungen bestimmt, die von unserem Ich-Gefühl herrühren und vorgeben, wie die Realität sein *sollte*, sondern durch die Realität selbst, in der wir so tief verwurzelt sind. Wenn wir der Realität keinen hohen Realitätsgrad einräumen, können wir kaum relevante Änderungen, Details, Inkonsistenzen sowie Aspekte oder Menschen, die wir nicht mögen, bemerken. Wir dürfen nicht naiv, sondern müssen aufgeschlossen, einfach und bewusst sein – weise Erwachsene, die die Welt mehr als das bloße Bild von ihr lieben. Nur dann können wir bereitwillig spontan, angemessen und konstruktiv für das Gemeinwohl handeln, das auch unser eigenes Gut ist.

Die Bedeutung der Spontaneität und Bereitschaft im Nichthandeln (Wu wei) wird vom chinesischen Zen-Mönch Puhua (oder auf Japanisch Fuke, verst. 860 u. Z.) unterstrichen. Er zog immer durch die Straßen und schlug seine Handglocke, mit der er auf die Realität reagierte, wie sie sich ihm präsentierte, egal, ob negativ oder positiv. Daraus können wir schließen: Wir sollten das Schlechte nicht leugnen oder ignorieren, sondern im Einklang damit handeln. Das bedeutet auch: Wir sollten uns auch vom Guten nicht beirren oder verführen lassen, sondern im Einklang damit handeln. Egal, aus welcher Richtung uns das Leben trifft, wir sollten in Übereinstimmung mit ihm zurückschlagen. Puhua führt weiter aus:

> Was aus den vier Ecken oder acht Himmelsrichtungen kommt,
> schlage ich wie ein Wirbelsturm.[36]

Die Vorstellung der Synchronizität mit der Wirklichkeit, des „Zurückschlagens, wie einen die Realität trifft", um Puhuas aussagekräftige Analogie aufzugreifen – in der Kampfkunst ist dies wohlbekannt. Kämpfer, die die Kontrolle aufgeben und die vorhandene Energie ihrer Gegner nutzen, werden weit bessere Kämpfer. Damit dies funktioniert, müssen sie jede Bewegung der anderen Person in einer einzigen Wahrnehmung wie ein Spiegel aufnehmen, der die zahlreichen Aspekte von einem Moment auf den anderen in einem Bild widerspiegelt. Kämpfer, die dies beherrschen, sehen beinahe übermenschlich aus; wir kennen dies aus Filmen mit chinesischen Kampfkünstlern. Sie sind leicht wie Federn und steigen nicht durch ihr getrenntes Selbst in die Höhe, sondern durch die Natur selbst – unsere Realität.[37]

Wenn wir uns vollständig auf die Realität einlassen wollen, müssen wir über uns selbst hinausschauen – jenseits unserer Wünsche, Ängste, Erwartungen, persönlichen Vorlieben und sogar über unsere Träume hinaus. Auf gewisse Weise müssen wir uns selbst vergessen, nicht wie Menschen, die sich selbst vernachlässigen oder zu Märtyrern werden, sondern wie Menschen, die ihre Untrennbarkeit vom Rest der Welt zutiefst verstanden haben. Diese Art der Selbstvergessenheit ist eine echte Selbstfindung – das Finden eines Selbst, das nicht definiert werden kann, denn es ist ein Selbst, das mit der Gesamtheit des Lebens verbunden ist – das wahre Selbst, das das Leben ist.

Mystiker aller Religionen sprechen von Selbstvergessenheit, so auch der berühmte islamische Philosoph und Dichter Dschalal ad-Din Rumi. Er verlangt von uns: „Sei Schnee, der schmilzt. Wasch dich ab von dir." oder: Er verlangt von uns, wie schmelzender Schnee zu sein, um uns selbst von uns selbst zu reinigen.[38] Sein Gedicht hat auffallende Ähnlichkeit mit einem Zen-buddhistischen Gedicht von Basho: „Der letzte Schnee im Garten – der Besen vergisst, was er fegt".[39]

Das Vergessen unseres Selbst erschafft den nötigen Raum, oder, wie die Buddhisten ausdrücken: die „Leerheit" in uns, um die Realität aufzunehmen. Wenn wir diese Realität aufnehmen, werden wir uns trotzdem nicht leer fühlen, sondern als von dieser Realität erfüllt.

Sobald wir aufwachen und erkennen, dass wir ein Teil der Realität sind, widersetzen wir uns nicht mehr dem, was sie uns gibt. Dann hören wir mit dem Versuch auf, vor den Wahrheiten davonzulaufen, denen wir ständig begegnen und fühlen uns angetrieben, im Einklang mit diesen Wahrheiten zu handeln. Wir belügen uns nicht mehr selbst und missverstehen andere nicht mehr vorsätzlich! Sobald unsere Augen erkennen, dass wir ein Teil dieser Einheit sind, wollen wir unseren Teil dazu beitragen. Diejenigen, die es vorgezogen hatten, gegen unsere Zivilisation anzukämpfen, beginnen zu fühlen, dass das Einssein „mit der Zivilisation im Einklang steht und deren Grundlage ist."[40] Wenn wir erkennen, wie wunderbar wir ins Spiel des Lebens hineinpassen, können wir es viel besser mitspielen. Denn es macht immer mehr Spaß, ein Spiel mit offenen Augen zu spielen. Wenn wir im Spiel nicht wie ein Verrückter das Sagen haben wollen und der Panik unterliegen, wenn wir mal nicht im Zentrum stehen, dann können wir tatsächlich den Ball fangen und ihn weiterspielen.

Von ganzem Herzen

Kindern fällt es leicht, die Welt von ganzem Herzen anzunehmen, weil sie noch nicht wissen, wie ungerecht und schmerzhaft das Leben sein kann. *Unsere* Herausforderung ist: Die Fähigkeit zum Verstehen komplexer Sachverhalte zu besitzen, Veränderungen zu bewirken und das Leben gleichzeitig zu umarmen.

Wenn jemand, der unserer Familie nahe stand, verstorben war, blieb mein Sohn relativ unbeschwert. „Mach dir keine Sorgen, Mama, morgen ist er wieder zurück", versicherte er mir. Offenbar *ist* für Kinder Unwissenheit Glückseligkeit. Ich hingegen war am Boden zerstört und von Trauer überwältigt. Mitten in meiner Trauer fragte ich mich selbst, ob die Traurigkeit *in* mir war, oder ob ich die Traurigkeit selbst *war*. Abgesehen von diesem wachsamen Gedanken, war ich die Traurigkeit in Person. Das ist eben so, wenn wir jemanden gehen lassen müssen, den wir wirklich aus tiefstem Herzen lieben.

Wenn wir lieben – nicht auf spirituelle Weise, sondern leidenschaftlich –, empfinden wir gelegentlich zwangsläufig starke Gefühle. An der irdischen Liebe ist nichts falsch. Sie ist nicht rein, kann aber ein zutiefst erfüllender Teil des Lebens sein. Wenn wir uns besonders stark um etwas oder jemand kümmern, können wir vorübergehend durch besondere Erlebnisse von Enttäuschung und Wut überwältigt werden. So lange unsere Gefühle jedoch durch ein voll entwickeltes Bewusstsein hindurch laufen, das die Fokussierung und die Achtsamkeit auf das Sein aufrechterhalten kann, sind starke Gefühle ein Zugewinn für ein gutes und erfülltes Leben.

Obwohl ich beispielsweise gelegentlich wütend auf meinen Mann bin, habe ich stets ein Auge auf alle meine Gefühle und auf das, was die Beziehung benötigt. Ich kann starke Gefühle ausleben, darf dabei aber nicht das größere Bild unserer Liebe und unseres Interesses vergessen. Ich kann die besondere Erfahrung der Wut beobachten, aber nicht den Kontakt zum Rest von mir verlieren.

Ein voll entwickeltes Bewusstsein kann seinen Fokus schnell von dem benennbaren auf das nicht benennbare Gebiet umschalten, nämlich von der analytischen Bewusstseinsebene auf die spirituelle Bewusstseinsebene. Auf ein solches Bewusstsein vertrauen wir, selbst wenn wir uns darüber nicht bewusst sind. Niemand von uns wird plötzlich von unserem Bewusstsein getrennt. Unser Bewusstsein ist immer für uns da. Was Menschen mit einem voll entwickelten Bewusstsein von Menschen ohne ein solches unterscheidet, ist nicht, ob sie bestimmte Erfahrungen erleben, sondern was sie mit ihnen machen. Unser Bewusstsein ist nicht voll entwickelt, wenn wir Erfahrungen widerstehen, ihnen anhaften, uns in ihnen verlieren oder verwirrt sind. Wenn wir zutiefst erleben, dabei aber klar und ruhig bleiben und bereit sind, voran zu schreiten, ist unser Bewusstsein vollständig entwickelt.

Ein voll entwickeltes Bewusstsein hängt von unserer Liebe zur Gesamtheit des Lebens ab und von der Art und Weise, wie wir unsere Teilhabe am Leben realisieren. Dies bedeutet in der Regel: Unsere Erfahrungen überwältigen uns nicht und sind in der Hauptsache positiv. Andererseits können wir in Zeiten ungewöhnlich starker Emotionen immer noch unsere überwältigenden oder negativen Erfahrungen akzeptieren. Alan Watts schrieb: Die Verwirklichung unserer Teilhabe am Leben, was im Osten non-duales Bewusstsein genannt wird, hilft uns in all unseren Angelegenheiten:

> In diesem Zustand ist der Mensch in höchstem Maße zufrieden. Denn auch wenn er in einen schmerzlichen und üblen Konflikt gerät, kann er die sehr menschlichen Gefühle der Angst, Wut und Liebe fühlen. Er lebt sein Leben von ganzem Herzen und Selbstvergessenheit, die aus dem Verständnis keimt, dass alle Dinge im Grunde annehmbar sind.[41]

Wir können uns nicht immer auf der spirituellen Bewusstseinsebene befinden. Doch unser guter Zugang dazu ist entscheidend dafür, ob wir unnötig leiden, uns schnell unterkriegen lassen oder eine gewisse Leichtigkeit im Leben spüren. Wenn wir jeden Teil des Lebens mit ganzem Herzen akzeptieren, dann sehen wir in allem die essenzielle Gutherzigkeit, Gott oder das Tao. Wenn wir sehen, wie gut die Existenz ist, auch wenn wir etwas als „gut" oder „schlecht" empfinden oder erachten, dann wächst in uns eine tiefe, spirituelle Freude und Dankbarkeit. Durch das Nicht-Unterscheiden auf der tiefsten Ebene menschlicher Erfahrung kommen wir wieder mit der Unbeschwertheit und somit der Rückhaltlosigkeit von Kindern in Kontakt. „Wie ein unschuldiges Kind", so Jack Kornfield, „können wir im Leben selbst, aufgrund der Tatsache, dass wir am Leben sind, frohlocken."[42]

Lächeln, Unsinn machen und lachen

Siddhartha Gautama, der Buddha, befasste sich mit dem Leiden und wie man es beendet. Er war eine Person von großer Bedeutung. Er meditierte, lebte als Mönch und hielt ernsthafte Predigten. Warum wird Buddha aber so häufig wenig ernst dargestellt, warum lächelt er oder lacht sogar? Anscheinend geht er mit gutem Beispiel voran. Wir sollen gemeinsam mit ihm lächeln und lachen. Aber warum?

Um diese Frage zu beantworten, sollten wir erst klären, warum Menschen überhaupt lächeln und lachen. Das Verständnis des biologischen Ursprungs positiver, nonverbaler Ausdrücke kann in Bezug auf Buddha Aufschluss geben.

Menschen sind voneinander abhängig. Sie sind soziale Tiere, die auf die Verbindung mit anderen angewiesen sind.

Ein liebenswürdiger, nicht bedrohlicher Gesichtsausdruck wie ein Lächeln sind daher unverzichtbar für unser Überleben. Nonverbale Mimik und Gestik sind Mittel der Kommunikation. Wir neigen sogar dazu, ihnen mehr Glauben zu schenken als willentlichen, verbalen Mitteln. Das Anheben der Mundwinkel unterscheidet sich deutlich von anderen nonverbalen Ausdrücken wie Zorn, Ekel oder Gleichgültigkeit. Daher signalisiert ein Lächeln schnell und wirkungsvoll: „Alles ist gut und schön." Diese Nachricht kommunizieren wir nicht nur anderen, sondern auch uns. Wenn wir Lächeln, verstärken wir mit diesem Feedback tatsächlich unsere eigene innere Erfahrung. Und wenn wir ein glückliches Gesicht aufsetzen – so dass wir davon Falten um unsere Augen bekommen – hat diese innere Kommunikation die Kraft, unseren Gefühlszustand zu verbessern.[43]

Das so genannte soziale Lächeln hilft uns bei der Komplexität unserer täglichen, sekundengenauen Interaktionen und steigert damit indirekt unser Glück. Das echte Lächeln, das auch „Duchenne-Lächeln" genannt wird, steigert unser Glücksgefühl ganz direkt.[44] Sowohl das soziale als auch das echte Lächeln wollen ausdrücken: „Alles ist gut und schön". Damit steigern wir unser eigenes Wohlbefinden und das von anderen.

Lachen hat noch einen anderen biologischen Hintergrund. Forscher haben sich gefragt, inwiefern es sich bei diesem körperlichen Erregungszustand mit sich wiederholenden Lauten („HA-HA-HA") um eine sinnvolle Verhaltensweise handelt. Lachen erscheint auf den ersten Blick wie eine eher überflüssige Schwäche des Menschen. Der Neurobiologe Robert R. Provine sieht das aber anders. Er weist darauf hin: Lachen entsteht beim Kitzeln und Spielen. Nach Provine entwickelte sich das Lachen aus einem ritualisierten Hecheln beim Kitzeln und Toben: „Bei den Menschenaffen hat sich das Lachen aus seinem ursprünglichen Kontext der Atemnot beim Spiel emanzipiert. Das starke Hecheln signalisiert jetzt spielerische Absichten oder Erwartungen, auch wenn das Niveau der Tätigkeit eigentlich keine Atemnot auslöst."[45] Daraus können wir schließen: Das Lachen entwickelte sich vom Hecheln der Affen zum „hochentwickelten" menschlichen „HA-HA-HA".

Um die Bedeutung dieser Schlussfolgerung zu verstehen, müssen wir begreifen: Das Spielen ist für alle höher entwickelten Tiere wichtig. Es bietet zahlreiche Möglichkeiten, die wir für die Bewältigung eines komplexen Lebens benötigen. Das Löwenjunge muss mit seiner Mutter Jagd „spielen", bevor es selbst in die Wildnis entlassen wird. Wir müssen „Familie spielen", bevor wir eine Familie gründen, und wir spielen Gesellschaftsspiele, bevor wir eine Karriere starten. Beim Kitzeln und Lachen wird unser Körper erregt. Daher meint Provine: Spielen ist Spaß und damit ein wichtiger Motivationsfaktor der Natur.

Natürlich müssen wir noch klären, warum wir lachen, wenn uns niemand kitzelt oder mit uns spielt. Das Spielen beschränkt sich beim Menschen nicht nur auf die physische Welt. Schon die Idee des Spielens kann uns zum Kichern bringen. Von der Idee des Spiels hin zu verbalen Spielen und Humor ist es nur ein kleiner evolutionärer Sprung. Und hier schließt sich der Kreis. Für einen Buddha ist das Leben *Lila,* was auf Sanskrit Spiel und Sport bedeutet.[46] Da Siddhartha Gautamas Religion auf dem basierte, was wir heute Hinduismus nennen, betrachtete er die Hektik der Welt als ein wunderbares, manchmal schmerzhaftes, aber stets göttliches Spiel.

In dieser Realität, die aus dem kreativen Spiel der Absoluten Realität (Brahman) entstammt, scheinen die Hindu-Götter Verstecken zu spielen. Die Göttin Bhudevi beispielsweise verbirgt sich als Erde und Ganga als der Fluss Ganges.[47] Uns Menschen bleibt nur übrig, die tiefere Wirklichkeit darin zu begreifen. Der Hinduismus-Forscher Klaus Klostermaier erklärt: Im Hinduismus wird das Leben als Spiel betrachtet, denn für Gott gab es keine Notwendigkeit, das Universum zu schaffen. Die Schöpfung ist eher ein göttlicher Zeitvertreib. Das Spiel des Lebens begann mit dem Gott Brahma und endet mit Shiva.[48] Krishna, der eine Manifestation von Vishnu ist, erhält das Spiel aufrecht und spielt es gut. Seine göttliche Verspieltheit (Lila) ist gekennzeichnet durch seine Beziehung zu den *Gopis* (den Kuhhirtinnen), vor allem mit der hingebungsvollsten namens Radha, die seine Gefährtin wurde.

Gemäß dieser hinduistischen Handlungsführung machen wir gute und schlechte Züge in dem Spiel, und zwar in Abhängigkeit unserer Bewusstheit der Absoluten Wirklichkeit. In westlichem Sinne könnten wir sagen: Wir leben unser Leben gut, wenn wir mit dem, was auf der tiefsten Ebene zählt, in Verbindung bleiben. So wie wir uns bewegen, bewegt sich das Leben. Nichts ist beim Spiel des Lebens im Voraus geplant, weil alles von unseren Schritten und Bewegungen im Leben abhängt. Das Leben selbst hat kein definierbares Ziel.

Die Idee des Lebens, das keinen anderen Sinn als sich selbst hat, wird von Mystikern wie dem mittelalterlichen Priester Meister Eckhart geteilt:

> Wenn einer tausend Jahre lang das Leben fragte: „Warum lebst du?" – gäbe es ihm Antwort, es würde nur das Eine sagen: „Ich lebe, um zu leben." Das kommt daher, weil das Leben aus seinem eigenen Grunde lebt und aus seiner eigenen Quelle entspringt: Darum geht es ständig weiter, eben weil es nur sich selber lebt. Fragte man einen wahrhaften Menschen, einen, der aus seinem eigenen Grunde wirkt: „Warum wirkst du deine Werke?" – sollte er recht antworten, er würde nichts anderes sprechen, als: „Ich wirke, um zu wirken."[49]

Wir können unserem individuellen Leben einen Zweck oder einen Sinn geben und gleichzeitig verstehen: Das Leben an sich hat keinen Sinn. Es ist der „nonsense" oder Unsinn, auf den wir mit Liebe und Hingabe reagieren müssen. Unbeschwertheit kommt zustande, wenn das Leben oder Gott selbst während des Spiels sichtbar werden. Werden wir *im* Leben gute Spieler und nicht passiv oder mit einer Anhaftung an egoistischen Ideen *über* das Leben, dann werden wir zufrieden. „In dem Moment, in dem wir an unseren „kreatürlichen Ideen hängen", so Meister Eckhart, „verschwindet Gott".[50] Nachdem Buddha die Kunst entdeckt hatte, nicht mehr an der Form anzuhaften, sondern aus der Achtsamkeit heraus zu leben, führte er sein Leben auf bejahende Weise. Dies bedeutet: Was letztendlich sein Lächeln und Lachen hervorbringt, ist die Achtsamkeit.

Daher wiederhole ich, was der Schlüssel zum Glück ist: Achtsamkeit. Achtsamkeit macht uns klar: Das Spiel des Lebens ist trotz seiner essenziellen Sinnlosigkeit „sowohl gut als auch schön". Andererseits sollten unsere Taten sinnvoll sein, es sei denn, es ist gerade Zeit für Blödsinn. Wir streben nach sinnvollem Verhalten, solange wir die Dynamik des Spiels des Lebens verstehen. Sind wir verkrampft, dann liegt unser Spiel irgendwie schief, da dies unserer Natur direkt entgegengesetzt ist.

Bemerken wir unsere Verkrampfung, können wir sie aufdecken und sie hoffentlich nach einem herzhaften Lachanfall korrigieren. Bis zu einem gewissen Grad hängt unser Überleben von unserer Neuausrichtung am Fluss des Lebens ab. Der Philosoph Henri Bergson weist darauf hin: Wir lachen über Verkrampfungen, denn wir brauchen die „hellwache Anpassungsfähigkeit und die lebendige Geschmeidigkeit eines menschlichen Wesens."[51] Bergson schildert das Beispiel eines Mannes, der stolpert und fällt, da es ihm nicht gelingt, seinen Gang an die Straßenverhältnisse anzupassen. Er erklärt: „Durch mangelnde Gelenkigkeit, durch Zerstreutheit und eine Art von physischem Eigensinn entstehen tatsächlich Verkrampfungen oder Impulse, die die Muskeln eine Bewegung weiter ausführen lassen, obwohl die Umstände etwas ganz anderes verlangen."[52]

Lachen kann daher absichtlich verwendet werden, um Verkrustungen aufzuzeigen und Einsichten hervorzubringen. Dies wird besonders im Zen-Buddhismus gut und häufig gemacht. Zen-Meister Donald Gilbert, der mithilfe von Cartoons lehrt, betont:

> Humor ist ein Schlüssel zum Wissen: Er löst intuitive Gedankenblitze aus, die die Wahrheit und die Ungereimtheiten eines jeweiligen Themas aufdecken. Humor ist eine Spielwiese: immer offen und voller Freude. Es ist diese Offenheit, an der man teilhaben und Erkenntnisblitze erlangen kann. [53]

Die „Ungereimtheiten" sind natürlich die Unterbrechungen im Fluss des Lebens. Sobald wir sie erkennen, können wir lachen und die Verkrampfungen lösen. So machen wir den Schritt vom „HA-HA" des Lachens zum „Ah-Ha" der Einsicht."[54] Der Schriftsteller und Pfarrer Conrad Hyers nennt den Humor im Zen-Buddhismus „Comic-Geburtshilfe"[55]. Wie Sie in den folgenden Beispielen sehen werden, regen Zen-Anekdoten das Lachen an.

Zen-Meister werden häufig als Schelme bezeichnet, auch wenn sie nicht den Namen annehmen, was aber der japanische Meister Ryokan tatsächlich getan hat.[56] Yüan-wu begann Anekdoten für die rätselhafte Koan-Methode zu nutzen.[57] Er sprach vom legendären indischen Mönch Bodhidharma als dem „Kerl, der Unsinn redet"[58]. Sicherlich hätte Bodhidharma nichts dagegen gehabt! Als er nach China kam, wurde Bodhidharma von Kaiser Wu nach der höchsten Wahrheit der heiligen Lehren gefragt. Er antwortete nur: „Enorme Leerheit und nichts Heiliges."[59] Dies soll uns zum Lachen bringen, da wir in der Position Bodhidharmas wahrscheinlich versucht hätten, Ansehen zu erlangen. Schließlich – und das ist die Hoffnung der vielen Zen-Lehren – lernen wir das Lachen über uns selbst und hören auf, zu ernst zu sein. Mit unserem Lachen stufen wir unser Ich-Gefühl auf „nichts" zurück. Und genau in diesem Augenblick erkennen wir: Wir haben „nichts" missachtet.

Häufig rufen Zen-Männer und Frauen Gelächter hervor, indem sie etwas Albernes tun oder sagen. Eine meiner Lieblingsanekdoten ist folgende: Meister Ho-shan (Kwasan) wurde von einem Mönch gefragt, was „wirklich transzendiert" ist. Anstatt mit einer Erklärung zu antworten, tat Ho-shan so, als würde er Trommel spielen und sagte: „Dong, dong, doko-dong, doko-dong!" Er antwortete auf gleiche Weise, als er nach der „Wahrheit selbst" sowie nach „jemand, der weder Geist noch Buddha ist" gefragt wurde. Suzuki interpretiert diesen Unsinn:

> In der Tat ist es nicht Kwasan selbst, der die Trommel spielt und lacht. Es ist die „Wahrheit selbst", „derjenige, der weder Geist noch Buddha ist", „das, was wirklich transzendiert hat", was die Trommel spielt und lacht. Ist es nicht toll, zu sehen, dass jeder dieser Punkte, wenngleich auch anders bezeichnet, durch diese wunderbare Darbietung ausgedrückt wird?[60]

Wenn das Ich-Gefühl dem Weg des Lebens nicht im Wege steht, ist das Leben originell und überrascht sogar uns. Ho-shan amüsierte sich wahrscheinlich selbst über seine Darbietungen. Er hat die einzelnen Fragen noch nicht einmal überdacht, sondern seine Antwort wie ein Springteufel aus der Kiste hervorschießen lassen. Wenn wir uns mit dem Fluss des Lebens bewegen und uns ihm nicht in den Weg stellen, kann unser Geist schnell reagieren.

Manchmal erspüren wir über die schnelle Reaktion das (einzig) Gute im Schlechten. Es gibt eine sehr berühmte Zen-Geschichte, in der ein Mann von einem Tiger gejagt wird. Um sich zu retten, griff der Mann nach einer Wurzel und schwang sich auf die andere Seite einer Klippe. Dort erwartete ihn bereits ein anderer Tiger. Um die Sache noch schlimmer zu machen, begannen zwei kleine Mäuse an der Wurzel, an der er hing, zu nagen. Der Mann war entsetzt. Plötzlich entdeckt er eine Erdbeere, die in der Nähe wuchs. Er nahm sie, aß sie mit Freude und dachte bei sich: „Ach, wie lecker die ist".

Zen-Praktizierende realisieren: Das Leben steckt voller Überraschungen. Und weil das Leben nicht langweilig ist, dürfen auch wir nicht langweilig sein. Die alten Meister bewarfen sich gegenseitig gerne mit Dingen, stießen sich, schrien, bellten und antworteten mit Rätseln auf Rätsel. Zen-Meister Sengai unterstrich seine außerordentlichen Kalligraphien über das Glück mit kleinen Gedichten. Eine dieser Kalligraphien zeigt ein *Go*-Spiel (ein Brettspiel). Wie beim Schach versuchen die Spieler, den anderen in die Enge zu treiben („inmitten des Todes") und können sich selbst nur über eine komplexe Lösung befreien. Sengai schreibt: „Es gibt Dinge, die selbst dem Weisen nicht gelingen, während der Narr es auf den Punkt bringt. Auf unerwartete Weise den Weg zum Leben inmitten des Todes zu entdecken, lässt ihn in ein herzhaftes Lachen ausbrechen."[61]

Warum das Lachen? Lösungen können an den unwahrscheinlichsten Orten gefunden werden können, und das ist eine lustige Erkenntnis. Wir können sie nicht mit dem Verstand finden, aber sie kommen zu uns, schießen wir Springteufel aus der Kiste, solange wir unsere Augen auf alle Bereiche an allen Orten geöffnet halten. Wenn wir das Zusammenspiel von allem akzeptieren, werden wir bessere Spieler und darüber hinaus noch tiefschürfend unterhalten.

Manchmal macht uns die Achtsamkeit für den Fluss des Lebens zu leidenschaftlichen, kämpferischen und starken Machern. Zu anderen Zeiten geben wir uns vollständig hin und lassen uns gehen. In diesem Moment geben wir uns selbst der Erfahrung hin und lassen den Moment das mit uns machen, was ihm vorschwebt.[62]

Hierzu abschließend noch zwei Anekdoten, beide über den großen Gelehrten des östlichen Denkens, Alan Watts. Gegen Ende seines Lebens, als er gerade anfing, mit seinem Intellekt zu beeindrucken, äußerte er sich gegenüber seinem Freund Al Chung-liang Huang auf eine etwas andere Art und Weise: „Yah … Ha … Ho … Ha! Ho … La Cha Om Ha … Deg deg te re … Ta De De Ta Te Ta … Ha Te Te Ha Hom … Te Te Te …“ und ging dann mit seinem Freund tanzen.[63] Alan Watts Tochter Jano beschrieb ihn als „nie langweilig. Er war ein Mann voller Freude und Überraschungen. In der Nacht vor seinem Tode spielte er mit Ballons, die ihn an seinen Geist beim Verlassen seines Körpers erinnerten.“[64]

Was also können Sie aus dieser Untersuchung zum Lächeln, Unsinn und dem Lachen lernen? Offensichtlich ist die Achtsamkeit der Schlüssel zur Unbeschwertheit und somit zur spirituellen Bewusstseinsebene. Aber: Sie kann nur schwer verordnet werden. Sie, wie alle anderen auch, müssen sich Ihren eigenen Weg suchen, auf dem Sie Ihr Herz erleichtern können und lernen, wie Sie zum richtigen Zeitpunkt ernsthaft albern sein können. Sie können Ihren Humor fördern, wenn Sie verstehen, dass das Leben ein Spiel ist. Es fordert von Ihnen: Gehen Sie bei wichtigen Angelegenheiten mit großem Geschick vor und nehmen Sie dabei sich selbst nicht zu wichtig. Und vergessen Sie nicht das Lachen über Ihre eigenen Verkrampfungen. Sich über jemand anderen lustig zu machen, ist leicht. Doch ziehen Sie die besten Lehren daraus, wenn Sie Ihre eigene Zerstreutheit aufdecken und über sie lachen. Sie werden feststellen: Sie erleben Ihr Ich-Gefühl seltener und weniger intensiv, im gleichen Maße wie Ihre Achtsamkeit zunimmt. Solches Lachen ist außerordentlich befreiend und katapultiert Sie direkt auf die spirituelle Bewusstseinsebene und weg von der Erde.

ÜBUNGEN FÜR DIE SPIRITUELLE BEWUSSTSEINSEBENE: UNBESCHWERTHEIT

Bewegen Sie Körper und Geist

Was würden Sie Ihrem Kind sagen, wenn es Ihnen sagte: Es ist mir zu mühsam zur Schule zu gehen und etwas zu lernen?

Schreiben Sie in Ihren Kalender, wann Sie sich körperlich bewegen und wann Sie etwas Neues erlernen möchten. Schreiben Sie neben diese Einträge, warum Sie das durchziehen sollten, auch wenn es Ihnen hart erscheint.

Lesen Sie das Buch *Superfaktor Bewegung* von John J. Ratey, M.D., u.a. zur Wissenschaft der Bewegung und des Gehirns und finden Sie weitere informative Seiten auf meiner Internetseite andreapolard.de, um mehr über die Themen Sport und Ernährung zu erfahren.

Praktizieren Sie Achtsamkeit

Nur, wenn Sie Ihre Ziele vergessen und den Moment für das lieben, was er Ihnen gerade gibt, können Sie Unbeschwertheit erleben. Nehmen Sie sich an erlebnisreichen Tagen eine Auszeit und achten Sie auf jedes Detail, das Ihnen der Augenblick bietet: Achten Sie auf Ihren Atem, alle Klänge, ein vorübergehendes Geräusch, wie Sie Ihre Finger halten, was Sie genau sehen, schmecken und riechen.

Unerschütterliche Liebe zur Gesamtheit des Lebens

Das Leben kann nicht immer sorgenfrei sein. Wir müssen unsere Toten betrauern, beklagen, Schmerzen aushalten, unter Druck nach Lösungen suchen, unsere Kinder dazu bringen, Gemüse zu essen. Dennoch sollten wir grundsätzlich das Leben lieben. Was könnte Ihnen helfen, die Gesamtheit des Lebens trotz all der Schmerzen und der Vergänglichkeit zu umarmen? Was würden Sie Ihren erwachsenen Kindern raten, wenn sie Sie wegen der unerschütterlichen Liebe zur Gesamtheit des Lebens um Rat fragen? Wie können Sie in allem Leben das Wunder sehen?

Pflegen Sie Ihren Humor

Wir sind nicht alle Stand-up-Comedians, Gott sei Dank! Aber wir können dennoch alle mehr für unseren Humor tun. Manchen von uns würde es schon ausreichen, sich einfach das Lachen zu erlauben. Andere müssen tiefer graben und herausfinden, warum sie die Welt und sich selbst so ernst nehmen. Jeder von uns muss jedoch von seinem hohen Ross herunterkommen! Halten Sie sich beispielsweise für das Lachen zu klug oder zu wichtig? Fühlen Sie zu viel Verantwortung für die Welt, oder sind Sie fürs Lachen einfach zu traurig? Fühlen Sie sich ungerecht behandelt und müssen Sie Ihre Umwelt deswegen bestrafen? Was immer es ist: Verpflichten Sie sich, sich selbst auf die Schippe zu nehmen.

Lernen Sie das Albernsein

- Schauen Sie sich alberne Filme an wie *Frankenstein Junior, The Producers, Zoolander, Heartbreakers – Achtung: Scharfe Kurven!, Borat, Blues Brothers, Verrückt nach Mary, Ein Fisch namens Wanda, oder Die unglaubliche Reise in einem verrückten Flugzeug*, oder drehen Sie selbst einen.
- Veranstalten Sie einen Gesangs-/Karaoke-Wettbewerb.
- Ziehen Sie vor dem Spiegel Grimassen.
- Spielen Sie am Boden mit den Kindern oder Ihren Hunden.
- Gehen Sie in einen Freizeitpark, fahren Sie Achterbahn.
- Verkleiden Sie sich mit einem Halloween-Kostüm. Lassen Sie zu, dass Ihre Kinder Sie an einem Sonntagnachmittag verkleiden.
- Denken Sie sich für Ihre Kinder eine Show aus, oder bitten Sie Ihre Kinder, eine für Sie auf die Beine zu stellen.

[Ausklang]

Die Verschmelzung westlicher und östlicher Denkweisen: Die Theorie des flexiblen Bewusstseins

Mache die Dinge so einfach wie möglich – aber nicht einfacher.

ALBERT EINSTEIN

Auch wenn der Dialog gut voran geht: Die endgültige Synthese ist größer und anders als alles, was die Teilnehmer zuerst auf den Tisch gebracht hatten.

HOWARD E. GARDNER

Meine Inspiration zum Schreiben dieses Buches entsprang der Beobachtung: Die meisten Menschen haben im Großen und Ganzen nur ein rudimentäres Wissen über das Glück, und die so genannten Experten können auch nicht weiterhelfen, weil sie das Thema allzu sehr vereinfachen. Daher ist meine Prämisse: Wir müssen die Komplexität des Lebens ehren und sie in einem umfassenden Verständnis von Glück widerspiegeln.

Also suchte ich in der großen Vielfalt an Beschreibungen für das Glück einen gemeinsamen Nenner, um ein solches Verständnis überhaupt liefern zu können. Ich fand es schließlich in der Teilhabe am Leben. Das Glücklichsein bedeutet in diesem Sinne: Das Hinausgehen über die Erfahrung des eigenen

Selbst und das bewusste Eintauchen in den Strom des Lebens, der uns auf seine Reise mitnimmt. Glück geht über den Zustand des „sich gut Fühlens" hinaus und erlaubt auch negative Geisteszustände, die in einem authentisch gelebten Leben auftreten und – bis zu einem gewissen Grad – auftreten müssen.

Um der Komplexität des Lebens gerecht werden zu können, untersuchte ich ferner die vielfältigen und seltsam paradoxen Beschreibungen des Glücks. Dabei wurde deutlich: Ich konnte sie in zwei Gruppen aufteilen, wovon jede einzelne auf zwei mentale Ebenen hinwies, auf denen wir unsere Teilhabe erleben. Es existieren zwei Flügel des Glücks.

Der erste ist aktiv und basiert auf der Vergänglichkeit des Lebens. Es ist die analytische Bewusstseinsebene, auf der wir uns auf den scheinbar vernehmbaren, benennbaren Bereich des Lebens fokussieren und danach streben. Hierbei kann es sich zum Beispiel um ein äußeres Ziel oder eine andere Person handeln. Die Erfahrungen auf dieser Ebene erfordern Anstrengung. Die andere Ebene ist nicht aktiv und beruht auf der Kraft des Lebens. Es ist eine spirituelle Bewusstseinsebene, auf der wir uns auf das gesamte Sein ausrichten, an dem wir alle teilhaben, ein Fokus, der keine klare Unterscheidungen ermöglicht, sondern das Bewusstsein selbst ist. Sobald wir darin geübt sind, bedarf es für diesen Fokus keiner oder nur wenig Anstrengung im üblichen Sinne. Er gibt uns Kraft und Nahrung.

Es ist verlockend, aber letztlich nicht hilfreich, wenn wir das Glück nur von einer Ebene aus erklären würden. Befürworter des aktiven Ansatzes zum Glück behaupten beispielsweise: Die Achtsamkeit ist ein echtes Ziel, und der Weg zum Glück ist mit Anstrengungen und Aktionen gepflastert. Auch wenn in diesem Glauben Wahrheit steckt – beispielsweise erfordern viele östliche religiöse Praktiken Disziplin – sind solche Behauptungen doch fehlerhaft. Bewusstseinserfahrungen wie die Erleuchtung sind weder definierbar noch können wir mit willentlichem Verlangen dorthin gelangen. Unser Handeln sollte mühelos werden (wie im tibetischen Buddhismus) oder wie beim Wu-wei, dem Nichthandeln, oder wie bei unmotivierten Aktionen (wie im Zen-Buddhismus und Taoismus). Erklärungen der Achtsamkeit vermittels des zielorientierten Ansatzes der westlichen Welt lassen diesen Punkt vermissen.

Andererseits insistieren Befürworter der östlichen Ansätze des Glücks darauf: Alles was wir brauchen, ist die Achtsamkeit, und alles was danach kommt, stimmt sich darauf ein. Das Ausbilden von Fähigkeiten wird meist stiefmütterlich behandelt, wenn es überhaupt erwähnt wird. Die Mönche und Nonnen, für die die meiste religiöse Literatur des Ostens geschrieben wurde, sollten all jene Ambitionen beiseitelegen, die für den Erfolg im Beruf, in Spiel und Sport wesentlich sind. Wenn wir uns aber nach dauerhaften und bereichernden Beziehungen sehnen, müssen wir Leidenschaft und Kommunikationsfähigkeit besitzen, für die ein friedliches Herz vielleicht eine Grundlage, aber kein Ersatz ist.

DIE BEIDEN EBENEN IN EINKLANG BRINGEN

Weder westliche noch östliche Denkweisen können uns für sich genommen befriedigende Wege aufzeigen, wie wir auf das wahre Leben reagieren sollen. Keine für sich allein ist geeignet, uns die vollständige Teilhabe am Leben zu ermöglichen. Um Ihnen zu verdeutlichen, wie bedeutungsvoll das Umsetzen sowohl der aktiven, also der analytischen Bewusstseinsebene, und der nicht-aktiven, also der spirituellen Bewusstseinsebene ist, möchte ich Ihnen eine Geschichte mitteilen, die Paulo Coelho in seinem Buch *Der Alchimist* erzählt.

Es war einmal ein junger Mann, der das Geheimnis des Glücks von einem klugen Mann erlernen wollte. Der junge Mann war überrascht, als er den weisen Mann in eifrigen Händeln mit Kaufleuten erlebte. Nachdem er eine lange Zeit gewartete hatte, fragte der junge Mann um Rat, worauf der weise Mann ihm sagte: Der junge Mann solle sich den prächtigen Palast des weisen Mannes anschauen und in zwei Stunden wiederkommen. Dabei solle er in seiner Hand einen Löffel mit zwei Tropfen Öl halten, ohne etwas zu verschütten.

Nachdem der junge Mann zum Weisen zurückgekehrt war, hatte er über die Pracht des Palastes nichts zu berichten, da er seinen Fokus einzig und allein auf die Tropfen Öl gerichtet hatte. Der weise Mann schickte ihn erneut mit der gleichen Aufgabe los. Dieses Mal bewunderte der junge Mann die Schönheit des Palastes und vergaß dabei völlig die Öltropfen.

Der weise Mann gab daraufhin den Rat: „Das Geheimnis des Glücks besteht darin, alle Herrlichkeiten dieser Welt zu schauen, ohne darüber die beiden Öltropfen auf dem Löffel zu vergessen.“[1]

In meiner Terminologie ausgedrückt: Das Geheimnis des Glücks ist die Ausrichtung auf die Wunder des Lebens auf der spirituellen Bewusstseinsebene, ohne dabei unsere wichtigen Aktivitäten auf der analytischen Bewusstseinsebene zu vernachlässigen. Wenn wir das Glück zur Priorität machen, werden wir mit Übung allmählich einen Zugang zu beiden Ebenen – in ausgewogener Weise – finden. Wir werden unsere Beziehung zum Allumfassenden verbessern, indem wir unsere Beziehung zu dem „Vielen“ erlernen und umgekehrt. Schließlich werden wir unsere Ambition mit Ruhe ausgleichen; unser Selbstvertrauen mit Vertrauen auf etwas Größeres; unsere Kompetenz mit dem rezeptiven Zustand des Nichtwissens; und unsere ernsthaften Angelegenheiten mit Buddhas unbeschwertem Lachen. Schließlich werden wir ein Bewusstsein entwickeln, das seine Aufmerksamkeit flexibel verengen und erweitern kann; ganz so, wie es für die Teilhabe am erfüllten Leben nötig ist.

DIE VEREINIGUNG DER BEIDEN EBENEN

Zu Erklärungs- und Übungszwecken habe ich die analytische Bewusstseinsebene und die spirituelle Bewusstseinsebene getrennt voneinander vorgestellt. Je mehr wir jedoch lernen, auf die beiden Ebenen zuzugreifen, desto stärker werden wir erkennen: Die beiden Ebenen schließen sich keinesfalls gegenseitig aus. Es handelt sich auch nicht um zwei völlig unterschiedliche Ebenen. In der Realität überlappen sich die scheinbar gegensätzliche analytische Bewusstseinsebene und die spirituelle Bewusstseinsebene und ergänzen sich gegenseitig. Wir haben nur ein Bewusstsein. Es sind keine völlig verschiedenen Bereiche des Gehirns, nur unterschiedliche Muster der neuronalen Aktivierung.

Lassen Sie mich daher mit einer einfachen (aber nicht zu einfachen) Theorie des Glücks schließen, die beide mentale Ebenen einschließt. Ich nenne sie die Theorie des flexiblen Bewusstseins, die uns bei der Integration der Informationen hilft, die wir in Bezug auf die verschiedenen Arten von

Erfahrungen auf der analytischen und spirituellen Bewusstseinsebene diskutiert haben.

Anstatt die analytische Bewusstseinsebene und die spirituelle Bewusstseinsebene als sich gegenseitig ausschließende mentale Ebenen anzusehen, trifft es folgende Aussage genauer: Zwischen der Fokussierung auf ein „Anderes“, das wir als von uns klar unterschieden wahrnehmen, und der Fokussierung eines non-dualen Seins gibt es unzählige Möglichkeiten. Zum Beispiel können wir uns auf ein Ziel oder eine Person mit unterschiedlicher Intensität fokussieren. Dies geschieht, wenn wir unsere Aufmerksamkeit langsam oder kontinuierlich auf verschiedene Schwerpunkte fokussieren und von dort wieder abziehen, anstatt dies abrupt oder zusammenhanglos zu tun.

Unser Bewusstsein kann außerhalb seiner selbst hinausreichen und hat dabei unterschiedliche Grade an Intensität und Fokussierung zur Verfügung. Das folgende Diagramm zeigt die unterschiedlichen Grade der Fokussierung auf der analytischen Bewusstseinsebene:

Auf der analytischen Bewusstseinsebene fokussieren wir uns mit unterschiedlicher Intensität auf den Anderen (andere Wesen oder äußere Ziele)

Obwohl die starke Aufmerksamkeit auf einen Schwerpunkt der optimalere Geisteszustand ist, würde es uns zu sehr ermüden, wenn wir ihn auf dieser Ebene den ganzen Tag ausüben würden. Wie immer gilt: Die Perfektion ist etwas für Götter, der menschlichen Natur bleibt die Unvollkommenheit. Soweit es das vollständige Spektrum unserer fokussierten Aufmerksamkeit betrifft, können wir nicht entscheiden, ob wir uns innerhalb oder außerhalb des Lebensstromes befinden. Schließlich ist die Vielfalt Teil unserer genetischen Anlagen und etwas, ohne das Mutter Natur nicht auskommen könnte.

Je stärker unser Bewusstsein jedoch seine Aufmerksamkeit von einem bestimmten Anderen abzieht, desto niedriger ist der Grad der aktiven Teilhabe. Sind wir für einen zu langen Zeitraum inaktiv, erreichen wir irgendwann einen kritischen Punkt, an dem wir unseren Geist betäuben. Mit anderen Worten: Wenn wir ständig nur lose mit der externen oder scheinbar getrennten Welt interagieren, während wir dem Sein gegenüber unachtsam bleiben, wird das Gummiband schlaff. Statt die Spannung wiederherzustellen, werden wir träge und unser Verstand zu wirr. So können wir die Teilhabe am Leben nicht erfahren. Leider ist dies das Schicksal zu vieler Menschen, die im Zappen durch die Fernsehkanäle und Internetseiten oder in anderem sinnlosen Konsum Zuflucht nehmen. Fühlen wir uns so, als würden wir uns nicht länger anstrengen, dann kommt ein Punkt, an dem wir uns wieder auf das Sein fokussieren sollten.

Genau wie auf der analytischen Bewusstseinsebene kann unser Bewusstsein auf der spirituellen Bewusstseinsebene mehr oder weniger auf sich selbst ausgerichtet sein, d.h. auf das Sein. Das Gefühl des Eins-Seins mit dem Leben ohne gegenseitig aufeinander einzuwirken, kann nicht immer optimal sein. Ganz einfach, weil wir nicht immer den gleichen Grad des Eins-Seins mit dem Leben empfinden. Zwar ist es möglich, uns kontinuierlich wach und erleuchtet zu fühlen, aber das Ausmaß, in dem wir dies erleben, muss variieren. Auch die bewussteste Person muss mal schlafen und ausruhen. Die meisten von uns genießen gelegentliche Ablenkungen. In einem Moment können wir den Anblick eines vorbeifliegenden Vogels genießen; in einem anderen Moment könnten wir unsere Aufmerksamkeit stärker auf den Vogel in seiner Umgebung richten, das Gleichgewicht der Natur bemerken und genießen, oder uns mit der Ausgeglichenheit des Vogels eins fühlen. Alle Aufmerksamkeitsgrade auf das Sein lassen uns fühlen, dass wir irgendwie Teil des Lebens sind.

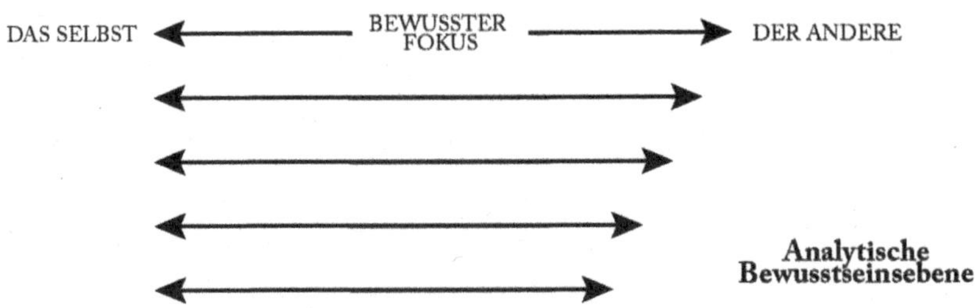

Auf der spirituellen Bewusstseinsebene fokussieren wir unser Bewusstsein auf sich selbst und erfahren das non-duale Bewusstsein in je unterschiedlicher Intensität

Ist unser Bewusstsein flexibel, erleben wir uns auf überwältigende Weise als Teilnehmer des Lebens. Dies bedeutet: Das Bewusstsein kann alle Aufmerksamkeitsgrade genießen, egal, ob der Fokus auf dem Anderen (einem anderen Wesen oder äußerem Ziel) oder auf sich selbst (dem Sein) liegt. Vorzugsweise erleben wir auf beiden Ebenen zahlreiche Gipfelerfahrungen. Meistens werden wir jedoch unterschiedliche Grade von Erfahrungen sowie eine Mischung aus ihnen erleben.

Ein Beispiel für solch eine gemischte Erfahrung haben Sie wahrscheinlich schon einmal in einer besonders guten Beziehung erlebt. Wenn wir uns auf der analytischen Bewusstseinsebene auf gekonnte Weise miteinander verbinden, können wir auch auf der spirituellen Bewusstseinsebene in die Erfahrung der Einheit schlüpfen. Momente wie diese sind wahrscheinlicher, wenn wir nicht unter Zeitdruck stehen[2] und uns gegenseitig Kraft geben.[3] Der griechische Philosoph Epikur schrieb vor mehr als 2000 Jahren: „Freundschaft kann uns helfen, diese Ruhe von Körper und Seele zu erlangen – das ist die höchste Freude".[4] Diese Seelenruhe entspringt zuerst der Annäherung an den anderen und wird von gegenseitigem Verständnis und der Gegenseitigkeit auf vielen anderen Ebenen gefolgt.[5]

Teilweise sind spezielle Nerven in unserem Gehirn, so genannte Spiegelneuronen, für die Erfahrung der Gegenseitigkeit oder Einheit verantwortlich. Wenn wir uns auf jemand anderen fokussieren, feuern diese Neuronen in Übereinstimmung mit den Spiegelneuronen der anderen Person.[6] So setzen wir uns mit dem anderen in Beziehung, als wäre er oder sie ein Teil von uns und kein anderes Objekt. Martin Buber bezeichnete dies als „Ich-Du-Beziehung".[7] Außerdem können unsere Grenzen zueinander im intensiven Gefühl der romantischen Liebe verschwimmen, die laut Eugene d'Aquili und Andrew Newberg „größer als jeder einzelne von uns beiden" ist.[8]

Lassen Sie uns anschauen, was ich das flexible Bewusstsein bezeichne. Hierbei handelt es sich um das ganze Spektrum eines Bewusstseins. Es ist ein Bewusstsein, das sowohl aktiv mit der Welt in Beziehung treten kann als auch die bestehende Verwandtschaft mit ihr nicht nur auf optimale Weise, sondern in unterschiedlicher Intensität realisieren kann.

DAS FLEXIBLE BEWUSSTSEIN

Ein flexibles Bewusstsein ermöglicht es uns nicht nur, zwischen und innerhalb der Ebenen zu wechseln. Damit können wir uns außerdem auf ein wertvolles äußeres Ziel oder eine andere Person konzentrieren und gleichzeitig eine gewisse Achtsamkeit für das Sein aufrechterhalten. In anderen Worten: Das Einbringen der spirituellen Bewusstseinsebene in unsere analytische Bewusstseinsebene ist möglich; wir können unsere Verbindung mit dem Sein fühlen, während wir uns bemühen. Fühlen wir uns kontinuierlich durch ein starkes Gefühl des Seins auf der spirituellen Bewusstseinsebene getragen und machen wir von unseren Fähigkeiten auf der analytischen Bewusstseinsebene reichlich Gebrauch, können wir auch die schwierigste Aufgabe übernehmen und die schlimmste Krise bewältigen. Haben wir erst einmal ein flexibles Bewusstsein entwickelt, wir fühlen uns nie mehr so, als würden wir außerhalb unseres eigenen Lebens stehen. Wir fliegen auch dann weiter, egal ob wir hoch oder niedrig fliegen müssen. Wir können ein glückliches Leben leben, egal was auch immer geschieht.

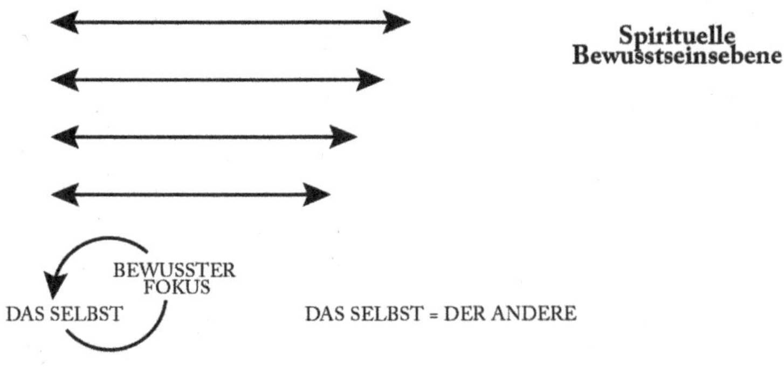

Das flexible Bewusstsein kann seinen Fokus in wechselnder Intensität aufrechterhalten. Es kann sich von äußeren auf innere Schwerpunkte verlagern, von Erfahrungen verschiedener Spannungsgrade zwischen dem „Selbst“ und dem Anderen auf der analytischen Bewusstseinsebene, sowie verschiedener Grade der Nicht-Dualität auf der spirituellen Bewusstseinsebene

Ein Gleichgewicht zwischen der analytischen Bewusstseinsebene und der spirituellen Bewusstseinsebene entsteht nach und nach und auf natürliche Weise, nachdem wir (1) uns dem Glück verpflichten haben und nicht nur überleben wollen, (2) unserem Körper mit guter Ernährung und Bewegung neue Energie zugeführt haben, um uns überhaupt den Luxus des Glücklichseins leisten zu können, (3) beide Ebenen verstanden haben und (4) beide Ebenen ausüben.

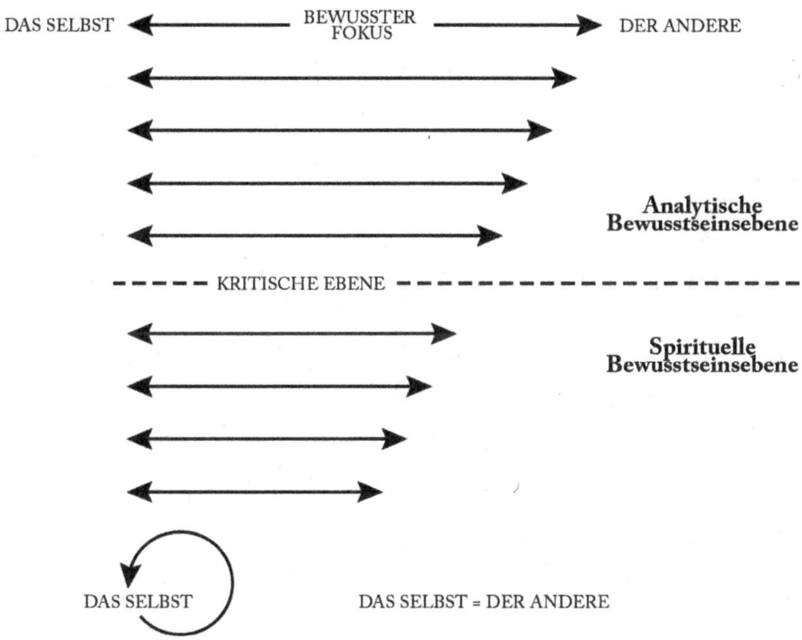

Die Achtsamkeit auf unserer analytischen Bewusstseinsebene und spirituellen Bewusstseinsebene hilft, unser Bewusstsein flexibel zu halten

Möglicherweise müssen wir uns auch ständig daran erinnern, dass das Streben nach Glück eine positive moralische Entscheidung ist. Anders als bei der ewigen Genusssucht im Überlebensmodus, ist das Glück nicht nur gut für uns als Individuum, sondern auch für unsere verschiedenen Gemeinschaften. Wenn wir uns als Teil des Lebens fühlen, möchten wir etwas erschaffen, lieben und geben. Wir können unserer Flügel ausbreiten und dorthin fliegen, wo immer wir wollen – daran ist nichts falsch. Barbra Streisand hat davon in einem ihrer Lieder gesprochen: Wir müssen uns nicht mit „einem Stück des Himmels“ zufrieden geben.[9]

Doch dürfen wir nie vergessen: Das Abgleiten in die egozentrische Konsumorientierung ist verführerisch und derzeit auf der ganzen Welt weit verbreitet. Unsere „Lust auf mehr“ darf sich jedoch nicht auf das Verlangen nach weiteren Objekten, mehr Anerkennung, mehr Sicherheit, mehr Besitz ausrichten. Tun wir das, geben wir uns wirklich nur mit „einem Stück des Himmels“ zufrieden. Wir sollten auch das Fliegen an sich anstreben: auf der analytischen Bewusstseinsebene den Flug zu etwas oder jemanden, das/der dazu würdig ist und auf der spirituellen Bewusstseinsebene um des Fliegens selbst willen.

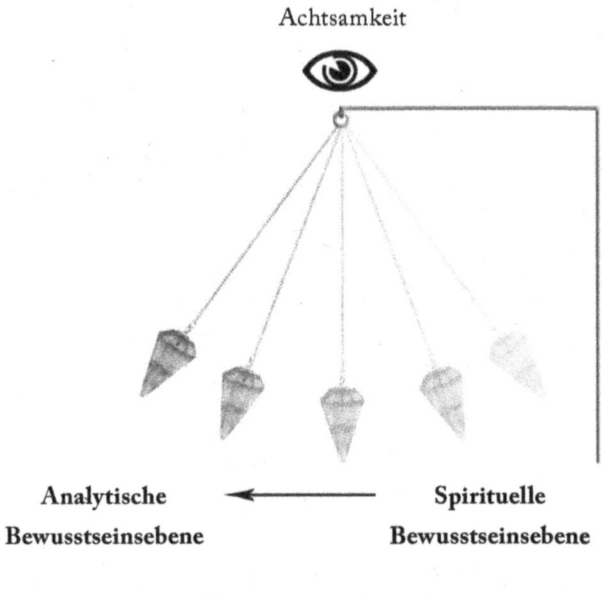

Die Achtsamkeit auf unserer analytischen Bewusstseinsebene und spirituellen Bewusstseinsebene hilft, unser Bewusstsein flexibel zu halten

Damit wir ein Abdriften in den Überlebensmodus vermeiden und die Flexibilität des Bewusstseins fördern, müssen wir stets auf uns aufpassen und einen relativ hohen Achtsamkeitsgrad aufrechterhalten. Zwar können wir in unsere Achtsamkeit nicht immer wie auf der spirituellen Bewusstseinsebene eintauchen, wir können aber stets überprüfen, ob unser Handeln und Nicht-Handeln im Einklang mit dem Glück steht. Glück basiert immer auf einer Entscheidung. Wollen wir auf dem rechten Pfad bleiben und alle Grade unseres Bewusstseins auf der analytischen Bewusstseinsebene und der spirituellen Bewusstseinsebene ausleben, müssen wir auf unsere Achtsamkeit bauen.

Ich vertraue darauf: Wenn Sie alles über die beiden Bewusstseinsebenen erlernt haben und das praktizieren, bekommen auch Sie häufiger vom Glück Besuch. Versuchen Sie es nur nicht zu erzwingen und versuchen Sie es nicht festzuhalten. Betrachten Sie Ihr Leben stattdessen mit Aufmerksamkeit. Auf diese Weise zerstören Sie nicht das, was William Blake in seinem Gedicht „Ewigkeit" mit „Beschwingtheit des Leben" ausdrücken wollte und bleiben so stets offen für die Erfahrung von wahrer, gelebter Freude.

Anmerkungen

EINFÜHRUNG

1. Die beiden Ebenen ergänzen sich, ganz so wie die Polarität von Yin-Yang. Das Symbol ☯ entstammt der chinesischen Philosophie. Alan Watts erklärt, dass die Chinesen Licht und Dunkelheit, Leben und Tod, Gutes und Schlechtes, Positives und Negatives nicht als sich bekämpfende Gegensätze begreifen. Sie sind „unterschiedliche Erscheinungsformen von ein und demselben System, und das Verschwinden von einem der beiden würde das gesamte System zum Verschwinden bringen." *The Watercourse Way* (New York: Pantheon Books, 1975), S. 20; im Deutschen: *Der Lauf des Wassers* (Bern, München, Wien: O.W. Barth Verlag 1976). An anderer Stelle des gleichen Buches führt er aus: „Das Prinzip des Yin-Yang ist nicht das, was wir für gewöhnlich einen Dualismus nennen; es ist vielmehr eine explizite Dualität, die eine implizite Einheit zum Ausdruck bringt." Die beiden Bewusstseinsebenen, die analytische und die spirituelle Bewusstseinsebene, stellen eine solche Einheit dar.
2. Die Begriffe „Glück" und „Unglück" schließen einander nicht aus. Diane Swanbrow, "The Paradox of Happiness," Psychology Today 23, (1989), S. 37–39.
3. Dies bezieht sich auf den Song A Piece of Sky, der von Barbara Streisand im Film Yentl gesungen wird (1983, Regie: Barbara Streisand).

Teil I

GLÜCK UND DIE BEIDEN EBENEN DES BEWUSSTSEINS

KAPITEL 1 - AUF ZWEI FLÜGELN ZUM GLÜCK

1. Barbara Frederickson, "What Good are Positive Emotions?" *Review of General Psychology*, 2 (1998), S. 300–319. Siehe auch Barbara Frederickson und Thomas Joiner, "Positive Emotions Trigger Upward Spirals Towards Emotional Well-being," *Psychological Science* 13 (2002), S. 172–175.

2. Deborah Danner, David A. Snowdon und Wallace V. Friesen, "Positive Emotions in Early Life and Longevity: Findings from the Nun Study," *Journal of Personality and Social Psychology* 80 (2001), S. 804–813.
3. Der Wirtschaftswissenschaftler Layard stellt heraus: „Glück ist das ultimative Ziel, denn es ist, anders als andere Ziele, selbstverständlich. Wenn wir fragen, wie Glück entsteht, können wir keine Antwort außerhalb unserer selbst geben. Glück scheint ganz einfach zu geschehen." So, wie es in der US-amerikanischen Unabhängigkeitserklärung formuliert ist: Es ist ein „selbstverständliches" Ziel. Richard Layard, *Happiness. Lessons from a New Science* (New York: Penguin, 2005), S. 113.
4. Michael R. Cunningham, "Measuring the Physical in Physical Attractiveness: Quasi-experiments on the Sociobiology of Female Facial Beauty," *Journal of Personal & Social Psychology* 50 (1986), S. 925–35.
5. Der berühmte griechische Philosoph Aristoteles (384–322 v. u. Z.), Sohn des Nikomachos, Schüler von Platon und Lehrer Alexanders des Großen, glaubte, Glück sei das höchste Ziel menschlichen Lebens. Alle anderen Ziele seien diesem untergeordnet. Heutzutage halten viele Menschen das Streben nach Glück für egoistisch. Aristoteles jedoch sah darin keinen ethischen Konflikt. Für ihn stand die Gemeinschaft an erster Stelle, erst dann kam das Individuum. Dennoch beginnt das Glück zunächst im einzelnen Menschen, im Individuum. Glück ist ein tugendhaftes Verhalten; es entspricht unserem ureigensten Lebenszweck. Aristoteles schrieb: „Glückseligkeit nennen es die Leute und die Gebildeten, und sie setzen das Gutleben und das Sich-gut-Verhalten gleich mit dem Glückseligsein". Aristoteles, *Die Nikomachische Ethik* (Düsseldorf, Zürich: Artemis und Winkler, 2005), Erstes Buch, S. 11. Und weiter: „...dann ist das Gute für den Menschen die Tätigkeit der Seele auf Grund ihrer besonderen Befähigung, und wenn es mehrere solche Befähigungen gibt, nach der besten und vollkommensten." (Ebd., Erstes Buch, S. 19f). „Aber grundlegend für die Glückseligkeit sind die tugendgemäßen Tätigkeiten" (Ebd., Erstes Buch. S. 25f).
6. Seligmann und Csíkszentmihályi, zwei Begründer der Positiven Psychologie (welche postuliert, die Fokussierung auf psychische Störungen und Leiden führe nicht zum Glück) betonen die Wichtigkeit positiver Therapieeinrichtungen in ihrem Buch: Martin Seligman und Mihaly Csíkszentmihályi, "Positive Psychology. An Introduction." *American Psychologist* 55 No.1 (2000): S. 5–14.
7. Insbesondere Emigranten müssen ungewohnte Wege gehen, deren Ende unbekannt ist. Emigranten, die einen sicheren Hafen verlassen, müssen oft unerwartete Härten erdulden. Die Mehrheit der Menschen gibt dem Verbleib in der Heimat den Vorzug. Meine Untersuchungen ergaben: Freiwillige Emigranten sind mehr an Freiheit und neuen Chancen interessiert als an Sicherheit. Andrea Floren Polard, "Leaving the Circle: The Phenomenon of Emigration", ein Dissertationsprojekt, eingereicht zur Teilerfüllung der Anforderungen zur Erlangung des Doktorgrades der Psychologie mit dem Schwerpunkt klinischer Psychologie am Ryokan College, Los Angeles, Kalifornien (1998).

8. Näheres über einen Vergleich unterschiedlicher Nationen in Bezug auf das Glück siehe bei Ed Diener, Marissa Diener und Carol Diener, "Factors Predicting the Subjective Wellbeing of Nations," *Journal of Personality and Social Psychology* 69 (1995): S. 851–862.
9. Für mehr Informationen über gesellschaftlichen Wandel siehe Layard, *Happiness*.
10. Gregg Easterbrook ist erstaunt, warum sich die Menschen nicht glücklicher fühlen, obwohl sie länger, gesünder und im Wohlstand leben. Siehe Gregg Easterbrook, *The Progress Paradox: How Life Gets Better While People Feel Worse* (New York: Random House, 2004). In diesem Zusammenhang ist eine Studie über Lottogewinner interessant. Diese sind nach einer gewissen Phase der Umstellung nicht glücklicher als in der Zeit vor dem Gewinn. P. Brickman, D. Coates, D. und R. Janoff-Bulman, "Lottery Winners and Accident Victims: Is happiness relative?" *Journal of Personality and Social Psychology* 36 (1978): S. 917–927. Ein guter Beitrag über Wohlstand und Glück ist: Shlomo Maital, "The Pursuit of Happiness: If We're So Rich, Why Aren't More of Us Satisfied?" *Barron's* (1.5.2000): S. 70.
11. Obwohl Glück zu einem so wichtigen Thema geworden ist, sollten wir doch mit höchster Priorität das Lindern von Leiden in armen, verwüsteten und von Diskriminierung betroffenen Gesellschaften und Ländern angehen. Das Glück wird uns aus dem Weg gehen, solange wir dem Leiden anderer gleichgültig gegenüber stehen.
12. Anaïs Nin, zitiert nach Dan Millman, *Living on Purpose: Straight Answers to Universal Questions* (Novato: New World Library, 2000), S. 4.
13. Darrin M. McMahon, *Happiness: A History* (New York: Grove Press, 2006).
14. Paul Watzlawick, *Anleitung zum Unglücklichsein* (München: Piper, 1990).
15. Mehr über wissenschaftliche Untersuchungen der Beziehung zwischen Bewegung und Gehirntätigkeit bei John J. Ratey and Eric Hagerman, *Spark. The Revolutionary New Science of Exercise and the Brain* (New York: Little, Brown and Company, 2008). Weitere Ausführungen über Sport und Ernährung finden Sie in dem Abschnitt über Ressourcen im Anschluss an diese Anmerkungen, oder besuchen Sie meine Website: andreapolard.com.
16. Nancy Cantor und Catherine A. Sanderson, "Life Task Participation and Well-Being: "The Importance of Taking Part in Daily Life," *Well-Being. The Foundation of Hedonic Psychology* Herausgeber: Daniel Kahneman, Ed Diener und Norbert Schwarz (Russel Sage Foundation: New York, 2003): S. 230–243.
17. Aristoteles schrieb: „Denn keiner möchte ohne Freunde leben, auch wenn er alle übrigen Güter besäße." Er stellte auch heraus, dass das Wohl der Gesellschaft über dem Wohl des Einzelnen steht; folgerichtig betrachtete er die Politikwissenschaft als wichtigste praktische Angelegenheit im Leben. Aristoteles, *Die Nikomachische Ethik* (Düsseldorf, Zürich: Artemis und Winkler, 2005), Achtes Buch, S. 166.
18. Csíkszentmihályi ist ein strenger Verfechter der Auffassung von Glück als zielgerichtetem Handeln. Diese Vorstellung geht auf Aristoteles zurück. Seine eingehenden Analysen der Frage, wie Aktivität zu einem Gefühl des „flow"„ und des Glücks führen kann, ist reich

an Erkenntnis und interessant für jeden, der sein Leben dem Glück verpflichten möchte. Mihaly Csíkszentmihályi, *Flow: Das Geheimnis des Glücks* (Stuttgart: Klett-Cotta, 1992).

19. Csíkszentmihályi, *Flow,* S. 14. Csíkszentmihályi ist ebenfalls überzeugt: Reflexion (mit Aristoteles gesprochen: das kontemplative Leben) sollte eine ideale Ergänzung oder Unterstützung von Aktivitäten sein (das aktive Leben). Man kann über seine eigenen Handlungen nur dann reflektieren, wenn man sich seiner Erfahrungen bewusst ist, in Kontakt mit ihnen steht. (Ebd., S. 296f). Aristoteles betrachtete Kontemplation als die höchste Form tugendhaften Handelns. Insofern ist Reflexion, wie beim Durchdenken von Dingen, nicht ein Teil der spirituellen Bewusstseinsebene, sondern der analytischen Bewusstseinsebene, wie es die „Zwei Flügel zum Glück" definieren. Reflexion oder Kontemplation im Sinne östlichen Verständnisses ist nicht gleichzusetzen mit Denken. Es ist ein ruhiger Zustand des Geistes, in dem die Gedanken vorbeiziehen und man dies gemeinsam mit anderen Erfahrungen beobachten kann.
20. Die Bibel, Nach der Übersetzung Martin Luthers (Stuttgart: Deutsche Bibelgesellschaft, 1984) Genesis 2:2, 2:3.
21. Die Bibel, Nach der Übersetzung Martin Luthers (Stuttgart: Deutsche Bibelgesellschaft, 1984) Matthäus 6:28–6.30.
22. Die erste Übersetzung von Laotses Gedicht stammt von Witter Bynner, *The Way of Life According to Lao-tzu* (New York: Perigee, 1994), no. 37.
23. Die zweite Übersetzung von Laotses Gedicht erfolgte durch Richard Wilhelm in: Laotse, *Tao Te King* (Düsseldorf/ Köln: Eugen Diederichs Verlag, 1957), Nr. 37. Watts interpretiert das Tao als „den fließenden Verlauf der Natur und des Universums", in: Watts und Huang, *Tao: The Watercourse Way*, S.49.
24. Hermann Hesse (1949), Über das Glück: Betrachtungen und Gedichte (Frankfurt am Main: Suhrkamp, 2005), S. 19f
25. Für meine Untersuchungen zu östlichen Philosophien und Religionen benutzte ich: Junjiro Takakusu, *The Essentials of Buddhist Philosophy* (Hawaii: University of Hawaii, 1947). Für eine wissenschaftliche Erklärung der Erfahrung des Einsseins lesen Sie bitte das Buch von Eugene d'Aquili und Andrew Newberg, *The Mystical Mind. Probing the Biology of Religious Experience* (Minneapolis: Fortress Press, 1999).
26. Hermann Hesse (1949) ibid., S.14f.
27. Die frühe Übersetzung von *A Harem in Bismarck's Reich*: *The Delightful Diary of Shah Nasreddin (*1873) ist nicht mehr erhältlich. Verfügbare Übersetzung: Idries Shah, *The Pleasantries of the Incredible Mulla Nasrudin* (New York: Penguin, 1993), S. 110.
28. Alan Watts, *The Wisdom of Insecurity*: *A Message for an Age of Anxiety* (New York: Vintage, 1951), S. 62.

Teil II

DIE ANALYTISCHE BEWUSSTSEINSEBENE

KAPITEL 3 - DIE ZERBRECHLICHKEIT DES LEBENS

1. Aus Rilkes Gedicht „Herbst". Rainer Maria Rilke, *Die Gedichte* (Frankfurt am Main: Insel Verlag, 2006), S. 305.
2. Aus Frost's Gedicht "Nothing Gold Can Stay". Robert Frost, *The Poetry of Robert Frost: The Collectable Poems Complete and Unabridged.* Herausgegeben von Edward Connery Lathem (New York: Henry Holt, 1969), S. 222–223.
3. „Wir müssen uns über eine Tatsache klar werden: Jeder Junge hat ein Seelenleben, das sein Herz erfüllt. Jeder Junge ist gefühlvoll und jeder Junge kann leiden. Das ist für viele Eltern eine beängstigende Vorstellung; Sie wollen sich, ob bewusst oder unbewusst, nicht die Verletzlichkeit der Gefühle eines Jungen eingestehen. Aber wenn wir diese anerkennen (und wir tun das, damit wir unsere eigene emotionale Fähigkeit als Eltern und Lehrer verbessern), dann können wir den Jungen helfen. Sie werden dann den Schatten über ihrem Leben mit Kraft begegnen können." Dan Kindlon und Michael Thompson, *Raising Cain: Protecting the Emotional Life of Boys* (New York: Ballantine Books, 2000), S. 20.
4. Dies bezieht sich auf das Gelassenheitsgebet: „Gott gebe uns die Gelassenheit, Dinge hinzunehmen, die wir nicht ändern können, den Mut, Dinge zu ändern, die wir ändern können, und die Weisheit, das eine vom anderen zu unterscheiden." Dies schrieb der amerikanische Philosoph und Theologe Reinhold Niebuhr.
5. „Für unsere Zwecke beschreiben wir eine Gewohnheit als den Schnittpunkt von *Wissen, Fähigkeit* und *Wünschen* … Aber selbst wenn ich weiß: Ich muss zuhören, und ich auch weiß, wie ich zuhören muss, dann reicht das trotzdem nicht aus. Wenn ich nicht zuhören *will*, und wenn ich nicht den Wunsch danach habe, dann wird das Zuhören nicht zu einer Gewohnheit in meinem Leben. Eine Gewohnheit zu etablieren, erfordert die Arbeit in allen drei Dimensionen." Stephen R. Covey, *The Seven Habits of Highly Effective People: Powerful Lessons in Personal Change* (New York: Simon & Schuster, 1989), S. 47.

KAPITEL 4 - EIFER

1. Das bedeutet nicht, wir sollten in Beziehungen verharren, die einst von Liebe geprägt waren, sich inzwischen aber auf Ausnutzung und Missachtung reduziert haben.

2. Dan Buettner, "The Secrets of Long Life" *National Geographic* (Nov. 2005): S. 2–26.
3. Der Bezug zu Ed Diener ergibt sich aus einem Interview, in dem er die Dreingaben für das Glück erläutert. Er nennt die folgenden: „Langfristige Ziele, die kongruent miteinander sein müssen und für die zu arbeiten Lust bereitet. Wenn du gerne Rechtsanwalt werden möchtest, aber Konflikte nicht ausstehen kannst, dann wirst du es vergeigen." John H. Richardson, "Dr. Happy," *Reader's Digest* 161, Nr. 967 (2002): S. 94–99.
4. Seligmann beschreibt, inwiefern wir alle über charakteristische Stärken verfügen, wie ich sie in Kapitel 7 aufzähle. Martin Seligman, *Authentic Happiness: Using the New Positive Psychology to Realize Your Potential for Lasting Fulfillment* (New York: The Free Press, 2002).
5. Gail Evans, *Play Like A Man, Win Like A Woman: What Men Know About Success That Women Need To Learn* (New York: Broadway Books, 2000) S.178.
6. Csíkszentmihályi hat den Terminus „Flow" in die westliche Wissenschaft eingebracht und ihn mit einem seiner Bücher populär gemacht: *Flow.*
7. Ebd., S. 50
8. Robbins bevorzugt die Idee der Kontrolle über Verstand und Geist. Doch selbst angesichts dieser extrem westlichen Haltung muss er zugestehen, dass dies Verfahren an seine Grenzen stößt. Anthony Robbins, *Awaken the Giant Within: How to Take Immediate Control of Your Mental, Emotional & Financial Destiny* (New York: Fireside, 1991), S. 372.
9. In seinem Buch *Flow* schreibt Csíkszentmihályi ebenso ausführlich über die Wichtigkeit von Klarheit und Feedback wie über die Schwierigkeiten, die entstehen, wenn es uns an beidem mangelt.
10. Wir bezeichnen diese Erkenntnisse als „populär", denn sie sind in westlichen Denkschulen inzwischen weit verbreitet. Wir können sie mit Fug und Recht als einen Teil unserer Kultur bezeichnen. Zitiert nach Jeffrey Kluger, "Ambition": Why Some People Are Most Likely to Succeed" *Times* 14 (Nov.14, 2005): S. 48–59.
11. Dean Simonton ist Professor der Psychologie an der Universität von Davis, Kalifornien. Seine Spezialgebiete sind Genialität, Kreativität, Führungsstärke, Talent und Ästhetik. Kluger, "Ambition," S. 48–59.
12. Campbell rät uns in Interviews oft: „Folge deiner Glückseligkeit", denn erst dies macht uns wirklich lebendig. Er ist überzeugt: „Wenn du deiner Glückseligkeit folgst, dann begibst du dich auf eine Spur, die schon immer da war und die nur auf dich gewartet hat. So wird das Leben, das du führen solltest, tatsächlich zu deinem Leben." Joseph Campbell, *The Power of Myth with Bill Moyers* (New York: Anchor Books, 1988), S. 150.
13. Joseph Campbell, *An Open Life: Joseph Campbell in Conversation with Michael Toms* (New York: Harper & Row, 1990), S. 24.
14. Johann Wolfgang von Goethe besuchte zwischen den Jahren 1786 und 1788 Italien. Johann Wolfgang von Goethe, *Italienische Reise* (Stiebner: München, 2008).
15. Die Notwendigkeit des Verlassens von Vater und Mutter als Teil der Erlösung ist ein immer wiederkehrendes Motiv im Neuen Testament, etwa in Matthäus 4:18–22.

16. Dr. Cloninger ist Wallace-Renard-Lehrer für Psychiatrie und Professor für Psychologie und Genetik. Er schrieb das sehr empfehlenswerte Buch *Feeling Good: The Science of Well-Being* (New York: Oxford University Press, 2004). Seine Herangehensweise ist interdisziplinär und beinhaltet östliche Gedanken und Vorstellungen, denn er fokussiert sich auf das Erreichen eines höheren Grades von Achtsamkeit. Siehe hierzu Kluger, „Ambition", S. 48–59.
17. Diese Feststellung lehnt sich an Kevin Lehmann an, der die Frage beantwortet, ob es dem Einzelnen möglich sei, seinem Ehrgeiz ohne einen Verlust von Werten zu folgen. „Ja, so lange, wie Sie ihre Integrität aufrecht erhalten und keine Abkürzungen nehmen, nur weil Sie um jeden Preis der Sieger sein wollen." Kevin Leman, *Winning the Rat Race Without Becoming the Rat: The Psychology of Winning in Business.* (Nashville, TN: Thomas Nelson, 1996), S. 233.
18. Siebenundsiebzig Prozent der gestressten Studenten eines Vorstadt-Gymnasiums in den USA geben laut einer anonymen Schulstudie, die vom Student Forum im Studienjahr 1998-99 durchgeführt wurde zu, sie hätten schon einmal geschummelt. Diese Informationen entstammt der Studie von Peter Demerath und Jill Lynch, *The Social Construction of Advantage in a Suburban U.S. High School: Techniques of the Authoritative Self.* Arbeitspapier, vorgestellt auf dem jährlichen Treffen der American Anthropological Association (2002). In Peter Demerath, *WHS Student Culture Study,* S. 5. Report. Social and Cultural Foundations Section. School of Educational Policy and Leadership. Von der Ohio State University, (2005) erfahren wir: 70 Prozent der Hochleistungsstudenten fühlten sich „häufig" oder „ständig" unter Stress. Weibliche Studenten waren anfälliger für Stress. Im Durchschnitt erreichten sie höhere akademische Grade als die männlichen Studenten und schienen auch deutlich wettbewerbsorientierter zu lernen.
19. Demerath, *WHS Student Culture Study,* S. 5.
20. Peter Demerath, "The Social Cost of Acting 'Extra': Students' Moral Judgments of Self, Social Relations, and Academic Success in Papua New Guinea," *American Journal of Education* 108:3 (2001), sowie Peter Demerath, "Negotiating Individualist and Collectivist Futures: Emerging Subjectivities and Social Forms in Papua New Guinean High Schools," *Anthropology & Education Quarterly* 34(2) (2005b): S. 136–57.
21. Wright ist zurückhaltend optimistisch, was die Richtung menschlicher Entwicklung betrifft. Denn er hat die Spieletheorie von John von Neumann und Oskar Morgenstern auf evolutionäre Prozesse übertragen. Nullsummenspiele haben nicht zwangsläufig eine Win-win-Situation zum Ergebnis. Wir müssen uns bei diesem Spiel ausschließlich auf Positives fokussieren. Robert Wright, *Nonzero: The Logic of Human Destiny.* (New York: Pantheon Books, 2000), S. 6–7.
22. Covey, *Seven Habits,* S. 48.
23. Ebd., S. 151. Die „Zeitmanagement-Matrix" besteht aus den folgenden Quadranten: (1) Dringend/Wichtig; (2) Nicht dringend/Wichtig; (3) Dringend/Nicht wichtig; und (4) Nicht dringend/Nicht Wichtig. Unsere Träume lassen sich meist dem zweiten Quad-

ranten zuordnen: Wir halten sie für wichtig, aber nicht notwendigerweise auch für dringend. Wenn Dinge zu unseren Gunsten ausfallen sollen, dann müssen wir sie in den ersten Quadranten positionieren.

KAPITEL 5 - KOMPETENZ

1. Wenn wir etwas lernen, bilden unsere Nervenzellen (Neuronen) im Gehirn Verlängerungen (Dendriten) aus, damit sie sich besser mit anderen Neuronen vernetzen können. Engert, F. und Bonhoeffer, T., "Dendritic Spine Changes Associated with Hippocampal Long-term Synaptic Plasticity," *Nature* 399 (1999): S. 66–70.
2. Hermann Hesse schrieb das Gedicht „Stufen" als Teil seines Romans „Das Glasperlenspiel". Hermann Hesse, *Gesammelte Werke in 12 Bänden: Das Glasperlenspiel (9.Bd.)* (Frankfurt am Main: Suhrkamp Verlag, 1970), S. 482.
3. R. M. Ryan und E. L. Deci, "Self-Determination Theory and The Facilitation of Intrinsic Motivation, Social Development, and Well-Being," *American Psychologist* 55 (2000): S. 66–78.
4. Seligman und Csíkszentmihályi stellen fest: „Sobald diese Bedürfnisse erfüllt sind, behaupten Ryan und Deci, sind das persönliche Wohlbefinden und die soziale Entwicklung optimiert. Die Menschen sind von dieser Phase an intrinsisch motiviert; sie sind fähig zur Erfüllung ihrer Möglichkeiten und können sich nun auch größeren Herausforderungen stellen.". Ryan und Decis Beitrag zeigt: Die Versprechen der humanistischen Psychologie der 60er Jahre können wichtige Konzepte der empirischen Forschung generieren." Martin Seligman und Mihaly Csíkszentmihályi, "Positive Psychology: An Introduction." *American Psychologist* 55 No.1 (2000), S. 5–14. Ebenso Abraham H. Maslow, *Toward a Psychology of Being* (New York: Van Nostrand, 1968) and Abraham H. Maslow, *Religions, Values, and Peak-Experiences* (New York: Penguin, 1994).
5. Dr. Gisela Ulmann lehrt am Fachbereich Erziehungswissenschaft und Psychologie der Freien Universität Berlin. Sie steht für einen nicht-theoretischen Weg unseres Umgangs mit Kindern und schlägt vor, jedes Kind und dessen einzigartige Lebensumstände genau zu betrachten, um herauszufinden, was die Kinder an einer guten Entwicklung hindert. Der grundlegende Ausgangspunkt in ihrem Buch „Über den Umgang mit Kindern" ist: Alle Kinder entwickeln sich, so lange ihnen die Hilfsmittel, Möglichkeiten und Gründe für eine Entwicklung gegeben werden. Gisela Ulmann, Über den Umgang mit Kindern. Orientierungshilfen für den Erziehungsalltag (Hamburg/Berlin: Argument Verlag, 1987).
6. Erik Erikson orientiert sich an Freuds Entwicklungstheorie. Erikson begreift Entwicklung als eine Abfolge von Stufen, die wir hinter uns lassen müssen; eine davon ist die so genannte Latenzperiode im Alter zwischen 5 bis 6 und 12 Jahren. Erikson glaubte: Wir lernen viel über Neugierde, Phantasie und Fähigkeiten bei der Betrachtung der

Latenzperiode. Wenn wir diese Phase erfolgreich hinter uns gelassen haben, dann werden wir ein Gefühl für Kompetenz entwickeln. Ich möchte hierzu einbringen: Teenager reagieren am Ende der Latenzperiode stärker auf gesellschaftliche Bedingungen, möglicherweise aufgrund ihrer kognitiven Entwicklung. Es handelt sich um eine tumultartige Zeit, denn in dieser Lebensphase finden wir allmählich heraus, wer wir sind und wer wir im Verhältnis zur gegenwärtigen Kultur sein möchten. Erik H. Erikson, *Identität und Lebenszyklus* (Frankfurt am Main: Suhrkamp Verlag, 1966).

7. Es ist völlig unnötig, banale Dinge wie das Öffnen einer Tür oder das Benutzen eines Duschgels „auf hervorragende Weise"auszuführen. Deshalb ist es gut und vernünftig, wenn wir die meisten Dinge in unserem Leben mit Mittelmaß ausführen. Freilich: Wenn wir einen ganz bestimmten Vorteil oder Glück anstreben, dann sollten wir bestimmten, fest gelegten Feldern mehr Energie widmen.
8. Ryan und Deci unterscheiden zwischen „intrinsischer" und „extrinsischer" Motivation und stellen fest: Erstere hat die größere Affinität zum Glück. Diese Unterscheidung berücksichtigt nicht, dass andere Lebewesen in uns das Gefühl der Teilhabe erzeugen können. Schon das Beobachten eines Menschen, der ein Ziel verfolgt, kann uns glücklich machen. Wenn wir das möchten, dann kann die Entwicklung unserer Kinder kolossale Freude in unser Leben bringen. Jeder Gärtner oder Wanderer kann von seinen positiven Erfahrungen berichten. Deshalb bevorzuge ich die Unterscheidung zwischen der Motivation durch Lebendiges und der durch Nicht-Lebendiges. Wir lieben es, wenn wir das Lebendige wachsen und sich entwickeln sehen oder fühlen. Edward Deci, Richard M. Ryan, *Handbook of self-determination research* (Rochester/New York: University of Rochester Press, 2002), S. 66–78.
9. In *Raising Cain* schreiben die Autoren: „Strenge Disziplin – darunter verstehen wir sowohl körperliche Bestrafung in Form von Schlägen und Prügel, als auch verbale Einschüchterungen wie Herabsetzung, Verleumdung, Schuldzuweisungen und Drohungen – kann nicht die Antwort an ein Kind sein. Niemals. Und doch sind Jungen die Blitzableiter für strenge Disziplin, sehr viel häufiger als Mädchen. Viele Eltern geben zu, gegenüber ihren Söhnen einen viel härteren Erziehungsstil zu fahren, als gegenüber ihren Töchtern." Kindlon und Thompson, *Raising Cain*, S. 53.
10. Todd Kashdan, u. a., "Curiosity", in: *Character Strengths and Virtues: A Handbook and Classification,* Hrsg. C. Peterson und M. E. P. Seligman (Washington, DC: American Psychological Association and Oxford University Press, 2004), S. 125–41.
11. Robert B. Reich ist Professor an der Brandeis-Universität und Maurice B. Hexter ist Professor für Sozial- und Wirtschaftspolitik an der Brandeis Heller Graduate School. Zuletzt war er Arbeitsminister unter Präsident Bill Clinton. Reich glaubt nicht an die Fähigkeit der meisten Menschen, dem modernen und hektischen Zeitgeist standhalten zu können. Mein Buch richtet sich an Menschen, die ihren Entschluss zu einem Leben im Gleichgewicht verwirklichen wollen. Dennoch teile ich Reichs Ansicht, dass wir gesellschaftliche Veränderungen schaffen müssen und damit mehr Menschen die Chance für ein glück-

liches Leben geben. Das Zitat entstammt Reichs Buch *The Future of Success* (New York: Knopf, 2001), S. 222.

12. Todd Kashdan und F. D. Fincham, "Facilitating Curiosity: A Social and Self-Perspective for Scientifically Based Interventions," *Positive Psychology in Practice,* Hrsg. Linley und S. Joseph (Hoboken, NJ: Wiley), S. 482–503.
13. Ebd., S. 490. Viele von Kashdans Vorschlägen werden weiter diskutiert in Petersons und Seligmans Handbuch *Character Strengths and Virtues*, das ich ganz besonders empfehle. Kashdan nennt Beispiele, wie etwa: „Aufgaben schaffen, die aus Neuartigkeit, Komplexität, Mehrdeutigkeit, Verschiedenheit und Überraschendem Nutzen ziehen"; „Ermutigung und unterstützendes Feedback bei Anstrengungen geben"; „die Bedeutsamkeit von Aktivitäten und Anstrengungen klarstellen". Siehe Anmerkung 10 weiter oben für Informationen über das Buch *Character Strengths and Virtues: A Handbook and Classification.*
14. Ein Sozialpsychologe der Indiana Universität Bloomington, Dr. Edward Hirt, kam in Untersuchungen zum Ergebnis: Es gibt geschlechtsspezifische Unterschiede in der Bewertung fauler Ausreden, die Menschen angesichts einer mangelhaften Leitung von sich geben. Frauen glauben den Ausreden anderer nicht und erkennen rasch fehlende Motivation. Frauen neigen am Arbeitsplatz zu härterer Arbeit; Männer dagegen glauben mehr an Kompetenz. Edward Hirt, "I Know You Self-handicapped Last Exam: Gender Differences in Reactions to Self-Handicapping," *Journal of Personality and Social Psychology* (Jan. 2003): S. 177–193.
15. Evans, *Play Like A Man, Win Like A Woman.*
16. Barbara Ehrenreich, *Nickel and Dimed: On (Not) Getting By in America* (New York: Owl Books, 2001), S. 195.

KAPITEL 6 - VERBUNDENHEIT

1. Die Geschichte von Simon Yates und Joe Simpson wurde unter dem Titel *Sturz ins Leere* im Jahre 2003 verfilmt (Regie: Kevin MacDonald).
2. J. Sutton-Hibbert und Y. Simon, "Amazing Stories of Survival: Tales of Hope, Heroism & Astounding Luck," *People* (2006): S. 80–81.
3. In diesem Beitrag von Nicholas Christakis und Paul Allison erfahren wir: Ältere Menschen sterben früher, wenn ihr Ehepartner stirbt oder nur im Krankenhaus liegt. Nicholas A. Christakis und Paul D. Allison, "Mortality after the Hospitalization of a Spouse," *The New England Journal of Medicine* 7 (2006): S. 719–30.
4. Robert Coombs verfasste eine Literaturstudie über den Zusammenhang zwischen Familienstand und persönlichem Wohlbefinden. Er fand heraus: 70 Prozent der chronischen Problemtrinker waren entweder geschieden oder lebten in Trennung, und nur 15 Prozent waren verheiratet. Singles sind dreimal stärker gefährdet, an einer Leberzirrhose zu sterben. Robert H. Coombs, "Marital Status and Personal Well-being: A literature review," *Family Relations* 40 (1991): S. 97–102.

5. „Studien belegen: Frauen leiden doppelt so häufig unter depressiven Phasen als Männer". American Psychiatric Association, *Diagnostic and Statistical Manual of Mental Disorders*, 4. Auflage (1994), S. 325. Diese Studien beziehen sich auf depressive Phasen. Während Kinder beiderlei Geschlechts in gleichem Maße unter leichten Depressionen (dysthymische Störung) leiden, betrifft das zwei- bis dreimal häufiger Frauen als Männer. American Psychiatric Association, *Diagnostic and Statistical Manual*, S. 347.
6. Hinweise hierzu finden sich in L. Verbrugge und D. Balaban, "Patterns of Change, Disability and Well-Being," *Medical Care* 27 (1989): S. 128–147; I. M. Joung, u. a., "Differences in Self-reported Morbidity by Marital status and by Living Arrangement,". *International Journal of Epidemiology*. 23 (1994). S. 91-97; Robert H. Coombs, "Marital Status and Personal Well-being: A literature review," *Family Relations* 40 (1991): S. 97–102.
7. Viele von uns können das aus eigener Erfahrung bestätigen. Aber viele Philosophen und Wissenschaftler wollen dieses Phänomen nicht in ihre Theorien integrieren. Aristoteles und seine Anhänger beispielsweise wiesen darauf hin, wie wichtig Freundschaften sind. Aber sie verknüpften diese Beobachtung nicht mit ihren Theorien.
8. Vom Standpunkt der Evolution aus betrachtet, sind andere Menschen wichtig für uns, denn sie helfen uns in Bezug auf unsere individuellen Ziele ebenso wie in Bezug auf die Ziele, die wir uns für eine Familie oder eine Gruppe gesetzt haben. David Buss schreibt: Frauen wollen einen Mann, der willens und in der Lage ist, seine Kapazitäten für die Kinder zu nutzen: Er soll die Familie physisch beschützen, über gute Elterninstinkte verfügen und in Bezug auf Ziele und Werte dergestalt zur Frau passen, dass bei seiner strategischen Ausrichtung die Familie nicht zu sehr auf der Strecke bleibt. David M. Buss, *"Human Mating Strategies"*, Samfundsøkonomen, 4 (2002): S. 50. Csíkszentmihályi stellt fest: Paare können nur dann glücklich sein, wenn sie gemeinsame Ziele haben und sich für die Ziele auch interessieren; dies erleichtert das Erzielen des Flow. Csíkszentmihályi, *Flow,* S. 237f.
9. Misst man lediglich die Quantität positiver Gefühle in Elterngruppen und unterscheidet dabei nicht nach den Hintergründen, dann zeigt sich laut Studien eine Nichtkorrelation bloßer Elternschaft mit Glück. D. G. Myers, *The Pursuit of Unhappiness* (New York: Morrow, 1992). Wie immer bereichernd auch Kinder auf Paare mit einem Kinderwunsch wirken – sie vermindern den Grad von Zufriedenheit unter ihren Eltern, ganz besonders in der Lebensphase vom Kleinkindalter bis zur Pubertät. Im Gegensatz zur landläufigen Meinung verbessern Kinder nicht die Beziehung zwischen ihren Eltern, sie stellen sie vielmehr in Frage. Gut funktionierende Beziehungen freilich sollten solche Stürme meistern können. Paare berichten außerdem darüber, wie stark Kinder ihrem Leben Sinn geben. Zwar sorgen sie nicht dafür, dass sich die Partner einer Beziehung besser fühlen, aber sie verhelfen dem Einzelnen zu Glück. Siehe Stefan Klein, *Die Glücksformel: oder Wie die guten Gefühle entstehen* (Hamburg: Rowohlt Taschenbuch Verlag, 2003), S. 168. Ich wünsche mir dazu mehr Untersuchungen, ganz besonders solche, die verschiedene Aspekte beleuchten: das Alter der Eltern, ihre Ausbildung und die mehr oder weniger starke Ausprägung ihres Kinderwunsches.

10. Aristoteles betrachtete das aktive und das kontemplative Dasein als höchste Form des Glücks. Dennoch sah er Freundschaft als einen unschätzbaren Vorteil an und schrieb: „Denn keiner möchte ohne Freunde leben, auch wenn er alle übrigen Güter besäße." (Aristoteles, *Die Nikomachische Ethik* (Düsseldorf, Zürich: Artemis und Winkler, 2005), Achtes Buch, S. 166). Er glaubte, wahre Freundschaft beinhalte gegenseitige Vorteile und Lust, doch vor allem die Liebe zu den gleichen Werten. So hob er, mit den Worten seiner Zeit, ganz besonders das Wachstum der Individualität innerhalb der Freundschaft und der Gesellschaft hervor.
11. Diener und Seligmann fanden heraus: Die 22 Studenten, die sich selbst als „sehr glücklich" bezeichneten, wiesen eine signifikant stärkere soziale Aktivität als die Kontrollgruppe auf. Die Tatsache, dass Verbundenheit sogar wichtiger als Religion oder die Menge an Schlaf war, lässt sich aus der Jugend der Gruppe heraus erklären. Junge Menschen scheinen wenig Wert auf Entspannung zu legen. Ed Diener und Martin E. Seligman, "Very Happy People," *Psychological Science,* 13 (2001): S. 81–84.
12. Glück steht in direkter Beziehung zur Extrovertiertheit, auch dann, wenn sich Menschen einfach nur extrovertiert verhalten. W. Fleesen, A. B. Malanos und N. M. Achille, "An Intraindividual Process Approach to the Relationship between Extroversion and Positive Affect: Is Acting Extroverted as "Good" as being Extroverted?" *Journal of Personality and Social Psychology* 83, 6 (Dec. 2002): S. 1409–1422.
13. Jean Baker Miller und Irene Pierce Stiver, *The Healing Connection: How Women Form Relationships in Therapy and in Life* (Boston: Beacon Press, 1997), S. 30.
14. Für Näheres über einen Vergleich unterschiedlicher Nationen in Bezug auf das Glück siehe Ed Diener, Marissa Diener und Carol Diener, "Factors Predicting the Subjective Well-being of Nations", *Journal of Personality and Social Psychology* 69 (1995): S. 851–862.
15. John Barlow machte in Afrika ähnliche Erfahrungen und lehnte den westlichen Weg des Strebens nach Glück ab, indem er Chua-tzu zitierte, der glaubte, Glück definiere sich durch die Abwesenheit des Strebens danach. John Perry Barlow, "The Pursuit of Emptiness: Why Americans Have Never Been a Happy Bunch," *Forbes*, December, 2001, forbes.com/asap/2001/1203/096.html
16. Daniel Kahnemann erklärt in einem Interview mit Carlin Flora: Befragt man Menschen nach ihren Erfahrungen in exakt dem Moment des Zusammenseins mit Freunden oder ihrer Familie, so antworten sie, sie würden sich mit Freunden aufgrund stärkerer Verbindung mit ihnen glücklicher fühlen. Solange wir der Familie nicht die gleiche Aufmerksamkeit schenken wie unseren Freunden, tritt die Familie in den Hintergrund. Carlin Flora, "Happy Hour," *Psychology Today*, (Jan./Feb.) 2005 S. 42.
17. Harriet Lerner gibt in ihrem Buch Empfehlungen für gelungene Konversation: Harriet Lerner, *The Dance of Connection: How to Talk to Someone When You're Mad, Hurt, Scared, Frustrated, Insulted, Betrayed, or Desperate* (New York: Harper Collins, 2001), S. 239.
18. John A. Sanford ist ein außerordentlich erfahrener jungianischer Analytiker und schrieb viele wertvolle Bücher zum Thema Beziehungen. Unter anderem beziehe ich mich auf die-

ses: John A. Sanford, *Between People: Communicating One-to-One* (Mahwah, NJ, Paulist Press, 1982), S. 91. Dieses Buch ist insbesondere aufschlussreich in Bezug auf die Themen „Kraft kreativen Zuhörens", „Schuld und Kommunikation" und „Indirekte Kommunikation". Es bietet praktische Ratschläge zur Verbesserung der Kommunikationsfähigkeit.

19. Dalai Lama und Howard C. Cutler, *The Art of Happiness: A Handbook for Living* (New York: Riverhead Books, 1998).
20. David M. Buss, *The Evolution of Desire: Strategies of Human Mating* (New York: Basic Books, 2003).
21. Ebd., S. 59. Buss stellt fest:
    Die Tatsache, dass Männer vor allem der Attraktivität einer Frau Bedeutung zumessen, hat andere als fortpflanzungstechnische Gründe. Die Konsequenzen für den sozialen Status des Mannes sind bedenklich. Unsere Gebräuche zeigen es täglich: Unser Partner ist ein Spiegelbild von uns selbst. Männer interessiert vor allem ihr Status, ihr Ansehen und ihre Stellung in Hierarchien, denn ein hoher Rang bietet stets eine gute Möglichkeit zur Beschaffung der Ressourcen, die Männer in den Augen der Frauen attraktiv machen. Deshalb ist es die Annahme nachvollziehbar, dass ein Mann vor allem die Auswirkung im Auge hat, die seine Partnerin auf seinen sozialen Status hat – und welche Konsequenzen das für die Gewinnung zusätzlicher Ressourcen und Paarungsmöglichkeiten hat. Wichtig ist das Verstehen der biologischen Veranlagung. Eines sollten wir nicht vergessen: Wir haben die Möglichkeit zur Verhaltensänderung, so dass es das Glück beider Geschlechter fördert. Die biologische Sicht bietet keine Entschuldigung für ein Verhalten, das dem eines primitiven Tieres gleicht. Nach meinem Dafürhalten haben wir die Freiheit, auf diese Veranlagungen zu reagieren oder nicht zu reagieren.
22. Ebd., S. 34.
23. Ebd., S. 50 Buss weist auf die zahllosen Studien hin, die die Verbreitung dieser Veranlagungen in allen Kulturen belegen: Männer beachten an Frauen vor allem deren Schönheit; Frauen vor allem die Kapazitätsfülle der Männer. Dies ist auch dann der Fall, wenn die Frauen selbst über Kapazitäten verfügen (45). Alternde und weniger gut aussehende Männer wählen häufig sehr junge Frauen aus – wenn es ihre Position gestattet; man denke an Donald Trump und andere (64). Offenbar ist das Überwinden der Biologie für Menschen nicht einfach; und viele sind an Versuchen daran nicht interessiert.
24. Der Terminus „aggressiv asexuell" wurde von Professor Dr. Gottfried Lischke geprägt, der mein Lehrer in Deutschland an der Freien Universität Berlin war. Von all meinen Lehrern beeinflusste er mich am stärksten. Er ermunterte mich nicht nur zum Schreiben, sondern drängte mich auch dazu, die Biologie in meine Forschungen mit einfließen zu lassen. Er lehrte uns: Wir alle können unsere Biologie überwinden, und zwar vermittels der menschlichen Fähigkeiten zur Demut, Achtsamkeit und Anstand.
25. Sigmund Freud, *The Complete Psychological Works of Sigmund Freud,* Hrsg. J. Strachey (London: Hogarth and the Institute of Psycholanalysis, 1955).
26. Buss, *The Evolution of Desire,* S. 36.

27. C. T. Hill, Z. Rubin und L. A. Peplau, "Breakups Before Marriage: The End of 103 Affairs," *Journal of Social Issues* 32 (1976): S. 147–68. „Ein erfolgreiches und langfristiges Zusammenleben erfordert eine fortwährende kooperative Verbundenheit mit der anderen Person zur Verwirklichung wechselseitig nützlicher Ziele. In konfliktbelasteten Beziehungen ist die Verwirklichung dieser Ziele erschwert. Die Kompatibilität von Partnern beinhaltet ein komplexes Ineinandergreifen von zwei unterschiedlichen Charakterarten. Ein Charakterzug verbindet sich mit dem entgegen gesetzten Charakterzug ... Andere Charakterzüge, die entscheidend für die Kompatibilität mit einem Partner sind, sind diejenigen, die sich am wahrscheinlichsten mit den Charakterzügen der gleichen Person verbinden und demzufolge diesen am ähnlichsten sind." Buss, *The Evolution of Desire,* S. 35.
28. Buss, *The Evolution of Desire,* S. 263.
29. Ebd., S. 264. [317]
30. Vom biologischen Standpunkt aus betrachtet, ist es für Männer sinnvoll, Affären einzugehen und Verpflichtungen zu missachten – denn theoretisch können Männer unzählige Kinder zeugen. Ich glaube, wir müssen in Rechnung stellen, dass moderne Frauen weniger auf finanzielle Zuwendungen von Männern angewiesen sind und auch ganz unterschiedlichen Arten von Männern in der Arbeitswelt begegnen. All diese Faktoren machen Affären und Scheidungen wahrscheinlicher. Das gemeinsame Großziehen von Kindern muss die bevorzugte Lebensstrategie in unserer Evolution gewesen sein, denn der Nachwuchs braucht über einen langen Zeitraum hinweg intensive Fürsorge. Ebd., S. 35, S. 41, S. 61.
31. In Bezug auf Unterschiede der Geschlechter siehe W. Wood, N. Rhodes und M. Whelan, "Sex Differences in Positive Well-Being: A Consideration of Emotional Style and Marital Status", *Psychological Bulletin* 106 (1989): S. 249-264. Ebenso S. Nolen-Hoeksema und C. L. Rusting, "Gender Differences in Well-being," *Well-being: The Foundation of Hedonic Psychology* D. Kahneman, E., Diener, & N. Schwarz (New York: Russell Sage Foundation, 2000). Es ist noch nicht geklärt, warum Frauen aussagen, sie seien zu intensiveren Gefühlserfahrungen in der Lage. Die Unterschiede der Geschlechter haben häufig ihren Ursprung in der Biologie, werden jedoch auch durch die Sozialisation gebildet und, dies ist außerordentlich wichtig, durch das Zusammenspiel dieser höchst unterschiedlichen Faktoren. Es ist sinnvoll, davon auszugehen: Der kognitive Vorgang des Ausdrückens von Gefühlen vergrößert sowohl die Intensität der Gefühle als auch unsere Wahrnehmung davon.
32. Viele Bücher über das Glück betonen, wie zwecklos das Ausdrücken negativer Gefühle ist. Dabei wissen doch Millionen von Menschen: Weinen und wohl platzierte Wut können hilfreich sein, solange wir uns unserer Gefühle bewusst sind.
33. Siehe Anmerkung 5, Kapitel 1.
34. Kashdan, "Curiosity" *Character Strengths and Virtues*, S. 135. Zwecks Vergrößerung seiner Neugierde sollte der Leser auch das Kapitel 5 lesen, und zwar in T. B. Kashdan und F. D. Fincham, "Facilitating Curiosity: A Social and Self-Perspective for Scientifically Based

Interventions," *Positive Psychology in Practice,* Linley and S. Joseph (Hrsg.), (Hoboken, NJ: Wiley, 2004b).

35. R. D. Stolorow, B. Brandchaft und G. E. Atwood, *Psychoanalytic Treatment: An Intersubjective Approach* (Hillsdale, NJ: The Analytic Press, 2000).
36. Saint-Exupéry schrieb seine Geschichte *Der kleine Prinz,* weil er zeigen wollte, was im Leben wichtig ist – zum Beispiel, wie wir jemanden lieben können. Er stellt heraus, wie wichtig es ist, jemanden wirklich zu kennen: „Ich habe das damals nicht verstehen können. Ich hätte sie nach ihrem Tun und nicht nach ihren Worten beurteilen sollen. Sie duftete und glühte für mich. Ich hätte niemals fliehen sollen. Ich hätte hinter all den armseligen Schlichen ihre Zärtlichkeit erraten sollen. Blumen sind so widerspruchsvoll! Aber ich war zu jung, um sie lieben zu können." Antoine de Saint-Exupéry, *Der kleine Prinz* (Düsseldorf: Karl Rauch Verlag, 1956), S. 31.
37. Csíkszentmihályi, *Flow,* und ebenso *Finding Flow: The Psychology of Engagement with Everyday Life* (New York: Basic Books, 1997).
38. Seligman, *Authentic Happiness* (New York: Free Press, 2004), S.108.
39. Ed Diener und Martin E. Seligman, "Very Happy People," *Psychological Science,* 13 (2001): S. 81–84.
40. Joseph Campbell, *The Power of Myth* (New York: Anchor Books, 1991), S. 206.
41. Zu den akzeptablen Unzulänglichkeiten gehören natürlich weder die Misshandlung (Hinterlist eingeschlossen), noch die schwere und chronische Vernachlässigung eines anderen. Im Interesse unseres Glücks bedeuten solche Verhaltensweisen so etwas wie Vertragsbrüche.
42. Jiddu Krishnamurti (1895–1986) wurde zum spirituellen Anführer erzogen, doch bemerkenswerter Weise wies er diese ihm vorbestimmte Rolle zurück. Stattdessen wurde er ein unabhängiger Schriftsteller und ermutigte die Menschen zu selbständigem Denken.
43. Buss, *The Evolution of Desire,* S. 42.
44. Mitunter verstärkt das Nicht-Einhalten von Verpflichtungen unser Glück. Siehe auch Anmerkung 41.
45. Miller und Stiver, *The Healing Connection*, S. 81.
46. In *Die Kunst des Liebens* schreibt Erich Fromm: „Es ist jene Art der Liebe, von der die Bibel spricht, wenn sie sagt: „Liebe deinen Nächsten wie dich selbst" (Lev 19, 18). Nächstenliebe ist Liebe zu allen menschlichen Wesen. Es ist geradezu kennzeichnend für sie, daß sie niemals exklusiv ist. Wenn sich in mir die Fähigkeit zu lieben entwickelt hat, kann ich gar nicht umhin, meinen Nächsten zu lieben." Erich Fromm, *Die Kunst des Liebens*, in: Gesamtausgabe Band 9 (München: Deutscher Taschenbuch Verlag, 1989), S. 467f.

Kapitel 7 - Selbstvertrauen

1. Todd Kashdan, u. a.: "Curiosity" in *Character Strengths and Virtues:* S. 485.
2. Unsere Erfahrungen schließen unseren Kontext mit ein, was bedeutet: Wir sind ebenso

mit der gesamten Außenwelt verbunden. Die Erfahrung der Verbundenheit mit etwas so Umfassendem wie der gesamten Realität gibt uns das tiefste Gefühl des Selbstvertrauens. Dies wird in Teil 3 weiter ausgeführt.

3. Branden listet das Folgende als die sechs Säulen des Selbstwertgefühls auf: Die Praxis des bewussten Lebens, Selbstakzeptanz, Selbstverantwortung, zielgerichtet leben und persönliche Integrität. Nathaniel Branden, *The Six Pillars of Self-Esteem* (New York: Bantam Books, 1994).
4. Ebd., S. 119.
5. Aufgrund des „Kontrast-Effekts" ändern wir schnell unsere Wahrnehmung von so ziemlich allem. Beispielsweise, wenn wir unsere Frau unmittelbar nachdem wir ein Pin-up-Girl angeschaut haben, als weniger attraktiv einstufen als sonst. Kenrick, D.T., Gutierres, S.E., & Goldberg, L., "Influence on Erotica on Ratings of Strangers and Mates," *Journal of Experimental Social Psychology* 25 (1989): S. 159–167. Ebenso: Kenrick, D.T., Neuberg, S.L., Kierk, K.L., & Krones, J.M., "Evolution and Social Cognition: Contrast Effects as a Function of Sex, Dominance, and Physical Attractiveness," *Personality and Social Psychology Bulletin* 202 (1994): S. 210–217.
6. Siehe die „Charme"-Studie von Friedman, H.S., Riggio, R.E., und Casella, D.F., "Nonverbal Skill, Personal Charisma, and Initial Attraction," *Personality and Social Psychology Bulletin* 14, Nr. 1 (1988): S. 284–290.
7. Demarais, A. und White, V., *First Impressions: What You Don't Know About How Others See You* (New York: Bantam Books, 2004).
8. In Bezug auf „das sich selbst Verzeihen von Fehlern" siehe die Studie von Gilowich, Medvec und Savitskyin. Die Probanden mussten ein peinliches T-Shirt anziehen und dann einen Raum voller fremder Menschen betreten. Die Probanden überschätzten dabei durchweg die Anzahl der Menschen, die diese „Peinlichkeit" in Erinnerung behielten. Gilowich, T., Medvec, V.H., Savitsky, K., "The Spotlight Effect in Social Judgement: An Egocentric Bias in Estimates of the Salience of One's Own Actions and Appearance," *Journal of Personality and Social Psychology* 78, Nr. 2 (2000): S. 211–222.
9. Carlin Flora, "The Beguiling Truth About Beauty," *Psychology Today* (Mai/Juni 2006), S. 62.
10. Der Begriff der „Selbstwirksamkeit" ist in der Sozialpsychologie gebräuchlich. Mehr zu diesem Konzept in Albert Bandura, "Self-Efficacy: Toward a Unifying Theory of Behavioral Change," *Psychological Review* 84 (1977): S. 191-215. Siehe auch Albert Bandura, *Self-efficacy: The Exercise of Control* (New York: Freeman, 1997).
11. Bauer, J.J., & Bonanno, G.A., "I Can, I Do, I Am: The Narrative Differentiation of Self-Efficacy and Other Self-Evaluations While Adapting to Bereavement," *Journal of Research in Personality* 35 (2001a), S. 424–448.
12. Richard Carlson, *Don't Sweat the Small Stuff – and It's All Small Stuff.* (New York: Hyperion, 1997).

13. Wie wir wissen, sagte Buddha: "Deshalb, Ananda, seid euch selbst ein Licht, seid euch selbst eine Zuflucht. Nehmt nicht zu irgendetwas anderem Zuflucht. Haltet euch an die Wahrheit, die euch leuchtet. Nehmt zur Wahrheit Zuflucht. Sucht in niemand anderem eure Rettung als in euch selbst. Und diejenigen, Ananda, die jetzt oder nach meinem Tod dem Licht in sich selbst folgen und in nichts Äußerem ihre Rettung suchen, sondern an der Wahrheit als ihrem Licht festhalten und zur Wahrheit Zuflucht nehmen und die in niemand anderem Rettung suchen als in sich selbst – sie sind es, die die höchste Höhe erreichen können. Aber sie müssen beharrlich sein." Jack Kornfield, *Die Lehren Buddhas,* Neuausgabe (München: Knaur MensSana, 2002), S.112.
14. Nathaniel Branden, *Six Pillars*, S. 307.
15. Ebd., S. 308.
16. Friedrich Nietzsche: *Götzen-Dämmerung*. In ders.: *Sämtliche Werke*. Kritische Studienausgabe in 15 Bänden. Hrsg: Giorgio Colli/Mazzino Montinari, Bd. 6, S. 60. München: Deutscher Taschenbuch Verlag 1999 (Neuausgabe).
17. Die Begriffe „erlernte Hilflosigkeit", „Passivität" und „Depression" werden in der folgenden Literatur erörtert: C. Peterson, S. Maier und M. E. P. Seligman, *Learned Helplessness*. (New York: Oxford University Press, 1993); Seligman, M.E.P., *Learned Optimism* (New York: Knopf, 1991).
18. Harold Kushner verfasste einen wichtigen Beitrag über das Verhältnis zu Gott in tragischen Lebensphasen. Er führt zum Problem des strafenden Gottes aus: Einige schlechte Dinge geschehen trotz der Existenz Gottes und nicht aufgrund seiner Existenz. Im östlichen traditionellen Denken wird Gott oder „der Eine" oft sowohl als „das Gute" als auch „das Böse" angesehen; als die Allheit und nicht als eine Entität, die entweder belohnt oder bestraft. Harold S. Kushner, *When Bad Things Happen to Good People* (New York: Anchor Books, 2004).
19. Jesus hat bekanntermaßen die rechte Lebensführung verkündet. Das Sprechen von Gott und das Prahlen über die eigene Gerechtigkeit führt möglicherweise weg von Gott. Stattdessen führt das rechte Tun, ohne davon *unmittelbar* zu profitieren, hin zu Gott. Dies bedeutet jedoch nicht, dass wir unsere (moralische) Kraft verstecken sollten. Man kann andere Menschen, sich selber eingeschlossen, inspirieren, wenn wir uns unserer Stärke bewusst sind und sie zeigen. Insofern kann Inspiration zu gütigem Handeln führen, denn wir haben sie im Blut, oder, wie Jesus es verstand: sie ist durch Gott-Vater verkörpert. Jesus sprach: „Ihr seid das Licht der Welt. Es kann die Stadt, die auf einem Berge liegt, nicht verborgen sein. Man zündet auch nicht ein Licht an und setzt es unter einen Scheffel, sondern auf einen Leuchter; so leuchtet es denn *allen*, die im Hause sind. *Also lasst euer Licht leuchten* vor den Leuten, damit sie eure guten Werke sehen und euren Vater im Himmel *preisen*. Matthäus 5, 14–16. (Kursivschreibung wurde von der Autorin hinzugefügt.)
20. Dennis Lewis, *Free Your Breath, Free Your Life: How Conscious Breathing Can Relieve Stress, Increase Vitality, and Help Your Life More Fully* (Boston: Shambhala, 2004).

21. Aus dem Lied "Sound the Bugle" von Gavin Greenaway, Trevor Horn, 2002. Gesungen im Film *Spirit*.
22. Jack Kornfield, *A Path with Heart: A Guide Through the Perils and Promises of Spiritual Life* (Bantam Books: New York, 1993): Ebenso Jack Kornfield, *Meditation for Beginners. A Complete Video Instruction to the Inner Art of Meditation*. Sounds True, 1996.
23. Bauer und Bonanno,"I Can, I Do, I Am," S. 424-448.
24. Bauer, J.J., & Bonanno, G.A., "Doing and Being Well (For The Most Part): Adaptive Patterns of Narrative Self-Evaluation During Bereavement," *Journal of Personality* 69 (2001b): S. 451–482.
25. Bauer und Bonanno, "I Can, I Do, I Am," S. 442.
26. Deutsche werden Nacktheit, Pornografie und Prostitution stärker ausgesetzt; ihr tatsächliches Sexualleben scheint sich zu verringern. Eine Ursache könnte der Alterungsprozess der Deutschen sein, analog zu dem in den USA. Siehe Mazur, A., Mueller, U., Krause, W. und Booth, A. "Causes of Sexual Decline in Aging Married Men: Germany and America," *International Journal of Impotence Research* 14 (2002): S. 101–106. Andererseits scheinen selbst jüngere Deutsche einen verstärkten Widerwillen gegen den Sex mit ihren langjährigen Partnern und Partnerinnen zu verspüren. Laut zweier Psychologen der Göttinger Georg-August-Universität in Göttingen, Breuer und Beer, haben 17 Prozent der Befragten (13.483 jüngere und ältere Männer und Frauen) weniger als einmal im Monat Sex; 57 Prozent dagegen einmal pro Woche. Ragnar Beer berichtete mir unterdessen: Die Befragung habe ein allmähliches Sinken der Sexuallust in lang dauernden Beziehungen gezeigt. Dies scheint die öffentliche Wahrnehmung einer allgemein zunehmenden Unlust der Deutschen zu bestätigen. Peter Breuer und Ragnar Beer. „Unlust", *Rheinische Post online* (28. Nov. 2005).
27. Zur westlichen Methode der Selbstmassage siehe Kristine Kaoverii Weber, *Healing Self-Massage: Over 100 Simple Techniques for Reenergizing Body and Mind* (New York: Collins & Brown, 2005). Zur östlichen Selbstmassage der Taoisten siehe Mantak Chia, *Chi Self-Massage: The Taoist Way of Rejuvenation* (New York: Destiny Books, 2006).
28. William H. Masters und Virginia E. Johnson, *Human Sexual Response* (Philadelphia: Lippincott Williams & Wilkins, 1966).
29. A. T. Beck, A. J. Rush, B. F. Shaw und G. Emery, *Cognitive Therapy of Depression* (New York: Guildford Press, 1979).
30. Burns verarbeitet Teile der kognitiven Theorie von Aaron Beck. David Burns, *Feeling Good: The New Mood Therapy Revised and Updated* (New York: Harper, 1999), S. 71.
31. Klaus Linde (u. a.) verfasste eine Studie über 302 Personen, die unter Migräne litten und entweder mit Akupunktur oder Scheinakupunktur behandelt wurden oder aber als Kontrollgruppe auf ihre Behandlung warteten. „Die Akupunktur war nicht effektiver als die Scheinakupunktur im Hinblick auf die Schmerzreduktion. Jedoch waren beide Arten der Behandlung effektiver als das Warten in der Kontrollgruppe." In einer E-Mail erläuterte mir Klaus Linde dieses Resultat als mögliches Ergebnis der Fokussierung der Patienten

auf: (1) das Mitgefühl anderer Menschen; (2) unspezifische physiologische Effekte der Behandlung mit Nadeln, und (3) die hohen positiven Erwartungen an die Behandlung. K. Linde u. a., "Acupuncture for Patients with Migraine," *The Journal of the American Medical Association* 293, Nr. 17. (2005) S. 2118–21225.

32. Erma Bombeck (1927–96) arbeitete als Journalistin, bevor sie ihr erstes Kind zur Welt brachte. Elf Jahre später startete sie eine Unterhaltungskolumne, die bis zum Jahre 1968 von 200 Zeitungen und bis zu den späten siebziger Jahren von mehr als 800 Zeitungen übernommen wurde.
33. Daniel Goleman, *Emotional Intelligence: Why It Can Matter More Than IQ*. (New York: Bantam, 2005).
34. Daniel Siegel und Hartzell haben erfolgreiche Interaktionen mit Kindern beschrieben, die zu neuraler Integration führen. „Integration bedeutet die Vernetzung verschiedener Komponenten eines größeren Systems. Neurale Integration beschreibt die Art und Weise, in der Neuronen die Aktivitäten einer Gehirn- oder Körperregion mit anderen Regionen verknüpfen." ... Wir fühlen die Existenz unseres Geistes in dem einer anderen Person. Dies lässt sich als Integration zweier Gehirnaktivitäten betrachten: neurale Integration, interpersonale Gestaltung. Daniel J. Siegel und Mary Hartzell, *Parenting from the Inside Out: How a Deeper Self-Understanding Can Help You Raise Children Who Thrive* (New York: Penguin, 2003), S. 77–78. In dem von mir angeführten Beispiel beziehe ich mich auf die Integration der rechten und linken Gehirnregion.
35. Vergleiche Seligman, *Authentic Happiness,* S. 134–161. Sie können Martin Seligmans Fragebogen zur Identität benutzen, falls Sie Ihre charakterliche Stärke ermitteln wollen: siehe authentichappiness.com
36. Gardner schlägt vor: Die verschiedenen Intelligenzen können wie separate Kategorien behandelt werden, obwohl es auch sein kann, dass sie miteinander in Beziehung stehen. Der Harvard-Professor glaubt: Wenn wir erkennen, dass es verschiedene Arten von Intelligenzen gibt, „bekommen wir zumindest eine bessere Chance für einen angemessenen Umgang mit all den vielen Problemen, die wir auf der Welt haben." Howard Gardner, *Multiple Intelligences* (New York: Basic Books, 2006), S. 24. Übersetzung aus: Beiträge zur Lehrerbildung, 14(2), 1996 Archiv: http://www.bzl.online.ch.
37. Dr. Mark Cheng gewährte mir ein Interview und schrieb mir dieses Zitat in einer E-Mail an mich. Er erklärt, dass die Art der Disziplin, die für Sicherheit sorgt, ein Bewusstsein für die eigenen moralischen Vorstellungen sowie die Herausforderungen, die sich einem stellen könnten, erfordert. Er erklärt weiter: Solch eine Disziplin kann nur durch Unterricht, Meditation, Erfahrung und „stressbewährte Denksysteme" erreicht werden. Dr. Cheng ist der Direktor des Chung-Hua-Institutes in Santa Monica, Kalifornien.
38. Über Sex-Appeal und wie man eine guten ersten Eindruck macht siehe S. Paulsell and M. Goldman, "The Effect of Touching Different Body Areas on Prosocial Behavior," *Journal of Social Study* 122 (1984): S. 269–273. Die Wirkung der Berührung verschiedener Körperbereiche auf das prosoziale Verhalten sowie J. D. Fisher, M. Rytting und R. Heslin

"Hands Touching Hands: Affective and Evaluative Effects of Interpersonal Touch", *Sociometry* 39 (1975), S. 416–21.

39. Über Optimismus und Heirat siehe Seligman, *Authentic Happiness*, S. 201ff. Ebenso F. Fincham und T. Bradbury, "The Impact of Attributions in Marriage: *Journal of Personality and Social Psychology* 53 (1987): S. 510-517. Optimismus ist tatsächlich eine weit verbreitete Neigung der meisten Menschen, die eine Vorhersage treffen. David A. Armor und Shelley E. Taylor erklären: Optimismus funktioniert, obwohl er nicht unbedingt zu akkuraten Prognosen führt, denn wir sind (1) nicht wahllos optimistisch, (2) motiviert, positiven Prognosen gerecht zu werden und (3) können Enttäuschungen besser entkommen, wenn wir eine Situation optimistisch umdeuten. D. A. Armor und S. E. Taylor, "When Predictions Fail: The Dilemma of Unrealistic Optimism," *Heuristics and Biases: The Psychology of Intuitive Judgment*, Thomas Gilovich, Dale Griffin, & Daniel Kahneman (Cambridge: Cambridge University Press, 2002), S. 334–347.
40. Solche Übungen finden Sie in: Martin Seligman, *Learned Optimism* (New York: Alfred A. Knopf, 1991), Kapitel 12.
41. A. Twersky und D. Kahneman haben in ihren Forschungen festgestellt: Wenn wir uns etwas vorstellen, überschätzen wir tendenziell die Wahrscheinlichkeit des tatsächlichen Auftretens. Während wir einerseits verstehen sollten, dass dies zu unbegründetem Optimismus führen kann, können wir diese Verzerrung andererseits zu unseren Gunsten nutzen, indem wir aus unserem geistigen Bild in Zeiten, in denen wir dies am meisten brauchen, Motivation ziehen. A. Twersky und D. Kahneman, "Availability: A Heuristic for Judgment Frequency and Probability," *Cognitive Psychology* 5 (1973): S. 207–232.
42. Mentale Bilder aktivieren die entsprechenden Hirnregionen. Siehe K. O'Craven und M. Kanwisher, "Mental Imagery of Faces and Places Activates Stimulus-specific Brain Regions," *Journal of Cognitive Neuroscience*. 12 (2000). S. 1013–1023. Tatsächlich unterscheidet das Gehirn nicht zwischen dem, was es in der Realität sieht und dem, was es sich vorstellt.
43. Vorfreude kann bei Primaten auch ohne komplizierte mentale Bilder nachgewiesen werden, wie der Hirnforscher Wolfram Schultz u.a. bei der Untersuchung von Affen herausgefunden hat, deren Dopamin-Neuronen bei erwarteter Fütterung aktiviert waren. Menschen verfügen über das gleiche zugrundeliegende neuronale Feedback-System, wenn sie eine Belohnung erwarten, auch wenn wir das einzige Tier sind, das die Fähigkeit hat, etwas in die Zukunft zu projizieren, was wir erst dann ein erstes Mal erleben. W. Schultz, P. Apicella, und T. Ljungberg, "Responses of Monkey Dopamine Neurons During Learning of Behavioral Reactions," *Journal of Neurophysiology* 67 (1992): S. 145-163. Ebenso: W. Schultz, P. Apicella und T. Ljungberg, "Responses of Monkey Dopamine Neurons to Reward and Conditioned Stimuli During Steps of Learning a Delayed Response Task," *Journal of Neurophysiology*, 13, Nr. 3 (1993): S. 900–913.
44. *Warten auf Godot* ist ein absurdes Theaterstück des irischen Schriftstellers Samuel Beckett (1906-1989). Es zeigt zwei Landstreicher, die auf die Ankunft von Godot warten, der

jedoch nie auftaucht. Ohne ihre Hoffnung auf das Treffen mit Godot (der für Gott oder auf etwas, worauf wir unsere Hoffnungen richten können, stehen kann), wird ihnen ihr Sinn und ihre Energie abgezogen. Trotz ihrer intakten Hoffnung sind die beiden inaktiv und nostalgisch.

45. Daniel Gilbert weist in seinem ausgezeichneten Buch auf die Tatsache hin: Das detaillierte Projizieren ohne vorher die eigentliche Erfahrung zu kennen, ist eine relativ neu erworbene Fähigkeit in der Evolutionsgeschichte und speziell dem *Homo sapiens* vorbehalten. Wir haben die Fähigkeit, aufgrund unseres Stirnlappens die Zukunft zu planen (und davor Angst zu haben). Gilbert: „Wir denken über unsere Zukunft in einer Weise nach, wie es kein Tier beherrscht, tut oder jemals getan hat; und dieser einfache, einzigartige und gewöhnliche Vorgang ist ein uns definierendes Merkmal unseres Menschseins." Daniel Gilbert, *Stumbling on Happiness: Think You Know What Makes You Happy?* (New York: Knopf, 2006), S. 4.
46. Covey, *Seven Habits,* S. 47.
47. Sehen Sie sich den Film *Sturz ins Leere* an.
48. Esther „Eppie" Pauline Friedman Lederer, besser bekannt als Ann Landers (1918–2002) war für ihre Kolumne berühmt, die sie über 45 Jahre geschrieben hat.
49. A. Arntz, M. Van Eck und P.J. de Jong haben festgestellt: Die Gruppe Freiwilliger, die zwanzig sehr intensive Stromstöße mit Ansage erhielten, verkrafteten diese besser als die Gruppe, die nur drei Stromstöße ohne Ansage erhielten. Die Gruppe, die im Unklaren gelassen worden war, berichtete über Angst, starkes Schwitzen und erhöhte Herzfrequenzen. Je mehr wir über zukünftige Rückschläge wissen, d.h. ihr wahrscheinliches Auftreten, desto mehr Kontrolle erleben wir. A. Arntz, M. Van Eck und P.J. de Jong, "Unpredictable Sudden Increases in Intensity of Pain and Acquired Fear," *Journal of Psychophysiology* 6 (1992): S. 54–64.
50. Malcolm Gladwell, *Outliers: The Exercise of Control* (New York: Little, Brown, 2008), S. 246.
51. Epiktet wurde vor etwa 2000 Jahre geboren. Er war Sklave des Römischen Reiches, wurde aber später ein berühmter Philosoph. Der Wert des Ehrgeizes und der anderen in diesem Buch behandelten Fähigkeiten war ihm sicherlich bewusst. Trotzdem hat er seine Prioritäten nie aus den Augen verloren. Sein Handbüchlein der Moral über die Tugend, das Glück und die Effektivität, *Die Kunst vernünftig zu leben*, ist eine Hommage darüber und noch in gedruckter Form erhältlich. Sharon Lebell, *Epictetus, The Art of Living: The Classic Manual on Virtue, Happiness, and Effectiveness* (New York: Harper Collins, 1994).

Teil III

DIE SPIRITUELLE BEWUSSTSEINSEBENE

KAPITEL 8 - DIE LEBENSKRAFT

1. Das Umweltprogramm der Vereinten Nationen *Globale Biodiversity Assessment* schätzt: Es wurden bislang nur ca. 1,75 Millionen Arten beschrieben, von denen mehr als die Hälfte Insekten sind, davon 300.000 Käfer. *Global Biodiversity Assessment*, Hrsg.: V. H. Heywood (Cambridge: Oxford University Press, 1995). Siehe auch www.enviroliteracy.org.
2. Diese statistische Schätzung zum Universum findet sich in: Stephen Hawking, *Das Universum in der Nußschale* (Hamburg: Hoffmann und Campe, 2001), S. 177.
3. Die Erde wiegt etwa 6,6 Tausend Trillionen Tonnen.
4. Nikolaus Kopernikus (1473-1543), der die Folgen seiner Erkenntnisse schon vorausgeahnt haben muss, veröffentlichte diese erst ganz am Ende seines Lebens. David Bergamini, *The Universe (Life Nature Library)* (Morristown, NJ: Silver Burdett Press, 1987), S. 14ff.
5. Walter Kaufmann, *Goethe's Faust* (New York: Anchor Books, 1961), S. 490.
6. Hawking erklärt: Beim Urknall handelt es sich um eine „Singularität", also einen „Punkt in der Raumzeit, an dem die Raumzeitkrümmung unendlich wird". Alles war auf einen einzigen Punkt unendlicher Dichte zusammengedrückt. An solch einem Punkt – gemäß dem Singularitäten-Theorem – „verliert Einsteins allgemeine Relativitätstheorie ihre Gültigkeit". Es gab keine „Zeit", und unsere bekannten Gesetze der Physik galten nicht. Eine Million Jahre nach dem Urknall verband sich Materie und bildete die ersten Sterne. Milliarden von Jahren später verbrannten die Sterne Helium und es entstanden schwerere Elemente – aus denen wir gemacht sind, wie etwa Kohlenstoff und Sauerstoff –, Stephen Hawking, *Das Universum in der Nußschale* (Hamburg: Hoffmann und Campe, 2001), S. 87f. Auch wenn über diese Zeit nichts *bekannt* ist, möchte ich die von Hawking später im selben Buch beschriebenen theoretischen Möglichkeiten nennen: Am Anfang war das Universum sehr klein, was bedeutet: Der Würfel wurde noch kaum gewürfelt. „Da das Universum ständig würfelt, um zu sehen, was als nächstes geschieht, hat es nicht etwa nur eine einzige Geschichte, wie man denken könnte, sondern jede irgend mögliche Geschichte, jede mit ihrer eigenen Wahrscheinlichkeit." Ebd., S.88. Wir müssten also herauszufinden, wie all diese Geschichten begannen, um vorhersagen zu können, wie sich das Universum entwickelte. Man kann sich die Geschichten des Universums (in imaginärer Zeit, bei der es sich um ein abstraktes mathematisches Konstrukt handelt) „als gekrümmte Flächen wie Kugeln, Ebenen oder Sattelflächen vorstellen, nur mit vier Dimensionen anstelle von zweien... Falls die Geschichten des Universums in imaginärer

Zeit tatsächlich solche geschlossenen Flächen wären, wie Hartle und ich vorgeschlagen haben, hätte das grundlegende Konsequenzen für die Philosophie und die Vorstellung von unserem Ursprung. Das Universum wäre vollkommen in sich geschlossen. Es wäre auf keinen äußeren Einfluß angewiesen" Ebd., S.91f.

7. Der mathematische Kosmologe Swimme hat erkannt, welche Bedeutung die Tradition des Geschichtenerzählens über das Universum hat. Wir sollten diese fortsetzen, damit wir uns auf sie beziehen können. Er hofft, reale Erfahrungen über und mithilfe des Universums wachzurufen, damit wir besser verstehen, welche Rolle wir in den Weiten dieses stetig wachsenden Universums spielen. Dies wird wissenschaftlich untermauert. Siehe Brian Swimme, *The Hidden Heart of the Cosmos: Humanity and the New Story* (New York: Orbis Books, 1996); ebenso Brian Swimme und Thomas Berry, *The Universe Story from the Primordial Flaring Forth to the Ecozoic Era: A Celebration of the Unfolding of the Universe* (New York: Harper Collins, 1994).
8. Hoimar von Ditfurth schrieb ein wunderbares Buch mit dem Titel „*Im Anfang war der Wasserstoff*". Wasserstoff ist das Gas, aus dem alles Nachfolgende entstand. Hoimar von Ditfurth, *Im Anfang war der Wasserstoff* (Hamburg: Hoffmann und Campe, 1972), S. 85.
9. Website von Brian Swimme, aufgerufen am 26. September 2011, www.brianswimme.org/media/excerpts.
10. Hawking stellt folgende Definition der Vakuumenergie auf: „Energie, die selbst im scheinbar leeren Raum vorhanden ist. Merkwürdigerweise wäre die Anwesenheit von Vakuumenergie im Gegensatz zur Anwesenheit von Masse in der Lage, die Expansion des Universums zu beschleunigen" Hawking, *Das Universum in der Nußschale*, S. 215.
11. Swimme, *Hidden Heart*, S. 97.
12. Siehe Heisenbergs Abhandlung über die Unschärferelation, 1927. Diese Informationen habe ich im Internet unter plato.stanford.edu/entries/qt-uncertainty/ gefunden. Die Unschärferelation des Physikers Werner Heisenberg besagt: Je genauer man die Position eines Teilchens zu messen versucht, desto ungenauer lässt sich seine Geschwindigkeit messen, und umgekehrt. So können beispielsweise Elektronen um den Atomkern herum eine Position einnehmen, aber auch im Atom eine stehende Welle ausbilden. Wenn wir die Position messen, können wir nicht die Welle vorhersagen und umgekehrt.
13. Stephen Hawking schreibt über Max Planck, dass dieser im Jahr 1900 vorschlug: Licht würde immer in winzigen Paketen, den „Quanten", abgegeben. Wenn wir also ein Teilchen bzw. eine Welle beobachten, indem wir es mit niedrig- oder hochenergetischen Photonen (also Nieder- oder Hochfrequenzwellenlängen) beschießen, erhalten wir entweder eine unsichere Information über seine Geschwindigkeit oder über seine Position (Hawking, *Das Universum in der Nußschale*, S. 50). Weiter hinten im selben Buch definiert er das Quantum (Plural: Quanten) als: „Die unteilbare Einheit, in der Wellen absorbiert und emittiert werden können."(Ebd., S. 213).
14. Doch die Fähigkeit der Natur, sich nicht unterkriegen zu lassen, hat ihre Grenzen. Wenn wir das natürliche Gleichgewicht zu stark stören, kann sich das Ökosystem nicht erholen.

In solchen Fällen können wir in der letztendlichen Folge, nämlich der Zerstörung, keinen Trost finden. Wenn wir Menschen weiterhin das natürliche Gleichgewicht zerstören, zerstören wir auch zahlreiche Arten, von denen eines Tages wir selbst eine sein könnten. Die Sorgen des chinesischen Taoisten Chuang-Tzu kann ich teilen: „Ich weiß davon, die Welt sich selbst zu überlassen und nicht in sie einzugreifen. Ich weiß nichts über fließende Dinge. Überlassen wir die Dinge sich selbst: So kann der Mensch ihre Form nicht zerstören! Nicht eingreifen bedeutet: Der Mensch wird nicht zu etwas verändert, was er nicht ist! Wenn die Menschen nicht bis zur Unkenntlichkeit verdreht und verstümmelt werden, wenn sie die Erlaubnis zum Leben erhalten – dann ist der Zweck der Regierung erreicht." Thomas Merton, *Way of Chuang Tzu Chuang*, S. 70.

15. Ditfurth schreibt Folgendes über die Entwicklung des Universums: „Intelligenz gibt es nicht deshalb, weil die Natur es fertig brachte, Gehirne zu entwickeln, die das Phänomen ‚Intelligenz' am Ende einer langen Entwicklungsreihe schließlich ermöglicht hätte... Die Natur hat nur deshalb nicht bloß Leben, sondern schließlich auch Gehirne und zuletzt unser menschliches Bewusstsein hervorbringen können, weil es Geist, Phantasie und Zielstrebigkeit in dieser Welt schon immer gegeben hat, vom ersten Augenblick ihres Bestehens an. Dies ist der entscheidende Punkt: dass Prinzipien, die wir im allgemeinen ganz selbsverständlich der ‚psychischen' Sphäre vorbehalten glauben, in Wirklichkeit schon in der vorbewussten Welt, sogar schon im Bereich des Anorganischen wirksam und nachweisbar sind" Hoimar von Ditfurth, *Im Anfang war der Wasserstoff*, S.13f. Im selben Buch an späterer Stelle charakterisiert Ditfurth die gesamte Entwicklung des Universums als das Ergebnis der beiden Prinzipien: „Als eines dieser Prinzipien hatten wir bereits die Tendenz zum ‚Zusammenschluss' kennengelernt. Das Prinzip der Entwicklung, das darin besteht, die auf der jeweils erreichten Stufe vorliegenden elementaren Einheiten zusammenzufügen und aus ihnen dabei neue, zusammengesetzte Einheiten aufzubauen, welche ihrerseits dann die elementaren Bausteine der nächsthöheren Stufe darstellen... Eine weitere Tendenz der Geschichte... ist die Tendenz zur Verselbstständigung, zur Abgrenzung, zur Distanzierung von der Umwelt." Ebd., S. 290f.
16. Swimme, *Hidden Heart,* S. 97ff.
17. Stephen Cross schreibt: „Für die meisten Schulen des Hinduismus... ist *Moksha* die Befreiung des individuellen Zustands selbst: die Befreiung des Bewusstseins von den einschränkenden Formen, in die es eingeschlossen ist, also so, wie die relative Natur dessen erlebt wird. Moksha ist somit kein Mangel, sondern eine Erweiterung des Bewusstseins über die Grenzen der Individualität hinaus. Es ist hauptsächlich positiv – und nicht, wie das buddhistische Nirvana oft und vielleicht fälschlich dargestellt wird, einfach das Ende der Trauer." Stephen Cross, *Way of Hinduism* (London: HarperCollins, 1994), S. 127.
18. Um den Leser daran zu erinnern: „nicht aktiv" ist nicht gleichbedeutend mit „inaktiv". Während wir aktiv sind, können wir uns auf das Jetzt fokussieren, nicht auf ein zukünftiges Ziel, sind uns darüber bewusst, wie die Aktivität passiert und achten dann nicht auf unsere individuelle Anstrengung.

KAPITEL 9 - AUFNAHMEFÄHIGKEIT

1. Der Parientallappen ist der Teil der Großhirnrinde unseres Gehirns, in dem das Orientierungsfeld enthalten ist, das unter anderem Impulse aus den visuellen Reizeingangsbereichen empfängt. Die Integration der Informationen aus den visuellen, auditiven und somaesthetischen Bereichen ist laut zahlreicher Forscher wie Rhawn Joseph entscheidend, denn sie ermöglicht es uns, zwischen Objekten innerhalb und außerhalb unserer Reichweite zu unterscheiden: „Es scheint wahrscheinlich, dass die Trennung zwischen dem „Selbst" und dem „Anderen" oder zwischen dem „Selbst" und der „Welt," über die Philosophen und Theologen über Jahrhunderte diskutierten, möglicherweise eine Funktion des Orientierungsfeldes ist, die sich aus seiner primitiveren Fähigkeit, Objekte im Raum in fassbare und nicht fassbare zu unterteilen, herausgebildet hat". (D'Aquili und Newberg, *Mystical Mind*, S. 34).
2. Viele Autoren, die über östliche Denkweisen schreiben, beurteilen die Fähigkeit zur analytischen menschlichen Erfahrung negativ. Ich glaube: Wenn wir den Wunsch haben, östliche in westliche Denkweisen zu integrieren, sollten wir unseren Respekt für die analytische Auffassungsgabe, die im westlichen Denkens so hoch gelobt wird, aufrecht erhalten. Die Tatsache, dass wir die Welt untersuchen und überschaubarer machen können, ist eine wunderbare, natürliche Leistung.
3. Der Frontallappen unseres Gehirns enthält das Aufmerksamkeitsfeld, das mit unserem limbischen System (das die Emotionen aufeinander abstimmt) im Mittelhirn verbunden ist. Der Frontallappen ist in folgende Abläufe involviert: Impulskontrolle, Urteil, Sprache, Gedächtnis, Motorik, Problemlösung, sexuelles Verhalten, Sozialisation und Spontaneität. Er hilft auch bei der Planung, Koordination, Kontrolle und Ausführung unseres Verhaltens (siehe auch en.wikipedia.org/wiki/Frontal_lobe). Gilbert weist auf folgendes hin: Ohne dieses könnten wir nicht in die Zukunft blicken, was uns eines ausschließlich menschlichen Attributes berauben würde. Siehe Daniel Gilbert, *Stumbling on Happiness*, S.12. Aktivieren wir jedoch das Aufmerksamkeitsfeld, können wir uns auch auf den gegenwärtigen Moment fokussieren und unsere Erfahrung des unmittelbaren Lebens verbessern. Das Orientierungsfeld ist stark mit dem Aufmerksamkeitsfeld verbunden. Das ist der Grund, warum die Aufmerksamkeit sich auf unsere Erfahrung von Raum und Zeit auswirkt. Sowohl die Orientierung als auch die Aufmerksamkeit sind in das, was D'Aquili und Newberg „ein Gefühl der egozentrischen Raumordnung" nennen, involviert, oder darin, wie die Dinge auf uns selbst räumlich ausgerichtet sind." D'Aquili und Newberg, *Mystical Mind,* S. 35.
4. Positives Denken wurde zum Schlagwort in der Populärkultur, in Selbsthilfebüchern und in der kognitiven Psychologie. Die Ekstase basiert auf einer nachweisbaren Erfahrung: Fokussieren wir uns mit viel Disziplin auf positive Gedanken – wie es von tibetischen Buddhisten vorgelebt wird – können positive Emotionen erzeugt werden. Dies erfolgt

aufgrund der starken neuronalen Verbindungen zwischen den verschiedenen Bereichen des Gehirns, d.h. dem Aufmerksamkeitsfeld und dem lymbischen System (siehe Anmerkung 3). Doch auch negatives Denken kann für unser gesamtes Sein sehr wichtig sein, wie Pearsall in seinem Buch *The Last Self-Help Book You'll Ever Need: Repress Your Anger, Think Negatively, Be A Good Blamer and Throttle Your Inner Child* unterstreicht. (New York: Basic Books, 2005). So kann beispielsweise die Hoffnungslosigkeit für unsere jeweilige Situation passend sein, während selbstauferlegter Optimismus auf Menschen unnötigen Druck ausübt. Anstatt optimistisch zu sein, empfiehlt Pearsall, sollten wir uns besser hingeben und akzeptieren (Ebd., S. 43). Durch negative Erfahrungen können wir uns Situationen stellen, zu uns selbst ehrlich sein, von anderen gehört werden und von ihnen Hilfe erhalten (Ebd., S. 44). Laut Pearsall können wir auch durch effektive und gelegentliche Schuldzuweisungen schlechte Situationen beenden (Ebd., S. 55).

5. Russell Freedman, *Confucius: The Watercourse Way* (New York: Arthur A. Levine Books, 2002), Anm. d. Autors.
6. Bob Altemeyer, "Why Do Religious Fundamentalists Tend to Be Prejudiced?" *International Journal for the Psychology of Religion* 13, Nr. 1 (2003): S.17-28. Hunsberger, B., & Jackson, L.M., "Religion, Meaning, and Prejudice," *Journal of Social Issues* 61:4 (2005): S. 807. Duriez, B., "A Research Note on The Relation Between Religiosity and Racism: The Importance of the Way in Which Religious Contents Are Being Processed," *International Journal for the Psychology of Religion* 14, Nr. 3 (2004), S. 177–191.
7. Friedrich Wilhelm Nietzsche (1844–1900) war ein deutscher Philosoph, der sich selbst aus dem Denken seiner Zeit befreit hatte, in dem er sich gefangen fühlte. Rückblickend beschreibt er die drei Perioden, die er durchlebte: (1) Glaube an die kulturelle Innovation, (2) die radikale Befreiung von der Tradition und den christlichen Werten („Gott ist tot", obwohl die Menschen den Glauben an Gott brauchen), und (3) das Bejahen einer Welt, in der alles nach Macht strebt und die Hoffnung, dass diejenigen, die sich dazu entschließen, an den Werten festhalten und Mitgefühl zeigen. Nietzsche war eine der tragischsten Persönlichkeiten der deutschen Kultur. In seinem Versuch, sich selbst zu befreien, war er zu sich selbst und anderen brutal ehrlich. Obwohl er eine sehr sensible Person voller Mitgefühl war, kränkte er mit seinen Gedanken alle: Juden, Christen, Frauen, befreundete Philosophen, Freunde und potenzielle Schüler. Zwar wurde Nietzsche von zahlreichen emotionalen Problemen gequält, seine kognitive Rigidität und seine Unfähigkeit, Trost aus der Welt zu erhalten (anstatt aus seinem eigenen Denken) sind für mich am auffälligsten. Während ich sein Engagement für das, was er als die Wahrheit erachtete, bewundere, bedauere ich ihn dafür, dass er glaubte, sie gefunden zu haben. Am Ende missbrauchten die Nazis ihn und seine Philosophie für ihre Zwecke. Eine größere Strafe ist für seine Rigidität kaum vorstellbar. Nietzsches autobiographische Aussagen sind zusammengefasst in Friedrich Nietzsche, *Ecce Homo: Wie man wird, was man ist* (München: Deutscher Taschenbuch Verlag, 1999). Einige Kapitel sind wie folgt überschrieben: „Warum ich so klug bin", „Warum ich so weise bin", „Warum ich so gute Bücher schreibe". Seine Aphorismen

in seinen Schriften sind alle mit eindringlicher Überzeugung geschrieben. In der Geschichte von „Also sprach Zarathustra" trifft der junge, prophetengleiche Zarathustra auf einen heiligen Greis im Wald. Der lädt den jungen Mann ein, mit ihm zusammen seinen heiligen Weg einzuschlagen. Der Jüngere lehnt verwirrt ab und denkt sich: Der alte Mann habe wohl die Nachricht von Gottes Tod noch nicht vernommen. „Gott ist tot" wurde zum Sprichwort, für das Nietzsche berühmt ist. Nietzsche lehnte die Werte, durch die wir uns mit Gott verbunden fühlten, ab, da sie zu kindischer Heuchelei führten. Die von Nietzsche (Zarathustra) aufgestellten Werte beruhten auf der Einsicht in die menschliche Natur und auf dem Versuch, die Gott-gegebenen Werte zu ersetzen, da sie für moderne Männer und Frauen nicht mehr funktionierten. Friedrich Nietzsche, *Also sprach Zarathustra: Ein Buch für Alle und Keinen* (München: Deutscher Taschenbuch Verlag, 1999).

8. Dieses Zitat findet sich am Ende des sehr unterhaltsamen Buches *Atlas Shrugged,* von Ayn Rand, der Gründerin der Philosophie des Objektivismus. Siehe Ayn Rand *Atlas Shrugged* (New York: Pinguin, 1985), Über die Autorin.
9. Watts interpretiert das Tao als „den fließenden Lauf der Natur und des Universums" Watts und Huang, *Tao: The Watercourse Way*, S.49.
10. Merton erinnert uns daran, dass wir uns über die Existenz von Laotse als angeblichem Autor des Tao Te Ching (Daodejing) nicht sicher sein können. Dennoch können wir uns über die historische Existenz des „größten aller taoistischen Schriftsteller" sicher sein. Merton, *Way of Chuang Tzu Chuang*, S. 15.
11. Merton schreibt: „Das Tao der Ju-Philosophie ist in den Worten von Konfuzius, wenn ‚die Fäden, die aus den Wünschen des Selbst und den Wünschen der Anderen bestehen, zu einem verflochten werden'." (Ebd., S. 21)
12. T.R. Reid lebte einige Jahre im Osten und entdeckte viele Ähnlichkeiten zwischen unseren Wertesystemen: „Was die Asiaten von Konfuzius und anderen großen Lehrern der östlichen Traditionen gelernt haben, ist im Wesentlichen identisch mit dem, was Amerikaner und Europäer von Sokrates und den jüdisch-christlichen Lehrern der westlichen Traditionen gelernt haben. Die zugrundeliegenden Prinzipien sind dieselben". Reid, T.R., *What Living in the East Teaches us about Living in the West* (New York: Vintage, 1999), S. 241.
13. Merton unterscheidet zwischen zwei Arten, mit denen das Tao verstanden werden kann. Bei der ersten handelt es sich um eine eher konventionelle Art, die von Konfuzius reichlich genutzt wurde. Es ist ein „ethisches Tao" oder das „Tao des Menschen", die Manifestation eines Prinzips der Liebe und Gerechtigkeit." Thomas Merton, *Way of Chuang Tzu Chuang*, S. 21. Merton schreibt im gleichen Buch an späterer Stelle: Das Tao ist nicht an menschliche Konventionen gebunden, auch wenn der legendäre Begründer der chinesischen Philosophie des Taoismus, Laotse, sowie sein größter Wortführer, Chuang-Tzu, den Weg so verstanden. Es ist das „Tao des Himmels" (ebd., S. 21), der undefinierbare Weg, das Wesen der Natur, von dem wir, im Gegensatz zu einem Objekt oder einem Ziel, nicht getrennt werden können. Das können wir erkennen, wenn unser Geist für diese Erfahrung empfänglich ist.

14. Alan W. Watts, *The Way of* Zen (New York: Vintage, 1985).
15. Von Merton lernen wir: Konfuzius Lieblingsschüler Yen Hui will seinen Meister verlassen, um nach Wei zu gehen. Dort möchte er den Prinzen von Wei zu einer ethischeren Regierungsführung bringen. Konfuzius rät ihm aber von der Reise ab, da Yen Hui nicht in der Lage war, einer von denen zu werden. Er würde dann wie ein überlegener Fremder auftauchen und „Türen einreißen". Innere Einheit und Frieden sind eine notwendige Voraussetzung für die Verbindung mit Menschen und stehen somit über dem Wissen. Merton, *Way of Chuang Tzu Chuang*, S. 50–53.
16. Siehe Michael Shermer, *The Science of Good & Evil: Why People Cheat, Gossip, Care, Share, and Follow the Golden Rule* (New York: Times Books, 2004), S. 260-262.
17. Ebd., S. 260-262.
18. World Database of Happiness, aufgerufen am 18. Oktober 2011, worlddatabaseofhappiness.eur.nl
19. Daniel Garber, *Descartes' Metaphysical Physics* (aus der Buchserie: Science and Its Conceptual Foundations series) (Chicago: University of Chicago Press, 1992).
20. Dieses Zitat geht weiter: „... und der Verstand wird sich abnutzen... Die Idee ist nicht, den menschlichen Geist auf eine schwachsinnige Plattheit zu reduzieren, sondern seine angeborene und spontane Intelligenz ins Spiel zu bringen, indem wir ihn ohne Zwang nutzen." (Watt, *Way of Zen*, S. 19-21).
21. Cross schreibt: „Shankara befasst sich damit, wie die Unwissenheit unserer eigenen Natur beseitigt werden kann, die uns an die Welt der Phänomene gebunden hält: Indem wir die selbstauferlegten Hindernisse, die zwischen uns und einem sofortigen Begreifen unserer eigenen inneren Realität stehen, ausräumen." ...Bei dieser Denkschule [Vedanta] geht es nicht so sehr darum, stärker an die Götter zu glauben, was durchaus gefordert wird, sondern um mehr Skepsis gegenüber der Realität der Welt und des einzelnen Selbst, das sie erfährt." Cross, *Way of Hinduism*, S. 60. Vedanta „kann sich sowohl auf die Upanishaden als auch auf die Systeme der upanishadischen Philosophie und Theologie beziehen. Die Upanishaden sind der Schlussteil der Veden (im weitesten Sinne), und für die Vedanten das Kernstück der Veden, weil sie die endgültige Befreiung aus dem Kreislauf von Geburt und Tod lehren." Klaus K. Klostermaier, *A Concise Encyclopedia of Hinduism* (Oxford: Oneworld Publication, 1998), S. 200.
22. „Der große SINN ist überströmend/ er kann zur Rchten sein und zur Linken./ Alle Dinge verdanken ihm ihr Dasein/ und er verweiget sich ihnen nicht/ Ist das Werk vollbracht/ so heißt er es nicht seinen Besitz./ Er kleidet und nährt alle Dinge/ und spielt nicht ihren Herrn./ Sofern er ewig nicht begehrend ist,/ kann man ihn als klein bezeichnen./ Sofern alle Dinge von ihm abhängen,/ ohne ihn als Herrn zu kennen,/ kann man ihn als groß bezeichnen./ Also auch der Berufene:/ Niemals macht er sich groß;/ darum bringt er sein Großes Werk zustande." Laotse, *Tao Te King*, no. 34, S. 74.
23. Ebd., no. 20, S. 60.
24. Watts, *Way of* Zen, S. 84ff.

25. Ebd., S. 87.
26. Stephen Batchelor, *The Faith To Doubt: Glimpses of Buddhist Uncertainty* (Berkeley: Parallax Press, 1990), S. 16.
27. Alan W. Watts, *Way of Zen*, S. 107. Im gleichen Buch schreibt Watts: Das Wort „Koan“ komme von dem Wort *Kung-an*, was „öffentlicher Aushang“ oder „Präzedenzfall“ bedeutet. „Der Schüler soll zeigen, dass er die Bedeutung des Koan erfahren hat, indem er eine spezifische und meist nonverbale Demonstration dessen vorführt, die er intuitiv entdecken muss.“ Beispiele für Koans sind: „Jeder hat einen Geburtsort. Wo ist dein Geburtsort?“ „Inwiefern ist meine Hand Buddhas Hand?“ „Inwiefern ist mein Fuß wie der Fuß eines Esels?“ (Ebd., S. 105).
28. Ebd., S. 106.
29. Ebd., S. 107.
30. Tolle hat die östlichen Wege den Menschen im Westen zugänglich gemacht. Er schreibt: „In Wirklichkeit ist es so, dass fast jeder auf ganz ähnliche Art dauernd eine oder mehrere Stimmen in seinem Kopf hört: die unwillkürlichen Gedankengänge, von denen du noch nicht weißt, dass es in deiner Macht steht, sie anzuhalten. Ständige Monologe oder Dialoge ... Manchmal wird diese Tonspur von Bildern begleitet, wie im Kino.“ Eckhart Tolle, *Jetzt! – Die Kraft der Gegenwart: Ein Leitfaden zum spirituellen Erwachen* (Bielefeld: Kamphausen Verlag, 2007), 17. Aufl., S. 29.
31. D'Aquili und Newberg, *Mystical Mind.*
32. Willigis Jäger ist sowohl christlicher Priester als auch Zen-Meister; er gründete in Würzburg ein Zen- und Kontemplationszentrum. Er beschreibt die westlichen Traditionen des sich nach innen Wendens als friedvoll und erfüllend. Willigis Jäger, *Kontemplation: Gott Begegnen – Heute* (Freiburg im Breisgau: Herder, 2002), S. 18.
33. Kornfield, *Path with Heart,* S.109.
34. Dieses Zitat stammt aus dem Evangelium des Thomas (der als „ungläubiger Thomas“ bekannt ist), einer Sammlung von 114 mutmaßlichen Jesusworten, die erst 1945 in Ägypten entdeckt wurde: „Das Königreich – an welchem Tage wird es kommen?“ „Nicht im Erwarten wird es kommen! Sie werden nicht sagen: ‚Siehe, hier!‘ oder ‚Siehe, dort!‘. Vielmehr ist das Königreich des Vaters ausgebreitet über die Erde, und die Menschen sehen es nicht.“ Hans-Martin Schenke (Hg.), *Nag Hammadi Deutsch* (Berlin: De Gruyter, 2010), 2. Aufl., S. 139.
35. Huai-jang (gest. 775 u. Z.) war der direkte Schüler des sechsten und letzten chinesischen Zen-Patriarchen Huineng (637-713 u. Z.). Er betonte: Erleuchtung kann nicht erreicht werden, sie muss zu uns kommen: „Deine Übungen in der Sitzmeditation (*Zazen*) sind Übungen, damit du ein sitzender Buddha werden kannst. Wenn Sie sich im Zazen üben, sollten Sie wissen: Zen ist weder Sitzen noch Liegen. Wenn Sie sich selbst darin üben, ein sitzender Buddha zu werden, sollten Sie wissen: Buddha ist keine feste Form. Da das Dharma keinen (festen) Aufenthaltsort hat, geht es hierbei nicht um die Frage, Entscheidungen zu treffen. Wenn Sie aus sich einen sitzenden Buddha machen, dann bedeutet das

konkret: *Das Töten des Buddha*. Wenn Sie sich an die Sitzposition klammern, werden Sie das Prinzip (Zen) nicht erreichen." Watts, *Way of Zen*, S. 110.

36. Dankbarkeitsforscher haben herausgefunden: Wenn eine Gruppe von Menschen – in einer Zwei-Wochen-Studie – täglich aufschreibt, worüber sie dankbar sind, steigern sie deutlich ihre Freude, ihr Glück und ihre Lebenszufriedenheit. M. E. McCullough, S. Kilpatrick, R. A. Emmons, und D. Larson, "Gratitude as Moral Affect," *Psychological Bulletin* 127 (2001): S. 249-266. Ebenso Robert A. Emmons, *Thanks!: How the New Science of Gratitude Can Make You Happier* (Boston: Houghton Mifflin, 2007).
37. Seligman, *Authentic Happiness*, S. 75.
38. Loatse, *Tao Te King*, Nr. 54, S. 97.
39. Dorothy Thompson (1894–1961).

KAPITEL 10 - RUHE

1. Hier spiele ich auf eine Geschichte aus dem Vimalakīrtinirdeśa an, einem Text, der maßgeblichen Einfluss auf den Zen-Buddhismus in China hatte. In diesem Text erfahren wir von einem Laien namens Vimalakirti, der alle anderen Jünger Buddhas übertroffen hat. Auf die Frage nach der Natur der non-dualen Realität antwortete er: „Donnernde Stille." Watts, *Way of Zen*, S. 81. Nach Takakusu ist der indische Mönch Bodhidharma, der nach China kam und eine Wand anstarrte, wie der heilige Laie von Vaisali, Vimalakirti, der zeigte, dass man vollkommene Erleuchtung erreichen kann, ohne dabei an Worte oder Regeln zu appellieren. Über die Stille können wir direkten Zugang auf unsere natürliche Einsicht in die „A"-Realität erlangen. Junjiro Takakusu, *The Essentials of Buddhist Philosophy* (Columbia, MO: South Asia Books, 1998), S. 120ff. Ebenso Charles Luc, *Ordinary Enlightenment: A Translation of the Vimalakirti Nirdesa Sutra* (Boston: Shambhala, 2002).
2. Genesis 3:19. Die westliche Weltbild ist stark von diesem Verständnis geprägt: Die menschliche Natur ist schlecht oder unvollkommen. Dies wird exemplarisch am Sündenfall Adams und Evas in der Bibel dargestellt. (Moslems und Juden glauben nicht an die Erbsünde, aber beide Weltreligionen zeigen den Menschen Wege auf, wie sie vollkommener oder wertvoller werden können.) Laut der Geschichte konnten Adam und Eva trotz des Gebotes Gottes nicht widerstehen, vom Baum der Erkenntnis des Guten und Bösen zu essen. Das Nichtwissen über den Unterschied zwischen „gut" und „schlecht" war ein friedliches Paradies. Durch die Unterscheidungsfähigkeit zwischen diesen beiden Zuständen endete ihre sorglose Existenz ein für alle Mal. Das hatte zur Folge: Das Leiden kam über alle Paare und alle Menschen. Während die Buddhisten glauben, wir könnten einen Geisteszustand des Nichtunterscheidens– unsere Buddha-Natur – erreichen, glaubt ein Großteil der westlichen Welt tendenziell an die ewige Bestrafung Gottes. Eine Rückkehr zur Unschuld ist nach den weit verbreiteten westlichen Überzeugungen nicht möglich. „Und er vertrieb den Menschen und ließ östlich vom Garten Eden die Cherubim lagern und die Flamme des blitzenden Schwertes, um den Weg zum Baum des lebens zu

bewachen." *Die Bibel, Nach der Übersetzung Martin Luthers* (Stuttgart: Deutsche Bibelgesellschaft, 1984) Genesis 3:24.

3. R. Kubey and M. Csískzentmihályi, *Television and the Quality of Life* (1, NJ: Lawrence Erlbaum, 1990).
4. Stefan Klein, *Die Glücksformel: oder Wie die guten Gefühle entstehen,* S.81.
5. J. Veroff, E. Douvan, and R. A. Kulka, *The Inner American* (New York: Basic Books, 1981). Ebenso John P. Robinson, *How Americans Use Time* (New York: Praeger, 1977).
6. Dr. Lin Yutang war ein chinesisch-amerikanische Schriftsteller, Übersetzer und Herausgeber. Er lebte hauptsächlich in den Vereinigten Staaten, wo er an der Harvard University unterrichtete. Lin Yutang, *Importance of Living* (Baltimore: Patterson Press, 2008), S. 155.
7. Melody Beattie ist Autorin mehrerer populärer Selbsthilfebücher über die Ko-Abhängigkeit. Das Cluster der von der Autorin beschriebenen Symptome wurde nie in das DSM, das Klassifikationssystem für psychische Störungen, aufgenommen. Dennoch identifizieren sich tausende Menschen mit der Ko-Abhängigkeit, was sich aus den überwältigenden Reaktionen und den vielen Selbsthilfegruppen schließen lässt, die aufgrund der Ideen der Beattie-Bücher entstanden. Beattie wurde für ihre Selbsthilfe-Predigten scharf kritisiert, da unsere Fürsorge für andere der gesunde und „moralische" Weg sei, der Erfüllung bringt. Ko-Abhängigkeit beschreibt jedoch ein zwanghaftes und kein gesundes Verhalten, wie das Geben. Kein Zwang kann als gut angesehen werden, da er uns einer gesunden Entscheidungsfähigkeit und eines ausgeglichenen Lebens beraubt. Die Klärung der Frage, ob die Kritik entweder auf der Angst beruht, das Geben könne unter allen Umständen diskreditiert werden, da die Bereitschaft dazu in der Welt ohnehin zu wenig verbreitet ist, oder auf der Angst vor dem Verlust der vorwiegend weiblichen Gruppe, die ohne etwas zurückzuverlangen, einfach gibt, kann sehr interessant sein. Melody Beattie, *Codependent No More: How to Stop Controlling Others and Start Caring for Yourself* (New York: HarperCollins, 1987).
8. Csíkszentmihályi war sich der Möglichkeit bewusst: Der Flow kann süchtig machen. Er schreibt: „Fast jede erfreuliche Aktivität kann süchtig machen, in dem Sinne, dass sie, statt eine bewusste Entscheidung darzustellen, zur Notwendigkeit wird, die andere Aktivitäten behindert. Manche Chirurgen etwa beschreiben das Operieren als Sucht, ‚wie Heroin'... Daher haben angenehme Aktivitäten, die flow auslösen, potentiell auch einen negativen Aspekt: Sie vermögen zwar die Lebensqualität zu verbessern, indem sie Ordnung im Verstand schaffen, doch sie können süchtig machen, und dann wird das Selbst zum Gefangenen einer bestimmten Ordnung und unwillig, sich mit den Zweifelsfällen des Lebens abzufinden." Csíkszentmihályi, *Flow,* S. 91.
9. Die letzte Zeile des Gedichts „Muße" von William Henry Davies lautet wie folgt: „Wie arm das Leben auf der Welt, wenn uns die Zeit zum Staunen fehlt!" Deutsche Übersetzung von Walter A. Aue, http://myweb.dal.ca/waue/Trans/Davies-Leisure.html.
10. Lin Yutang, *Importance of Living,* S. 154.
11. Siehe Kapitel 2, "Physical Preparation," "Mental Preparation." in Robert Thurman, *Infinite Life: Seven Virtues for Living Well* (New York: Riverhead Books, 2004).

12. Karen Kingston, *Clear Your Clutter With Feng Shui* (New York: Broadway, 1999).
13. Thurman, *Infinite Life,* S. 87.
14. Jack Kornfield, *Die Lehren Buddhas,* S. 11.
15. Ebd., S. 48ff. Alle folgenden Zitate über die Vier Edlen Wahrheiten stammen aus Jack Kornfield, *Die Lehren Buddhas.*
16. Watts weist darauf hin: In der Regel ist die Art, wie wir leben, Leiden, weil wir dazu neigen, uns selbst durch das Kämpfen gegen die Gegenwart des Augenblicks und durch die Unterdrückung unserer Spontaneität zu frustrieren. Siehe Watts, *Way of Zen,* S. 46.
17. Jack Kornfield, *Die Lehren Buddhas,* S. 49.
18. Burns, ein kognitiver Therapeut, erklärt: Angst und Depression werden durch kognitive Verzerrungen, also dem Gegenteil von realistischen Gedanken, verursacht. Burns warnt auch vor positiven Verzerrungen, weil sie uns zu falschen Entscheidungen in unserem Leben führen. David D. Burns, *The Feeling Good Handbook* (New York: Plume, 1999), S. 27. Burns betont im selben Buch an späterer Stelle: Entsprechende negative Gefühle seien sehr wichtig und natürlich: „Manchmal sollten wir besser die schlechten Gefühle akzeptieren, uns selbst trösten und auf den Dingen herumkauen, bis sich die Wolken wieder verziehen und wir uns wieder wohl fühlen." Ebd., S. 30.
19. Daniel Golemans Bestseller, sein allgemein anerkanntes und viel diskutiertes Buch *Emotionale Intelligenz*, ist wirklich ein Kulturphänomen.
20. Thich Nhat Hanh ist ein vietnamesischer, zen-buddhistischer Mönch, der mitgeholfen hat, die Wunden des Vietnamkriegs zu heilen. Hierfür wurde er für den Friedensnobelpreis nominiert. Er ist ein Beispiel für bescheidene Menschlichkeit und Frieden. Er schrieb zahlreiche einführende Bücher über die buddhistische Meditation und Achtsamkeit.
21. Bynner, *Way of Life*, Nr. 15.
22. Martine Batchelor, *Meditation for Life* (Boston: Wisdom Publication, 2001), S. 52.
23. Monica Furlong schreibt: Watts litt aufgrund seines Alkoholkonsums an einer vergrößerten Leber. Sein Arzt warnte ihn vor dem Trinken. Zur Erleichterung seiner Familie und Freunde gab er es vorübergehend auf. Als er dabei entdeckt wurde, wie er auf einer Party wieder das Trinken anfing, erklärte er: „Wenn ich nicht trinke, fühle ich mich nicht sexy." Besonders in kleinen Gruppen schien er sich schüchtern und gehemmt gefühlt zu haben. Monica Furlong, *Zen Effects: The Life of Alan Watts* (Boston: Houghton Mifflin, 1986), S. 189.
24. Rainer Maria Rilke, *Briefe an einen jungen Dichter* (Frankfurt am Main/ Leipzig: Insel Verlag, 1929), S. 42
25. Im Islam ist es das höchste Ziel, Gott (Allah) nahe zu sein. Üblicherweise wird dies durch die fünf Säulen des Islam erreicht: (1) durch das Bekenntnis: Es gibt keinen Gott außer Allah, und Mohammed ist sein Prophet, (2) durch das fünfmalige tägliche Gebet, (3) durch Almosen und die Sorge um Bedürftige, (4) durch die Selbstreinigung vermittels des Fastens (Ramadan), und (5) durch die Pilgerreise nach Mekka für all diejenigen, die dazu in der Lage sind. Die Sufis gehen bei ihrem Versuch, mit Gott vereint zu sein, weiter. Sie

fügen dem noch Andachtsgebete, Nachtwachen und Fasten hinzu. Eine göttliche Äußerung (*Hadith qudsi*), also Worte, die direkt von Gott kommen, besagt: Der Gläubige kann schließlich von Gott dermaßen geliebt werden, dass Gott zu seinen Augen, Ohren, Händen und Füßen wird. Mohammed M. Ayoub, *Islam. Faith and History* (Oxford: Oneworld, 2004), S. 155. In einem anderen Buch über den Islam erfahren wir: Das Sufi-Verständnis der wahren Realität ist das Erkennen Gottes. Eine solche metaphysische oder „spirituelle" Erkenntnis ist das Wegnehmen des Schleiers, der sich zwischen dem Menschen und Gott befindet und den Blick auf die vollständige Realität seiner eigenen und wahren Natur verwehrt. Dies ist das Mittel zur Verwirklichung unseres vollen menschlichen Potenzials." J. L. Michon, J. L. und R. Gaetani., *Sufism: Love & Wisdom* (Bloomington: World Wisdom, 2006), S. 22.

26. D'Aquili und Newberg, *Mystical Mind.*
27. Batchelor, *Faith to Doubt,* S.78.
28. Bynner, *Way of Life*, Nr. 15.
29. Carol D. Ryff and Burton Singer, "Flourishing Under Fire: Resilience as a Prototype of Challenged Thriving," *Flourishing: Positive Psychology and the Life Well-Lived,* Hrsg.: Corey L.M. Keyes und Jonathan Haidt (Washington, D.C.: American Psychological Association, 2003), 15ff; Elaine Wethington, "Turning Points as Opportunities for Psychological Growth," *Flourishing*, 37ff; Christopher Peterson und Edward Chang "Optimism and Flourishing," *Flourishing* S. 55ff. Alle diese Autoren schreiben über zunehmende Herausforderungen des Lebens.
30. Das Gedicht von Kobayashi Issa, auf das ich mich beziehe, ist: „Diese Welt – / ist sie nicht eine Blütenschau / über die Hölle? [Zitat gefunden auf: http://lotgoe.blogspot.de/] David G. Lanoue, *Issa: Cup of Tea Poems* (Berkeley: Asian Humanties Press, S. 19.
31. Issa schrieb dieses Haiku (kurzes, japanische Gedicht mit siebzehn Silben) nach dem Tod seines Kindes; es übermittelt die Trauer über die Vergänglichkeit der Welt; dieses Haiku wurde von R. H. Blyth in Kobayashi Issa *A Fly and I: Haiku* übersetzt. (New York: Random House, 1969).
32. Wie vom chinesischen Zen-Meister Yün-men Wen-Yen empfohlen (gestorb. 949 u.Z.): „Beim Gehen, nur gehen. Beim Sitzen, nur sitzen. Vor allem: nicht wackeln." Watts, *Way of* Zen, S. 135.
33. Lewis Mackenzie, *Autumn Wind Haiku: Selected Poems by Kobayashi Issa* (Tokyo: Kodensha, 1999), S. 5.
34. Arthur Golden, *Memoirs of a Geisha* (New York: Vintage, 1997), S. 206.
35. Sigmund Freud (1856-1939) brachte das Konzept des Unbewussten ans Licht der Welt. Deshalb gilt er als die wohl einflussreichste Persönlichkeit in der Psychologie. Doch sein Verständnis unterscheidet sich sehr von unserem modernen Verständnis. Freud ging davon aus: Das Unbewusste hält uns von unerträglichen psycho-sexuellen Konflikten ab, die durch unsere körperlichen Triebe Kollisionen mit der Realität verursachen. Freud glaubte, wir würden durch unsere körperlichen Triebe bestimmt. Die Theorie Carl Gustav

Jungs (1887-1961) konnte er nicht akzeptieren. Diese besagt: Der Mensch wird eher durch seinen Wunsch nach Selbstverwirklichung charakterisiert als durch seine körperlichen Triebe. Freud konnte auch Jungs Begriff des kollektiven Unbewussten nicht akzeptieren. Dabei handelt es sich um den Teil des Unbewussten, den alle Menschen gemeinsam haben, da wir alle die gleichen grundlegenden Konflikte und Lösungen durchlaufen. Obwohl Jungs Verständnis des Unbewussten positiver war als das Freudsche, fokussiert sich keines von beiden in erster Linie auf das Unbewusste als Sitz unserer Ressourcen, so wie Milton Erickson es sieht. Heutzutage erfahren die Nutzung der inneren Ressourcen und die heilende Geist-Körper-Verbindung geradezu eine Wiederbelebung. Sogar die Harvard Medical School wirbt mit Entspannung und Hypnose, um unseren Körper und Geist zu stärken. Siehe "Take a Break from Stress", *Newsweek*, 27. September 2004.

36. Timothy Wilson, *Strangers to Ourselves: Discovering the Adaptive Unconscious* (Cambridge, MA: Harvard University Press, 2002), S. 24.
37. G. Gigerenzer, P. M. Todd und The ABC Research Group, *Simple Heuristics That Make Us Smart* (New York: Oxford University Press, 1999).
38. Das komplette Zitat von Joseph Campbell, nachdem er von Bill Moyers gefragt wurde, worin ein Mythos sich von einem Traum unterscheidet, lautet wie folgt: „Oh, da ein Traum eine persönliche Erfahrung ist, die diesen tiefen, dunklen Boden hat, bei dem es sich um die Stütze unseres bewussten Lebens handelt, ist ein Mythos der Traum der Gesellschaft. Der Mythos ist der öffentliche Traum und der Traum ist der private Mythos. Wenn Ihr privater Mythos, Ihr Traum, zufällig mit dem der Gesellschaft zusammenfällt, sind Sie mit Ihrer Gruppe im Einklang. Wenn nicht, steht Ihnen ein Abenteuer im dunklen Wald bevor." Campbell, *The Power of Myth*, S. 48.
39. Erickson litt an Kinderlähmung und „stolperte" selbst über die Trance, als er noch sehr jung war. Er behandelte sich selbst und andere gegen Schmerzen, psychische Störungen und Probleme und nutzte das Unbewusste für unzählige Lernerfahrungen. Viele halten ihn für den besten Hypnotherapeuten aller Zeiten. Milton H. Erickson, *The Seminars, Workshops, and Lectures of Milton H. Erikson: Creative Choice in Hypnosis,* vol. 4, Hrsg.:. E. L. Rossi und M. O. Ryan (New York: Irvington, 1992); Milton H. Erickson, *The Collected Papers of Milton H. Erickson on Hypnosis: Hypnotic Alteration of Sensory, Perceptual and Psychophysiological Processes* (vol. 2) und *Hypnotic Investigation of Psychodynamic Process,* vol. 3, Hrsg.: E. L. Rossi, (New York: Irvington, 1992).
40. Einmal passierte es, dass ein Schüler Ericksons keine Anstalten machen wollte, wieder aus dem friedlichen Zustand der Trance zurückzukommen. Schließlich war Erickson über die Angelegenheit dermaßen frustriert, dass er sagte: „Um Himmels willen, jetzt brechen Sie das endlich ab! Schließlich ist das nur eine lächerliche Trance, in der Sie sich befinden." Der Student kam sofort wieder zur Besinnung und fing an zu lachen. Der Hypnotherapeut Terry Anges, der ein Schüler von Erickson war, erzählte diese Geschichte einem Teilnehmer eines Kursus, den ich zusammen mit dem Hypnotherapeuten Terry Anges besuchte, der ein Schüler Ericksons war.).

41. D'Aquili und Newberg, *The Mystical Mind.*
42. Ebd., S. 98.
43. Ebd., S. 98.
44. Ebd., S. 97.
45. Nicht jeder ist hypnotisierbar. Eine Trance ist offensichtlich gefährlich, wenn bewusstes Denken erforderlich ist, so wie beim Fahren im Straßenverkehr. Einige psychische Erkrankungen sollten nicht mit Hypnose behandelt werden.
46. Rilke, *Briefe an einen jungen Dichter,* S. 21.
47. Batchelor, *Faith to Doubt,* S. 16–17.
48. Unser unbewusstes Denken funktioniert, kritisch betrachtet, nicht anders als unser bewusstes Denken: In beiden Zuständen ist es uns möglich, unsere Fähigkeit zur schnellen Entscheidungsfindung mit Hilfe von Training und Erfahrung weiterzuentwickeln." Malcolm Gladwell, *Blink: The Power of Thinking Without Thinking* (New York, Boston: Little, Brown, 2005), S. 237.
49. Ebd., S. 120: „Wenn Sie ein Kapitel über Marilyn Monroes Gesicht schreiben würden, ohne mir zu sagen, um wen es sich handelt, könnte ich erraten, um wen es geht? Wir alle haben ein instinktives Gedächtnis für Gesichter. Aber wenn ich Sie zwinge, diese Erinnerung zu verbalisieren – also es auch sich selbst zu erklären – trennen ich Sie von diesem Instinkt ab." Ebenso: „Kurz gesagt: Wenn Sie Ihre Gedanken aufschreiben, werden Ihre Chancen auf einen Erkenntnisschub, den Sie für eine Lösung benötigen, erheblich beeinträchtigt." Ebd., S. 121.
50. William Dement, "Problem Solving," *Some Must Watch While Some Must Sleep* (San Francisco: W. H. Freeman, 1974), S. 98–102.
51. Deirdre Barrett hatte 76 Themen von „Inkubationsträumen" zur Bewältigung von Problemen, die von dem Träumenden während einer Woche für jede Nacht ausgewählt werden konnten. Etwa die Hälfte der Teilnehmer dieser Gruppe war der Ansicht, tatsächlich über das Problem geträumt zu haben. Die Mehrheit dieser Hälfte glaubte außerdem, Lösungen geträumt zu haben. Persönliche Probleme waren für die Lösungen dienlicher als nicht-persönliche. Deirdre Barrett, "Comment on Baylor: A Note About Dreams of Scientific Problem Solving," *Dreaming* 11:2 (2001), S. 93–95.
52. Alice M. Isen und ihr Team zeigten die positive Wirkung von positiven Emotionen in einer der ersten Untersuchungen über gute Gefühle. Sie zeigte zum Beispiel auf: Ärzte, die positive Emotionen erleben, können eher akkurate Diagnose stellen als Ärzte ohne positive Emotionen. Siehe A. M. Isen, A. S. Rosenzweig und M. J. Young, "The Influence of Positive Affect on Clinical Problem Solving," *Medical Decision Making* 11 (1991): S. 221–227; A. M. Isen, "Positive Affect and Decision Making," *Handbook of Emotions,* Hrsg.:. M. Lewis und J. M. Haviland-Jones (New York: Guilford Press, 2000). S. 417–435.
53. Wenn wir etwas lernen, bilden unsere Nervenzellen (Neuronen) im Gehirn Verlängerungen (Dendriten) aus, damit die Neuronen sich besser mit anderen Neuronen vernetzen können. (Übrigens nahm der kanadische Psychologe Donald Hebb bereits 1949 an, dass das Lernen mit einzelnen Nervenzellen verknüpft sein müsse.) Nach dem Lernen

geschieht dies für die Dauer von etwa einer halben Stunde. Unser Gehirn formt sich buchstäblich über unsere gesamte Lebensdauer hinweg selbst, wenn wir es zum Arbeiten bringen, wie etwa durch neue Lerninhalte. Siehe F. Engert und T. Bonhoeffer, "Dendritic Spine Changes Associated with Hippocampal Long-Term Synaptic Plasticity," *Nature* 399 (1999): S. 66–70. Geistige Bilder können das Gehirn in fast der gleichen Weise wachsen lassen, wie es die Hände durch Körpererfahrungen vermögen. Dies wurde in neuropsychologischen Studien gezeigt. Siehe K. O'Craven und M. Kanwisher, "Mental Imagery of Faces and Places Activates Stimulus-specific Brain Regions", *Journal of Cognitive Neuroscience.* 12 (2002): S. 1013-1023.

54. Rebecca McClen Novick, *Fundamentals of Tibetan Buddhism* (Freedom, CA: The Crossing Press Freedom, 1999), S. 149.
55. Ebd., S. 149.
56. Das Wort „unübertroffenes"„ Erwachen wird im Diamant-Sutra verwendet, welches auch Vajracchedika genannt wird. Red Pine, *Tripitaka, The Diamond Sutra: The Perfection of Wisdom* (Washington, D.C.: Counterpoint, 2001).
57. Jack Kornfield, *Die Lehren Buddhas,* S. 26.
58. Stephen Batchelor, *Buddhism without Beliefs: A Contemporary Guide to Awakening* (New York: Riverhead Books, 1998), S. 9.
59. Watts, *Way of* Zen, S. 126.
60. Ebd., S. 152.
61. Nelson Foster and Jack Shoemaker, *The Roaring Stream: A New Zen Reader* (Hopewell, NJ: The Ecco Press, 1996, S. 65.
62. Ebd., S. 66.

KAPITEL 11 - VERTRAUEN

1. „Deus ex machina" beschreibt einen unerwarteten, artifiziellen oder unerwarteten Charakter, eine Maschine oder ein Geschehen. Der „Deus ex machina" taucht sehr plötzlich in einem fiktionalen Werk oder einem Theaterstück auf und dient zur (dramaturgischen) Auflösung einer Situation oder zur Entwirrung eines Plots... Der lateinische Ausdruck *deus ex machina* hat seinen Ursprung in der griechischen Tragödie, „und die römischen Dramatiker setzten diese Tradition fort."(en.wikipedia.org/wiki/Deus_ex_machina). In der Moderne wird der Deus ex machina als ein Wesen, ein Objekt oder eine Art Schlupfloch beschrieben, das plötzlich erscheint und eine schier unlösbare Situation auflöst, die entsteht, wenn der Autor „seine Figuren in Situationen hineingeschrieben hat, aus denen sie nun kaum noch herauskommen". (lanedemoll.com/Gallerypages/ContentPages/Flashbacks/machina.htm)
2. Peterson schreibt in seinem Beitrag „Personal Control and Well-Being", dass den Menschen ein gewisses Kontrollgefühl nützlich ist, auch wenn sie de facto keinen Einfluss

auf den Ausgang haben. Ohne Kontrollgefühl könnte es zu dem Phänomen der erlernten Hilflosigkeit kommen (siehe Peterson, Maier und Seligman, *Learned Helplessness*). Dennoch stellt Peterson klar: Eine Person kann auch zu viel Kontrolle übernehmen; dies kann sich in risikohaftem Handeln, Feindseligkeit, Perfektionismus, Angst und paranoidem Verhalten äußern. Er schließt: „Die Versuche zur Steigerung des Wohlbefindens von Menschen müssen die persönliche Kontrolle berücksichtigen (natürlich auch andere Faktoren). Gleichzeitig ist es aber wichtig, eine Haltung des ‚je mehr, desto besser' zu vermeiden." Christopher Peterson, "Personal Control and Well-Being," *Well-Being: The Foundation of Hedonic Psychology* Herausgeber: Daniel Kahneman, Ed Diener und Norbert Schwarz (New York: Russell Sage Foundation, 1999), S. 299.

3. Gerd Gigerenzer, *Calculated Risks. How to Know When Numbers Deceive You* (New York: Simon and Schuster, 2002), S. 11.
4. Gerd Gigerenzer, *Gut Feelings: The Intelligence of the Unconscious* (New York: Viking, 2007), S. 43.
5. Swimme, *Hidden Heart of the Cosmos*, S. 71.
6. Hawking schreibt, der deutsche Physiker Werner Heisenberg habe seine berühmte Unschärferelation beschrieben. So stellte Heisenberg basierend auf Plancks Hypothese, wonach das Licht stets in winzigen Paketen, den sogenannten Quanten, erscheint, fest: Je genauer man versucht, den Standort eines Partikels zu bestimmen, desto weniger exakt kann man seine Geschwindigkeit messen und vice versa. Dies bedeutet: Die Frage, ob wir ein Partikel wahrnehmen oder nicht, ist abhängig von unserer Messmethode, denn die Hochfrequenzwellen wirken störend auf die Geschwindigkeit der Partikel ein, und die Niederfrequenzwellen wirken wiederum störend auf deren Standort ein. (Hawking, *Das Universum in der Nußschale*, S. 50f.) In seinem Buch fährt Hawking fort: Einstein habe sich weiterhin mit der Quanten-Idee befasst, er sei aber von den Forschungen Werner Heisenbergs und denen anderer, die die Quantenmechanik entwickelten, zutiefst verstört gewesen. „Einstein war entsetzt über dieses Element des Zufalls, des Unvorhersagbaren in den grundlegenden Naturgesetzen und hat die Quantenmechanik nie wirklich akzeptiert. Seine Einstellung brachte er in seinem berühmten Diktum ‚Der Herrgott würfelt nicht' zum Ausdruck." Ebd., S. 34.
7. Jack Kornfield, *Die Lehren Buddhas*, S. 58.
8. Lebell, *Epictetus*, S. 91.
9. David O'Neal, *Meister Eckhart, from Whom God Hid Nothing: Sermons, Writings & Sayings* (Boston: Shambala, 1996), S. 7.
10. Untersuchungen zeigten: Die Religion vermindert dieses *Un*glücklichsein. Offensichtlich bewältigen wir die Fragilität des Lebens besser, wenn wir an etwas Robustes glauben. Im Durchschnitt betrachtet vergrößert die Religion das Glück jedoch nur sehr moderat. (Seligman, *Authentic Happiness*, S. 61). Einerseits ermutigt uns die Religion und lehrt uns das Fokussieren auf den undefinierbaren Bereich. Jede dieser Praktiken sollte uns den Zugang zur spirituellen Bewusstseinsebene erleichtern. Darüber hinaus ist Religion in dem Maße

hilfreich, wie sie das Gefühl der Verbundenheit verstärkt, das essenziell für das Glück ist (siehe Kapitel 6). Religion gibt nicht automatisch jedem Menschen Erfüllung.

11. Das lateinische Wort *religio* bedeutet: „etwas miteinander verbinden“.
12. O'Neal, *Meister Eckhart,* S. 15.
13. Cross, *Way of Hinduism*, S. 128.
14. Mark W. Muesse, *The Great World Religions: Hinduism,* Course Guidebook, (Chantilly, VA: The Teaching Company, 2003), S. 24.
15. Ebd., S. 50.
16. In Indien werden die Menschen aufgrund ihrer Geburt in eine von vier Kasten eingeteilt; diese bestimmen auch Berufung des Einzelnen und seine Reinheit. Die höchste Kaste ist die der *Brahmanen* (Priester und Intellektuelle), gefolgt von den *Kshatriyas* (Soldaten und höhere Beamte), den *Vaishyas* (Landwirte, Grundbesitzer, Kaufleute und Handwerker), und den *Shudras* (Kleinbauern und Diener). Siehe Muesse, *Great World Religions: Hinduism.*
17. Ebd., S. 25.
18. Gutherzigkeit wird definiert als ein Verhalten, das nicht nur dem Individuum, sondern auch der Gruppe nutzt.
19. Wilhelm Schmid schreibt in seinem kurzen philosophischen Werk über das Glück: „So lässt sich sagen: Sinn, das ist Zusammenhang, Sinnlosigkeit demzufolge Zusammenhanglosigkeit. Das gilt schon bei einem einfachen Satz: Lässt die Anordnung der Wörter einen Zusammenhang erkennen, wird gar eine Aussage formuliert, mach der Satz Sinn, ansonsten ist eher von einem sinnlosen Gestammel die Rede.“ Wilhelm Schmid, *Glück: Alles, was Sie darüber wissen müssen und warum es nicht das Wichtigste im Leben ist* (Frankfurt am Main: Insel Verlag, 2007), S. 46.
20. Als der buddhistische König Ashoka (268-239 v.u.Z.) in Indien regierte, zogen die ersten Missionare nach Sri Lanka, wo die „Tradition der Ältesten“, die Theravada-Tradition, sich entwickelte. Wie Eckel darlegt, etablierte sich damit das Konzept des „gerechten Königs.“ Dies Konzept lebt bis heute in Thailand fort und in den Ideen der demokratischen Aktivistin Aung San Suu Kyi in Myanmar (Burma). Sie erhielt im Jahre 1991 den Friedensnobelpreis in Anerkennung ihres gewaltfreien Widerstandes gegen das burmesische Militärregime. Mark W. Muesse, *The Great World Religions: Hinduism,* Course Guidebook, (Chantilly, VA: The Teaching Company, 2002), S. 35.
21. Es existieren gute Beispiele für das Zusammenspiel von Politik und Religion (siehe Anm. 20). Die Theravada-Buddhisten jedoch benutzten ihre Religion, um einen blutigen Krieg gegen die Hindus auf Sri Lanka zu führen. *Great World Religions: Buddhism*, S. 39.
22. Dieses Bibelzitat (Micha 6,8) findet sich in Gregg Easterbrooks Buch *Beside Still Waters.* Easterbrook schreibt: „In diesem Zusammenhang würde unser Schöpfer sicherlich das Mitgefühl und die Moral deutlich stärker berücksichtigen als die Religion. Deutliche Worte sind das, worauf es in der Schriftsprache am meisten ankommt, und die universellsten Worte in der Bibel sind jene, die am Beginn eines Kapitels stehen; hier zitiert aus Micha, einem der letzten Bücher des Alten Testaments: „Es ist dir gesagt, Mensch, was

gut ist und was der HERR von dir fordert, nämlich Gottes Wort halten und Liebe üben und demütig sein vor deinem Gott.“ Dies ist eine eindeutige Anweisung für spirituell suchende Männer und Frauen; wir finden keine Forderung in Bezug auf eine bestimmte Religion. Gott will unsere Füße auf dem Pfad sehen, er kümmert sich nicht darum, welche Art von Schuhen wir tragen.“ Gregg Easterbrook, *The Progress Paradox: How Life is Better While People Feel Worse* (New York: Random House, 2004), S. 284.

23. Der Dalai Lama meint, Glück sei vor allem das Resultat eines Lebens voller Mitgefühl. Dalai Lama, *The Path to Tranquility* (New York: Penguin, 1998).
24. Der Mahayana-Buddhismus beginnt ungefähr mit unserer Zeitrechnung. Während die Texte (also die Sutras, so etwa das Avatamsaka-Sutra) zeitlich nach den Theravada-Texten verfasst wurden, gehen die Mahayana-Buddhisten davon aus, sie seien unmittelbar von Buddha weitergegeben worden. Takakusu schreibt: Es wurde berichtet, weil kein gewöhnlicher Mensch auch nur ein einziges Wort in diesen Sutras verstanden habe, habe sie Buddha einigen wenigen Auserwählten gepredigt, nämlich den Bodhisattvas; die Āgamas habe er anderen gepredigt. Im Allgemeinen werden sowohl der Pali-Kanon und die Āgamas des Theravada und die Sutras des Mahayana als *Buddhavacana* angesehen: als Wort Buddhas. Die Mahayana-Lehre stellt einen Aufbruch aus der Philosophie des Buddhismus dar (Buddha nicht als Gott, sondern als „der Erwachte“) und eine Hinwendung zu einer Religion. Der Mahayana-Buddhismus spricht von Abstufungen innerhalb der Buddhaschaft – mit der vollkommenen Buddhaschaft an der Spitze, gefolgt von verschiedenen Lebensformen, den Bodhisattvas. Buddha, so wie wir ihn kennen, soll zahllose Leben vor seinem letzten als Bodhisattva geführt haben. Takakusu, *Essentials of Buddhist Philosophy*, S. 112ff.
25. Eckel erläutert: Die fortgeschrittenen Praktiker des Bodhisvatta-Pfades (in neun oder zehn Stufen) erreichen außergewöhnliche, übermenschliche Kräfte; dies ermöglicht ihnen das Residieren im Himmel. Solche Bodhisattva*s* werden himmlische Buddhas und Bodhisattva*s* genannt. (Eckel, *Great World Religions: Buddhism* , S. 27. Avalokiteshvara („Der Herr, der mit Mitgefühl herabschaut“) oder Kuan-yin (auf Chinesisch) ist eine(r) der bedeutendsten himmlischen Bodhisattvas. In Tibet gilt der Dalai Lama als Avalokiteshvara. Amitabha ist der mitfühlende „Buddha des unendlichen Lichtes“ in der Tradition des Reinen Landes, die vor allem in China und Japan eine Rolle spielt (ebd.).
26. Novick, *Fundamentals of Tibetan Buddhism* , S.113.
27. Ich beziehe mich auf D.T. Suzukis (1960) Übersetzung der Paramitas, S. 72 bis 73.
28. Martine Batchelor schreibt: „Die Ethik des Buddhismus besteht nicht aus blinden Regeln und Verbindlichkeiten. Sie existiert nicht, damit du zu etwas gezwungen wirst, sondern damit du über deine Motivationen und Handlungen reflektierst.“ Batchelor, *Meditation for Life*, S. 52.
29. Ebd., S. 78.
30. Ebd., S. 85. „Buddha erklärte, es gebe vier Arten von Menschen: jene, die nur anderen geben; jene, die nur sich selbst geben; jene, die niemandem geben und jene, die sich selbst und anderen geben. Buddha ermutigte die Menschen, die vierte Variante zu kultivieren.“

31. Das *Avatamsaka Sutra* ist ein umfangreiches und recht junges Werk des Mahayana-Buddhismus. Es hatte großen Einfluss auf den Zen-Buddhismus, der in Verbindung mit dem Taoismus im China des ersten Jahrtausends aufkam. Die Darstellung des *Avatamsaka Sutra* zeigt einen Verbund von Edelsteinen, die sich ineinander spiegeln. Wir bemerken ebenfalls das Verbundensein, die spontane Natur in unserem Geist und unseren Gefühlen, seien sie nun auf Konvention oder nicht auf Konvention bezogen. Siehe Thich Nhat Hanh, *The Ultimate Dimension: An Advanced Dharma Retreat on the Avatamsaka and Lotus Sutras* (Boulder: Sounds True, 2004) und Watts, *Way of Zen*, S. 70.
32. Siehe Anmerkung 25.
33. Eckel legt dar: Das „Om“ in dem Mantra „Om Mani Padme Hum“ ist die heilige Silbe der Veden (ein grundlegender heiliger Text im Hinduismus), und der Klang des „Hum“ vermittelt Kraft. Dennoch: Die Kraft eines Mantra liegt nicht in der Bedeutung seiner Worte, sondern im Klang selbst. Eckel, *Great World Religions: Buddhism* , S. 27.
34. Ebd., S. 54.
35. Ebd., S. 24.
36. Die sogenannte Vakuumenergie gibt Partikel nach dem Zufallsprinzip frei. Warum einige zu dieser Energie zurückkehren und andere existent bleiben, ist noch nicht bekannt. (Siehe auch Anmerkung 10, Kapitel 8.)
37. Frederick Douglass, *Narrative of the Life of Frederick Douglass: An American Slave, written by Himself* (New York: Pocket Books, 2004), S. 98-99.
38. Simon Leys, *The Analects of Confucius* (New York: W. W. Norton, 1997), xxiii.
39. Ebd., Analects II: 3.
40. „Der Meister sprach:“ „Der Herrscher soll wie der Polarstern sein. Er bleibt an einem Ort, während sich alle Sterne respektvoll um ihn drehen.“ (Ebd., II:1).
41. Konfuzius beschrieb sich selbst als eine leidenschaftliche Person, die an die Liebe und Ekstase glaubte. Leys gibt das folgende Beispiel: „Als sein verehrter Meister Yan Hui frühzeitig starb, war Konfuzius wie zerschmettert. Seine Trauer war unbeschreiblich groß; er weinte mit einer Kraft, die die Menschen um ihn herum fassungslos machte; sie bestanden darauf, eine so extreme Reaktion stehe einem Weisen nicht zu – eine Kritik, die Konfuzius empört zurückwies.“ (Ebd., xxi-xxii).
42. Adam Liptak, “1 in 100 U.S. Adults Behind Bars, New Study Says” *New York Times*, 28.02.2008.
43. Leys, *Analects of Confucius*, xxiii.
44. Daniel Quinn, *Ishmael: An Adventure of the Mind and Spirit* (New York: Bantam/Turner Book, 1992), S. 249.
45. Laotse, *Tao Te King*, no. 4, S, 44
46. Laotse, *Tao Te King*, no. 34, S. 74. Dieses Gedicht schließt so: „Also auch der Berufene: Niemals macht er sich groß; darum bringt er sein Großes Werk zustande.“
47. Laut Wikipedia kann aus dem Wort *Weiji* das Wort *Wei* abgetrennt werden. Dies bedeutet Gefahr. Die Silbe *Ji* hat eine Vielzahl von Bedeutungen, wovon eine „Möglichkeit“ ist (wikipedia.org/wiki/Chinese_word_for_%22crisis%22).

48. Kornfield, *Path with Heart,* S.109.
49. Siehe Anmerkung 27.
50. John Blofeld, *The* Zen *Teaching of Huang Po: On the Transmission of Mind* (New York: Grove Press, 1958), S.30.
51. Mel Weitsman, *Branching Streams Flow in the Darkness: Zen Talks on the Sandokai* (London: University of California Press, 1999), S. 28.
52. Zitat des Dalai Lama, *Path to Tranquility,* ix. Das wesentliche Thema in dem Buch des Dalai Lama *The Art of Happiness* ist: Allein das Mitgefühl führt zum Glück. Der Dalai Lama befürwortet ein energisches Training des Geistes zur Erlangung eines andauernd positiven Zustandes desselben. Ein Teil seiner Philosophie befasst sich mit dem Undefinierbaren bzw. der Leere; dies führt er jedoch in seinem Buch über das Glück nicht explizit aus. Die große Autorität des Dalai Lama und seine Betonung der Anstrengung und der definierbaren Bereiche („Tugenden", „Regeln" usw.) mag zu einem Ansatz geführt haben, der mehr mit dem Westen in Einklang steht.
53. Zen-Meister (Ta-Hui) Donald Gilbert war ein Mönch des Cho-Ke-Ordens in Korea. Er wurde 1909 in Oakland, Kalifornien, geboren. Er wurde von seinem Lehrer, dem ehrwürdigen Dr. Seo Kyung-Bo aus Korea als Zen-Meister anerkannt. Er war auch ein wunderbarer Cartoonist und schrieb ein entzückendes Buch über dieses Handwerk. Seine Cartoons sind voll von Einsichten und sehr empfehlenswert für alle, die sich für die Zen-Lehre interessieren. So schreibt Gilbert beispielsweise: „Wer auf den Berg steigt, findet am Gipfel einen freien Blick. Dies ist das intuitive Wissen. Alle Richtungen sind jetzt „eine Richtung". Die „eine Richtung" entspringt dem reinen Bewusstsein oder Geist." In meinen eigenen Worten ausgedrückt: Sobald wir die Freiheit haben, uns in alle Richtungen zu drehen, kann uns die Antwort des Moments zuteil werden. Donald Gilbert, *The Upside Down Circle: Zen Laughter* (Nevada: Blue Dolphin, 1988), S.77.
54. Erich Fromm, D. T. Suzuki und Richard De Martino, *Zen-Buddhismus und Psychoanalyse* (Frankfurt am Main: Suhrkamp, 1972), S. 27. Als dieses Buch geschrieben wurde, war die Psychoanalyse noch voll im Trend. Zen-Buddhisten finden die Verbindung mit der Psychoanalyse nicht als weit hergeholt. Wenn wir durch freie Assoziation ins Unbewusste eindringen, ähnelt dies vage dem Zugriff auf unser tiefes, spontanes Wesen durch Methoden, die die Gedanken abhalten, wie es z. B. die Koans vermögen. Heutzutage ist die kognitive Therapie im Trend. Diesmal verbindet sich der tibetische Buddhismus mit der heutigen Psychologie. Positives, effektiveres Denken erfolgt durch die kognitive Umstrukturierung und dies erscheint dem mitfühlenden Geist zu ähneln, der sich einem strengen mentalen Training unterzieht. Interessanterweise betonen momentan berühmte Zen-Buddhisten mehr die kognitiven Aspekte ihrer Weltsicht. Offenbar werden der Osten wie der Westen durch den Zeitgeist beeinflusst.
55. Siehe Anmerkung 31.
56. Thich Nhat Hanh, *Ultimate Dimension.*
57. Weitsman, *Branching,* S. 191. Die Übersetzung wurde von Suzuki Roshi verändert, die das

berühmte Gedicht interpretiert hat (zusammengestellt von Shunryu Suzuki).

58. Merton zitiert Professor K. Hisamatsu in *Way of Chuang Tzu,* S. 283.
59. Als ich am Telefon mit Martine Batchelor über die Voraussetzungen für ein gutes und erfülltes Leben sprach, wies sie mich darauf hin, sie glaube, dass das tugendhafte Handeln dafür am wichtigsten sei. Sie erklärte weiter: „Im koreanischen Zen-Buddhismus wird tugendhaftes Handeln sehr stark betont. Wir müssen nach Gutherzigkeit streben und sie kultivieren. Aber wir sollten Gutherzigkeit nicht als etwas ansehen, was von uns selbst getrennt ist; wir müssen es innerhalb unser selbst finden." Siehe auch Martine Batchelor, wo sie schreibt: „Mitgefühl ist ein wesentlicher Bestandteil der buddhistischen Lebensweise. Es ist das Herzstück der Meditation, denn Meditation ist nicht Selbstbezogenheit, sondern im Gegenteil: Sie führt zu Offenheit und zur Verbundenheit mit anderen." Batchelor, *Meditation for Life,* S. 82.

KAPITEL 12 - UNBESCHWERTHEIT

1. Diese Metapher stammt aus Hermann Hesse (1949), Über das Glück: Betrachtungen und Gedichte (Frankfurt am Main: Suhrkamp, 2005).
2. Dieses Buch von Bergson wurde erstmals im Jahre 1911 veröffentlicht. Er schrieb: „Käme die Wirklichkeit in unmittelbaren Kontakt mit den Sinnen und dem Bewusstsein, dann könnten wir unmittelbar mit den Dingen und mit uns selbst eins sein; vielleicht wäre die Kunst dann nutzlos, oder wir alle wären Künstler, denn unsere Seele würde fortdauernd in perfektem Gleichklang mit der Natur schwingen." Aus Henri Bergson, *Laughter: An Essay on the Meaning of the Comic* (London: MacMillan, 1999), S. 135.
3. S. Biddle und N. Mutrie, *Psychology of Physical Activity and Exercise.* (London: Springer/ Tavistock/Routledge, 1991); A. Steptoe, J. Kimbell, und P. Basford, "Exercise and the Experience and Appraisal of Daily Stressors: A Naturalistic Study," *Journal of Behavioral Medicine* 21 (1996): S. 363–74; und R. E. Thayer, *The Biopsychology of Mood and Emotion* (New York: Oxford University Press, 1989).
4. Ratey und Hagerman, *Spark,* S. 38.
5. A. Bjørnebeck, A. A. Mathe, und S. Brene, "The Antidepressant Effect of Running Is Associated with Increased Hippocampal Cell Proliferation," *International Journal of Neuropsychopharmacol* 8, Nr. 3 (2005): S. 357-368.
6. Ratey und Hagerman, *Spark,* S. 38.
7. Stefan Klein, *Die Glücksformel: oder Wie die guten Gefühle entstehen,* S. 81f.
8. S. M. Jaeggi, J. J. Buschkuehl, und Walter J. Perrig: "Improving Fluid Intelligence with Training on Working Memory," 27. September 2011, pnas.org/content/early/2008/04/25/0801268105.abstract.
9. Dr. Linda Carstensen, Professorin für Psychologie in Stanford, forschte über den Einfluss des Alters auf die Wahrnehmung der Zeit und von Zielen; sie wurde von Carlin Flora vor-

gestellt. Der Beitrag erklärt, warum ältere Menschen im Durchschnitt glücklicher sind, als es frühere Studien annahmen. Carlin Flora, "Happy Hour", in: *Psychology Today* (Jan./ Feb. 2005), S. 42ff.

10. Baizhang Huaihai, in: en.wikipedia.org/wiki/Baizhang_Huaihai (Zugriff: 19.11.2014)
11. Weitsman, *Branching,* S. 3.
12. Gilbert, *Upside Down Circle,* S. 127.
13. Dr. Daniel Kahnemann erhielt den Wirtschafts-Nobelpreis für seine Arbeiten über Irrationalität und Entscheidungsfindung; er wandte sich dann der Erforschung des Wohlbefindens zu. Eingeführt durch Flora, „Happy Hour", S. 47ff.
14. Ebd., S. 50
15. Als Buddhist glaubt Thich Nhat Hanh: Alles, was wir für das Glück benötigen, ist bereits in unserem Inneren vorhanden (Buddha-Natur). Dennoch brauchen die „positiven Elemente in unseren Körpern und unserem Bewusstsein" gewisse Anlässe, damit sie mit dem Guten in uns Kontakt aufnehmen können. Er richtet seine Aufmerksamkeit auf sehr sanfte Weise auf das Gute, damit es wachsen kann. Seiner Ansicht nach sollte das Schlechte jedoch niemals angezweifelt werden. Wir sollten uns nicht blind dazu stellen, wer wir in authentischer Weise wirklich sind. Dennoch liegt es an uns, welchen Teil unseres Selbst wir einladen und kultivieren möchten. Thich Nhat Hanh, „Consumption/Compassion: An Interview with Thich Nhat Hanh by Kyleigh," *Journal of Holistic Lifestyle* (2001), S. 34.
16. Claudia Wallis, "The New Science of Happiness," *Times* (January 17, 2005), A43.
17. Watts, *Way of* Zen, S. 39.
18. Eckhart Tolle, *A New Earth: Awakening to Your Life's Purpose* (New York: Plume, 2005), S.8: „Der erste Teil dieser Wahrheit [wie sie viele Religionen vorschlagen] ist die Entdeckung, dass der „normale" Geisteszustand der meisten Lebewesen ein starkes Element dessen enthält, was wir als Dysfunktion bezeichnen könnten – oder auch als Verrücktheit." (Die Klammern wurden von mir hinzugefügt). Tolle hat erfolgreich die Notwendigkeit des Wachsens, der Achtsamkeit und der inneren Ruhe verfochten, und zwar in seinen inspirierenden Büchern *The Power of Now* und *A New Earth.* Im Gegensatz zu ihm glaube ich jedoch nicht, dass wir uns von unserer primitiven Natur trennen können. Wie stark wir unser Bewusstsein auch immer entwickeln. wir bleiben doch biologisch konditionierte Wesen; und nur, wenn wir das akzeptieren, können wir unser menschliches Potenzial vollenden. Die Erleuchtung muss aus der Liebe zu unserer biologischen Natur erwachsen, die umfassend genug ist, dass wir ihr eine Richtung geben und ein Auge der Achtsamkeit auf ihr elementares Programm werfen können.
19. Bynner, *Way of Life*, Nr. 1.
20. Bergson, *Laughter,* S. 136.
21. Kaufmann, *Goethe's Faust,* S. 96.
22. Ebd., S. 492.
23. Ebd., S. 500. Die Seele, verstanden in der christlichen Tradition ist dem Wahren Selbst (Buddhismus) oder Atman (Hinduismus) ähnlich. Sie ist in sich selbst vollkommen, be-

darf jedoch der Transformation durch lebendige und grenzenlose Liebe, die die Gnade Gottes ist.

„Gönn' auch dieser guten Seele,
Die sich einmal nur vergessen,
Die nicht ahnte, dass sie fehlte,
Dein Verzeihen angemessen!"

24. Ebd., S. 500.
25. Der Meister Lin-Chi (auf Japanisch: Rinzai), ein Schüler von Huang Po (gest. 850 u. Z.), hob immer wieder hervor: Die Anstrengung hat im Buddhismus keinen Platz. Für ihn bedeutete dies mehr als den Mut zum ausschließlichen Vertrauen in die Achtsamkeit aufzubringen. Die Rinzai-Schule, die mit Hilfe von Koans überwältigenden Zweifel hervorbringt, ist nach ihm benannt worden. Zitiert nach Burton Watson, *The Zen Teachings of Master Lin-chi. A translation of the Lin-chi lu.* (New York: Columbia University Press, 1999), S. 52.
26. Tolle, *A New Earth,* S. 79.
27. Watts, *Way of* Zen, S. 22.
28. Thomas Merton, *Way of Chuang Tzu Chuang,* S. 23. Merton wurde in Frankreich geboren und lebte als Trappistenmönch in der Abtei Our Lady of Gethsemani in Kentucky, USA. Er war ein profilierter Schriftsteller und vertrat die Notwendigkeit interreligiösen Verständnisses. Sein Leben war kurz. Er starb nach einem Unfall im Alter von gerade einmal 53 Jahren. Er hat sich darum verdient gemacht, den Buddhismus der westlichen Welt zugänglicher zu machen. Siehe auch: Thomas Merton, *Mystics and Zen Masters* (New York: Farrar, Straus, 1999) und Roger Lipsey, *Angelic Mistakes: The Art of Thomas Merton* (Boston: New Seeds, 2006).
29. Lin-Chi predigte zu den Mönchen, die seine Schüler waren: „Ihr solltet aufhören und euch eingehend selbst anschauen. Ein alter Mann erzählt uns: Yajnadatta glaubte, seinen Kopf verloren zu haben, also machte er sich auf die Suche. Doch als er seinen suchenden Geist zur Ruhe brachte, stellte er fest: Er war völlig in Ordnung." „Glaubensbrüder, handelt einfach normal, lasst euch nicht von irgendetwas Besonderem beeinflussen." Watson, *The Zen Teachings of Master Lin-chi*, S. 27
30. Ebd., S. 41.
31. Gilbert, *Upside Down Circle,* S. 145.
32. Bergson, *Laughter,* S. 135.
33. Merton, *Mystics and Zen Masters,* S. 74.
34. Watts, *Way of* Zen, S. 107.
35. Merton, *Mystics and Zen Masters,* S. 76.
36. Watson, *Teachings of Master Lin-chi,* S. 87 (leicht veränderte Ausgabe) Wir wissen nur wenig über den chinesischen Mönch Puhua (auf Japanisch Fuke), der im Jahre 860 u.Z. starb. Was wir wissen, finden wir in den Schriften des Zen-Meisters Lin-Chi-lu (auf Japanisch: Rinzai). Dort finden wir auch jene wunderbare Geschichte: Als der Mönch fühlte:

Es geht ans Sterben, legte er sich in einen Sarg. Die Menschen eilten zu diesem Sarg und stellten fest: Der Körper war verschwunden. Dennoch hörten sie vom Himmel herab das schwache Läuten einer Glocke, bis dies Läuten entschwand. Ebd., S. 102.

37. Diese fliegenden Helden und Heldinnen begegnen uns in Kinofilmen wie *Tiger and Dragon; Hero* und *House of Flying Daggers.*

38. Jalal al-Din Rumi, der von 1207 bis 1273 lebte, war der Sohn eines berühmten Religionsgelehrten (Baha al-Din) und ein sehr einflussreicher islamischer Mystiker. Rumi verfasste wunderbare Poesie, vor allem sein berühmtes *Mathnawi*, das verborgene Aspekte des Sufismus und die Lebensart der Sufis in Bezug zur Welt herausstellte. Jalal al-Din Rumi, *The Essential Rumi, New Expanded Edition* (New York: HarperCollins, 2004), S. 13.

39. Der große japanische Dichter Basho, der von 1644-1694 lebte, drückte sich in der Form des Haiku (das aus siebzehn Silben besteht) aus. Haikus können mit einem einzigen Atemzug rezitiert werden. Matsu Basho, *On Love and Barley: Haiku by Basho,* Übersetzer: Lucien Stryk (New York: Perennial Classics, 1986), S. 197.

40. Merton zitiert Professor Hisamatsu mit dessen Worten, die Sicht des Zen „ermöglicht uns einen viel angemesseneren Versuch der Heilung menschlicher Zwangslagen vermittels des Selbsterwachens jenes Einsseins, das, ganz im Gegensatz zur Entfremdung von der Zivilisation, die Quelle und das Fundament der Zivilisation selbst ist." Merton, *Mystics and Zen Masters,* S. 284.

41. Alan Watts, *The Wisdom of Insecurity: The Quest for Freedom of the Spirit in Modern Psychology and the Wisdom of the East* (New York: Harper & Row, 1968), S. 65.

42. Jack Kornfield, *The Wise Heart: A Guide to the Universal Teachings of Buddhist Psychology* (New York: Bantam, 2008), S. 395.

43. Ekman und Friesen argumentierten mit Bezug auf die Hypothese des Feedbacks aufgrund von Gesichtsausdrücken. Sie maßen das Gefühl von Menschen mit oder ohne positiven Gesichtsausdruck. Sie stellten fest: Menschen berichten von signifikant besseren Eigengefühlen, wenn sie lächeln und dem Gegenteil, wenn sie nicht lächeln. Daraus folgerten die Wissenschaftler: Das Lächeln ist mehr als nur ein Mittel der Kommunikation mit anderen. Sie untersuchten auch bestimmte Arten des Lächelns; zum Beispiel das „gefühlte, das falsche und das elende Lächeln". P. Ekman und W. V. Friesen, "Felt, False and Miserable Smiles," *Journal of Nonverbal Behavior* 6 (1982): S. 238-252. In meinen eigenen Untersuchungen konnte ich Folgendes ermitteln: Depressive Menschen tendieren zur aktiven Unterdrückung des Lächelns, indem sie ihre Lippen aufeinander pressen, sie zusammenziehen oder andere das Lächeln unterdrückende Bewegungen ausführen. Mein Argument ist: Ein Lächeln muss der Stimmung eines depressiven Menschen angepasst sein, weil er sich sonst als unehrlich sich selbst gegenüber empfindet. In anderen Worten: Die große Diskrepanz zwischen Affekt und Stimmung lässt depressive Menschen sich unwohl fühlen. Dies geschieht nur dann, wenn es zu einer sofortigen Feedback-Schleife kommt, wie es Ekman und Friesen beschrieben haben. Andrea F. Polard (ehemals Andrea Floren, *Das Lächeln bei depressiven PatientInnen: Videoverhaltensanalyse von PatientInnen*

und Kontrollpersonen, Diplomarbeit der Freien Universität Berlin, Institut für Psychologie, 1993.

44. Die Empfindung des Lächelns mit Krähenfüßen im Gegensatz zum sozialen Lächeln wurde erstmals von G. B. A. Duchenne beschrieben. Deshalb trägt es die Bezeichnung „Duchenne-Lächeln". G. B. A. Duchenne, *Mechanisme de la physionomie humaine; ou analyse electrophysiologique de l'expression des passions* (Paris: Bailliere, 1862).
45. Robert R. Provine, *Laughter. A Scientific Investigation* (New York: Penguin, 2000), S. 124.
46. Klaus K. Klostermaier, *A Concise Encyclopedia of Hinduism* (Oxford: Oneworld Publication, 1998), S. 104.
47. Ebd., S. 52.
48. Siehe Muesse, *Great World Religions: Hinduism*, S. 39.
49. O'Neal, *Meister Eckhart,* S. 69.
50. Ebd., S. 69.
51. Bergson, *Laughter* S. 15.
52. Ebd., S. 14.
53. Gilbert, *Upside Down Circle,* S. 127.
54. Allen Klein, „Zen Humor: From Ha-Ha to Ah-Ha," 27. September 2011, allenklein.com/articles/zenhumor.htm.
55. Conrad Hyers, „Humor in Zen: Comic midwifery", 27. September 2011, ccbs.ntu.edu.tw/FULLTEXT/JR-PHIL/hyers1.htm.
56. Das Wort *Ryokan* bedeutet im Japanischen „großer Narr".
57. Watts, *Way of* Zen, S. 105. Der Zen-Meister Yüan-wu lebte von 1063-1135.
58. D.T. Suzuki, *Sengai: The Zen of Ink and Paper* (Boston: Shambala, 1999), S. 2.
59. Ebd., S. 2.
60. Ebd., S. 14. Kwasan lebte von 891–960 u. Z.
61. Ebd., S. 134. Suzuki interpretiert die reizvolle Kalligraphie von Sengai.
62. Watts, *Meaning of Happiness* S. 186.
63. Watts' Freund und Mitarbeiter Al Chung-liang Huang verfasste ebenfalls eine wundervolle und anrührende Einführung zu Watts und Huang: *Tao: The Watercourse Way,* ix.
64. Furlong, *Zen Effects,* S. 212.

AUSKLANG - DIE VERSCHMELZUNG WESTLICHER UND ÖSTLICHER DENKWEISEN: DIE THEORIE DES FLEXIBLEN BEWUSSTSEINS

1. Paulo Coelho, *Der Alchemist* (Zürich: Diogenes, 1996), S. 39.
2. „Manch geistige Aktivität scheint ohne erhebliche Anstrengungen aufzutauchen. Zeitdruck ist ein besonders entscheidender Faktor für die momentane Anstrengung. Aufgaben, die für das Kurzzeitgedächtnis belastend sind, sorgen für schweren Zeitdruck." Daniel Kahneman, *Attention and Effort* (Englewood Cliffs, NJ: Prentice-Hall, 1973), S. 27 Daher ist eine zeiteinengende Tätigkeit oder eine solche, in der wir unser Kurzzeitgedächtnis nutzen – wie beim Rechnen – mit zusätzlicher Anstrengung verbunden. Wenn wir unseren Aktivitäten und Menschen ohne diesen Druck folgen, kommen wir der Leichtigkeit der spirituellen Bewusstseinsebene näher. Es ist entspannend, im Jetzt zu sein.
3. Miller und Stiver, *The Healing Connection*, S. 81.
4. John M. Rist, *Epicurus: An Introduction* (Cambridge, MA: Cambridge University Press, 1972), S. 129.
5. Henry D. Sedgwick, *The Art of Happiness: Or, The Teachings of Epicurus* (Indianapolis: Bobbs Merrill, 1933).
6. Joachim Bauer, *Warum ich fühle, was Du fühlst: Intuitive Kommunikation und das Geheimnis der Spiegelneurone* (München: Wilhelm Heyne Verlag, 2005); Marco Iacoboni *Mirroring People: The New Science of How We Connect with Others* (New York: Farrar, Straus, 2008). Das letztere Buch erklärt: Es gibt spezielle Gehirnzellen, die verantwortlich für die Empathie und das spontane Verstehen sind.
7. „Martin Buber, vielleicht der bedeutendste jüdische Philosoph des 20. Jahrhunderts, glaubte: Nichts ist wichtiger als die Beziehung zwischen zwei Menschen. Dies können Mitglieder der gleichen Familie sein oder manchmal sogar wildfremde Menschen. Wenn zwei Individuen auch nur einen Moment lang erkennen, dass sie voneinander abhängen, dann kommen sie näher zu Gott. Buber nannte dies eine Ich-Du-Beziehung und dachte: Die unsichtbaren Linien der Beziehung, die uns miteinander verbinden, verbinden uns auch mit Gott." In Lawrence Kushner, *Jewish Spirituality: A Brief Introduction for Christians* (Woodstock, VT: Jewish Lights, 2001), S. 33.
8. D'Aquili und Newberg, *The Mystical Mind,* S. 95.
9. Siehe Anmerkung 3

Über die Autorin

Dr. Andrea Floren Polard begann mit sechzehn Jahren zu meditieren, was sie später zum Zen-Buddhismus und zu ihrem Zen-Lehrer Bernard Kakushin Silvers führte. Im gleichen Jahr entschloss sie sich Psychologin zu werden. Aufgrund von Kindheitstraumata stellte sie sich die Frage, ob sie und die Menschen, die ähnlich leiden, überhaupt glücklich sein können. Die Frage wurde zum Zen-Koan: ein Rätsel, das man nicht rational lösen kann, sondern dessen Auflösung spontan erfahren werden muss. Um Leiden zu reduzieren, begann sie an der Freien Universität Berlin (FU) Psychologie zu studieren.

Nach intensiver, persönlicher Suche wurde sie 1991 von einer lebensverändernden spirituellen Erfahrung heimgesucht, die ihr Zen-Koan auf wunderbare Weise für immer löste. Mit ihrem Erwachen fing gleichsam ihre berufliche Beschäftigung mit dem Glück an. Sie kam zu dem Schluss, dass kein einzelnes Lebewesen, sondern nur die Vernetzung aller – die Ganzheit – vollkommen ist. 1993 schloss sie ihr Studium ab. Ihre Diplomarbeit und Forschungsprojekte für die FU bezogen sich auf das nonverbale Verhalten, insbesondere das Lächeln.

Anschließend zog Dr. Polard in die Vereinigten Staaten und studierte noch einmal Psychologie im Ryokan College, Los Angeles, wo sie 1998 promovierte. Offen gegenüber vielen Ansätzen, erwarb sie eine breit gefächerte Ausbildung als Psychotherapeutin. 1999 begann sie ihr erstes Buch zu schreiben: *A Unified Theory of Happiness*, das 2012 von Sounds True verlegt wurde und 2014 vom Verlag Sarasvati Edition (*Auf Zwei Flügeln zum Glück*).

Nach der Veröffentlichung ihres Buches gründete Dr. Polard das *Los Angeles Center for Zen Psychology*, wo sie Zen-Psychologie und *Zen-Psychologie Therapie* mit KlientInnen aus aller Welt praktiziert. Sie betrachtet Zen-Psychologie als eine weit offene Lebensweise, d.h. als eine neue Art von Zen. Sie stellt diesen Ansatz auch oft in Lesungen und öffentlichen Medien vor.

Sie lebt mit Steven Polard und ihren drei Kindern in den ruhigen Bergen von Los Angeles. Für mehr Infomation: www.AndreaPolard.de

„Auf zwei Flügeln zum Glück – die Verschmelzung östlicher und westlicher Denkweisen" als E-Book

ISBN 978-3-945731-00-0

Preis: 16,80 €

Erhältlich bei Manjughosha.de, Amazon Kindle Store, iBooks, Google Play, Kobo Books

Ergänzend zum Buch:
der Audio-Workshop
"Wie fliege ich zum Glück"

Gelesen von Andrea F. Polard

Inspirierende Meditationen, Geschichten und Übungen – eine „Glückswerkstatt" zum Mitmachen

Dauer: 60 min

Preis: 8,90 €

Erhältlich bei Manjughosha.de, iTunes, Google Play

Über den Verlag

Sarasvati Edition der Manjughosha Verlagsgesellschaft

Sarasvati (Sanskrit: die Fließende oder die Redegewandte) ist eine indische Göttin und repräsentiert die Weisheit der Künste, speziell von Sprache, Literatur und Musik. Sie wird oft mit einer Laute dargestellt. In der Sarasvati Edition der Manjughosha Verlagsgesellschaft erscheinen Bücher aus verschiedenen buddhistischen Traditionslinien sowie Bücher in Bezug zu den Künsten, außerdem Postkarten.

Manjughosha (*Sanskrit:* ‚Der mit sanfter Stimme') ist ein Name für Mañjuśrī, den Bodhisattva der Weisheit. Sarasvati gilt als Gefährtin von Manjughosha. Dargestellt wird er mit einem Schwert in der rechten Hand, das Unwissenheit durchschneidet, sowie in der linken mit dem auf einer Lotosblüte gebetteten Text der *Prajñāpāramitā*-Schriften, die für Verwirklichung transzendenter Weisheit stehen.

Die Manjughosha Edition konzentriert sich auf die Veröffentlichung von Werken, die speziell mit der Arbeit von Siddhartha's Intent Europe e. V. in Verbindung stehen und von Dzongsar Khyentse Rinpoche persönlich zur Übersetzung ausgewählt wurden.